大森泰人——著
Yasuhito Omori

金融と経済と人間と II

一般社団法人 **金融財政事情研究会**

プロローグ

　金融財政事情に2016年春から始めた連載「金融と経済と人間と」をこの本に並べました。これまでも、書いたり話したりして活字がたまる方法でしか本を作っていません。考えるのは好きだし書くのも割と好きですが、統一テーマで長く書き下すほど根気がないようです。読者から、「数ページでテーマが変わるので読みにくい」と感想をいただけば、「読んでくれと頼んだ覚えはないが」と内心思うものの、せっかく関心を抱いてくださったのだから、「そのうち読みやすい大著が書けるよう精進します」と心にもなく応じてきました。

　これまでの本は金融行政に携わった時代だったので、金融を中心に時に経済との関わりを論じています。対するこの本では民間人になったので、内容に制約がありません。門外漢の政策分野でも映画でも小説でも音楽でも旅の記憶でも、読者に伝える意味があると思えば書きます。内容が散らかり過ぎて本にならない気もしていましたが、ふと過去の連載を読み返すと、思わず笑ってしまったり、我ながら結構もっともで意味がありそうに思えたりもします。

　連載では意識的に同じ分野を続ける時もあれば、毎回違う分野になる時もあります。ただ、一見違う分野のようでも、私の中では連想ゲームが続いていたのだと、読み返して気づいたりします。また当然ながら、社会の出来事に反応しますが、出来事と一見なんの関係もなさそうな現象を結びつけて考えてみるのも私の習性のようです。行政経験を門外漢の分野に当てはめているかもしれないし、学問的訓練を受けてない人間の直観に過ぎないかもしれません。ただ、自分とまったく同じ認識の人間を見た記憶はないので、自分が考えて書く意味もありそうと勝手に思い込んでいます。

　連載は今も続いているのでどこで切っても構いませんが、2022年春まで

に書いた280本を収めました。読み返して45章に分け、書いた背景とアップデートの注を前後に追記して読みやすくしようと試みましたが、追記がかえってうざければ飛ばしても、どこから読んでも構いません。もっとも、文章や章のタイトルが内容を反映している保証はないし、あまりいっぺんに読もうとしないほうが無難かもしれません。特に金融制度や経済思想やブロックチェーンを論じた箇所は、私自身が読み返してやれやれややこしいと疲れたほどです。日めくりカレンダーみたいに1日1本を習慣にしていただくと1年弱で読み終わるな、とギャグではなく感じます。量だけはⅠ・Ⅱ巻の大著な新著になりました。

　今の私がこの連載のタイトルから金融・経済・人間研究者と称しているのは、評論家とか専門家と称するのがおこがましいからですが、研究というより適宜勉強しながら、誰もまだ論じてない認識を社会に提供できればとは思います。行政官の頃から、この社会（日本とか、世界と言っても構いません）がもっと豊かで幸せに生きやすくなる道を考えながら第2の人生を過ごしたい、これまでの経験が企業の経営に役立つならもっと身近で貢献したい、そして、地球上の文化や自然をもっと体感したい、と虫がいい希望を抱いてきました。今、考えて書いたり話したりし、共感する経営をしている企業に関与して応援し、合間に旅する生活をしています。

　思想と呼べるほど確たるものは持ち合わせませんが、証券市場に市場メカニズムと競争を持ち込む制度改革から金融行政に携わったので、その経験が原点とは思います。ただ、いわゆる市場原理主義者の観念性からは距離を置き、公平な社会に生きたいと望んでもいます。再びただ、なにが公平かの価値観は人間により違います。「努力していい大学を出ていい企業に入ったなら報われて当然」なのか、「たまたまお勉強が得意な頭脳に生まれてお勉強しやすい家庭で育っただけなら弱者への配慮が当然」なのかは、一刀両断に答えが出ません。この連載自体が、正解のない問題に答えを出そうと考えた証かもしれません。そんなわけで論旨が行ったり来たり

迷走して、「一体なにが一番言いたいの？」と読者も迷いそうな280本の旅にお出かけください。1本の量はこの「プロローグ」と同じです（注）。

（注）　例えば、「賃金」と「給与」と「給料」と「報酬」と「所得」と「収入」は各々が文脈にふさわしいと感じて使ったはずだから、言葉は統一していません。「老人」と「年寄り」と「高齢者」と「引退世代」、「行政官」と「公務員」と「官僚」、「貸出」と「融資」と「ローン」なども同じです。人名はさんづけで統一しようかと思いましたが、「ヒトラーさん」「毛沢東さん」「トランプさん」とは書けないので諦めました。同じ人物に対してすら、さんづけか呼び捨てかはばらばらです。内容が関連している文章はかっこで追記したので、かっこを追っていく読み方もできるかもしれません。しつこいようですが、これは心身にゆとりのある時にばらばらと読む本であり、最初から几帳面に読み進めて消耗しないようご留意ください。

Ⅱ 目 次

プロローグ

第**25**章 リブラへの視点 (157〜160)

第**26**章 MMT瞥見 (161〜163)

第**27**章 脱線話集 (164〜168)

第 **32** 章　コロナ時代の幕開け（190〜196）

第 **33** 章　レジーム・チェンジの再現（197〜200）

第 **34** 章　コロナ時々外出（201〜209）

第35章　企業組織論（210〜215）

第36章　部門別資金過不足の変容から（216〜220）

第 **40** 章　**新境地？**（242～250）

第 **41** 章　**見え隠れする大蔵省**（251～257）

第 **45** 章　正解のない問題（277〜280）

付録　ちょっと長めですが

I 目　次

リブラへの視点 (157〜160)

フェイスブックの暗号通貨リブラ構想に虚を衝かれ、民間企業が国家を出し抜いて通貨圏を作れるかに興趣をそそられ将来展望を試みる。旧知の国際派財務官僚がリブラを懸念しても、オープンなブロックチェーンのネットワークは機能してしまうから暗号通貨は面白い。でも世界中の当局が懸念しまくれば、さすがに民間企業が構想を貫けなくなるのも、人間社会の常かもしれない。

157　根拠なき要請

　ビットコインのようにいったん開発してしまえば、自走する暗号通貨のオープンネットワークを規制できないから、フェイスブックのリブラ構想にアメリカ議会は、「認めないぞ」とか、「厳しく規制するぞ」ではなく、「まず開発を止めよ」と法律の根拠なく迫った。福島原発事故後に時の総理が電力会社に、「まず原発の稼働を止めよ」と電気代が上がる重い判断を法律の根拠なく迫ったのを思い出す。

158　でかいもん勝ち？

　ユーザー27億人のフェイスブックは自社だけでも巨大通貨圏を構築できるが、「広告収入が減ったから金融で稼ごうと考えた」と指弾されないために、リブラを使う企業群からなるリブラ協会を管理者として前に出し、さらに将来ビットコインのようなオープンネットワークに進化すると称して、世界の貧困層に貢献する夢を喚起する。すでに日本企業が先行した面はあるが、後続でもでかいもんが強い。

159　国境の内外

　中国はフェイスブックを締め出してデジタル人民元を推進しているから、リブラ構想がアメリカ国外で想定するのはインドを中核とした

アジアに見える。弱い通貨の流出の受け皿になったり、金融緩和が効かなくなったりの心配は、リブラの設計自体の問題ではない。結局は、誰も管理しないから完全に保護される取引の個人情報と不正取引対策の相克という、本質的に二律背反の課題が残る。

160　想像力の限界

　論者によって言葉の使い方が違うので、ブロックチェーンと暗号通貨は論じにくい。自由参加のオープンネットワークなのに自走するのがブロックチェーンを使う暗号通貨の神髄なら、プライベートブロックチェーンという言葉自体がナンセンスになる。ITリテラシーがないのにリブラの将来展望を試みるのは荷に余ったが、その潜在的可能性からは、懲りずにまた繰り返すに違いない。

<hr />

157　根拠なき要請

　日本には暗号通貨の根拠法があるが、アメリカにはないから日本に原子力規制委員会の根拠法がなかった福島原発事故後みたいな光景が展開する。フェイスブックの暗号通貨リブラ構想へのアメリカ議会の反応が、「認めないぞ」とか、「厳しく規制するぞ」でなく、「まず開発を止めよ」だったのは動揺の現れだが、フェイスブックが自らを、「ビットコインのプログラムを開発したサトシ・ナカモトのようなもの」と位置づけたのを逆手に取ってもいる。

　フェイスブックとしては、リブラを管理するのはVISAやペイパルやウーバーなどリブラを使う企業群からなるリブラ協会であり、開発してきたフェイスブックは協会の一員に過ぎないと強調したかった。議会のほう

は、プログラムが完成したビットコインは、開発者サトシ・ナカモトの意思と無関係に、世界中から自由に参加するコンピューターのネットワークにより分権的に運営されて規制できなくなった以上、まず開発自体を止めよ、と法律の根拠なく迫っている。法律家のFRB議長は政治家よりは穏やかだが、「疑念が解消するまで前進すべきできない」と議会とともに根拠なき要請に加わった。「銀行になりたきゃ免許を取って規制を受けろ」と言う大統領が、どこまで問題を理解しているかは定かでない。

　議会でリブラを攻撃している金融（銀行）委員会は金融族議員の集まりだが、ウォール街の単なる利益代弁者では当選し続けられないから、時々の国民感情と折合いをつけながら活動する。世界恐慌期に銀行から証券を分離したグラス・スティーガル法、グレート・モデレーションの世紀末に金融業態間の再融合を指向したグラム・リーチ・ブライリー法、リーマンショックを経験して業態の再分離を指向したドッド・フランク法は、時々の金融族リーダーの名を冠して、ウォール街の利益と国民感情に折合いをつけてきた経過を示す（**32　金融危機の原因と対策**）。

　ウォール街と議会が一丸となって動くのが、異業種からの金融業参入の撃退であり、ウォルマートが銀行を持とうとした際が典型になる。仕入先からは買い叩き、従業員を低賃金でこき使い、進出地のパパママストアを駆逐するウォルマートは悪役の資格十分だが、ユーザーの支持も根強い。経営者だけでなく従業員もまたそこそこに報われてきた金融業がウォルマート流儀で経営されると想像するだけでウォール街には悪寒が走るから、議会と一丸になりあらゆる手段を駆使して銀行免許を阻止した。

　個人情報がしばしば流出しトランプ当選に貢献したかもしれないほど個人情報悪用の懸念が絶えないフェイスブックもまた悪役の資格十分だが、やはりユーザーの支持も根強い。リブラはリブラ協会の認めた暗号通貨取引所で買ったり売ったりする。法定通貨における中央銀行がリブラにおけるリブラ協会であり、法定通貨における銀行がリブラ協会の認めた暗号通

貨取引所になる。実のところ、ビットコインは投資対象として取引され価格が上がり過ぎて通貨としては機能してないから、規制できなくても政府はさほど気にしない。リップルは管理者を限定してある程度は通貨として機能しているが、リブラは初めて本格的に通貨として機能しそうだからこそ、政府として看過できない。

　議会やFRBは、フェイスブックが暗号通貨圏を作ったら、弱い法定通貨がリブラに流出したり、金融政策が制約されたり、国境を超える不正取引が跋扈しそうと本能的に忌避するが、ウォルマート撃退時ほどにはウォール街のプレゼンスが目立たない。フェイスブックのほうは、開発を止めよと言われる程度の反応は予想して、銀行口座を持てない世界の貧困層に安く効率的な送金・決済と金融サービスを提供する金融包摂の大義名分を掲げているが、それは元来金融業界の仕事である。リブラの金融包摂には面と向かって反対しづらく、お株を奪われた間の悪さから当面金融業界はプレゼンスを控え目にして、国家主権への挑戦者の弾圧をひとまず政府に委ねているのかもしれない。

　アメリカの議会やFRBがフェイスブックに法律の根拠なくリブラの開発停止を迫るのを見ると、日本人は福島原発事故後に時の総理が法律の根拠なく原発稼働停止を迫ったのを思い出す。事故直後に役にも立たない総理が飛んできて緊迫した福島原発の現場は迷惑したが、原発稼働停止の迷惑のマグニチュードは桁が違う。

　電力会社は、「停止すると電気代が上がって国民が困る重い要請を、法律の根拠もなく受け入れていいのか」と悩んだり、「よりによってこんな時にこんな奴が総理かよ」と嘆いたり、「こんな奴でも総理なら尊重するのが日本企業としての振る舞いかも」と信じようとしたりしたが、結局は、「国民感情はやはり稼働を止めて点検して安心したがっている」と判断して根拠なき要請を受け入れた。世界の経済と金融にとって、リブラ通貨圏が生まれるマグニチュードも同じく桁が違う。よって、荷に余るのは

自覚しつつ、できる範囲で今後の展望をしばらく試みたい。

158　でかいもん勝ち？

　ビットコインが登場した時、世界中から自由に参加するコンピューターが、送金・決済の取引を承認し改ざん困難な記録をブロックチェーンに残す分権的な仕組みが、参加者を管理しなくともルールを守って報酬を得るインセンティブに整合して機能し、参加者を信頼する必要もないのが画期的と評された。国家から独立したビットコイン通貨圏はリバタリアンの理想であり、誰も管理していないからこそ取引の個人情報は完全に保護される。リバタリアンでない私は政治的理想を共有していないが、分権的なのに機能する仕組みの妙には感心した。

　だが、ビットコインの供給量はプログラムで予め決まっているから、送金・決済手段でなく投資対象としての需要が強まれば投機的に価格が高騰して、送金・決済手段として使えなくなる。また、取引が増え価格が上がるにつれ、承認し記録に残す作業（マイニング）は混雑し、高い手数料を払わないと作業してもらえない。

　後者の作業混雑は、記録するブロックを大きくしたり、記録する情報を圧縮したりして技術的に対応しており、リブラもこの手の技術的工夫によりビットコインより混雑を抑えるとしている。でも前者の価格高騰は、通貨としての利便性が評価されると、値上がりを期待する投資対象として持ちたくなる人間の性を避けられない。そこで、送金・決済手段として使える暗号通貨は、価格を安定させる設計思想が必要になる。

　リブラ構想には、日本企業が暗号通貨の普及に向けて先行してきた取組みと共通性がある。リブラ協会はリブラ発行に見合う主要法定通貨バスケットの準備資産を持ち、１リブラが１ドル近くで安定するよう市場操作する。三菱UFJ銀行が設置する暗号通貨取引所が、１MUFGコインが１円

近くで安定するよう市場操作するのと違わない。リブラを発行した対価で主要通貨建の銀行預金や国債のバスケットを準備すれば市場価格は安定しそうだが、実用に足る送金・決済手段として使うには、やはり価格安定操作が欠かせない。

　リブラ協会の有名企業群に比べ、日本のブロックチェーン推進協会の企業群は有名でないが、同協会はすでに暗号通貨Zenの価格安定操作を実験済みである。同じことを遅れて始めても、図体がでかいから注目される。三菱UFJ銀行は行員間でMUFGコインを使う実験を始めたようだが、他行が発行する暗号通貨とも円滑に交換できて通貨圏として意味を持つ規模に至る。でも今のところ他行は、電子マネーを優先して暗号通貨まで手が回りにくいらしい。

　フェイスブックはすでにリブラのウォレットのカリブラを開発し、カリブラ間の取引は三菱UFJ銀行員間の取引と理屈は同じだが、ユーザー27億人のフェイスブックは、自社ユーザーだけでも世界最大の通貨圏を構築できる、でかいもん勝ちの構造である。フェイスブックを締め出した中国でも電子マネーのアリペイとウィーチャットペイが各々ユーザー10億人超と巨大である。銀行預金の法定通貨を引き出しやすくする電子マネーは国内銀行に預金口座を持つのが使う前提だから、中国政府も安心して普及させてきた。でも、暗号通貨は国境を超えて流通するから、かつて人民元がビットコインに流出して慌てた中国政府は、リブラに心穏やかではいられない。

　リブラを自社ユーザー27億人に使わせるだけでは、「広告収入が減ったフェイスブックが新たに稼ごうと個人情報を悪用する金融業に乗り出した」と指弾されるだけだから、リブラを使う企業群の協会を主役に立てて悪役印象を薄める。さらに5年後までにオープンなブロックチェーンネットワークに発展解消すると称して、預金口座を持たない17億人を金融包摂して貢献する想像力をかきたてるのが、国家に対峙する戦略になる。管理

者がいないオープンネットワークになれば、もはや国家の関与は及ばない。

リブラの価格を安定させたいが固定はしないなら、世界の投資家の空売りターゲットになり得る。世界の法定通貨当局も空売りにしばしば負けてきたから、MUFGコインはもとよりリブラも負けない保証はない。でも、もっとありそうなのは、リブラが弱い法定通貨が売られる受け皿になる展開だろう。そして、ビットコインは管理者がいないオープンネットワークだから匿名通貨として取引の個人情報は完全に保護されるが、不正取引に利用されるのを完全に防ぐこともできない。よって、リブラ協会の管理を脱してオープンネットワークになる時に、リブラも同じ二律背反に遭遇する。

159 国境の内外

フェイスブックやVISA、ペイパル、ウーバーといったリブラ協会のメンバーはほぼアメリカ企業だが、世界の貧困層の金融包摂を理念に掲げる以上は視線が国境の内だけでなく外を向いており、アメリカの政府と金融業界と国民だけでなく、活動する国の政府と金融業界と国民からも受け入れられねばならない。日本で三菱UFJ銀行やブロックチェーン推進協会と同じくリブラ構想に先行したLINEのトークンエコノミー構想も、日本向けとアメリカ向けとその他の国向けで、規制に合わせて活動内容を変えている。

通貨の歴史を、まだ国境が定かでなかった時代から国家が関与を深める時代に下ると、貴金属だった通貨は、国家が貴金属で裏づける紙から裏づけない紙になり、紙でない情報になった。今の銀行預金も情報通貨みたいだが、引き出せば紙の通貨が手に入る。だから情報通貨とかデジタルマネーと呼ぶのは、銀行預金の法定通貨を情報のまま引き出す法定通貨建の

電子マネーと、銀行から独立して国境がない暗号通貨になる。

　中国では紙の通貨が信頼できないから、QRコードをスキャンする電子マネーにリープフロッグ（蛙跳び）し、国内ではフェイスブックの活動を認めていない。だから、紙の通貨や銀行預金をリープフロッグして暗号通貨のリブラを使うと想定されているのは、フェイスブックユーザーが最も多いインドを中核とするアジアだろうと想像する。フェイスブック好きな出稼ぎインド人から故郷の家族の写真を何度か見せられたが、蛙飛びの先は銀行を代替する低コストの送金・決済手段にとどまらない。

　仲介業者がいなくても需要者と供給者を直接つないで正常に機能するのが、コンピューターが理解する契約（スマート・コントラクト）をブロックチェーンで実行する帰結だから、リブラを払うと時間の経過や事業の成功や事故の発生といった条件の下でいくら戻ってくるかのコントラクトを組めば、貸出や投資や保険の契約になる。

　こうして送金・決済だけでなく、途上国の貧困層に仲介業者から搾取されない低コストの金融サービスを提供するのが、リブラの売りになっている。とはいえ、目下不正取引撲滅のために高額紙幣を廃止したインド政府は同じ目的のために暗号通貨規制も強化しており、送金・決済手段としては電子マネーを指向している最中なのが間の悪さではある。フェイスブックやリブラ協会が今後越えねばならないハードルは、国境の外でも結構高い。

　リブラ通貨圏ができると、通貨が弱い国からの資金流出の受け皿になるのを懸念する論者が多く、中国政府が中央銀行発行のデジタル人民元を推進しているのもリブラに対抗し得る通貨圏を形成しようとしている。(2019) 年明けにブラジルのアマゾンから北上してベネズエラ入国を考えたが、国境で旅行者が生活に窮した入国管理官からドルを没収されている情報が相次いで諦めた。

　自国通貨が暴落してハイパーインフレで食べていけなくなれば、相手構

わず奪うしかない。通貨間競争を信じるリバタリアンは、弱い通貨が見捨てられるのは健全と考える。ベネズエラほど無茶な国家運営に歯止めがかかるなら結構にも思えるが、ここでの問題の本質は無茶な国家運営であってリブラの設計ではない。

　また、リブラ通貨圏が広がれば、自国通貨の価値を調整する金融政策が効かなくなると懸念する論者も多い。最近はひたすら自国通貨価値の下落を追求する無茶な金融政策が増えたと疑問視するなら、効かないほうがよいとの考えも、通貨間競争の一環としてあり得るだろう。ここでも問題の本質は無茶な金融政策であってリブラの設計ではない。

　してみると、リブラ構想の最大の論点はやはり、「取引の個人情報保護と脱税や麻薬やテロ資金の国境を超える不正取引対策の相克」になりそうである。ビットコインは完全な匿名通貨であり個人情報は完全に保護されるがゆえに、不正取引に利用される可能性も完全には排除できない。個人情報保護に疑念を持たれてきたフェイスブックが、リブラ構想では自らも個人情報にアクセスしませんと主張して相克を回避しようとするのは、一案には違いないがちょっと姑息にも見える。

　個人情報保護とマネロン対策に多くのコストをかけてきた既存の金融業界はそこを衝くに違いないから、早晩、リブラを使う金融取引は暗号通貨取引所に本人確認を丸投げするだけでなく管理者であるリブラ協会としての取組みが課題になるかもしれない。でも、前回の指摘を繰り返すと、リブラ協会の管理を脱してオープンネットワークになる時に、課題は試練に直面する。

　法定通貨でない通貨圏構想だから、銀行を始めとする金融業界より議会やFRBがまず反発した。次第に金融業界は政府に取り込まれつつあり、リブラ協会のクレジットカード会社や電子マネー業者も銀行口座から法定通貨を引き出すシステムを築いている以上、リブラ協会にとどまるべきか、抜け出すのが無難かの判断が悩ましい（注）。

（注）　リブラ構想公表の半年後にリブラ協会を脱退したVISAやペイパルは、「途上国貧困層への貢献姿勢が判然としなくなった」とか、「取引の個人情報保護への取組み姿勢に疑念を抱いた」とか説明しているが、まさか、「政府と銀行連合の圧力に屈しました」とは言えまい。ただ、自らの今後のビジネスが、ブロックチェーンと暗号通貨の道を必然的に歩むとは限らず、政府や銀行と折合いをつけながら電子マネーの使い勝手を改善する選択肢もあると考えたのかもしれない。

160 想像力の限界

　ブロックチェーンと暗号通貨につき書き始める時に、まだ誰も論じてない将来展望を示せるような気がしてちょっと高揚するのは、この界隈の言論がまだ混沌としているからである。が、結局はありきたりの言葉を並べて終わってしまうと、この界隈に自らの居場所などないと改めて気づく。「結論も決めずに書き始めるのかよ」と読者に呆れられそうだが、書いているうちに思いがけなく展開するのが面白いから、書き始める気も起きる。自らの想像力の限界に言い訳するなら、言葉の定義が確立していないから論じにくいのかもしれない。

　例えば、「ブロックチェーン技術を使ったビットコイン」という表現では、どこまでがブロックチェーン技術で、どこからがビットコインの商品性なのか、論者により言葉の使い方が違う。世界中からオープンにコンピューターが参加するのに、取引を承認し改ざん困難に記録する作業が、ルールを守って報酬を得る参加者のインセンティブに整合して正常に機能するのがブロックチェーン技術なら、三菱UFJ銀行のプライベートなブロックチェーンという言葉自体がナンセンスだし、最大100社からなるリブラ協会もクローズなネットワークに過ぎない。

　「ビットコインは投機の具になり果てたが、ブロックチェーン技術は信じている」とよく聞くセリフの主が信じているのは、ビットコインの商品

性なのかもしれない（注）。ブロックチェーン技術の定義が確立しても、今度はブロックチェーン技術を使わないとできない事業はなにで、なにが電子マネーでもできる事業なのか、やはり論者により言葉の使い方が違う。

　暗号通貨ウォッチャーでないからフェイスブックの不穏な動きに気づかず、リブラ構想に虚を衝かれて、とりあえずの思いつきを書いてきた。三菱UFJ銀行の暗号通貨開発やブロックチェーン推進協会の価格安定実験を眺め、日本で最も使われるSNSであるLINEのトークンエコノミー構想も眺めれば、世界で最も使われるSNSであるフェイスブックが次に思いつきそうな事業くらいは想像できて然るべきである。

　にもかかわらずの想像力の限界は、私がこれまで軽はずみに不穏な発信をしないためにSNSを敬遠してきたせいではないか、これでは時代の流れを体感できないのではないか、と感じてフェイスブックをダウンロードしてみたら、知人の名前がぞろぞろ出てきた。一番上に金融庁時代の同僚がいて、つい友達申請するとすぐに承認される。なるほどこりゃ個人情報の宝庫だな、と彼の日常を眺めるが、自分の個人情報をさらす展開になるきっかけは避けようと反応は送らない。

　数日後に、彼からメールが届いた。「先日、大森さんの名前の友達申請を承認しましたが、反応がありません。ブックを拝見すると公表顔写真の他には友達が私1人だけなので、誰かに名前を騙られたのではと心配しています。お互い誰に恨まれても不思議じゃない仕事をしてきましたからね」「いやいや本物の私ですよ」と慌てて事情を説明し、「それにしても名前を騙られる想像をするとは心配性ですね」と言わずもがなの返信をしたら、その夜の報道で、セブン-イレブンが満を持して始めたQRコード決済がいきなり名前を騙られて大騒ぎになっていた。

　被害者として会見するつもりだったセブンペイの幹部は、「ずさんなシステムを設計したあんたたちの責任でしょ！」と追及されるが、例によっ

てメディアが失敗を後知恵で裁いているのか、本当に呆れるほどずさんなシステムなのかはよく分からない。この程度のITリテラシーで、リブラ構想の将来展望を試みるのは不遜だった。でも、民間から通貨が生まれて使われる可能性は、国家が通貨を生む意味と副作用を改めて考えさせられて面白く、また懲りずに将来展望を試みるに違いない。

（注）　本稿執筆後にSECは、リップル社が証券法の手続によらず有価証券リップルを発行していると提訴し、リップル社は有価証券でなく暗号通貨リップルを効率的な送金・決済手段として提供しているだけと反論した。提訴の背景はリップルが法定通貨でもないのに送金・決済手段として機能しているからである。ビットコインやイーサリアムのように管理者がおらずオープンなネットワークで機能していれば、SECも規制の射程外と認めるし、なにより送金・決済手段としてでなく投資対象として機能する限りは国家主権を侵害しない。暗号通貨としてのリップルをクローズなネットワークで管理するリップル社はリブラ協会に近く、法定通貨以外で勝手に新たな通貨圏を作られちゃ困る、という国家の意思を、元来は投資対象を規制する任にあるSECが担う皮肉な展開になっている。

　　　アメリカの議会やFRBはリブラ構想の登場時には本能的に叩き、アメリカの金融業界も取り込まれたが、デジタル人民元が実現に近づくにつれ、デジタルドルを提供する民間プラットフォームとしてのリブラの可能性に着目して手綱さばきをしているようである。リブラ構想公表後のG7やG20ではリブラの懸念されるリスクが議論されたが、次第に懸念対象がリブラからデジタル人民元に移る。後のコロナ時代には国境がさらに高くなり、リブラも単一法定通貨に連動する仕組みへと退却し、オープンネットワークへの進化にも言及しなくなった（**203　原理主義からの解脱**）。

　　　この本の（注）は書いた後の変化をあまり几帳面にフォローしておらず、リブラがディエムになり、フェイスブックがメタになっても、「ほお、そうですか」と感じる程度だが、ブロックチェーンと暗号通貨の分野の動きは依然激しく、言論も依然混沌としている。さらに後にメタがディエム構想を断念しても、通貨として機能する民間発の暗号通貨の可能性一般まで消えたのではないと認識している。フェイスブックほど悪評高くない担い手が、フェイスブックの挫折経験を踏まえて登場すれば、デジタル人民元の進捗次第では違う展開があり得るだろう。

　　　本質的に意味がある動きを識別するのは容易でなく、意味があっても現象的には投機の具として現れたりもする。新しい動きの意味が分かるふりをして生きていると、「メタバースに先行投資しておくべきでは？」なんてアドバイスを求められるのも、自分の感覚で反応してよいのか見当がつ

かず荷が重い。今のとこ、ゴーグルはめて仮想空間で買い物や海外旅行したいとはちっとも思わんけど、老化が進んで足腰立たなくなったら結構ハマるかもしれんしなあ。

第 26 章

MMT瞥見 （161～163）

MMT（モダン・マネー・セオリー）の意味がある政策論は、家計、企業、政府の部門別収支バランスの関係を前提に政策を考える必要性の指摘と、資金需要が通貨量を増やして物価を上げる因果関係の指摘だけだと思う。ケインズを慢性化して政府の経常費用を通貨で賄えば通常はインフレが懸念されるが、インフレでない時代が続き過ぎた日本の財政は、事実上MMT依存が深まっている。

161 「マネー」の意味範囲

MMTが、「ポピュリストの口実」とか、「歴史の教訓を無視」とか指弾される中で、主唱者ランダル・レイ教授の新著をぱらぱら眺めた。「マネー」は単なる支払い手段でなく金融資産や負債を含む。民間が金融資産を貯めれば、政府が対応する負債を抱える当然の前提を明示しない経済論議が多いので、内国債は国の負担でないと常識を指摘するだけのMMTに、目からウロコの信者が増える。

162 政府の負債による負担とは？

「政府の収支改善は民間の収支悪化」と部門間の恒等式を前提に政策を考える必要はあるが、MMTもインフレに対しては、増税して政府収支を改善する処方箋だから、民間収支が悪化して家計の消費需要を減らす。インフレにならないこの国では、企業から家計への所得移転と貧富の家計間所得移転の2つの道筋をインフレになるまで試すのが、政策価値があるMMTの思考実験になる。

163 通貨量と物価

16世紀に中南米から銀（通貨）が流入してヨーロッパの物価が上がった際、早く供給できない商品ほど急上昇したのは、物価全体を底上

げする通貨量の増加と商品ごとの需給の影響が合わせて現れていた。
「銀行の日銀当座預金を積み続ければ通貨量が増えてインフレにな
る」リフレ派の主張を、「通貨量は資金需要が決める」現実の因果関
係に戻したのが政策としてのMMT派の意味になる。

161 「マネー」の意味範囲

　世界恐慌期にケインズが出した主著を日本では伝統的に「雇用、利子、
貨幣の一般理論」と訳してきたが、最近は原題の「マネー」を「貨幣」で
なく、「通貨」や「お金」とする訳者もいる。野口悠紀雄教授の近著が
『マネーの魔術史』なのは、主に英米史から題材を得た事情もあるが、「マ
ネー」を日本語に訳すとしっくりこない事情もある。

　日本語候補として、「貨幣」は古色蒼然とし日常生活で使わないし、法
律上は紙幣でない硬貨を意味して強制通用させられるのは20枚まで、なん
て書いてある。「通貨」になると各国内で支払い手段として「通」用する
現代的な「貨」幣のニュアンスを持ち、対応する英語は「マネー」より
「カレンシー」が一般的だが、だからと言って「マネー」を「通貨」と訳
してならなくはない。ケインズが論じるマネーは私には「通貨」のほうが
しっくりくるし、「インタレスト」は圧倒的に「金利」を使うので、主著
を訳すなら「雇用、金利、通貨の一般理論」とする。

　元来、「マネー」も別に格調高い英語でないが、日本語で最も一般的な
「お金」と訳すのがまれなのは、ちょっと格調低く感じるのかもしれな
い。「お金持ち」という日本語は、給料など毎月の所得フローが多い人間
を意味しても構わないが、通常は、預金や株式や不動産などの資産ストッ
クを多く持ち、資産からの所得が多い人間を意味する。英語の「マネー」

も、広く金融資産や、資産を持たれる側から見た負債の意味を含む。「カレンシー」になると、金融資産のうち支払い手段に使え、政府への支払いである納税に使える通用側面に着目するニュアンスを持つ。

　日本で仮想通貨（バーチャル・カレンシー）の法律語が暗号資産（クリプト・アセット）に変わっても、私が暗号通貨（クリプト・カレンシー）という折衷語を使うのは、形式的には依然、支払い手段を提供する業務の根拠法である資金決済法に規定している事情による。逆に言えば、金融資産を提供する業務の根拠法である金商法の適用が限られた状況で暗号資産という言葉を使うのは、法律的には、「まだ早い」と感じる。もちろん大半の暗号通貨が支払い手段として取引するのでなく、金融資産としての値上がりを期待して取引する実情があるにせよ、である。そして実質的には、リブラのように金融資産でなく通貨として使われてこそ、暗号通貨が社会に貢献できるからに他ならない。

　リーマンショック後に金融庁内外の有志とケインズ「雇用、金利、通貨の一般理論」の勉強会をした時、参加者の案内役として知見を深めようと、誰にでも門戸が開かれたケインズ学会に行った。登壇したのが、今流行のMMT（モダン・マネー・セオリー）の主唱者ランダル・レイ教授になる。学会で日本側登壇者が相変わらず教祖が残した言葉の訓詁学をしているのに比べ、レイ教授はリーマンショック後に企業や家計の将来期待が急速になえた局面での政府の役割を理論的に語り、当時各国政府が本能的に行った一時的な積極財政を裏づけた。

　ただしMMTは、インフレにならなければ、一時的でなく経常的な政府支出を通貨で賄えると主張する。ケインズの慢性化に本人が賛同するとは思えぬが、ケインズが発言した当時の真意を追うより、今ならなにを言うかを考えるほうがケインズ学会にふさわしい営みとは思う。MMTも私なら「現代通貨理論」と訳したくなるが、カレンシーは支払い手段の意味合いが強く、マネーはより金融資産や負債の意味合いが強いから、英語のま

ま使うのがよいだろう。

　MMTが「ポピュリストの口実」とか、「歴史の教訓を無視」とか厳しく批判される中で、レイ教授の新著『MMT（モダン・マネー・セオリー）』も普段なら翻訳を待つところだが、ケインズとの関連が気になり、ピケティの『21世紀の資本』以来久々に英語版を手にしてぱらぱら眺めた。そこでは「マネー」が改めて、単なる支払い手段ではなく、金融資産や、資産を持たれる側から見た負債と定義されており、売買とマネーの支払い時期がずれると金融資産と負債が生まれるから両者は連続している（注）。

　海外との取引を捨象すれば、家計が消費を控えてマネーを貯め込み、企業も実物投資を控えてマネーを貯め込めば、これら民間の金融資産に対応する負債を政府が抱えなければならない恒等式が認識の出発点になる。「当たり前だろ」と読者は感じるかもしれない。でも、この当たり前を明示しない経済論議が多いから、「政府の負債は民間の資産」「政府の負債償還は結局のところ民間内の資金移転」と言われただけで、「目からウロコ」と感じるMMT信者が増えている。

（注）　商品の支払いを円滑に行うためにマネーが生まれ、支払い手段として誰もが欲しがる典型的な素材は金（きん）になる。だから紙幣も初めは金との交換を保証したが、次第に金の量が経済成長に追いつかなくなり保証しなくなって今に至る。金と交換できないのにマネーが支払い手段として通用するのは中央銀行を含む政府が価値を保証するからだが、時に政府が信用を失えば通貨価値が下がってインフレになる。よって、国民みんながマネーに価値があると信じているうちは価値があるトートロジー構造になる。

　　　　MMTは支払い手段としてのマネーより、金融資産や負債としてのマネーを重視するが両者は連続しており、売買とマネーを支払う時期がずれると売り手の金融資産と買い手の負債が生まれる。そして今では銀行が貸して生まれる借り手の預金が、マネーのほとんどを占める。政府が発行した国債を銀行が買い、政府が得た資金を国民に配れば配り先に預金マネーが生まれるから国債発行に制約はないとMMTは考える。

　　　　でも、個々の銀行は国債の金利と今後の金利動向を予想して買うかどうかを決めるから、国債の発行が増えるほど金利が上がらないと消化できな

い事情が際限ない発行の歯止めになる。民間消化の歯止めが効かない国債日銀引受けによって政府が信用を失ってインフレにならないよう、財政法が日銀引受けを禁じている。日銀が銀行から長期債を含む国債を異次元に買うのは、歯止めを壊して政府の利払いや償還の国債費を払う相手を政府仲間の日銀に変え、政府の負担を軽減する試みになる（240・241　預金の生まれ方（上）（下））。

162　政府の負債による負担とは？

　リフレ派よりMMT（モダン・マネー・セオリー）派のほうがまだましに思える理由を、すかっと語るのは意外に難しい。リフレ派が、住宅バブルに依存したアメリカ経済の好調をFRBの優れた金融政策の帰結として日銀を無駄に責めたのに比べ、財政政策を重視するMMT派のほうがケインズ以来の本質的な議論をしているせいかもしれない。ただし、ケインズが一時的な需要不足を財政で補って経済の循環を維持する主張だったのに比べ、MMT派が内国債は国の負担でないから、温暖化対策やオバマケア拡充や貧困学生支援の経常的な支出に充てても問題ないと主張するのが違う。

　私が役所に入った1980年代初めにGDPとほぼ同額だった家計の金融資産は、退官した時にはGDPのほぼ3倍に増えていた。MMTが教えるように（別に教わらなくとも国内の部門間の恒等式に過ぎないが）、家計の金融資産の増加には、この間の政府の負債の増加が対応している。個々の家計は、将来の子供の進学や住宅の取得や老後の生活に備えて貯蓄する＝金融資産を増やすが、貯蓄を控えてもっと消費していればGDPが増えて政府の収入も増え、負債の増加は実際より少なくて済んだ。個々の企業が、貯蓄を控えてもっと実物投資してもやはりGDPが増える同じ道筋になる。

　ここまでの議論では、GDPを構成する需要が、消費か、実物投資かで違いはない。でも、「政府の負債は民間の金融資産だから国の負担でな

く、国債償還時の課税と国債所有者への償還は民間内の資金移転に過ぎない」とするMMTの議論に対しては、国債発行時の現役世代が、消費をするか、公共投資を含む実物投資をするかによって、将来世代への負担が違うとする伝統的経済思想からの反論がある。国債発行時の現役世代が、実物投資をすれば将来世代も使える資産が残るが、消費してしまえば将来世代が使える資産が減る負担が生じると言うのである。

　長らく私は、民間の期待に政府が及ぼす影響を無視したこの反論にあまり説得力を感じなかった。世界恐慌期やリーマンショック後は、家計は将来不安に備えて消費を減らし、消費が減るのを見た企業は期待がなえて実物投資を減らすから、政府が国債を発行してでも需要不足を埋めねばならない。政府の負債が増えて、確実な需要としての公共投資に加え、家計の消費需要が維持された結果企業の期待が回復して実物投資も維持されるなら将来世代が使える資産が減る負担は生じない。ただし、近年になるほど政府の負債は、公共投資をはるかに超えて、高齢者への給付が過半を占める社会保障によって増えているから、将来世代の負担についての私の感覚も検証する時がきているかもしれない。

　長らく私が政府の負債による負担として気になってきたのは、現役世代と将来世代への影響の違いより、貧しい家計と豊かな家計への影響の違いになる。「国債償還時の課税と国債所有者への償還は民間内の資金移転に過ぎない」とする議論は間違いではないが、貧しい家計も課税されるのに対し、豊かな家計は償還により恩恵を得る。貧しい家計から豊かな家計への所得移転によりマクロの消費性向が下がって消費が減るのは、マクロ経済の負担になる。

　MMTのように、「政府の負債は民間の資産、政府の収支の改善は民間の収支の悪化」と、部門間の恒等式を念頭に置いて政策を考えるのは大切に違いない。でもMMTとて、自らの主張の帰結として需要超過のインフレになれば、増税により政府収支を改善し民間収支を悪化させて需要を抑

えインフレを抑えるとしている。でもこの国の物価は原油価格と為替レートで決まる輸入価格にほぼ規定され、需給の影響を受けているように見えない。

　ならば政府と民間の関係はひとまず棚に上げ、民間内で企業から家計への所得移転と貧富の家計間の所得移転により分配を変えて消費性向と需要を高める試みをインフレになるまで続けてみるのが、日本にふさわしいMMTの思考実験と思う。第二次大戦後の先進国は累進税率を下げてきたから、貧富の家計間の所得移転を税で実現するのは難しいとかつて書いたが、難しいがゆえの思考実験になる（121　外国人労働者総論）。かつてリフレ派が主張した、銀行の日銀当座預金を積み続ける思考実験よりは建設的だろう。無論、供給力強化論者も納得させるには、生産性を高める努力が伴わねばならない。

163　通貨量と物価

　ボリビアはポトシ銀山の坑内は、じめじめ暑い。先住民の坑夫たちは今も苛酷な環境に耐えようと、コカの葉をかみ96度の酒をあおってもうろうとしながら掘る。「この酒試すか？」とポトシ銀山のガイドに言われてくいっと一気飲みすると、坑内見物にきた観光客たちから、「ほう」と嘆声があがった。その中から、「オレもやる」と同年代のテキサスのオヤジが現れ、「リメンバー・パールハーバー」と私にウインクして一気に飲んだ。そうなると私も、「ノーモア・ヒロシマ」とウインクして飲み返すしかない。３杯目、４杯目、５杯目と応酬して、ガイドがドクターストップをかけた。かくて意気投合した日米のオヤジは一緒に坑内を歩いたが、次第にもうろうとして動けなくなる。バカオヤジ２人の意識が醒めて体が動く機能を取り戻すまで、他の観光客は坑内に１時間も足止めされた。

　もちろん16世紀以降ポトシ銀がヨーロッパに流入して物価が上がった経

済史上の重要事件を追体験しようと来たのである。通貨量が増えれば物価が上がる数量説は、古典派経済学の柱の1つになった。でも古典派経済学では、供給と需要が均衡するように価格が決まるのがもう1つの柱であり、この2つの柱の相性の悪さが現代まで続いている。ポトシ銀がヨーロッパに流入してすべての商品の価格が一律に上がれば、数量説はより鮮やかに立証されただろう。でも実際は食料が最も急速に上がり、工業品がそれに次ぎ、賃金はなかなか上がらなかった。

　人口が増える状況で農地は限られているから、食料の供給は需要に追いつかず価格が急伸する。農地を持てない農民が工業に携わったから、工業品はそこそこ供給された。そして最も供給されたのが労働者だったから賃金上昇が最も鈍い。需要があっても通貨がないと実現できないから、豊富な通貨の流入は物価が上がる必要条件だが、十分条件ではない。価格上昇率の差は、通貨量の増加と需給事情が合わさって生じていた。

　日本でこの手の議論をするのに、ベースマネーとかマネーストックとか英語を使うともどかしいので、以下前者を広義現金、後者を通貨と呼ぶ。広義現金は紙幣などの現金と銀行が持つ日銀当座預金であり、日銀の負債として日銀が調整できる。通貨は現金と銀行預金であり、日銀を含む銀行の負債になる。銀行預金は現金を預けても生まれるが、圧倒的に銀行が企業に貸して生まれるプロセスをMMT（モダン・マネー・セオリー）は強調する。

　銀行貸出とは、貸出先企業の預金口座に貸出額の数字を書き込むことだから、現金を必要としない。この場合、企業の借りたい意欲（資金需要）が前提だから、どんなに金利が低くとも、資金需要がなければ預金通貨は増えない。以上は銀行業界や日銀には自明だが、経済理論の世界では、通貨量は広義現金量に比例するから日銀が調整できるとの考えが根強かった。

　もとより金利を下げれば資金需要が強まって銀行貸出が増え預金通貨が

増える時代もあったが、金利がゼロに近づいても資金需要がなければ金融政策は効かない（注1）。それでもなお、日銀当座預金を積み続ければ、「銀行はバランスシートを元に戻すために貸出に向かうはず」とか、「積み続ければいつかはインフレ期待が高まるはず」とか、検証不能の主張をするリフレ派勢力が衰えず、これに、「株価さえ上がれば理由はなんだっていい」投資家勢力が呼応する日銀受難の時代が続いた。

　MMTの政策論としての意味は、部門間の収支や資産負債の対照関係を認識させた前回の話と、通貨量は広義現金量でなく資金需要が決めると認識させた今回の話にある。一時的でなく経常的な政府支出を通貨により賄おうとする慢性ケインズは政策論と呼ぶには値しない。「ポピュリストの口実」とか、「歴史の教訓を無視」とか指弾する群れに加わる気はないが、インフレの兆候が感じられない期間があまりに長く続いた中で、日銀が銀行から国債を異次元に買って財政の事実上のMMT依存が進み、出口なく引き返せない道を歩んでいる（**245　富士山宝永噴火の頃、248　出口なく引き返せない道**）（注2）。

（注1）　コロナショックにより企業の資金需要は強まったが、実物投資のためでなく、借入と両建で現預金を増やして資金繰りに余裕を確保するための資金需要だから、物価には影響しない。もっとも、最初のコロナショックが一服した2020年後半から資源や穀物の価格が上がる石油ショック型状況になり、ウクライナ情勢が不透明性に拍車をかけている。石油ショック時は変動相場制に移行しての円高が原油高を相殺したが、今では資源高、穀物高を円安が増幅しているのが、国の経済の興隆期と衰退期の反映に見える（**29　良い○○悪い○○、268　補助金ランダム妄想**）。

（注2）　MMT派は自国通貨建で国債発行しても、自国の通貨で償還できるからデフォルトしないと主張するが、この主張自体を否定する論者はいないと思う。インフレになって償還できても債権者は困ると言うだけである。「資産の利益率 r ＞所得の成長率 g」はピケティの格差拡大要件だが、r が国債金利なら、プライマリーバランスが黒字でないと、「国債残高／GDP」が発散して財政が破綻する要件でもある。日銀が国債を買い続けて低成長下でも「r ＜ g」を維持しているが、物価が上がって日銀が国債を買う金融緩和を続けられなくなれば「r ＞ g」になる。すでに「国債残

高／GDP」は2倍をかなり超え、プライマリーバランスは無論赤字だが、日銀が銀行から国債を買って金利を抑え政府負担を減らす実践により、財政構造への危機感は麻痺している。

第 27 章

脱線話集 （164～168）

解説するまでもない文章群だが、自ら課した背景解説ルールに従う。我が家の家族に続々チワワが加わったいきさつと、ロスによりブルーになる風景。おばあさんにぶつられて入れ歯を海に落とした顛末。人が良いのか頭が悪いのかよく分からないおじいさんの第2の人生。ジャクソンホールの訪問と交わされた議論の回顧。そして、戦争と平和を描く現代日本のアニメ映画とトルストイ。

164　語るに落ちる話

　夫婦で海外を遊び歩いて子供を持つ時期を過ぎてしまった我が家では、かつてアイフルCMのチワワに夫婦でハマって子供にし、やがてチワワの家族が増えるアイフルCMと同じ展開をたどる。最初の子供のロスとロスからの回復過程も語るに落ちるが、そもそも、仕事に臨む姿勢そのものが語るに落ちていたようでもある。もとより主観的には、ふざけていたつもりはないのですが。

165　もっと語るに落ちる話

　因果関係が法的責任を意味しないこの事例を第2の人生で使っている。東芝社長が、「手段を選ばず稼げ」と怒鳴ったから巨額の不正会計が起きた因果関係があっても、「不正な手段を含めて選べ」という意味だと立証しない限り法的責任は問えない。関与先企業が几帳面な取引相手から法的責任を問われると、法務専門家として東芝とこの事例を語る。効果のほどは必ずしも定かでないですが。

166　派生する話

　行政官が第2の人生を送っていれば、そりゃ私の関与先だって問題は起きますよ。赤字に転落して株主に迷惑かけたり、社長が不注意で

取引先から誤解されて辞任したり。社外の立場から関与先のすべてを把握はできないし、常に的確な判断や現状認識に基づくアドバイスをしていると思い上がってもいません。でも、こ、こりゃいくらなんでも、と感じたので自戒を込めて書いてみました。

167　ジャクソンホールのジャック

　アメリカ西海岸の大学で話すお務めを終え、ワイオミング州に飛ぶ。素晴らしい環境の中で世界の金融や経済の賢人が集って議論すると言われるジャクソンホール会議の舞台で、これまでに交わされたしょーもない議論を思い出し、賢人と言われてもたいしたことないな、と思う。でも、ドライバーのジャックが日常から紡いだ何気ない言葉に癒され、帰国後もなかなか念頭から離れない。

168　すずとナターシャ

　「積極的に戦争協力するのは頭か性格が悪い奴」というステレオタイプを超えたので、アニメ映画『この世界の片隅に』は単なる反戦映画を超え、戦争協力をも含むひたむきで誠実な人間の営みを描く。トルストイの『戦争と平和』も同じく、戦争協力をも含むひたむきで誠実な人間の営みを描く。すずもナターシャも戦争に翻弄されるが、平和が戻れば気の善い母としての穏やかな日常が待つ。

164　語るに落ちる話

　今世紀の初め、金融庁の森長官（初代のほう）のただでさえ重苦しい顔が、一層重苦しく沈んでいた。「どうしました？」「子供が死んだ」「ああ

犬ね」「ああ犬ね、とはなんだよぉ、キミんちだって人間の子供がいないんだから、他人事じゃないだろ！」。こんな時、主観的には微笑み返しているつもりだが、客観的には冷笑を浮かべているようにしか見えないのが、組織人として私が適性を欠くゆえんらしい。ひと月後、森長官の顔は見違えるほど生気を取り戻していた。「どうしました？」「いやあ、ひと月我慢したけど、やっぱ買っちゃったよ」「ああ犬ね」「死んだ子供には悪いけど、新しい子供にも癒されちゃうのが人間の性だなあ」。この時は私も、語るに落ちるな、と本当に冷笑を浮かべていたかもしれない。

　そんな感覚だったので、ほどなく、よりによってアイフルCMのチワワ「くぅちゃん」に夫婦でハマるのは想像を超えていた。気の弱いオヤジが、「くぅちゃん」の可愛さに我慢できず借金して買い、やがてチワワの家族も欲しくなってまた借金、というCMの展開は、もとより職務上の問題意識を喚起はする。借りる手軽さをアイフルの自動契約機で実験し、契約間際に、「実験しただけだからもう結構です」と言ってオペレーターを絶句させる。「マニュアルは実験する客を想定していないので、オペレーターも困ったでしょうね」と旧知の福田吉孝社長が解説してくれた。

　かつてアイフルの過剰貸付に問題意識を持って検査したから福田社長と旧知なのだが、その際の最大関心事は全滅した関西の在日韓国・朝鮮人の金融機関の再生にあり、在日同胞として福田社長に一肌脱いでほしい不透明な思惑もあって検査で追い込む指示も徹底を欠いた。後に多重債務問題が深刻化すると金融庁の担当課長になったが、「くぅちゃん」並みに可愛いチワワを探すのとはちっとも矛盾しないのだった。過剰貸付で今度は行政処分を受けたアイフルはCMを自粛し、国会に呼び出された福田社長に担当課長の私が聞いたのが、「今、くぅちゃんはどこにいますか？」だったのは、今も申し訳なく思う（**付録１　貸金業制度改革10年の感想**）。

　ようやく下関で見つけた「くぅちゃん」並みチワワを、子供の頃によく遊んだ隣家の柴犬「コロ」と好きなフランス画家にちなんで「コロー」と

する（注）。寄稿や講演でたまった活字を初めて本にした時も、可愛さ自慢のコローを表紙にする。「もっと写真を大きくできないかな？」と問うと、「これ以上大きくすると本屋がペットコーナーに置いてしまいます」が答えだった。

　森長官やアイフルCMオヤジの経験にかんがみ、死んでもがっかりしないようにとチワワの家族は増えたが、先日16歳で老衰死したコローの葬儀から帰ると、夫婦で脱力して床にへたり込んだ。「晩ごはん作る気力ないんだけど、店屋物でいいかな？」と女房。「うん、ラーメンとか軽いのを」と私。そのラーメンも喉を通らず、酒ばかり進んで翌日は重度の二日酔いになる。アメリカの大学で講話しなければならないのに、準備する気力も起きない。

　飛行機に乗る間際、女房からの電話が鳴った。「下関に尋ねたらコローの甥が生まれたんだって。ちょっと高いけど、写真取り寄せて可愛かったら買ってもいいかな？」「写真とかなに回りくどいこと言ってんだよ、すぐ下関行って連れてこい！」。私は亭主関白ではなく、亭主の留守中に買ってしまいたい女房の本音を代弁しただけであり、それは私の本音でもある。かくて、語るに落ちる我が家は、森長官のひと月を下回る１週間も我慢できずに生気を取り戻した。が、アメリカでもっと語るに落ちる展開が待っているとは、イランで視聴率９割を記録した朝ドラ『おしん』風に締めるなら、神ならぬ身の知る由もない。

　（注）　アイフルCMに触発されて子供にしたコローと甥の出身地が下関なのと、下関を本拠とする山口FG（フィナンシャルグループ）の内紛がアイフルとの消費者銀行の提携構想に起因していたのは無論なんの関係もないが、後に山口FGを考える際にはなにか因果のような感覚に囚われて書いていた（265　経過観察、266　続・経過観察、付録６　『ドキュメント72時間』からの想像）。

165 もっと語るに落ちる話

　アメリカ西海岸の渡し船での一瞬の出来事だった。海を向き、作りたて
でしっくりこない上前歯の入れ歯を何気なく外すと背中にどーんと衝撃を
受け、体が飛んで船の欄干に追突し手に持った入れ歯を海に落とす。振り
返って叫んだ「ふぁきゃやほー」は、もちろん日本語の「ばかやろー」だ
が、前歯がないと空気が漏れて発音できないのに愕然とする。眼下でうつ
伏せに倒れたアメリカ人の大柄な老婆が起き上がると、歯が折れて口から
出血している。つまり老婆は甲板で滑って私にぶつかり、貧弱な私が欄干
に飛び、老婆はそのまま倒れて甲板に顔面で追突したのだった。

　これから人前で英語を話さなきゃいかんのにどうしてくれよう。でも、
「ソーリーソーリー」と半泣きで詫びる老婆が自らの歯を失ったのに、入
れ歯を失っただけの私がどこまで怒るのが正当化されるかは、国際私法上
のかなりシュールな課題に思える。ぶつかった相手が、異国で無保険で応
急処置できない私だったのは、老婆の責任とも言えない。「手段を選ばず
稼げ」と社長が部下に怒鳴ったから東芝不正会計になった因果関係があっ
ても、不正な手段を含めろと怒鳴ってないから法的責任を問えないのを思
い出す。

　結局、「気にすんな」と老婆の肩をたたき、「とりあえず腹ごしらえして
対策を考えよう。ラーメンなら前歯がなくても大丈夫だろう」と思ったの
が甘かった。人間はラーメンをすするのと飲み込むのとの間で、無意識に
メンを適宜の長さに前歯で噛み切っている。噛み切らないまま飲み込めば
喉の先に進めず、未経験の窒息に襲われた。「このまま飲み込み続けると
不測の事態を招きかねない」と本能が命じて、げほげほとどんぶりに吐き
戻す。「ラーメンが悪いんじゃない、オレの体が悪いんだ」と発音不鮮明
に店主に詫びて店を出た。

これじゃあホテルに戻ってウイスキーでも飲むしかない。小声でぶつぶつ英語の発音練習をしながらついボトル1本を空け、翌朝、重度の二日酔いでベッドにうずくまる。「コロー（我が家のチワワ）の葬儀後にラーメンも食べず酒ばかり飲んだ二日酔いの後悔から間もないのに」と自らの健忘症ぶりに茫然自失する。窓を開け放って寝たせいで風邪までひいた。昨夜は突如話せず食べられない境遇に陥ったが、今朝は嘔吐と下痢に苛まれ生きるの自体がつらい、もっと語るに落ちる境遇に至る。「もうダメだ。大学講話はキャンセルしよう。この世界の片隅にうずくまっているだけのオレに、意味のある話などできん」と絶望した。

　が、二日酔いは半日あれば、風邪は一日あれば治まる。マクドナルドなら前歯がなくても食べられ、ライスなら口中でしばし溶かせばラーメンみたいな目に遭わずに済むのを学ぶ。話すほうは、前歯がないのを唇で微妙にカバーしながら腹の底から低音を発すれば、どうにか聞ける程度にクリアな発音になる。小声での練習と違い前歯なく人前で話すと唾が飛ぶのは避け難いが、マイクに口を近づけて抑制した。

　下関にコローの甥を迎えに行った女房から写真付きのメールが届く。「コローほど可愛くないのよ。この黒くて愛嬌あるんだか間抜けなんだか分からないツラってどうよ？」。「気にすんな。オレはケネディよりキング牧師が、トランプよりオバマが好きだ。ツラは間抜けな境遇のオレにゃかえって慰めだぜ。フランスの画家からイタリアのマフィアに落ちるようだが、コロー2号をコローニとする」（注）。

　この語るに落ちるやり取りの間に、絶望が自虐の哄笑に化すのは、もとより元来さしたる絶望でないからである。ただ、話す機能が制約されたこの間に、眼鏡がないと見えない人、補聴器がないと聞こえない人、車椅子がないと動けない人、体は動いても心が引きこもる人、たちにこれまでより優しい気持ちを抱けるようになったなら、意味のある絶望だったと思いたい。

（注）　本稿のくだらなさついでに家族が増えた順のくだらない紹介をしておく
と、①コロー（♂）、②みーこ（♀）、③リン（♀）、④コローニ（♂）、⑤
コローミ（♂）、⑥レオン（♂）、⑦さくら（♀）。2017年春の「付録１　貸
金業制度改革10年の感想」に「我が家にチワワのつがいがいる」とあるの
は、①②で子供ができるのを期待した時代だができなかった。2019年夏に
①～③の３人体制でコローを失った衝撃にかんがみ、今は②～⑦の６人体
制になっているが、彼らから子供ができそうな気配はやはりなく、子孫が
無限に増える往年のアイフルCMのシュールな展開には無縁となっている。

166　派生する話

　前々回、「金融庁の森長官（初代のほう）」と書いたら、何人かの親切な
読者が、「森長官は２代目ですよ」と指摘してくれたので、編集担当の小
林さんに前々回の原稿とともに送ったメールをコピペしておく。「厳密に
は森金融庁長官は２代目ですが、検察出身の金融監督庁長官が金融庁への
編成替え時に経過的に短い初代になっただけなので、森長官を初代と呼ぶ
のが私の用語法です」。こうした用語法を使うからといって、検察出身の
金融監督庁長官の存在感を軽視するのではない。ただ、目まいを起こすほ
どの存在感は、むしろ２つの役所を退官した後に発揮されるので、今回の
派生する話をもって親切な読者への返信に代える。

　退官後の彼の肩書が、社外の取締役か監査役か顧問かは正確に区別する
意味もなさそうなので、以下、単に「関与先」と書く。最初の目立った関
与先は、最初にして最後のペイオフになりそうな日本振興銀行だった。金
融界のつてを少しでもたどれば、「リスクを取れない銀行に代わってオレ
が中小企業金融を刷新する」と経営者が豪語したこの銀行がどんな企業に
融資し、預金者にどんな水準の金利を払い、従って早晩どんな運命をたど
るかに気づけそうだが、それは関与業務に含まれないらしい。

　続いての関与先は、連帯保証人を数知れず自殺に追い込んだSFCG（商
工ファンド）になる。やはり法曹界のつてを少しでもたどれば、この貸金

業者の邪悪な（と呼ぶしかない）体質に気づけそうだが、やはり関与業務には含まれないらしい。そして最近流出事故を起こした仮想通貨交換業者のビットポイントが関与先と聞いても、「あ、またね」程度の感想しか湧かない。

　一般論として、元行政官が退官後に民間で立派な名前を貸すのは自由だが、立派な名前ゆえに客が信用して集まるのに信用に見合う業務をしていなければ、本質的には名義貸し詐欺と違わない。もちろんこうした先達に忖度しない物言いは、私自身の第2の人生が易きに流れないよう、世間の常識に水を差して自らを戒めているのである。

　検察出身の元金融監督庁長官から、高齢になっても運転免許を返上せずに歩行者をひき殺した元東京地検特捜部長を連想するのは飛躍かもしれない。世間の常識はもちろん、「自分は大丈夫」と過信してひき殺すほうが悪い。でも、連帯保証人宅を占拠して保証人一家を2階に押し込め、絶望して首を吊るまで大音量で軍歌を流しどんちゃん騒ぎを続ける企業を関与先にするのと比べれば、どっちもどっちとは感じざるを得ぬ。

　高齢ドライバーに家族を殺された遺族が、「自分は大丈夫」と過信する鈍感さを憎み、厳しい実刑を求める気持ちは理解できる。でもやっぱり、犯罪者にするか、するなら執行猶予か実刑かだけではエンフォースメントの手段が足りない。少額のインサイダー取引で犯罪者にするのはバランスが悪いが、放置もできないから行政措置としての課徴金が生まれた経緯からすると、歩行者を殺した高齢ドライバーへの行政措置があってよい。

　それは、なぜ、「自分は大丈夫」と過信してしまったのかを成功した人生を回顧して真摯に検証させ、未だ事故を起こしていない高齢ドライバー向け講習で披瀝させるのである。立派な経歴の「上級国民」でも過ちを犯すなら、自分も早く免許を返上するほうが無難と思う聴衆もいるだろう。もとよりこんな行政措置がなくても、事故を起こした高齢ドライバーは人生終盤の汚点を自覚して悔いている。だが、企業に関与しても自らに災い

が及ばなければ、責任を悔いる自覚が生じない場合もある。そこに、私み
たいなインサイダー物書きが、世間の常識に水を差す意味もあろうと愚考
する（注）。

（注）　この本の初校ゲラを読み返す前に、社会貢献姿勢に共感して社外取締役
　　を務めていた上場企業が、多くの投資家とともに資金運用で運用会社から
　　詐欺に遭ったらしいと判明した。当社は事業譲渡によって得た資金を有利
　　に運用しなければならない局面にあり、アドバイス役の私と違って積極的
　　に当社に取引先を紹介し貢献してきた同僚の社外取締役が、実績のある運
　　用会社として当社に紹介した。
　　　取締役会で資金運用契約の説明を受け、内容を検証し、必要な確認をし
　　たところ、ベンチャーキャピタルとのパイプを持つとされる運用会社との
　　契約自体に不自然な点はなかった。ただし、資金運用の成否見通しは運用
　　会社が持つ新規公開株の目利き力と調達力に依存するため、私としてはこ
　　の運用を提案した経営陣と運用会社を当社に紹介した社外取締役の判断を
　　信頼するしか術がない。まして契約を実行しない詐欺の可能性まで疑って
　　かからねばならないなら経済取引は動かなくなる。
　　　辞任が予定されていた取締役と監査役の2人が、運用会社の運用実績が
　　開示されていないことを主因に反対したのは、運用会社が称した適格機関
　　投資家特例業者には開示義務がないため反対理由にならず、運用会社を当
　　社に紹介した社外取締役が実績はすでに確認済みと説明したのを信頼する
　　しかないと判断した。また、適格機関投資家特例業者を使って新規公開株
　　で運用するのが上場企業にふさわしいか疑問も感じたが、当社の置かれた
　　状況を踏まえた経営陣と社外取締役の提案に、同じく当社に残る者として
　　異を唱えるべきではないと判断した。
　　　「監視委員会の局長だったのに詐欺を見抜けないのか」と論評されれ
　　ば、「私が見抜けないのに誰に見抜けるのか。神の予知能力を持てと言う
　　に等しいでしょ」と言い返したくなるが、誤解に基づく論評には慣れてい
　　る。破綻した長銀・日債銀の経営陣に法的責任を問うた事例が示すよう
　　に、起きた事態から後知恵で裁くのが人間の本性だが、文章を書く際は、
　　自分の認識までそうならないように留意してきた。
　　　この本にはこの文章の他にも企業の社外取締役や顧問が、責任を果たし
　　ていないと論評した文章がある。校正過程では、我が身に生じた経験を踏
　　まえて、私のこうした論評が起きた事態から後知恵で裁いていないかと読
　　み返したが、常識があれば避け得た事例と考えられ、修正の必要性は感じ
　　なかった。ただし、我が身に生じた経験は、今後は他者の論評において神
　　の予知能力を持たないのに一刀両断の認識をする抑止力になる気はする。
　　校正過程ではまだ詐欺の全容は判明しておらず事態は流動的だが、そのた

めにこの本の出版を遅らせるわけにもいかない。進行中の連載において読者にとって意味があると感じれば、誤解に基づき論評された当社のガバナンスも含め、解説する機会もあろうかと思う。

167 ジャクソンホールのジャック

アメリカ西海岸の大学で上前歯がないまま話すお務めを終え、ワイオミング州ジャクソンホールに飛んだ。国立公園ツアーの参加者は私１人で、オヤジドライバーのジャックは、「どこでもアンタの好きなとこに行くよ」と笑う。「ここが、映画『シェーン』のラストで、ジョーイ少年が、「シェーン、カムバーック！」って叫んだ時に山並みが映っていたアングルだよ」。「言われてみりゃそんな気もするけど、古い映画だからあんまり記憶がない」。「実はオレもそうさ。映画『タイタニック』で沈む時、ケイト・ウィンスレットが、「ジャーック、カムバーック！」って叫んだパロディのほうが、オレに言われてるみたいで興奮したぜ」。

この愉快なオヤジに、ジャクソンレイク・ロッジに行きたいと注文した。毎年夏、世界から金融や経済の賢人が集まり、日常を離れた素晴らしい環境で時々の課題を議論するジャクソンホール会議の舞台になる。古い記憶としては、まだFRB入りする前のバーナンキ教授が、「1980年代後半の日本の株価と地価の異常なバブルは、日銀が実際より１年早く十分な金融引締めに転じていれば抑えられたはず」と主張し、日銀幹部が、「物価が安定しているのに十分な引締めなんてできっこないだろ」と反論した。「大恐慌の主因はFRBの失敗」とするフリードマン説を信じていた頃のバーナンキには、後知恵で断罪するためらいはない。仮に後知恵を実行できてバブルを抑えても、誰も感謝してくれないのが当局という存在の悲しい定めになる。

次いでBISが、「物価だけでなく資産価格の過度な上昇も金融引締めで

抑えるべき」と主張すると、FRBが、「資産価格バブルは崩壊しないと認識できないから、崩壊後に大胆に金融緩和するしかない」と反論した記憶が残る。この頃のバーナンキはFRB理事としてグリーンスパン議長を支えており、学者の後知恵を控えて手堅い実務家になっていた。

　さらに後、グリーンスパンの退任を祝う年の会議で、IMFにいたラグラム・ラジャンが借金して住宅を買う金融不均衡の蓄積に警鐘を鳴らすと、「マエストロの花道に水を差すとはなんてKYな奴だ」と袋叩きに遭う。ラジャンの慧眼が賞賛されるには、リーマンショックを待たねばならなかった。ショックの収拾に当たったFRB後任議長のバーナンキは、理論的に断罪する学者の性分を一層控え、諦観と虚無のつぶやきに沈むようになる（4　投資判断の材料）。

　うっかり約束の時刻を過ぎ、「考え事でもしてるのか？」とジャックが迎えに来た。「毎年世界の賢人がこの素晴らしい場所に集まって議論しても、人間はちっとも進化しなくて意味がないなあと思い出していた」「集まって安心することに意味があるんじゃないか。オレたちも毎朝ボスの部屋に集まる。ボスはオレたちより賢いから、この素晴らしい場所に来た客が素晴らしい記憶を残せるようアドバイスしてくれる。それを仲間と実践していると、オレの人生にも意味があるように思えて安心する。そんな賢さの頂点にいる学者や官僚が世界から集まって議論するのに、意味がないはずもないだろう」。

　「でも賢いと往々に謙虚さを忘れ、後から思えばどうでもいい議論で無意味に対立する」「オレの望みはもうちょっとツアー客が増えることだけだが、そんなエコノミーになるように議論してるんだろう。多少は対立しても世界の学者や官僚が連帯しているから世界の経済は持っていると思うな。トランプの言うとおりにしていたら破滅するだろ」。さして意味深い対話でもない。が、今なおジャックの言葉が浮かぶとなぜか癒され、なかなか念頭を去ってくれないのである。

168 すずとナターシャ

　毎年 8 月半ばには敗戦時を回顧するNHK番組が流れる。昨年（2018年）は、作家の山田風太郎が純粋な軍国青年の医学生だった時代の『戦中派不戦日記』が印象に残った。空襲後の街に黒こげの死体が溢れ、「奴らここまでやるのか」と山田青年は怒りに震えて誓う。「本土決戦では、この手で 3 人の米兵を、 3 人の日本人の手で 7 人の米兵を、 5 人の日本人の手で10人の米兵を殺す！」。そんな決意の山田青年を一挙に虚無に陥れたのが玉音放送になる。「台湾を、朝鮮を、満州を手に入れるために流した日本人の血はどうなるのだ！」。

　帝国主義が批判語でなく世界の現実だった時代に、手に入れられた側の視点がないと批判してもせんない気がするし、さらに30年経ってもポルトガル人はまだアンゴラやモザンビークの独立を拒み、非難する国際社会に玉音放送を聞いた山田青年と同じ主張をしてはいた。もちろん山田青年の周りには、「原爆落とされ、ソ連にも参戦されたら勝ち目はないさ」と諦観する人間もいれば、「これで空襲から逃げなくて済む」と安堵が勝る人間もいる。大日本帝国に殉じる信念はそれぞれであり、それぞれに程度が違うわだかまりを抱えてそれぞれの戦後の日常に折合いをつけていく。

　アニメを映画館で見る習慣がないので、クラウドファンディングで制作費を賄った『この世界の片隅に』も、この夏テレビで初めて見た。ぼーっとしていると周りから言われ自らもそう自覚する気の善い主人公の少女すずが、敗戦の前年に広島から呉に嫁ぐ。夫の姉が娘を連れて出戻ってきたのが想定外だが、義理の姪は子供ができないすずになついた。軍港呉への空襲は激しく、すずが右手をつないでいた姪は爆死し、すずも右手を失う。「政治性を排して戦中の日常を淡々と描くことにより、かえって鮮烈な反戦のメッセージを送っている」が、このアニメ映画を見る前の一般的

な評価だった。

　それだけに、玉音放送を聞いたすずの周りの女たちが山田風太郎の周りと同じく原爆やソ連参戦への諦観を示した時、「そんなん覚悟の上じゃないんかね?」とすずが激昂したのには言葉を失った。「最期の１人まで戦うんじゃなかったんかね?　今ここにまだ５人もおるのに!　まだうちの左手も両足も残っとるのに!　うちはこんなん納得でけん!」。

　泣きじゃくって家を飛び出したすずが遠く目にしたのは、ひるがえる李氏朝鮮の大極旗（今の韓国国旗）になる。戦中に抑えつけられていた在日朝鮮人が、玉音放送を聞いて独立の希望を取り戻したらしい。「力で外国を抑えつけとったから、今、別の外国から力で抑えつけられるのか」とすずは思う。「外国のおコメや大豆でうちの体もできとったんやなあ、ぼーっとしたまま死にたかったなあ」。が、人間は自ら命を絶たない限り、平和が戻った日常を生きていかねばならない。

　人生に残る時間でどんな物語を見たり読んだりするかは、私には結構大切な選択になる。『この世界の片隅に』を繰り返し見るうちに、トルストイの長い『戦争と平和』を読み返したい衝動が抑え難くなり、先日ようやく読み終えて気が済んだ（注）。「戦争に積極的に協力するのは頭か性格が悪い奴」というステレオタイプの物語が日本では最近まで続いたが、１億玉砕の大義を信じたすずを主人公にして、『この世界の片隅に』はステレオタイプを超えてしまった。

　戦時でも平和時でも、ひたむきに誠実に生きる人間の営みを描く２つの物語の共通構図から連想が飛んだようである。『戦争と平和』を反戦小説と呼ばないなら、『この世界の片隅に』も、反戦映画と呼びたくない（**183 安心して泣きに来る**）。反戦映画とは教え子の悲惨な戦争体験に涙する高峰秀子の『二十四の瞳』みたいなのを呼ぶ言葉だろうと思う。実のところ私には、トルストイの代表作をむしろ生活小説とか家庭小説と呼びたくなるから、戦時でも平和時でも淡々と流れるすずの生活や家庭の風景にむし

ろ強く親近性を感じたのかもしれない。

　眩いほど可憐で華奢で無邪気だったナターシャは、疑問を抱かなかった戦争で愛する人たちを失ったが、平和が戻れば穏やかな日常が待っており、やがて歳を重ねて恰幅も気も善い母になる。原爆で広島の実家の両親を失ったすずも、同じく両親を失った浮浪児を引き取り、気の善い母としての日常が待っている。この２つの物語により、どんな変化が私に生じたかは定かでない。ただ、「どんな制裁をすれば効果的に韓国経済に打撃を与えられるか」なんて真顔の戦争モードで力説する自称地政学者の坐った目を見れば、やれやれとすぐにチャネルを変えるようになったのは、ましな変化に違いない気はする。

(注)　『戦争と平和』を読むたび、「ロシアに侵攻したナポレオン大陸軍の敗北は歴史的必然」と説くトルストイに、歴史的必然と個人の意思の関係を考えさせられる。トルストイによれば、戦闘の帰趨は指導者の指示でなく、個々の兵士の時々の判断と行動の総和が決める。ナポレオンが天才でも、60万人の兵士に指示が届くはずもない。

　それでも大陸軍の総和のほうが勝っていたから、ロシアの指導者クトゥーゾフは退却を指示し、大陸軍はモスクワに入った。が、焦土と化したモスクワでは冬を越せず、大陸軍は必然的に撤退を決めざるを得ない。大陸軍を追えば一緒に凍えて死ぬのが必然だから、クトゥーゾフはロシア軍に追討を禁じる。凡庸なクトゥーゾフにナポレオンの天才はなくとも、歴史的必然を受け入れる度量はあった。

　とトルストイに言われると、そうだろうなあ、と思うし、そうでない場合もあるだろう、とも思う。個人の意思が歴史を動かしたように見える時、その個人が存在しなくとも同じ判断と行動をする別の個人が現れて現実の歴史と同じ道を歩んだだろうと思える場合がたしかに多い。が、どう考えてもこの個人の特異性に起因すると思える場合もある。日本のバブルと崩壊や、量的緩和から異次元緩和に引き返せない道を歩むのは、特定の愚か者の所業というより、歴史的必然と思えてならないから、愚か者を非難する気になれない。この論点には後に回帰する(250　変化への耐性（下）)。

第 28 章

浮世の出来事（169〜176）

怖い同和のおじいさんから金品を受け取った関電幹部の対応、委員
会行政組織の？な仕事、ラグビーワールドカップが国民の資質や精神
に及ぼす影響、新興上場企業の若い社長との対話の意味、逮捕された
沢尻エリカの精神構造、絶句したおばさん野党議員の精神構造と与野
党の関係、痛みに抵抗する多数派と野党の共闘、中国現代史と香港民
主化運動、と浮世の出来事に緩く反応している。

169　役所仕事の射程（税務行政編）

原発立地町の元助役から幹部が金品を受け取った関電の世間への対
応が面白かった。つんぼ桟敷にされた社外取締役には関西を代表する
企業の元経営者がずらりと並び、元大阪高検検事長の社外監査役が元
大阪地検検事正に第三者委員会を率いさせる。権威以外の判断・行動
基準がなく、「原子力行政の推進」を自らの使命とするのも役所みた
いで面白いが、出来の悪い役所みたいだから困る。

170　役所仕事の射程（委員会行政編）

県内シェア７割の地銀を公取が認めるか否かはあまり興味がなかっ
たが、旅行予約サイトが、「ウチのサイトを最も安くしてくれ」とホ
テルに求めるのは、どこが悪いのか分からない。就活会社が就活学生
の自社サイト閲覧情報から内定辞退率をはじいて就職先会社に売るの
は、姑息な商売とは思う。でも姑息な商売が成り立ってしまう就活の
構図に思いをはせると、政府の対応も導かれる。

171　状況に応じ考え動く

オールブラックスの全員が試合の状況に応じ考えて過不足なく動
き、「チームメイトが来ているはずだ」とパスする方向を見ないほど

の阿吽の呼吸の境地は、日本チームも範と仰ぐ。ペイオフ解禁の方法も各国の状況に応じ考えれば足り、米英を範と仰ぐ必要もない。決済用預金の全額保護はニュージーランドが先陣を切り、日本が続き、リーマンショックを経て米英が追随する快い順になった。

172　新たなコンプライアンスの形成？

「コンプライアンスとは単なる法令遵守でなく、社会の要請に応えること」と郷原信郎弁護士と私が主張してきたのは、2人が元行政官なのでちまちました法令遵守だけじゃ活動委縮の副作用が勝ると思うからである。よって我々のアドバイスを真に受けると、ちまちました法令抵触を探す向きから足をすくわれるリスクはあるが、新興上場企業の若い社長との会話は妙に記憶に残った。

173　己を恃む精神

昔から沢尻エリカが嫌いなのは、己を恃む精神の強さが、自分と同じだからである。だから違法薬物による逮捕は「それ見たことか」じゃなく自分を刺す。監督の指示にも、先輩の助言にも従わない傲慢なエリカ様が、「あたしにはなんでも許される」と思って違法薬物に手を出したのではない。なにが人間として許される行為かは、法律でなく、己の精神で判断しなければならないからである。

174　人間、やめますか

自分の「発言」にでなく、相手の「立腹」に謝罪すれば、己を恃む精神の沢尻エリカも折合いがつけられたかも、と思ったら相手の「立腹」にさえ謝罪できない精神のおばさん野党議員が現れた。官僚が、政治家をやめるだけでなく、人間をやめてほしいと願うほどの精神の野党議員を与党は野放しにするほうが、国民から常識を信頼され、政

権交代の可能性を閉ざして安泰には違いない。

175　痛みを避け続けた挙句に……

　能力（成果）主義の処遇への移行は、能力がない多数派が痛みに抵抗すれば挫折する。多数派の正規雇用者が自ら痛みを甘受する気がなければ、非正規雇用者の処遇が改善しない構図と変わらない。多数派が痛みに抵抗するのと、野党が痛みを伴う政策に抵抗するのは共同戦線の趣がある。多数派がこの国の将来を心配するより、己の目先の痛みを避けたい可能性に賭けて野党は選挙に臨む。

176　芙蓉鎮から香港へ

　社会主義を掲げて経済的自由や精神的自由を抑圧する人間の暗い情念が支えた文革期を描いた中国映画を、世界の旅先で出会う中国人と語り合ってきた。そんな際にも禁句だった天安門を、香港の民主化デモに触発された中国人が語り出す。狭い経験から国の形を論じてはならないが、香港の中国化を目指したらゆっくり中国の香港化に向かう妄想シナリオが、頭に浮かぶのは避けられない。

169　役所仕事の射程（税務行政編）

　企業を税務調査して粉飾を把握すると、調査官はそこで仕事をやめる。税金が過小ではないかと疑って調べるのが仕事だから、粉飾してまで過大に税金を払っていると分かればもはや用はない。上場企業の開示が正しいかを調べる仕事に携わっていた頃の私は、もったいないなと思っていた。5.6万人もいる国税組織は、財務局を合わせても0.1万人に満たない証券取

引の監視委員会より、企業財務を把握する能力が格段に高い。税務行政から粉飾の情報が提供されるシステムになっていれば、監視委員会が白地から調べ始めるよりはるかに効率が良い。もちろんこれは、かつて大蔵省という同じ役所だった沿革に由来する甘えになる。

　適正な納税を目的とする仕事で得た情報を、適正な開示を目的とする仕事に流したら、情報の目的外利用になってしまう。目的外利用がまずいのは、元来の目的のために許された公権力の行使によって得た情報だからに他ならない。企業の税務調査により把握した政治家へのカネの流れを、検察に情報提供して収賄を摘発させたりもするが、これは組織としてではなく、個人芸として行っている。

　この個人が酔うたび部下に「あの事件の副総裁逮捕はオレのおかげ」と自慢すると、部下が釈然としないのは、「それって組織じゃなくアンタの個人芸だろ」と思うからである。ただ、刑事訴訟法は昔から、公務員がこれは犯罪だろうと思ったら刑事告発せよとしており、政治家の収賄を見過さない情報提供を正当化してもいる。一方で、教師が生徒の喫煙を見つけるたびに警察に突き出したら、ほとんどの人はやり過ぎと思う。ことほどさように役所仕事の射程は明確でない。

　金沢国税局が建設企業を調査して、原発立地町の元助役へのカネの流れを把握し、次いで元助役を調査して、関西電力幹部への金品の流れを把握した。受け取った金品を自宅に置いていた関電幹部から、「いずれ元助役に返すつもりでした」と言われて納得していたら税務行政にならない。「そんな言い訳通るはずないでしょ」と修正申告を促すのは、税務行政の常識になる。

　この事態の発覚後、経産省はかつての私と同じ思いを抱いたに違いない。「関電の存立に関わる事態を税務当局が把握したなら、単に税金を払わせて済ますんじゃなく、監督官庁に情報提供してほしかった」。もちろん税務行政にとって他の役所への情報提供は心理的ハードルが高いが、他

にできることはないのかな、とは思った。

「死人に口なし、をいいことに被害者ヅラの言い訳ばかり」と関電が指弾されるのは、暴力団と見分けがつかない「同和」が闊歩していた時代を知る者には、やや一方的な感じはする。でも、「金品を受け取ったのは適切ではなかったが、違法ではない」と予め結論が決まった第三者委員会だけを作り、第三者委員会の報告を取締役会にさえ報告しないのは、コーポレート・ガバナンスとして言い訳できない。社内取締役は金品を受け取った幹部だから、社外取締役に知らせない意味になる。

社外取締役に関西を代表する企業の元経営者がずらりと並ぶのは、権威以外の選任基準を関電が持ち合わせていない事情を示している。元大阪高検検事長の社外監査役が元大阪地検検事正に第三者委員会を率いさせ、その予定調和報告の生ぬるさが指弾されて出直した第三者委員会2号を率いたのが元検事総長というやっぱり権威増殖構造への論評は郷原信郎弁護士に委ねよう。関電の言い訳で、「原子力行政の推進」という言葉を多用しているのも注意を惹く。世間の常識では行政の主語は経産省だが、関電では主語は自分たちであり、原発の設置と運用を地元と円滑に行う意味らしい。

金品の受け取りはもとより、こうした感性を世間の常識に向けて戻すのがコーポレート・ガバナンスにおける社外取締役の役回りになる。経産省に情報提供しない金沢国税局も、金品を受け取った幹部に修正申告を促す際に、「もちろん取締役会に報告しますよね」とガバナンスの常識に念を押すのは、さして心理的ハードルが高くもないだろう。

170 役所仕事の射程（委員会行政編）

新しい行政ニーズを担う役所が必要になれば、有識者の委員会を作って事務局をぶら下げるのが容易な選択肢になる。証券取引の監視委員会がそ

うだし、最近では個人情報の保護委員会もできた。先輩格が公正取引委員会だが、なにが公正取引かは多様な見方が対立する。地銀の合併により県内シェアが7割になるから公取は「認めない」とし、金融庁は「今や県境は競争上意味がない」と対立した。

　県内独占に近づけば借り手が高金利を強いられるとする公取の懸念と、より高金利を取れるなら取らないと地銀経営が持たないとする金融庁の懸念は、初めからすれ違ってもいる。残りシェア3割の金融機関に若干の債権譲渡をする条件で、公取は振り上げた拳を下ろしたが、そのために借入先を（たとえ早晩元に戻るにせよ）変えさせられた借り手がいい迷惑である。

　先日公取は、オンライン旅行会社が予約サイトに掲載するホテルに、「うちのサイトの価格を最も安くしてくれ」と求める契約は、ホテルを不当に拘束しているとして立入調査した。報道は相変わらず大本営発表だが、どこが悪いのかよく分からない。ホテルは、有力サイトに掲載されたら集客には有利だが、そのサイトの価格より他のサイトで安くできないなら、価格設定の自由度は制約される。であればホテルは、メリデメを天秤にかけてサイトと契約するか否かを判断するだけではないだろうか。

　地銀の合併により県内シェアが7割になれば借り手が高金利を強いられるとする公取の懸念は、少なくとも論理的には否定できない。でも、ダンゴ状態で競争しているオンライン旅行会社のうちの数社が、「うちのサイトを最も安くしてくれ」と契約で求めたら、全体としてホテル価格が上がるか下がるかは論理的にまったく定かでない。

　案の定、立入調査に入られた旅行会社が改善？を約したら、公取は振り上げた拳を下ろして違法認定を放棄し撤退した。契約からは消えても、旅行会社は依然ホテルに、「うちのサイトが最も安くなっているでしょうね」と口頭で確認を続けるだろう。なら公取も、もっとよく考えてから仕事を始めたらどうですか、と思わぬでもない。

これに比べれば、就活会社が内定後学生の自社サイト閲覧情報から内定辞退確率を予想して就職先会社に売っていたのを個人情報保護委員会が問題視したのは、はるかに分かりやすく見える。でも、就職先会社の格と就活学生の格は厳然と対応している。業界5番手の会社に、東大ラグビー部キャプテンなんてのが来たら採用担当者は、「ウチより上に入れるだろ」と一応訝しむ。でもそんな学生Aに限って、「なぜ御社が第1志望なのか」を説得的に語るから、格が対応する学生Bを落としてでも内定を出す。そして案の定Aは内定辞退し、Bは格が対応する別の会社に内定済みだから、格下の学生Cしか残っていない光景を毎年繰り返す。

　そこに内定辞退確率がAは9割、Bは1割と情報があれば、たいていの採用担当者はAを落としてBを採る。Aは格上の会社に楽に入れるから滑り止めが落ちても痛痒を感じず、辞退の軋轢も避けられる。不相応に就職できたC以外は、AもBも会社もより幸せになる。もとより幸せの総量が増えれば個人情報の流用が正当化されるわけではない。

　ただ、内定辞退確率を提供するサービスが現れたのは、学生が滑り止めの会社にも、「御社が第1志望です」と言うのが礼儀と心得、「御社は第5志望です」と正直に言えば、言われた会社が、「非常識な奴め」と立腹するからである。嘘も方便が当然視され、正直だと損をする就活の構造ゆえに現れてしまったサービスだと個人情報保護委員会が認識すれば、エンフォースメント手段の選択は自ずと導かれ、活動にもより深みが増すに違いない。

171 状況に応じ考え動く

　何度かの延期を経てペイオフ解禁を迎えた時、金融庁は個人も企業も一律に1000万円までの保護、と割り切れなかった。個人なら預金先を分散すれば資産を守れるが、企業はメインバンクに決済用のまとまった預金を置

かねばならない。預金を全額保護してきた伝統の中で企業預金が失われれば、やはり不測の事態が心配だから、金利のつかない決済用預金は全額保護を続けることにした。

外国に先例を探しても、ニュージーランドにしかない。「羊が人間の10倍いる国にならって市場規律を緩めるのか」と原理主義者は難色を示す。一方、ニュージーランドの金融当局は淡々としていた。「ウチは企業金融をほぼ銀行が担う状況だから、アメリカやイギリスの観念的な市場規律にならうばかりが能じゃない。日本の状況も同じだろ？」。

今やラグビーワールドカップのおかげで、ニュージーランドの国としてのイメージは格段に高まった。日本チームが理想と仰ぐオールブラックスは、全員が自らの役割を状況に応じ考えて過不足なく動き、「チームメイトが来ているはずだ」と渡す方向を見もせずパスする境地に阿吽の呼吸が達している。オールブラックスを始めワールドカップ出場チームには、「インド以外の大英帝国メンバーが揃っているな」と思う。ラグビーで外国出身選手のチーム参加基準が緩いのは、イギリス本国からの赴任者が、赴任先を代表して国際試合に出やすくした伝統に由来する。

イギリス人はインドからは引き揚げたが、北米では先住民を駆逐して定住した。南アフリカでも定住したが、先住民は駆逐するには多過ぎたから、奇怪なアパルトヘイト体制が長く続く。南アフリカ国民の9割は先住民の黒人か混血なのに、ラグビーチームはほぼ白人なのが、支配者のスポーツとしての伝統を残している。

北米と南アフリカの間にオセアニアが位置し、かつてオーストラリアとともに白豪主義と称されたニュージーランドは国としてなにが誇れるのかとアイデンティティを求めてマオリとの共生に舵を切った。白人でもマオリでもその他の島国出身でも、違う人種や民族へのリスペクトとニュージーランドへの帰属意識を幼い頃から叩き込む。マオリの戦いのハカを舞うオールブラックスは、国是の共生を象徴している。アイデンティティの

悩みは、ラグビー発祥のイギリス本国でも尽きない。スコットランドはイギリス離脱がくすぶり、国としてのアイルランドとイギリス領北アイルランドからなるアイルランドチームは、イギリスのEU離脱により島内に国境ができてもアイデンティティが続くか定かでない。

こうして眺めると、つくづく日本はアイデンティティに疑問を抱かずに済む国だなと思う。それだけに、当初は日本チームの外国出身選手が多いのに違和感を抱く日本人も目についた。でも、チームの活躍が続くうち、「外国出身なのにこの国に人生を捧げてくれた」共感が勝るようになる。人種や民族の違いを超え、オールブラックスのように全員が自らの役割を状況に応じ考えて過不足なく動く力が、同質性が強かった日本の組織だからこそ求められる。ダイバーシティのためのどんな政策にも増して、今般のラグビーにわかファンの激増は、この国に必要な影響を与えてくれた。

そう言えば本稿は、ペイオフ解禁から話を始めたのだった。日本の解禁後ほどなく、リーマンショックによる企業金融の不測の事態に、アメリカもイギリスも観念的な市場規律にこだわる余裕がなくなる。かくてニュージーランドが先陣を切り日本が続いた決済用預金の全額保護は、アメリカとイギリスが追随してグローバル・スタンダードになった。ラグビーの強豪国ランキングも、そんな快い順序であってほしいと願う。

172 新たなコンプライアンスの形成？

かつて証券会社の営業員が、顧客に企業の公募増資情報を伝えてインサイダー取引（空売り）をさせたのが社会問題になった際、当の証券会社が経済学者を招いて主催したセミナーに参加した銀行員が、主催者に、「密室で不正に情報を得たと疑われたくないから退席してほしい」と求めたと報じられた。「セミナーは密室じゃないだろ！」と思わず突っ込む。良識を欠く銀行員の笑い話かと思いきや、潔癖さを賞賛する記事だったのに絶

句した。この機にインサイダー取引をさせようとする情報伝達も違法化したから、上場企業の社長が機関投資家向けIRでどこまで語ってよいのかが論点になる。

　「ウチの顧問弁護士は、「開示してない話は一切するな」と言うんですが、それじゃあIRの意味がないような気もして」と知人を介して相談に来た新興上場企業の若い社長は言った。「極端な弁護士ですね。だいたい当局によるインサイダー取引の調査では、株価が上がる情報を発行体が公表する直前に株を買って公表による上昇直後に売り抜けるみたいな、神の予知能力でもない限り難しそうな取引はほぼルーティンで抽出されるんです。抽出後に取引者と発行体の関係を調べるのが主眼で、その前段階で発行体の社長がどこでなにを語ったかなんて見てません」。「でも私は、当局が見ていて摘発するかどうかより、人間として正々堂々と生きたいんです」。

　せっかく調査の実際を紹介しているのに、面倒くさい性格の奴だと思うが、自分も同じ性格だから、この若い社長に好感を抱き始める **(151　面倒くさい性格)**。「情報伝達が違法になるのは、「この情報で稼げよ」と伝えるか伝えなくとも意図はして、相手が実際に買った時なので、IRとは状況がかなり違いますよね」。「でも私も、我が社は有望ですと伝えて相手に株を買ってほしいので、本質的にあまり違わないような気も」。それもそうだな、と思う。と言うか官の側にいるとインサイダー取引者の心理はさすがに想像するが、民の側の発行体社長の考えなんて想像した経験もないのだった。考えながら続ける。

　「いつ頃になにをします、みたいに、その前に株を買っておこうかと思わせるような話は控えるべきでしょう。当局が摘発するかどうかはさておき、その話を聞けない投資家が不公平と感じるでしょうから」。「どんな話ならオッケーですか？」。「聞いた相手がタイミングを問わず御社の株を買って長く持とうと思うようなビジョンを語るべきでしょうね」。「でもIRに

来る機関投資家の期待とは違う気も」。抱き始めた好感が、徒労感に変わっていく。たしかに目先のネタを期待する機関投資家のほうが多いに違いない。さらに考え続けながら、最後に私は言った。

「いろんな企業があり、個人も法人もいろんな投資家がいます。ゲーム企業の社長が、「画期的に中毒性が高い新ゲーム開発に成功したので、子供をハマらせてがんがん課金して稼ぎます」とIRで語ったら、評価して買う投資家もいます。でもそんな企業の株価の構成要素は、「稼ぐか否か」だけだから、稼げなくなったら一気にゼロに向け墜落します。

あなたは先ほど、人間として正々堂々と生きたいと言いました。「我が社は人間の暮らしをより良くし、社会に貢献する結果として皆様に貢献していきます」とIRで正々堂々と語れたら、評価して長く持とうとする投資家が増えるかもしれません。それが御社の株価の土台であり、時々の稼ぎへの評価は土台の上で変動するだけです。時々の稼ぎに影響する目先のネタより、株価の構成要素に占める土台の割合を広げていくビジョンをIRで語るのが社長の務めじゃないですかね」。じっと聞いていた若い社長は、丁重に礼を述べて帰った。私が、官民の両側に身を置いたがゆえに新たなコンプライアンスを形成しているのか、それとも単に元官僚が野暮な説教をして愛想尽かされたのかは定かでない。

173 己を恃む精神

新共通テストの民間試験の受験につき、「受験生の「身の丈」に応じて」が、「貧富や住む地域の差に応じて」と野党議員から受けとられ、受験生を公平に扱うべき文科大臣にあるまじき発言にされた。この大臣による「あいつは学習塾に通っているからずるい、と言うのは変」も、変な発言にされた。受験用の学習塾など存在しないほどの田舎に高校時代まで住んだ私に、この論争を評価する能力はない（**58　教育論の迷宮**）。が、仮

に都会に住み貧しくて学習塾に行けなくても、それがそんなに致命的だったかは体験的な疑問を抱いている。

高校時代、田舎にも本屋はあったから、最難度の受験参考書を買った。1度読んでもさっぱり分からないから、2度、3度と読み返す。数学なら解き方に悩むより、すぐに答えを見る。次第に分かる部分が増えてくる、と言うより、次第に答えを覚えただけなのかもしれないが、ひと通り覚えたら、たいていの入試問題は解けるようになっていた。「それはあんたに能力があるせいで、普通の受験生は学習塾で解き方を教わらないと入試問題は解けないんだよ」と先の野党議員なら指摘するかもしれない。「身の丈が、貧富や住む地域の差より能力の差を意味するなら、かえってこの世は残酷じゃないでしょうか」と聞いてみたい気もするが、しばらく措く。

確かなのは、受動的に誰かから教わるより、能動的に1人で学ぶほうが身についた経験が後の私の人生を規定し、他人に依存せず己を恃む精神になってしまった帰結である。例えば、英語力を高めたいならネイティブから教わるよりBBCニュースを分かるまでしつこく聞く、旅に出たいなら旅行会社に相談するより旅ブロガーの体験記を漁る、ケインズを理解したいなら経済学者に尋ねるより分かるまで原文も含め100回でも読む（覚えたから分かった気がするのかもしれないが）。事は学ぶ際に限らない。体力が落ちたと感じたらスポーツジムに通うのでなく、1人でこつこつ歩いたり走ったりする、そして、めったにないことだが、大切と思える仕事に遭遇したら、誰にも相談せず1人で考えて答えを出そうとする。

他人に依存せず己を恃む精神には依存対象がないかというと、人間はそれほど強くできてない。今に至る私のアルコールとニコチンとカフェインへの依存は、眠る時間の調整が不可欠だった高校時代に始まった。世界を飛び回る割に時差ボケ経験がないのも、搭乗前に水割りを流し込んで機内で眠ってしまうからである。晩ごはん時に酒を飲んでいったん眠り、夜中にタバコを吸いコーヒーを飲んで覚醒しようとした高校時代、覚醒する違

法薬物に手を出さなかったのは、そんなもん売る奴が田舎にいなかったからに過ぎないような気もする。

かつて沢尻エリカが共演者をうざいと感じた会見で、「別に」とふてくされ発言をして世論を怒らせても、世論に配慮した事務所の指示で「不適切な発言でした」と謝罪しても気にしなかったが、この謝罪を数年後になってもなお後悔していたのは記憶に残った。「あたしはあたしで変えようがないのに、事務所に言われて心にもなく謝ったのは間違っていた」。

あ、オレと同じ他人に依存せず己を恃む精神だな、と思う。映画『男はつらいよ』を追想する番組の進行役だった沢尻エリカが、「あたしも寅さんと共演したかったな」と言った時、己を恃む精神の強さが身の程知らずなのもオレと同じだから神経に障るのだと気づく。「オマエは歴代マドンナに匹敵する女優とでも思ってんのか？」。ともあれ、監督の指示にも、先輩の助言にも従わない傲慢なエリカ様だから、「あたしにはなんでも許される」と違法薬物に手を出したわけではないのである。

己を恃む精神の俳優にとって、自分がどう演技するかは、自ら考えて答えを出すしかない。なのに答えが自らの要求水準に達しなければ、精神の均衡を保つ依存対象が必要になる。それが法律では違法と知っていても、己の精神による判断を優先せざるを得ない。発覚して逮捕され有罪判決を受ければ、仕事に復帰するために心にもなく反省を演じてみせるかもしれない。でも、心底反省はできないから実際に薬物依存を絶つのは容易でない。常識的な精神には賛同し難いこの根拠なき憶測には、同じ精神ゆえの根拠なき確信がある。

174 人間、やめますか

蒼井優のおかげで結婚相手の容姿にこだわらないのが賢い女性というイメージが形成されたかどうかはさておき、菊池桃子との結婚が霞が関を驚

倒させた経産省局長が課長の頃、金融庁課長の私と並んでコーポレート・ガバナンスのセミナーに出た。経産省がガバナンス改革に熱心なのは結構だが、産業界との長年の関係を思えば、どこまで本気か定かでない。

　経産省課長は会社法を所管しているつもりで語り、セミナー主催者もそのつもりで私と並べていたが、会社法を所管するのはもちろん法務省である。そこでつい、「経産省は元来法務省がすべき仕事をしている」と発言してしまい、法務省幹部の逆鱗に触れて謝罪を求められた。別に間違った発言とは思わないが、立腹させたのは確かだし、組織の一員として役所間の関係を不正常に放置できない。

　そこで、自分の「発言」にではなく、相手の「立腹」に謝罪して折合いをつけた。自分が不適切な発言をしたから、ではなく、あなたが腹を立てたから申し訳ない。かつて会見で「別に」とふてくされて周囲の立腹を招き、事務所の指示で、「不適切な発言でした」と謝罪したのが自分を偽ったと後悔する沢尻エリカも、自分の「発言」にではなく、周囲の「立腹」に謝罪する折合いのつけ方があったかもしれない。「覚醒剤やめますか？それとも人間やめますか？」は、人間をやめたくない常識的な精神には有効な警告でも、人間の条件は自ら考えて答えを出す精神には効かないので、人生に折合いをつける謝罪の工夫も必要になる。

　自分の「発言」はもとより、相手の「立腹」にさえ謝罪できない精神が最近顕在化したのが、台風上陸の前夜遅くまで国会質問を通告せずに霞が関の官僚を苦しめたおばさん野党議員になる。官僚が自嘲しながら面白くもない国会答弁を作るのは、国会審議がつつがなく進めば、法律や予算が通って政策を前に進められるからである。よってつつがなく進めないのが野党議員の仕事になるが、さすがにタイミングがまずかった。

　明日は台風が上陸して電車が止まり、再開の目途も立ってない。だから、今夜帰れるかどうかが３連休の過ごし方にとって決定的に重要だが、いつ帰れるとも知れない状況は、人間としての尊厳を侵されていると感じ

る。政策に携わりたくて官僚になった、そのためには面白くない仕事も覚悟している、でもさすがに奴隷になった覚えはない。そこで霞が関発SNSから人間としてのぼやきや叫びが噴出した。

これに対し、当のおばさん野党議員が、「皆さんにそこまでご迷惑をかけ、ご立腹させたとは失礼しました。今後は気をつけますね」とでも言えば終わる。でも実際の反応は、「官僚による質問権の侵害と闘い、情報漏洩を徹底究明する」だった。「オレたちは人間としてのぼやきも叫びも質問権の侵害として許されないのか」「アンタの質問のどこが漏洩できない情報なんだよ、毎度つまらん揚げ足取りばっかだろ」と感じた官僚は、国会議員だけでなく、人間もやめてほしいと憎む。

この負のエネルギーが、国会での与野党の政策論争に昇華すれば建設的だが、この国ではそうならない。政権を担えるのは自分たちだけだと示したい与党は、常識ある国民が野党の国会質問を、「つまらん揚げ足取り」と感じるほうが、好都合だからである。野党とまともに政策論争して、政権の担い手として育てたくない。だから官僚から精神構造を絶望され、人間やめてほしいと憎まれる野党議員のほうが活躍できる。

「沢尻エリカは傲慢で人生をナメてる精神構造から違法薬物に手を出した」という通念に対し、手を出すのは法律より己を恃む精神が優先するからであり、心底反省できない以上、依存を絶つのは容易でない、と前回書いた。酒井法子みたいに己を恃む精神構造が弱いと心底反省でき、専門家の医師に依存して薬物依存はやめられる。

精神構造論の延長におばさん野党議員の話を続けたつもりだったが、ひょっとしたら単に精神が存在せず党派的反応がパブロフの犬みたいな条件反射になっているだけかもしれず、論点を浮遊させてしまった気もする。でもまだ、与野党の政策論争については、論点が残っている。精神が存在しない野党議員を活躍させて与党の意義を国民に示す、というだけではいくらなんでも一刀両断過ぎよう。

175　痛みを避け続けた挙句に……

　ここ数年のメガバンクの採用の急減と、年功序列や終身雇用を能力主義に移すと称する人事制度改革は、どういう関係なのかなと思う。総合職と一般職の区別をなくし、歳をとれば能力が高まるフィクションを前提とする年齢に応じた職能給から、業務する能力に応じた職務給に変える新制度を目的どおりに運用すれば、能力を評価されなかった行員の多くは銀行を去り雇用が流動化するから、将来の経営環境が心配だからといって採用を急減させなくても済みそうな気がする。「と称する」と書いたのは、「なんだかんだ言っても採用したら一生面倒見なきゃいかんから、銀行の将来が不確実なら初めから採用を減らすほうが無難」という思いが依然ありそうだし、能力主義に移す痛みを強いる覚悟の本気度も定かでないからである。

　新人事制度において、かつて一般職だった有能な女性や難しい業務に携わる有能な若手が能力に応じた処遇を求めても、年功序列がしみついたオヤジの感覚では受け入れ難い。そして女性や若手も有能でないほうが多数派であり、女性や歳下が上司になるより、従来どおり歳上のオヤジという理由で上司でいてくれるほうが落ち着く。よって新制度の目的が多数決で葬られるのは、4割に達した非正規雇用者の処遇を改善すべきとの主張に異論がなくても、そのために6割の正規雇用者が自らの処遇を犠牲にする気がなければ、多数決で葬られるのと同じ構図になる。

　以上が銀行内の従来の力学としても、問題はグローバルな競争が、多数決をいつまで許すかにある。大手の保険会社が買収した介護事業に保険の営業員を移すのは、より経営の覚悟の本気度を感じさせる。介護が大切な業務なのも論を俟たないが、保険業務を続けるつもりだった人間にやれというのは話が違う。「そうですか、せっかく雇用を続けたかったのです

が、やらないと言われるならこれ以上ウチにはいられません」。そして、日本的雇用を礼賛してきた経営学者の最後の砦だったトヨタまで、年功序列と終身雇用はもう続けられないと明言し、産業界の趨勢として日本的雇用は崩壊しかけている。

こうした局面で政府の成長戦略が70歳雇用の努力義務を打ち出すのは、産業界の趨勢に抵抗しているようだが、民主主義が痛みを避け続けた挙句の苦し紛れという意味では従来と軌を一にしている。もっと早い時期に雇用が流動化していれば、若い頃から人生の選択肢も増えたはずだが、正規雇用の解雇規制を緩和する痛みは多数決で葬られる。年金の持続可能性もたいていの勤労者が不安視しているが、自ら払う保険料が増えるのは痛いし、給付が減る受給者の痛みにも配慮しなければならない。そして、退職と年金受給の間が空くのも痛いから、企業の雇用義務と年金受給開始年齢はゆっくり歩調を合わせ、今や両方が70歳に向かっている（注１）。

ここに至れば春闘では政府要請に配慮する大企業も、グローバル競争で生き残るには、面従腹背の叛旗を翻すしかない。70歳まで雇い続ける負担を避けるため、早期退職をあの手この手で隠微に促す自衛措置を講じる。会社に残りたければ介護業務に携わる保険の営業員なんてのはまだ分かりやすいが、「意に反する解雇」と「能力を認めてもらえないがゆえの自主的早期退職」の違いは定かでなくなり、とりわけ他社ではつぶしが利かないオヤジが受難する。

目先の痛みが伴う政策が多数決で葬られるのと、目先の痛みが伴う政策に野党が反対してきたのは共同戦線の趣がある。解雇規制の緩和にも、賃金を時間でなく成果に応じて払うのも、年金を物価でなく現役世代の賃金にスライドするのも、高齢者の医療費の自己負担を増やすのも、野党は反対する。早めに痛みを感じておかねばこの国の将来が危ないと与党が思っても、選挙で負けられないのが民主主義の掟になる。逆に言えば野党とは、国民の多数派が将来の日本を心配するより目先の自分の痛みを避ける

可能性に賭けて選挙に臨む存在になる。痛みを避け続けるほうが悲惨と多数決で認識される時代を、生きている間に見られるかどうかは定かでない（注２）。

 （注１） 年金受給開始年齢が70歳に向かっている、とは現在65歳の支給開始年齢を制度として70歳に上げる意味に読めるだろうと思って書いているが、政府は当面はその可能性を否定する。だから元政府の一員としては、高齢期の就労の一般化につれ現在はあまり使われていない繰下げ受給が選択されて70歳に向かう意味も勝手に込めている。2004年の年金改革が保険料の上限を決めて保険料収入が所与になったため、その後の年金改定は、平均寿命の延びや年齢構成の変化に対応して将来の年金水準を確保するために、現在の受給を値切る形になり、値切ると現在の受給者が痛いからと将来には目をつむって抵抗するのが野党の基本方針になる（76　年金制度改革の遠い記憶、156　税金泥棒）。

 （注２） 連載が続くにつれ、多数派が賛成するか、少なくともしょうがないと容認しなければ、社会の仕組みは変わらない諦観がますます強まっている。それは労働規制や社会保障制度に限らず、民間の雇用慣行やコロナ対策の実践にまで及ぶ。逆に言えば、優れた指導者が将来を展望し、展望に対応する理念を掲げて社会の仕組みを変える可能性にますます懐疑的になっている（250　変化への耐性（下））。

176 芙蓉鎮から香港へ

 先日、2009年のアメリカ映画『アバター』の舞台になった中国奇岩地帯の武陵源から、1987年の中国映画『芙蓉鎮』の舞台になった同名の村に足を延ばした。武陵源のように目を驚かす観光的魅力はない。と言うより、もともとなにもない村に文化大革命で起きた出来事だから忘れ難い映画になって、なにもないと分かっていても足を延ばさざるを得ないのだった。

 1960年代前半、毛沢東の大躍進が文字どおり致命的に失敗して政府の締めつけが緩んだ頃、芙蓉鎮では、若く明るく働き者の美男美女夫婦が米豆腐売りに励んだ。米豆腐のおいしさと担い手のキャラが村人の人気を博し、小金を貯めた若夫婦が小さな店を構えた頃、毛沢東の反撃が始まる。

芙蓉鎮で文革に呼応する党員の独身おばさんが、「資本主義への道を走るブルジョワ」と若夫婦を標的にし、迫害の実行役を担ったのが、酒で身を持ち崩した元地主の独身おじさんになる。苦労して構えた小さな店は壊され、若夫婦の夫は抵抗して殺され、妻は毎日村のドブ掃除を強いられる。

　この映画の怖さは、党員の独身おばさんは主観的には社会主義の正義を追求しているが、その情念を支えるのが、若夫婦の妻が自分より若くて美人でイケメンの夫がいて明るく村人に好かれ、なおかつその帰結として豊かにまでなるのは許せないどす黒い嫉妬だと、見る者は否応なく分かるからである。同じく元地主の独身おじさんの迫害の情念を支えるのが、若夫婦の夫が自分より若くてイケメンで美人の妻がいて明るく村人に好かれ、なおかつその帰結として豊かにまでなるのは許せないどす黒い嫉妬だと、やはり見る者は否応なく分かるからである。やがてこのおばさんとおじさんが肉体関係に至るのは、グロテスクであり、滑稽でもの哀しくもある。ようやく文革も終わって妻に平穏な暮らしが戻るが、見る者は代償を思い出し慄然とせざるを得ない。

　映画『芙蓉鎮』が出る2年前、鄧小平は、「先に豊かになれる者からなれ。そして貧しい者を助けよ」と宣言し、豊かさを目指して競う社会主義市場経済が加速した。この映画自体も豊かさを目指すのが許されなかった時代を批判できるようになった産物だが、貧しい者を助ける手法は今も確立しておらず、豊かになり過ぎて目立つ者を政府がアドホックに弾圧して国民の不満をそらそうとしているようにも見える。映画が出た2年後、民主化を求めて天安門広場を目指す若者を、鄧小平は殺した。「手段を選ばずデモを抑えよ」と軍隊に指示すれば、連帯を求めて向かってくる若者を抑えるには、殺すしか方法がない。

　役所を辞めた私が今中国以外で言葉を交わす中国人は旅人であり、概ね中間層以上の教養階級になる。先に豊かになった者やその末裔と言ってもよい。親しくなれば、映画『芙蓉鎮』への私の思いを語り、彼らの思いを

尋ねる。彼らの思いは時に今の中国の政治や社会への率直な批判にまで及ぶが、それでもなお天安門については語らないから、尋ねもしないのが礼儀だった。

それが足元で大きく変わり、尋ねもしないのに中国人から語るのは、もちろん香港の民主化運動の高揚に起因する。「天安門事件の再来なんてあり得ないよ。当時はデモを抑えるのが軍隊しかいなかったけど、今は機動隊が少ない血で抑えられるからね」。この発言は、本質的ではないと感じる読者もいるだろう。でも、「殺されはしないんだから、もっと頑張れ」と、メインランドの中間層以上の期待は感じる。

彼らが長らく忘れようとしてきた天安門を自ら語るのは、狭い私の経験では地殻変動の萌芽のようにも感じる。民主主義の先進国より、鄧小平の権威で急速に経済成長した経験が、民主主義に重きを置かない国民を大量生産してしまったのは世界にとって困った状況ではある。無論共産党の権威が香港への締めつけを強め、「しょせんメインランドに逆らっては暮らしていけない」と香港が諦めるのが近未来の現実的なシナリオに違いない。でも、これまで共産党が香港の中国化を目指してきて、結果が中国の香港化にゆっくり向かってしまう妄想シナリオを根拠なきシックスセンスが求め、念頭から去ってくれない（注）。

（注）「おいこら、とっとと家に帰れ！」と警察の権威主義でコロナを早く封じ込め、権威主義の効率性に国民が自信を持ってしまったのは、さらに困った状況になる。旅で接した相手との狭い経験から国の行く末を占うのは控えるのが無難と思う（130　旅の良識）。妄想シナリオのシックスセンスの根拠のなさも、ますます赤裸々になりつつある。『芙蓉鎮』の弾圧が可能だったのは、多くの村人が弾圧の非人道性に見て見ぬふりをしたからでもあり、先に豊かになり過ぎた人たちへの今の弾圧も見て見ぬふりをされている。

中国は香港の頭越しに一国二制度を掘り崩す立法をし、対抗したアメリカが香港に認めてきた経済特権を剥奪する立法をして国際金融センターとしての香港の地位が揺らいでいる。とはいえ、平均的日本人といささか違う私の中国への視線は、こうした状況で日本はなにができるのかと、答え

がなさそうな問いをつい発して書き始め、案の定収拾に苦慮してしまう（202　一国二制度への距離感）。

第 29 章

目黒謙一さんの訃報 (177〜179)

銀行が金融検査による資産査定を恐れた時代には、銀行に入った大学同級生から、「自分の担当先をお目こぼししてもらえないか」と陳情された。金融庁で最も有名な銀行検査官だった目黒謙一さんとは会えば会釈する程度の間柄だったが、訃報への世間の反応が厳しいのは、金融庁が資産査定を含む監督行政上の重要な政策判断をきちんと総括してないせいだろう、と思い至って書いてみる。

177　訃報への憎しみ

　目黒謙一さんへの憎しみは癒えてない。公的資金を使えるようになれば、一時の痛みに耐えてでも早く不良債権を処理せよと、金融行政が銀行に迫る検査が必要な時代はあった。問題はいつまで、どこまで強く迫り続けるかになる。疎開資料を隠し通した半沢直樹に視聴者が喝采する時代になったのに、疎開資料ゆえに刑事告発した政策判断を総括しないから、目黒さんは今なお憎まれ続ける。

178　目利き力の丸投げ

　不動産担保に頼って貸したから、バブル崩壊後の担保価値の下落により不良債権処理が途方に暮れる道筋になった。さりとて担保に頼らない目利き力を高めよと金融庁が説教するのは、最も難しい課題を銀行に丸投げして責任転嫁している。金融検査が銀行の資産査定の検証をやめ、監督行政からの独立性を失った今、なにが必要な仕事かの目利き力がない検査官もまた途方に暮れている。

179　よりましな政策評価

　立派な有識者を集めても既存の政策評価は問いを設定すれば自ずと答えが出る政策に限られ、「目黒さんに象徴される検査」や「UFJ銀

行を刑事告発した判断」を当時と今の両方からどう考えるか、といった監督行政上の政策判断が抜けている。過去の判断にごまかさず向き合い、偽善や諦観を避ける姿勢が金融業界に伝わって初めて、今後の金融行政の基礎になる官民の信頼関係が築ける。

177 訃報への憎しみ

『半沢直樹』が放映された2013年に分担した金融庁の銀行向け業務説明会では、このドラマに触れないでは済まなかった。「金融庁の目黒、じゃなくて黒崎検査官が」と言えば聴衆にはどっと受ける。ふざけているのではなく、銀行への私なりの反省を込めていた。「黒崎検査官のモデルが死去」と題する報道に反応したヤフーへの多くの投稿は、目黒謙一さんをほめるのが１つもないのは分かるが、今も憎しみが癒えてないのが互いにとって痛ましい。「無学な官僚が、銀行エリートをひれ伏させる快感に溺れていた」「なくさなくて済む銀行をなくし、潰さなくて済む企業をいくつも潰して関係者を苦しめ、今頃地獄をさまよっているだろう」という具合になる。

「別の官僚は、「サルがマシンガンを持った時代」と評した」なんてのもあり、評した当人として釈明すれば、私は目黒さんではなく目黒さんが辞めても同じ流儀でしか検査できない若手検査官を評したのだった。もっとも続けて、「メガバンクをも消滅に追い込んだ伝説の検査官を今の若手がこぞって目指すなら、健康な行政組織とは思えない」とも書いたから、たいした違いに見えないかもしれない。でもこのささいな時期の違いにこだわらないと、目黒さんを弁護する余地はなくなる。

目黒さん死去報道の中に、「ある金融庁幹部は、「凄腕の検査官だった」

と偲んだ」とあるのは、おいおい勝手に創作するなよと思う。万一創作でないとすれば、尋ねる相手を間違えている。まともな幹部なら、「凄腕」などと言わない。「凄腕」とは、『ドクターX』で米倉涼子が演じる外科医のように余人に真似できない腕で鮮やかに仕事をさばくのを評する言葉だからである。今も多くの投稿が証言するように、「銀行の主張に耳を貸さず、予め決めた債務者区分を強要して引当を積み増し、さらに銀行から切り離して会社を潰す」腕なら余人も真似しやすい。だから行政組織論としては困るのである。

　バブル崩壊後の不良債権処理の道筋は、めぐり合わせの悪さが続いた。北欧でも日本と同時期に不動産バブルとその崩壊が起きたが、崩壊後すぐに主要行が潰れかけたから公的資金を入れて早期解決する以外に道がなかった。対する日本では小さな信用組合や第二地銀から破綻したから、「不良債権はずさんな経営の産物」と認識され、公的資金が許されるには続く多くの犠牲を経ねばならなかった。

　不良債権はまず、「貸し渋りで設備投資が実現できない」と需要減退の原因として批判され、やがて、「追い貸しでゾンビ企業を延命させる」と生産性低下の原因として批判された。その不良債権を処理すれば銀行の負担になるだけでなく、企業倒産を増やしてマクロ経済の足を引っ張るが、さりとて先送りを続ければ、健全な資金需要にも応じられない銀行がマクロ経済の足を引っ張り続けてしまう。

　『ドクターX』なら清水ミチコの内科療法より、米倉涼子がさっさと切除するほうが往々に理に適うが、長く内田有紀の麻酔医がおらず痛み止めの公的資金を使えなかった。リーマンショック後にアメリカ政府がさっさと公的資金法を作ったのは、日本のめぐり合わせの悪さを長く観察してきたからである。いったん議会が否決しても、「日本みたいになるぞ」と株価暴落が脅せば、アンチウォール街の政治家も信念を貫けなくなる。日本で公的資金が使えるようになれば、自分が見たいと欲する現実を見たがる

銀行に対し、金融行政が資産査定に影響を及ぼす検査が避けられなかったとは思う。問題はそれをいつまで、どの程度強く続けるかになる。

　『半沢直樹』が放映された時はすでに、半沢が黒崎検査官から「疎開資料」を隠し通した大団円に視聴者は喝采した。でも、「懸念シナリオの資料を検査官に見せなかったUFJ銀行を検査忌避で刑事告発して後の再編につなげたのは正しかった」と、三菱基準で資産査定をやり直して多額の戻し益が出てからも言い張る行政OBがいたりする。これでは現役行政官も、過去の監督行政の判断を虚心坦懐に総括できない。そして、目黒さんはいつまでも憎まれ続ける。

178　目利き力の丸投げ

　かつて金融庁の銀行向け業務説明会を分担させられて困惑したのは、銀行に対し担保に頼らず貸せる目利き力向上を促すのが説明会の主目的であり、用意された資料どおりに語れば聴衆がどう感じるかは分かる程度に私が小心者だったからである。「へ？　目利き力向上だと？　予め決めた債務者区分を強要して銀行から考える力を奪っておきながら、今になって自分で考えろだと？」。実際、目利き力とは便利なマジックワードで、それがあれば銀行も行政も安心だが、それをどう向上させるかは、未だ誰も言葉で明瞭に表現していない。経営学者が成功した経営の共通項を抽出して理論化する以上に微妙な課題だから、一般論で丸投げする。

　ラーメン屋の店内が不潔で立地も不便、店主も店員も不愛想で肝心のラーメンもまずい、ならすぐに潰れそうだが、近所に他にラーメン屋がなければ一定の客足は続く。「だから一見取り柄がなさそうなこの店は結構しぶとく稼げるんですよ」と銀行員が検査官に力説しても、「でもこのバランスシートじゃ破綻懸念先だよ」と一刀両断にされては、持続可能性を見極める気力もなえる。業務説明会で『半沢直樹』に触れ、「金融庁の目

黒、じゃなくて黒崎検査官が」とわざわざ言い直して伝えたかったのは、「かつて有事にみなさんが経験した検査への不満は承知しています、でも今や平時ですから、自分で考える領域が広がったのはご理解ください」という気持ちになる。

公的資金を使えなかった大蔵省時代の検査が、監督行政が許す範囲の事実認定しかできずに不良債権処理を先送りせざるを得なかった反省から、金融監督庁の新体制は検査の独立性を標榜した。でも独立性は、恣意的な認定を意味しない。長らくどこの地銀頭取とも電話で本音の会話ができ、「地域金融行政のエキスパート」と評されて先日（2019年夏）退官した西田直樹さんと近畿財務局にいた時、私たちは不測の事態を避けたくて監督庁からの検査官派遣は謝絶していた。

そして、財務局の検査官には予め追加引当の上限を指示し、銀行の経営者には検査終了後に公的資金を申請する準備を求めた。自らを裁量性がないレントゲン技師と称してその実、生かすか殺すかを考える医師の仕事をする自己欺瞞みたいな検査の独立性に拘泥しないほうが、責任ある行政と思ったからである。そしてもちろん私と西田さんは、監督庁の検査官より洞察力がある医師を自認していた。

債務者区分を決めて追加引当させ、要すれば銀行からの切り離しを指示するのは、検査マニュアルに従えば凡庸な検査官でもできる仕事である。不良債権処理が峠を越え、金融庁幹部が、「そろそろ個別の資産査定中心の検査は見直さなきゃいけないな」と考え始めてから数年経っても、「机叩いて大声出したら破綻懸念先に落ちた」と自慢する若手検査官を喫煙室で見て、「サルにマシンガン持たせて野に放ってる」と評した。

さらに数年経ち、検査局長の森信親さんは部下に、「もう個別の資産査定なんかやめろ」と指示した。これまでの職業人生を否定され、今後なにをすればよいか分からない多くの検査官が喫煙室でアイデンティティ・クライシスに陥るさまも見た。今なお仕事してるんだかリハビリしてるんだ

か判然としない検査官の処遇は、金融庁には頭の痛い課題に違いない。暗号通貨交換業の登録審査や検査が主に旧検査局の仕事になったのは、久々になにをすればよいか分かる仕事の登場として、アイデンティティ・クライシスを緩和した。

　今般、検査マニュアルを廃止する代わりに金融庁が公表した参考資料には、「将来を見据えた引当」を掲げている。不動産業への貸出なら、不動産市況が堅調で低金利が続く間は貸倒れ率も低いが、実績に基づく引当はマクロ経済の前提が変われば一挙に大幅に不足し得る。だから検査官と銀行は、前提が変わる可能性につき議論を尽くして、「将来を見据えた引当」になるよう努めよと促している。

　たしかにもっともらしいが、マクロ経済の前提が変わる可能性を議論しても、予測が当たらぬエコノミスト同士の観念論に陥る気もする。それに、現状を評価するには個別の引当を検証して集計する必要があるから、具体的な方法論次第では検査が先祖返りするかもしれない。その意味で運用に際しては不幸な歴史を繰り返さぬよう、方法論につき官民の十分な事前協議が必要になる。

179　よりましな政策評価

　目黒さんの訃報に反応したヤフー投稿には、UFJ銀行を私情で検査したとの指摘もある。私情とは、大蔵省接待事件で目黒さんの同僚の検査官が逮捕されたり自殺したりしたのは、前身の三和銀行による検察への司法取引的な接待情報の提供が一因であり、その意趣返しという仮説になる。検査部門のインサイダーでないからこの仮説は判断しかねるが、正直私にも、親しい知人がある金融機関に人生を壊されたのを気の毒に思う私情が、自分がその金融機関に権力行使する際の目的と混然一体になった記憶はある。ただし、私情が権力行使の主な原動力になるなら、やはり健康な

行政組織とは言えまい。

それに、三和銀行の後身のUFJ銀行を刑事告発したり、後の再編につなげたりするのは、当然ながら一検査官の判断を超えている。投稿でしばしば、「マシンガンを持ったサル」と目黒さんが同一視されるのは私に起因しており、申し訳ないとは思う。前に処世の必要上、自分の「発言」にではなく、相手の「立腹」に謝罪した経験を書いたように、健康であるべき行政組織の一員として、誰であれ立腹を招いたら反省すべきとの主張はあり得るに違いない（174　人間、やめますか）。ただ、民間金融機関から、「あの発言に慰めや勇気をもらいました」と、私の眼前で流された涙の数が両手の指で足りないほどの記憶からは、分かりましたと反省しようがない発言になる。

監督行政上の具体的な権力行使の政策判断は、墓場まで持っていかなきゃいけないものが多いのは私も経験している。でも、大手銀行が再編されるほどの権力行使は、客観的な政策評価の対象としなければならない。目黒さんの訃報に対し、「ご冥福をお祈りします」より、「地獄をさまよえ」が先に出てしまうほどの癒えない憎しみは、金融行政が過去の監督上の具体的な権力行使の政策判断を検証して総括していないのが主因と考えるしかない。目黒さんに象徴される検査の手法が、時期による行政上の必要性の違いを問うこともなく、一検査官の意思か行政組織の意思かの違いを問うこともなく、あらゆる不愉快な記憶の標的になって今に至っている。

既存の政策評価では、せっかく立派な有識者を集めても、監督行政上の権力行使の政策判断を除いた政策目標を並べて段階評価した役所の原案を追認するだけで、時間と労力を有益に使っていない。例えば金融システムにおける資金仲介を貯蓄から投資へ変えていく長期的な政策目標なら評価は「まだ道半ばですＢ」、利益分配型のICOを金商法で規制するといった短期的な政策目標なら改正法が成立すれば「よくできましたＡ」と、目標を設定した時点で評価はすでに出ている。

政策評価の目標である監督行政上の政策判断として、「目黒さんに象徴される検査の手法を当時と今の両方からどう捉えるか」「UFJ銀行を検査忌避で刑事告発したのを当時と今の両方からどう捉えるか」といった評価なら、現役行政官だけでなく、実際に権力を行使した行政OBも含めて百家争鳴になるだろう。役所としての見解を集約するのは難しいし、無理に集約する必要もない。集約して、「老後に2000万円の貯蓄が必要です」と言っても不条理な袋叩きに遭う時もある。無理せずそのまま有識者に提示して、百家争鳴に評価してもらい、そのまま公開すればよい。

　肝心なのは、行政が自らの過去の具体的な監督行政上の政策判断にごまかさず向き合い、「あれは時代の要請だったんだよ」という類の粗雑な偽善や諦観を避ける姿勢が金融界に伝わって初めて、行政の基礎になる官民の信頼関係が築ける構造である（**付録3　銀行行政の四半世紀**）。検査マニュアルに基づかない「将来を見据えた引当」につき行政が銀行と本音で語り合いたくとも、過去の引当についての行政判断を封印したままでは、依然当たり障りない声しか聞けない。そしてこのささやかな提案が、本意でなく1つの時代の象徴にされてしまった目黒さんへの私なりのささやかな追悼になる。

第 30 章

南インドの旅 (180〜182)

遠からず人口世界一になり、独立時に別れる前の両脇の国を足せば
すでに圧倒的世界一のインドの歴史はややこしい。近世以降に限って
も、北からムスリムのムガール帝国が侵攻した影響が南まで浸透しき
らず、ヒンドゥー地方政権や民族勢力との関係が錯綜し、イギリスが
侵攻すると錯綜に輪がかかる。2019年末年始に南インドを旅しての旅
行記と映画紹介と禁酒3日坊主の話になる。

180　インド700円ツアー

　読み返し、「こ、これじゃあただの旅行記じゃん」と思う。旅の記
憶を書くのはその国が経験した歴史を振り返り、社会や経済に着目し
て国の形を考える営みだったはずだが、南インドともなれば、旅の記
憶だけで十分に圧倒されているのかもしれない。激安ツアーをインド
人たちのほうが満喫した事態に軽く嫉妬を覚え、さりとて1人で動く
のもなんだか物足りない人間の性を振り返る。

181　ガンジーのインド

　読み返し、「こ、これじゃあただの映画紹介じゃん」と思う。映画
の記憶を書くのは舞台となった社会を振り返り、社会や経済の本質的
な課題を考える営みだったはずだが、ガンジーのややこしい人生とも
なれば、それだけで十分に圧倒されているのかもしれない。非暴力独
立運動と国内宗教融和に捧げたガンジーの人生は、インドと世界が抱
える本質的な課題に示唆を提供し続けている。

182　インドの禁酒州

　読み返し、「こ、これじゃあただの3日坊主のアホじゃん」と思
う。1日たりとも酒を抜いてこなかったのが、禁酒州の3日で体力と

食欲が目覚ましく改善した経験から帰国後も禁酒を続けると決意した
はずなのに、３日と持たない意志薄弱に呆れ果てる。犯罪未満の二大
中毒物資のうち、タバコのCMが禁止されているのに、酒のCMが野
放しなのに毒づいて、意志薄弱の腹いせをする。

180 インド700円ツアー

南インドでまずしたいのが、オディーシャ州の州都から２つの街の名高
いヒンドゥー寺院を訪ねることだった。「公共交通機関で動くのが楽し
い」と中国の旅に際して書いたが、なんせ不確実性の迷宮みたいなインド
で、旅の初めから失敗したくない（**150　旅の時間効率と経済効率**）。だか
ら、州の旅行公社のバスツアーを、「いくらインド人向けでも700円は安過
ぎじゃね？」と訝りながらも予約する。さすがに観光の入場料は別だが、
入場料がいるのは最初の寺院だけだった。

私以外はインド人の老若男女30名ほどの団体。隣席の年配夫妻の夫が言
うに、「コルカタでマリコって女といい感じになったが、父親が死んで日
本に帰り２度と戻らなかった。もう何十年も前の話だが」。「おや、私しゃ
初耳だね」と妻がおちょくれば、「だからオマエに会えたんだろ」と夫が
応えるのどかな会話をしながら、バスはのろのろ進む（**181　ガンジーの
インド**）。

最初の寺院に着くとドライバーは、「各自切符を買って見物し、１時間
で戻れ」と指示する。外国人の高額差別料金はしょうがないが、外国人用
販売窓口が１つしかなく、外国人観光客の引率ガイドがまとめ買いするの
でなかなか行列が進まない。結局切符を買うだけで40分かかり、10分で足
早に見物し、指示時間内にバスに戻ると案の定インド人客は誰もいない。

最後に1時間遅れた客にドライバーが小言を言う程度なのが、インドの時間観念らしい。

　次いで昼食会場でのトイレ休憩に済ませるべきことを済ませ、この時は小でなく大だった。日本人が泊まるホテルからは想像できないが、水の入ったバケツと穴があるだけのトイレにインドに戻ってきたのを実感する。不浄の左手で拭くのに抵抗があるのは初めだけで、慣れるとむしろ気持ちいい。日頃は昼食を採らないが、ツアーの空気は乱したくない。「お、指で食うカレーか」と、不浄でない右手の指を使う。こんな時にスプーンを要求して、空気を乱したくもない。「カレー味のう〇ことう〇こ味のカレー」というアホな選択が頭に浮かぶが、みんなと一緒に食べるとウマいなあとすぐ忘れる。「このあたりの小皿のルーは、ぜんぶごちゃ混ぜにするともっとウマいよ」とみんなから教わってなるほどそのとおりと得心した。

　それにしても長年見たかった寺院だから、10分はあんまりである。「次の見所のビーチを出発するまでに追いつくから」とドライバーに因果を含めて、寺院に入り直すことにした。今度は切符販売窓口の行列の先頭の引率ガイドに高額札を渡しお釣りはやるからと約して1枚余分に買わせる。イライラの経験は工夫の母に他ならない。

　タクシーで無事にビーチに追いつくと、中年インド人が心配気に話しかけてきた。「あんたはブッディストだろ。次の寺院の境内にはヒンドゥーしか入れないのを知ってるか？」「もちろん知ってるさ。異教徒は隣の図書館の屋上から境内を見ろと書いてあるガイドブックに従うよ」。「実はオレ、ムスリムなんだけど」「なら一緒に屋上行こうか」「あんたと違って見かけじゃバレんからオレは境内に入るが、他の客には言うなよ」「……」。

　最初の寺院が完全に観光地化したのと違い、次の寺院は現役の信仰の場として息づいている。屋上から遠望する異教徒型見物を早々に終えて待つと、参拝を終えて高揚したインド人たちが戻ってきた。「よう、屋上から

いい写真が撮れたか」と気にかけてくれても、さほど嬉しくないのは、間近で見られないせいよりも、みんなと一緒に見られなかったせいのような気がする。最初の寺院の高額差別入場料も、次の寺院の異教徒境内参入禁止も初めから知ってはいた。が、日本人には激安のツアーで、インド人たちのほうが充実した時を過ごした事態に軽く嫉妬する。

　結局、今回の旅でのツアー参加はこの日だけになり、後は見物先に到達する難易度に応じて公共交通機関かタクシーを使った。公共交通機関を使えば時間はかかるが、地に足が着いた旅をする感覚は楽しい。タクシーを使えば時間効率は改善するが、ノルマをこなしているような気分にもなる。いずれも1人で動く限り、想定外の展開に見舞われる経験もなく、淡々と予定が消化されていく。それはツアーを満喫したインド人たちに覚えた軽い嫉妬から自ら望んだことだが、地元の人たちと語りながら一緒に動かないと、なんだか物足りなく覚えるのも人間の性らしい、と結局は中国の旅と同じ感慨に至る。

181　ガンジーのインド

　ガンジーゆかりの地をインドに訪ねて日本に帰るといつも、映画『ガンジー』を見直す。今回も非暴力不服従の独立運動の拠点だった自宅や、ムスリムへの融和を拒む過激ヒンドゥーに暗殺された時の血染めの服を展示する記念館を訪ね、対応するシーンを含む映画を見直して、ややこしい彼の人生を振り返った（注1）。

　若き日のガンジーで印象的なのが、弁護士として赴任した南アフリカの鉄道のファーストクラスから、車掌によってホームに叩き出されるシーンになる。映画を見る者は、インド人でもロンドンの大学で法律を学んで弁護士になれるイギリス本国の成熟に比べ、南アフリカの野蛮さを感じずにいられない。でも、イギリスでは有色人種が少数派だから能力に応じて処

遇できるが、南アフリカでは少数派白人が多数派有色人種を支配する体制
だから、有色人種がファーストクラスに乗れないのだと気づく。不自然な
体制を維持するには、有色人種は能力を問わず生まれながらにセカンドク
ラス以下の人間でなくてはならない。そして、この体制の維持は、もちろ
んイギリス本国の方針になる。

　次いでの衝撃は、第一次大戦でイギリスがインドに独立を約して協力さ
せ多くの犠牲を払わせながら、戦後はむしろ令状なしの逮捕や判決なしの
刑罰により弾圧を強め、弾圧に抗議しようと平和に集まっただけのヒンド
ゥーのインド人を、イギリス人将軍がムスリムの部隊に一斉射撃させる
シーンになる。「奴らに思い知らせてやらねばと考えました。タマが切れ
てもっと殺せなかったのが残念です」と供述するこの将軍を初めて見た時
は、植民地主義が作る野蛮な人格に絶句した。イギリス本国でも批判が高
まり、植民地主義に疑問を持たなかったチャーチルさえ、「醜い虐殺」を
糾弾する。

　ただ、集会が形式的には違法とされ、違法ならどんな刑罰も許される法
律では、将軍を糾弾はできても犯罪には問えない。また、「植民地の治安
維持こそ我が任務」であり、そのために、「奴らに思い知らせてやらね
ば」と考えた将軍の人格を糾弾するだけで満足もできない。インドの治安
維持は支配の前提としてのイギリス本国の方針に他ならないからである。
この虐殺が、南アフリカ以上に少数派の白人が多数派インド人を支配する
体制にガンジーが本気で反抗する契機となったのは、醜い将軍がインド独
立の原動力と言えなくもない。

　そして第二次大戦が終わりいよいよイギリスのインド支配が維持できな
くなると、ヒンドゥーとムスリムの対立が激化して暴動が頻発する。暴動
のたびにガンジーは断食を始め、「やめなきゃ死ぬぞ」と己の生命を懸け
て両派を諌める。ガンジーがムスリムに融和的過ぎると断食の場に乗り込
んできたヒンドゥーの男は、怒りながらも、「これを食え」とガンジーに

パンを投げつける。「オレはどうせ地獄に落ちるが、アンタはまだ生きてやらなきゃいかんことがある」。

「なぜ地獄に落ちるんだね」と静かにガンジーは問う。「息子をムスリムに殺されて逆上し、ムスリムの子供を殺しちまった」。「助かる方法が１つある。両親を亡くしたムスリムの子供を引き取って育てるのだ」とガンジーは諭す。それで救われるのか、と男の顔に希望が宿るとガンジーから条件が加わった。「ただし、ムスリムとして育てるのだ」。絶望からか理解できない精神に触れた驚愕からか、男は奇声を叫びながら走り去った。

以上の映画シーンだけでも、ガンジーのインドを考えるのはややこしいと思う。地球人としてこの国を理解しようと歴史をさかのぼると、手始めに王朝の興亡だけでもややこしく、ウィキペディアを何回も読み返さないと頭に残らない。ムガール帝国の影響力に限界があった近世の南インドになると、ヒンドゥーとムスリムとイギリスがさらに絶望的にややこしく錯綜する。ただ、非暴力不服従の独立運動と国内宗教融和に捧げたガンジーの人生が、インドと世界が今も避けて通れない課題に、示唆を提供し続けているのは間違いない（注２）。

（注１）　故郷の小学校に分別と多感を備えた同級生の「マリコ」がいて、ガンジーの伝記を読んだ感想文で、「哀れな人生」と総括したのに驚いた。無論、「取り柄のない哀れな奴め」の哀れではない。非暴力不服従の偉大な精神と卓越した感化力を備え、初代首相をムスリムから選ぼうとするほどヒンドゥーとムスリムの融和に心を砕き、両派の暴動には己の生命を賭けて諫めようと献身しても、結局対立が激化して国が別れ、ヒンドゥーの仲間に殺される人生の不条理への心底からの思いやりと同情の言葉になる。後年帰省し、「マリコ今どうしてる？」「マザーテレサって偉いおばあさんに感化されてインドで看護婦してるみたい」なんて会話が、前回のツアーで隣席夫妻の年配の夫に「マリコ」の姓を尋ねた動機になる。だが名でしか呼ばなかった夫はすでに、姓の記憶を失っていた。

（注２）　暴力的に独立運動を展開しても、武力に差があれば弾圧され殺されるから、非暴力の選択は国民の命を守る姿勢と言えるし、イギリス本国の心ある人間に感化を及ぼし自省を促す姿勢とも言える。が、ヒンドゥーとムスリムの対立が暴力になるのは、イギリスとインドほどには武力に差がな

いからである。当たり前のことを書いているのは、ロシアの侵攻に、ウクライナがどう対処すべきかは、「さっさと降伏して国民の命を守れ」にも、「徹底抗戦して独立を守れ」にも組みできず、正解がない問題と感じざるを得ないからである。

182 インドの禁酒州

　インドの旅の終わりに禁酒州のグジャラートに３日泊まるのは、見たい場所があるからだが、主観的には乗り切り難そうな実験だった。日本での私は、朝、コーヒーを大量に飲むだけで、日中は食べなくても夜まで食欲が湧かない。夜はまず500mlの缶ビールを空け、次いで安い赤ワインを数杯飲み、締めに安いブランデーの濃い水割り数杯でやっと致死量に達する。飲まないと眠れない恐怖から飲むのである。

　イスラム教国では教えが酒を禁じているだけだから、街角に物欲しそうにたたずめば、ヤミ屋が声をかけてきて簡単に手に入る。だから若い頃から１夜も酒を抜いてないが、さすがに法令で禁じている地で違反するのは、元公務員としてためらわれるから眠れないのを覚悟した。でも、旅の終わりの疲れのおかげで、横たわると間もなく朝まで熟睡できる。

　意外にも翌朝から空腹を覚えるのは、これまで日中食欲が湧かなかったのが酒で内臓を麻痺させてきたためらしい。たっぷり朝食を採って出かければ、また意外にも若い頃の体力が復活していた。休み休み上っていた階段が、休まずすいすい上れる。食事をエネルギーに変えて活動するのが人体の機能だから、「そんなの当たり前だろ」と呆れている読者を想像はできる。でも、この当たり前の機能を、長年酒で封印してきた。

　体力復活のおかげで張り切って活動し昼時を迎えれば、さらに意外にもまた空腹を覚える。「まあ１日３食は普通の人間には当たり前なんだけど、オレは酒で内臓を麻痺させ、運動にも背を向けたから体力も落ちるわけだ」。逆に言えば、酒をやめ１日３食で一定の運動をすれば、体力の恒

久復活が可能かも、と将来に一抹の光明がさす。

「佐渡さん（元証券取引等監視委員会委員長）みたいにしょぼいジジイになっても登山ができるようになるかもしれん」。が、昼食に入ったレストランのウエイターが言うのが、「ビールをお持ちしますか」と聞こえる。「せっかくやめる気になったのにこの国の法令遵守感覚ときたら」と思いながらも、つい頼んでしまう意志薄弱が情けない。ウエイターがお持ちしたのは、ビル（請求書）だったのだが。

こうして主観的には実験の3日が過ぎると、空港の出国審査を過ぎてビールを売っていても惑わない程度には強くなっている。帰宅後に禁酒宣言して女房にせせら笑われながらも、翌朝まで熟睡して朝ごはんも食べる。が、問題は翌日からの日中の活動が旅の前と同じく、来客に向けた口先三寸とキーボードに向けた指先三寸だけで、運動が伴わない意志薄弱にある。

旅では物見遊山が同時に運動になっていたが、運動のための運動は長らくしていない。すでに1日で旅の疲れは回復してその夜は眠れなかったから、翌夜は妥協してビールだけ飲むと2時間ほど眠れた。翌々夜さらに妥協してワインを加えても4時間も眠れず、これでは日中の口先と指先の三寸活動さえクリアな頭で行えない。結局翌々々夜にブランデーも戻して典型過ぎる3日坊主になり、長年の慣行が一筋縄では変えられないのを再確認する（注）。

では、この禁酒州実験と帰国後の顛末がまったく無意味かと言えば、犯罪未満の二大依存症を招く酒とタバコへの日本の規制の不均衡を再確認する機会にはなった。「酒を飲めば本音で話せる」と言うが、飲んで無駄に興奮し偉そうに思い上がって人間関係が悪化した悔恨は数知れない。やはりしらふで思うことが本音と言うべきであり、酒を飲むにつれ本音が無駄に増幅されて本音からむしろ遠ざかる。ちょっと飲むだけなら本音に近づき得るが、ちょっとでやめられない。

タバコは後ろめたく自虐的に吸うが、酒は堂々と飲んだ挙句に理性を失う。どっちも人体の正常な機能を損なっているのに、タバコのCMは禁止され、酒のCMは治外法権の様相を呈す。「たかがビールに「神泡」とか言うな！」「女を酔わせた勢いのアバンチュールを仄めかすなんてほとんど犯罪だろ！」。客観性を心がけてはきたこの連載だが、今回は保証の限りでない。

　（注）　この経験は意外に尾を引き、コロナで酒を出す飲食店が抑圧される時代になると、抑圧の根拠と是非を考え、抑圧の中で己の生活様式を再考する契機となった（251　泡缶スーパードライ、252　大蔵省感覚の要請？、253　法治国家の作法、254　孤独のグルメ）。

第 31 章

コロナが対岸の火事だった頃 （183〜189）

武漢の街やダイヤモンド・プリンセス号の惨状を眺めていた頃に世に出た映画や判決や閣議決定や週刊誌に反応する。応援していた社長の辞任を機に、コンプラ自警団がデジタルタトゥーを使うのが経済に及ぼす副作用を考える。森友学園騒動で自殺した近畿財務局職員の手記に共感できないのは、改ざんへの立派な認識が、実のところ検察の取調べによって形成されたからに他ならない。

183　安心して泣きに来る

高齢観客が映画館に安心して泣きに来る『この世界のさらにいくつもの片隅に』をすかっと消化できずに、同じ客層の『男はつらいよ お帰り寅さん』をハシゴする。堅実なさくらや博とともに堅実に歳を重ね、「挫折を繰り返した寅さんに比べりゃまずまずの人生だったかな」と無意識の上から目線を抱く高齢観客の一翼を担い、安心して泣き笑いに来ただけだった己の凡庸な小市民性を悟る。

184　深読みの度合い

かつて野村ホールディングスCEOが辞任した行政処分が、当局の深読みのし過ぎを理由に裁判で取り消されても、金商法の専門家を称する弁護士のようには怒らない。でも、900世紀前の阿蘇山噴火への想像力を発揮してゼロリスクではないと原発を止める裁判官はさすがに深読みのし過ぎと思う。原発が止まると電気代が上がって困る人たちの境遇を読む想像力があれば、とも思う。

185　決め手がない法解釈

黒川弘務東京高検検事長の閣議決定による定年延長が物議を醸すと、世間には変えるほうがよいことも、変えないほうがよいこともあ

るが、その境目は往々に分からんな、と凡庸な感想を抱く。例によっ
て政権を支持するかしないかが法解釈の衣をまとっているが、物議の
登場人物たちと無縁でなかったせいか、決め手がないまま物議が増幅
していくさまは、やっぱりなんだか居心地が悪い。

186　コンプラ自警団

　コンプラ自警団は、法令より自らの感覚を拠り所に不快な現象を警
戒し攻撃する人たちを指す造語になる。血の気が濃いイノベーターに
対し、イノベーターの足を引っ張るコンプラ自警団の血の気は薄く醒
めている。社会現象を観察する私の血の気も薄く醒めているが、イノ
ベーターの足を引っ張って経済成長を邪魔したくはないから、コンプ
ラ自警団が跋扈する副作用は考えざるを得ない。

187　デジタルタトゥー

　コンプラ自警団は、デジタルに消えない投稿で標的を攻撃するか
ら、デジタルタトゥーを刻まれた標的が、人生をやり直すのは絶望的
に難しい。血の気の薄い人間はたいてい血の気が濃い人間に従って生
きるが、一方で誰にでも自我はある。コンプラ自警団としての自我を
拠り所にデジタルタトゥーを振りかざしてイノベーターを追い落とす
不条理の増加を、不安に自覚せずにはいられない。

188　1本の韓国映画から

　韓国映画『パラサイト』のアカデミー作品賞受賞を、「貧しい一家
のメンバーが金持ち一家に次々に寄生（パラサイト）するのは、慰安
婦や徴用工の騒ぎと同じくタカリで生きる国の形を反映している」と
評する離れ業に唖然とするが、競争の手段を選ぶ節度が働かない生き
づらい国には違いない。そして、節度が働かないのはコンプラ自警団

が日本より弱いせいだ、とたわごと連想が続く。

189　目的にふさわしい手段

　森友学園騒動で自殺した近畿財務局職員の手記の報道に、自殺の原因を解明する目的にふさわしい手段なら、「財務省でなく検察に聞けよ」と思う。「冷たい読後感」と評されたのは、自殺したＡさんにも、Ａさんの手記をジャーナリストに渡した妻にも、この騒動を重視してくれないNHKを辞めて週刊誌に手記を仲介したジャーナリストにも、実のところ温かく共感できないからに他ならない。

‖‖‖

183　安心して泣きに来る

　「戦争に翻弄されても平和が戻れば、人間には平凡に穏やかに生きていく日常が待つ」。アニメ映画『この世界の片隅に』と同じ構図に連想が飛び、残りの人生の限られた時間の使い道を考えながらも、トルストイの長い『戦争と平和』を読み返さずにいられなかった（**168　すずとナターシャ**）。映画のほうは、オリジナルに新たな物語を加えただけのディレクターズカットを、「さらにいくつもの片隅」を描いた新作と喧伝する監督に、「これまで売れなかったんだからしょうがないか」とは思う。でも、「新たな物語により観客には、戦争を繰り返してはならないと一層痛切に感じてもらえるはず」とまで言われると、「あんたが一番言いたかったのは反戦じゃないでしょ」とツッコミたくはなる。

　オリジナルに感じたのが、「戦争に真摯に向き合うのは頭か性格が悪い奴」というステレオタイプを破った結果、少なくとも私の主観では、もはや反戦映画と呼び難くなった構図だった。空襲で姪の命と自らの右手を失

88

ってなお本土決戦・一億玉砕の大義を信じた主人公すずは敗戦の玉音放送に逆上するが、街にはためく朝鮮太極旗にはっと気づいて号泣するのが、私の涙腺も決壊したシーンになる。「今、外国から力で抑えつけられるのは、これまで別の外国を力で抑えつけてきたせいか」と悟ったすずの思いを重視すれば、「さらにいくつもの片隅」として、朝鮮半島から軍需工場に動員された徴用工の物語を加えてもよい。でもそんなことをした途端、普通の日本人は居心地が悪くなり引いてしまう。

　嫁ぎ先の環境で同世代の友人がいなかったすずがやっと出会えたのが、夫の元恋人の娼婦だった家庭内葛藤の物語だから、日本人は映画館に安心して泣きに来る。ディレクターズカットも、見る価値がある作品に違いない。ただ、休日にわざわざ映画館に泣きに来て、案の定泣く高齢観客の一翼を担う居心地もまたちょっと悪く、すかっと消化できないのだった。

　そこで、かつて『万引き家族』をすかっと消化できずに、定年退職した銀行員の『終わった人』をハシゴしたのと同じ挙に出てしまう（110「終わった人」に「ふさわしい」）。今度選んだハシゴ先は、客層が同じ『男はつらいよ　お帰り寅さん』。このギネスブック・シリーズの熱心なファンでもないが、かつてロンドンで見た記憶が妙に消えない。

　trying（トライング）はトライするつらさから派生して、「I'm trying」なら「オレはつらいよ」である。渥美清と竹下景子の写真にそう重ね書きしたポスターに苦笑してつい映画館に入ると、「寅」が英語字幕で「try」になる寒いギャグがイギリス人に通じてるのかなと思う。『男はつらいよ』も後期になると、時にマドンナが寅さんに好意を抱くが、寅さんのほうから引いてしまう。この作品でも冷たいインテリ夫との結婚生活に敗れた竹下景子が、次があるなら寅さんみたいに表裏ない温かい男がいいなと思っている。

　映画が終わると案の定、隣席の初老のイギリス人男性から問われた。「tryも彼女が好きなのに、彼女が勇気を奮って示した好意を茶化して受け

ないとはどういうわけだ？」「学歴もない露天商じゃ幸せにできないと思ってると言うか」。「学歴も仕事も彼女は承知だろ」。「うーん、恋愛で挫折し続けると挫折でない事態に突然遭遇してもにわかに認識できずに反応できないと言うか、あ、いや、これはちょっと違うな。とにかく、tryの情熱的だけど繊細で内省的な性格と行動は、このシリーズを長く見ない限り分からないだろうね」。

『お帰り寅さん』は、家庭事情から高校を中退して上京した隣の印刷工に、「オマエみたいな中卒に可愛い妹をやれるか」と己を棚に上げた寅さんが言い放って始まる。観客は私を含め、倍賞千恵子のさくらや前田吟の博とともに堅実に歳を重ね、「ひたすら挫折を繰り返した寅さんに比べりゃ、まずまずの人生だったかな」と無意識の上から目線を抱く高齢者になる。安心して泣きに来る居心地の悪さにハシゴしたのに、結局周りと同じく安心して泣き笑いに来ただけだった。帰宅後、女房が言い放つ。「休日に映画館ですずさんと寅さんをハシゴした？　残りの人生の限られた時間の使い道をもっと考えたほうがよさそうだね」。

184　深読みの度合い

証券会社の営業員と投資家顧客とのチャットを証券取引の監視委員会が解読して、公募増資情報による空売りをインサイダー取引と認定した課徴金処分が、いくつか裁判で取り消されている。判決理由を簡単に言えば、「単なる日常会話であって、意図的なインサイダー情報の伝達ではない」。判決に対し、「世間知らずの素人裁判官め」と立腹するか、逆に、「裁判で取り消されるような微妙な認定は慎むべきだった」と反省するかが、かつて責任ある立場にいた者の務めかもしれないが、「まあ、こんな展開もあるだろうな」という無責任な感想しか湧かない。

当時、現場の調査官に何度か指摘したのが、「人間はインサイダー取引

をするために生きているわけじゃないし、しないために生きているわけでもないから、想像力を働かせ過ぎて目的論的に深読みするのは気をつけろ」だったから、裁判官という事後的第三者にとっては当局の深読みのし過ぎに見えるケースもあるだろう、とは思う。

　興味深いのは、「世間知らずの素人裁判官め」と立腹しているのが、金商法の専門家を称する弁護士という現象になる。これは、当局の脅威を喧伝し、日常会話を禁じるほど情報伝達に神経を使えと助言するビジネスモデルだからに他ならない。およそ、「摘発リスクがゼロでない」と助言するだけならサルにもできて、「リスクが顕在化する蓋然性の程度」を助言するほうが勇気ある専門家の務めと思うが、そう心がけている私への評価は、「当局にいたくせに緩い奴」なのである。

　もっと興味深いのは、当時この件で野村ホールディングスのCEOが辞任したから、辞任理由のいくつかが裁判で取り消されれば、辞任そのものが必要だったのかという議論が起きそうだが、まったく起きない現象になる。後任者の後任者が就任する時代になれば、前々任者がなぜ辞めたかなんて世間の関心から消えるらしい。であれば、業界トップ企業のトップといえども、歴史の塵と消えていくはかない存在として、トップが謙虚に諸行無常を忘れない戒めになるのかもしれない（153　見識と情報（下））。

　自分の専門分野の裁判には鈍感でも、専門外の原発差し止め裁判には関心を持つ。「あと1世紀も経てばホモサピエンスは別種の生物に変化する」と予想するユヴァル・ノア・ハラリの説は本当かねと思うが、自信を持って否認もできないほど人間の生活は変化してきた（**47　サピエンスの形成**）。第一次大戦を終えた1世紀前のテレビもパソコンもスマホもない生活が、今の人間と同じ生物の営みとは思えない向きもいるだろう。

　そんな中で、900世紀前の阿蘇山噴火を考慮すればリスクがゼロでないとして原子力規制委員会の稼働判断を否認する裁判官というのは、いくらなんでも深読みのし過ぎに見える。まだ、ホモサピエンスがネアンデル

タールを駆逐した時代に至ってないし、もちろんホモサピエンスが日本列島に到達もしていない。

「原子力規制委員会は専門家なのだから、素人裁判官は尊重すべき」という主張は、証券取引の監視委員会という専門家が素人裁判官に尊重されなくても、専門家を称する弁護士ほど立腹しない私としてはあまり説得力を感じない。「原発より化石燃料を燃やすほうが人体への危険が顕在化する蓋然性が高い」という主張なら共感できるが、自然災害による原発の制御不能化を懸念する向きにはやはりあまり説得力がないだろうとも思う。唯一、この差し止め裁判官に深読みに代えて想像力を働かせてほしかったのは、古い木造アパートに1人で暮らし、夏はエアコンを、冬は電気ストーブをできる限り我慢する人たちになる。原発を止められて一番困るのは、貧しいのに電気代を上げられる彼らに他ならない。

185 決め手がない法解釈

閣議決定による黒川弘務東京高検検事長の定年延長が物議を醸すと、世間には、変えるほうがよいことも、変えないほうがよいこともあるだろうが、その境目は往々によく分からんな、と凡庸な感想を抱く。特別法の検察官法では定年が検事総長65歳、その他の検事63歳であり、定年延長の規定がない。規定がないから延長できないのか、なければ一般法に戻る原則論から国家公務員法に基づき延長できるのか、が論点になる。

この論点は、検事総長を事実上誰が決めるのかに連動している。法律上は内閣が任命するが、これまで慣行として検事総長が誰を後任にしたいかの意向を内閣が尊重してきた。今般、内閣が黒川検事長の定年延長を閣議決定したのは、そのまま検事総長にする気ではないか、そしてそれは黒川さんが政権に配慮できるからではないか、と憶測が飛び交っている。

定年延長の閣議決定や目的を説明した森まさこ法務大臣の答弁にまず異

を唱えたのが、検察出身の郷原信郎弁護士だった。検察官法の定年は延長を認めない趣旨だとか、検事総長の後任の意向を内閣が尊重してきた慣行は政権の検察介入を避けるためだという主張は、「そうでしょう」とは思う。ただ、「検察という閉じた組織の判断の独善性を、誰より舌鋒鋭く糾弾してきたのはあなただったのでは」とも思う。郷原さんの長年の主張からすれば、検事も他の役所の官僚と同じ程度には世間の風に当たり、政権と意思疎通もすれば捜査も健全になる、とでも言いそうだがそうでもないのかな、それとも内心が分裂しちゃったのかな、なんて余計な心配をする。

　次いで同じく検察出身の立憲民主党議員が、国家公務員法に定年延長を導入した際は検事に適用しないとした国会答弁があると法務大臣に質した。立法者意思と言えば聞こえは立派だが、条文を作った官僚の説明答弁である。法務大臣としては、立法者意思は未来永劫の拘束を意味せず、時代の要請に応じ日本語として無理なく読める範囲で解釈を変えても構わない、という立場らしい。そりゃ政府が全国民に70歳まで働くよう促す時代になってるんだから、平均寿命が短かった昔に決めた定年年齢を絶対変えちゃいかんなら頑なかもね、とも思う。

　そして、その立憲民主党の党首と大学でともに法律を学んでともに消費者系弁護士になったのが、今の森まさこ法務大臣なのである。消費者系弁護士としてもっと活躍しようと金融庁に入り私の同僚になった時、貸金業制度改革という派手なプロジェクトに遭遇し、紆余曲折を経て与党だった自民党の国会議員になった。そんな経歴だから、消費者庁の担当大臣としてならかなり地のまま務まるが、法務大臣になると本音とは別に立場で答弁しなければならない局面があるだろうな、とも憶測する。立場上の答弁なら、検察出身の郷原さんや立憲民主党議員が正面から質しても、心底からはかみ合わないだろう。

　そして、当の黒川検事長が政権に配慮できると憶測されるのは、「誰に

対しても配慮できるからだよ」と感じぬでもない。私もかつて黒川さんが法務省の官房長だった時に、「同僚として証券市場の事件の本質を本音で語り合える見識を持つ検事を派遣してほしい」と頼んで配慮してもらった記憶がある。他の役所に政権の意思が及んでいるのに検察にだけ及んではいけないのか、政権に信頼されていれば検事総長にふさわしくないのかも、やはりよく分からんな、と凡庸な感想を抱く（注）。例によって、今の政権を支持するかしないかが法解釈の衣をまとう論争になっている。ただ、登場人物たちと無縁でもなかったせいか、決め手がないまま物議だけが増幅していくさまは、やっぱりなんだか居心地が悪い。

　（注）　黒川さんの運命の転変は、「197　老いの郷愁」「199　該当して摘発」「200　官民の人事制度改革」と追わずにいられなかった。

186 コンプラ自警団

　いきなりステーキがいきなり拡大すると、ステーキを駅前の牛丼並みに日常化した革新的ビジネスモデルと賞賛され、いきなり失速すると、店の共倒れを招く無謀な拡大路線と批判されるのはよくある風景だが、社長が顧客と社員に訴えたアナログな張り紙がデジタルに炎上するのが、コンプラ自警団の現代を感じさせる。コンプラ自警団とは、法令より自らの感覚を拠り所に不快な現象を警戒し攻撃する人たちを指す私の造語になる。

　社長の張り紙は、①ステーキを身近で安く食べられる文化を創造したが客足が鈍っている、②このままじゃ身近な店を閉めざるを得ず顧客が不便になる、③そうならぬよう店に来てください、社員は家族や親族を連れて来てください、というなりふり構わぬ訴えであり、私には微笑ましかった。が、「上から目線で顧客を脅している」と炎上し、「こんな逆効果の張り紙を誰も止められない社内体制は崩壊している」として、ご丁寧に添削する投稿もある。たしかに読みやすくはなったが、読み終えてなにも心に

残らない。「これで仕事してるつもりの人間が多いから、この国の経済は停滞する」と心底思う。

　出店を増やして売上げが増えても利益が追いつかない単純な構図だが、ステーキが牛丼並みに日常化して利益が追いつくか否かは、やってみないと分からない。やってみるのは平均よりはかなり血の気が濃いイノベーターであり、シュンペーターのイノベーターの条件を思い出す。「新しい試みに向けられる社会の抵抗を克服し、私的帝国を建設しようとする勝利者意思と創造の喜び……」（15　イノベーション文学）。

　「社会の抵抗」を担うのがイノベーターより血の気が薄いコンプラ自警団であり、デジタルに消えない投稿で攻撃するのが現代の武器になる。「駅前のステーキでも牛丼に比べりゃ、日常的に食べるにはまだ高いな」と感じるのが平均的な顧客なら、牛丼を日常化した吉野家の試行錯誤の歴史から学ぶ余地もあるだろう。なりふり構わぬイノベーターが、このまま消えてしまうならちょっと惜しい。

　いきなりステーキに比べ、ライザップにはもうちょっと微妙な感想を抱く。「クッキーを食べたいが太りたくない人向けに低カロリーおからクッキー」を売り出した時は、「太りたくなきゃ食べなきゃいいだろ」と思った。が、おからクッキーは爆発的に売れ、ライザップは札幌の珍しい証券取引所に上場する。見え透いた甘言と甘言にハマる人たちへの安心感を同時に提供して伸びるビジネスもあるのだと、世間知らずの私は認識を新たにした。

　次いで、インストラクターがトレーニングマシンで運動する会員を巡回するビジネスモデルだったスポーツジムを、１対１対応に変えた。痩せて人生をやり直したいが、食事制限も運動も導き手が不可欠なほど意思が弱ければ月30万円払うに値する。装置産業を非装置対面サービス業に変える革新で稼いで、ライザップは次々とシナジーがない赤字企業を買収し、救済型M&Aと意味不明に賞賛された。買収時に割安分の負ののれんを利益

計上したが、買収後も赤字は消えてくれない。新規買収停止により足元の業績が悪化し、同じ理由により今後の業績見通しが改善する珍しい構図になる。

　ライザップもまた、平均よりはかなり血の気が濃いイノベーターの社長が再建に奔走しているが、感想がちょっと微妙なのは、痩せないと人生をやり直せない脅迫観念に訴えるビジネスだからである。「3日坊主を応援する」と社長が言えば聞こえは良いが、応援とは、高いカネを払ったから3日坊主で太ったままではいられない脅迫観念を意味する。再建策の一環として吉野家と組んで売り出したライザップサラダは、ご飯の代わりにレタスを敷いて、大盛牛丼と同じ値段で売る相変わらず脅迫観念頼みの商法になる。

　ここまで来ると読者は思うだろう。「コンプラ自警団を批判しながら、アンタ自身が自警団じゃないの？」。そうかもしれない。社会のさまざまな現象を眺める私の血の気も薄く醒めている。だからこそ、コンプラ自警団が跋扈して社会を前進させるイノベーターに及ぼす副作用は考えざるを得ず、微妙に奥が深そうなので、次回に続けさせていただきたい。

187　デジタルタトゥー

　法令より自らの感覚を拠り所に不快な現象を警戒し攻撃する人たちを、コンプラ自警団と呼んだのは、自警団メンバーがSNS投稿し、怒りの標的に消えないデジタルタトゥーを刻むのが社会や経済に及ぼす副作用が不安になるからである。上場企業から社員向けのコンプラ研修を頼まれると、まず自社株のインサイダー取引から始めるのは、なぜたいていバレるのかを経験上説得的に語れるからであり、出来心を起こしそうな社員にほんの少しは抑止力になっていると思う（172　**新たなコンプライアンスの形成？**）。

でも、もちろんコンプラの対象はインサイダー取引だけでない。ちょっと前に多部未華子が経理部員を演じたTVドラマ『これは経費で落ちません』は、若干の公私混同から経営を揺るがす深刻な不正に至るまで怪しいカネの流れを追うノウハウ集の趣があり、機会があれば見るよう研修参加者に勧める。行為者が不正に堕ちるのは、難病の子供にカネがかかる事情があったりするから、企業も懲戒免職でなく依願退職にして退職金を払う人情を示したりする。

　もちろん私に不正行為者の不審な挙動を見逃さない多部未華子の眼力はないから、研修でこの手の不正を抑止するには、「今や消えない投稿がデジタルタトゥーになって人生を追いかける時代ですよ」と後ろめたさを覚えつつ注意喚起する。昔なら、依願退職した不正行為者が再就職するのはさほど難しくなかった。でも今は、不正に怒った経理部員から実名投稿されたりすると、人生をやり直すのは絶望的に難しい。警察でなく自警団だから、犯した罪とデジタルタトゥーの罰のバランスなど配慮してくれない。

　やはりちょっと前のTVドラマ『デジタルタトゥー』では、唐田えりかが演じた女子大生が恋人とのベッド上のツーショットを嫉妬深いクラスメートから投稿され、内定していたTV局から辞退を迫られた。そして今や、「杏ちゃんかわいそう」と不倫に怒った投稿の嵐に、唐田えりかの役者生命は消えかけている。自らの正しさを信じるコンプラ自警団が跋扈するのが健全な社会とは思えない。コンプラ専門家と思われて社会の要請に応えようとする際に、自警団の脅威と消えない投稿に注意喚起するだけでは、第2の人生の作法としてまともなのかと自省する。でも、どうすればもっとまともな作法に前進できるかは、まだ確かな道をつかめていない（注）。

　上場企業や金融機関の経営陣も、まともな人間でなければ株主や顧客が迷惑する。ただ、まともな人間を選ぶために行うのが、グーグル検索や、

週刊誌のチェックや、興信所や探偵への依頼や、警察OBを介した情報収集だったりする。その結果、少年時代の補導歴とか、過去の交友関係の情報にたじろぎ、結局、「この人間はまともじゃないかもしれんから遠ざけよう」と考えるのが、血の気が薄いコンプラ自警団なのである。

既述のように、イノベーションを追求する人間は往々に血の気が濃く、とりわけ若い頃は、ビジネスで成功したいとか有名になりたいとかの野心と、弱者を助けたいとか社会に貢献したいとかの理想が混然一体になって派手に試行錯誤し、時に道を踏み外す。歳を重ねるにつれ野心から理想は自律し、人生を賭けるに値する目標がクリアになるが、まさにその時、若気の至りを示すデジタルタトゥーをコンプラ自警団から突きつけられ、追い落とされる風景にしばしば遭遇する。『男はつらいよ』も『トラック野郎』も、役者を代えてももはや新作を作れないのは、寅さんのテキヤも桃さんのデコトラも、堅気でない感覚から忌避される時代になったのである。

血の気が薄い人間はたいてい濃い人間に従って生きるが、一方で誰にだって自我はある。血の気が薄く醒めた人間がコンプラ自警団としての自我を拠り所にデジタルタトゥーを振りかざし、イノベーターを追い落とす不条理が看過し難く増えているのを、私自身の血の気も薄く醒めているだけに、不安に自覚せずにはいられない。

(注) 昔の発言や行動を今どう評価して対処するのがまともな作法かという課題の微妙さは、後に東京オリンピック組織委員会から追放された多くの人たちを眺めて一層感じた。底流には、崇高な平和の祭典に携わるに値しない人間を断罪し追放したいコンプラ自警団の警戒と攻撃があり、組織内の権力闘争や印象操作したいメディアの思惑が相まって顕在化する。

一方で、女性でも身障者でも異民族でも弱者の人権を尊重する認識が、世界標準に比べこの国では弱く、組織委員会の中枢にいる元政治家や元官僚や広告屋やエンタメ屋が認識格差に必ずしも鋭敏でない現実もある。だから、「生きづらい時代だが仕方ないのかもしれん」と、すかっと書けない文章をまた書かねばならないのかもしれん（255 裏の裏の裏、256 真意の濫用、257 国際人権感覚ギャップ）。

188 1本の韓国映画から

　例年ノーベル賞の公表時期に、「今年も日本人受賞に切歯扼腕する韓国人」と楽し気に語る嫌韓病患者たちは、韓国映画『パラサイト』のアカデミー作品賞にどう反応するのかなと思ったら、1本の映画から国の形を論じる無謀な離れ業を見せた。「半地下に住みピザの箱作りのバイトで生計を立てる貧しい一家のメンバーが次々に金持ち一家に寄生（パラサイト）するのは、慰安婦や徴用工の騒動が示すようにタカリで生きる国の形を反映している」。軽症患者からのもっと素朴な反応としては、「こんな生きづらい国に生まれなくてよかった」。こちらには私も素朴に共感できる（注）。

　とは言え、先日のOECD統計（2019年）では、1人当たり実質GDPですでに韓国はわずかに日本を抜いている。「そりゃ『パラサイト』の金持ち一家みたいなのがいて、格差が激しいからだよ」と言われそうだが、同じOECD統計が格差を示すジニ係数は、韓国と日本で有意な差はない。映画でむしろ印象に残るのは、貧しい一家が金持ち一家に悠々と寄生する能力の高さになる。息子はカリスマ家庭教師になり、娘は霊感美術カウンセラーになり、根はひょうきんだが一見重厚な父親は練達のお抱え運転手になり、愛嬌ある母親は料理がうまい家政婦になる。全員がこれほど有能なら、なぜ全員無職で半地下に住みピザの箱を作っていたのか訝しいほどである。

　やがて一家は、金持ち宅の地下に隠れ住む別の貧しい夫婦と激しいサバイバル競争に至る。そう、韓国と日本で今も有意な差があるのは、1人当たりの豊かさでも格差でもなく、競争の激しさに違いない。幼い頃から海外留学させ、遅刻しそうな受験生をパトカーが送り、安泰な公務員就職を求めて窓のない2畳間で何年も浪人する姿は日本でもしばしば放映される。

もちろん日本でも受験や就職に競争はあるが、競争の手段を選ぶ節度の力学は働く。『パラサイト』で貧しい一家の息子と娘が、父親を運転手に、母親を家政婦にしようと前任者を追い出した手段はほとんど詐欺であり、善良な日本人ならちょっと引く。「日本映画だって『万引き家族』があったじゃないか」と言われそうだが、貧しい暮らしを補う程度の万引きでも最終的には警察が介入して、元来赤の他人だった家族が血縁に従って解体されるコンプラ的に正しい結末になっている。

　編集担当の小林さんから、「パラサイト結末のネタバレはお控えください」と言われて気をつけているが、詐欺や万引きどころじゃない父親の所業にも警察の手は及ばない。そう、前回までこだわった造語を使うなら、韓国では日本より競争の手段に節度を求めるコンプラ自警団と自警団がデジタルタトゥーを刻む活動が弱いから、競争が手段を選ばぬ仁義なき戦いになり、勝者が素朴に賞賛される生きづらい国なのである。でも、だから１人当たり実質GDPでわずかでも日本を抜いたなら、コンプラ自警団が警戒する生きやすさに安住する意味を考え直す時期に来ている。考え直して行動も改めないと、今後韓国から豊かさでも有為な差をつけられるのは避けられない（268　補助金ランダム妄想）。

　嫌韓病患者が１本の映画から国の形を論じる無謀に呆れながら、自分も同じ無謀をしてしまったついでに韓国映画に作品賞を与えるアカデミー賞の変化を考えると、「多様な視点を持つマイノリティの審査員が増えたから」という解説に異存はない。ただ、それだけとはとても思えない。アメリカ国内のスポーツ決戦に無自覚にワールドと冠する国で作るアメリカ映画は、やはり無自覚にワールドだったのである。

　それが、「アメリカも他国と同じ１つの国に過ぎない」と自覚するには、どう見たって世界のために活動していない大統領を３年も眺めた経験がアメリカ国民に深甚な影響を及ぼしたと思うしかない。この経験が、アメリカ映画と他国映画を同じ土俵で評価する視点を形成し、作品賞を外国

語作品賞から区別させなかった。読者は、「たわごとを」と立腹しないで
いただきたい。今回はOECD統計の紹介以外、すべてたわごとなのだか
ら。

（注）　韓国の若者が結婚して子供を育てたいと思えない「生きづらい国」なの
を0.8の出生率が示しても、嫌韓病患者のように、「だから日本に八つ当た
りする」と続いては怒りの応酬が終わらない（75　2つの出生率）。韓国か
ら強制連行を抗議された佐渡金山の世界遺産登録申請を政権が見送ろうと
すると政治が紛糾するのも、他国民への想像力より己を含む自国民の条件
反射の感情しか眼中にないからである。
　『パラサイト』に続きアジアからアカデミー作品賞にノミネートされた
日韓共作日本映画『ドライブ・マイ・カー』を政治家も含む両国民が見れ
ば、怒りの応酬に身をやつす不毛が少しは実感でき、相互理解が少しは進
むかもしれない（38　12歳の少年、55　東アジアの仲間）。一応私も愛国者な
ので、日本よりはトップの権限が強い韓国の新政権下で、「やっぱり申請
を見送らなくてよかった」と展開する可能性を少しは仄かに期待してはい
るが。
　どんなにつらい経験をしても自ら命を絶たない限り、人生に目的を見つ
けて生き続けねばならない自明の結末の物語と、受容者に想像力を発揮す
る余地を広く残している物語に惹かれると前に書いた（9　日の名残り
（注）、73　ふりをする小市民（注））。自分を抑えて主人に仕えてきた執事の
悔恨と残された人生を生き続ける仄かな決意を描くカズオ・イシグロの
『日の名残り』に、これほど深い物語を村上春樹は書かないからノーベル
文学賞に至らないのだろうと偏見を抱く（146　時局に生きる）。戦争に翻弄
されても平和が戻れば日常を生き続けねばならない『この世界の片隅に』
に、トルストイの『戦争と平和』を読み返す（168　すずとナターシャ、183
安心して泣きに来る）。
　『ドライブ・マイ・カー』は、村上春樹の原作じゃ趣味に合いそうにな
いと思ったらやっぱり趣味に合わずに展開し、秘密を抱えた妻を突然失っ
た役者兼監督の西島秀俊の喪失感にも共感しない。が、チェーホフの
『ワーニャ伯父さん』を劇中劇とする構成に惹かれたのは、私の最も好き
な映画がギリシャ神話「エレクトラ」を劇中劇とするギリシャ映画『旅芸
人の記録』だからと思う。
　「ドストエフスキーにだってなれたのに」と自分を抑えて主人に仕えて
きた人生を悔恨するワーニャ役の西島秀俊に、姪役の（韓国人ハーフの伊
藤沙莉からコメディ要素を除去したような）パク・ユリムが手話で、「つ
らい人生も目的を見つけて生き続けねばならない」と慰め諭す敬虔なシー
ンは、しばらく脳裏を離れそうにない。続いてヒロインの三浦透子がプサ

ンのスーパーで買い物して海辺をドライブする意味不明な日常風景のラス
トシーンは、見る者の想像力を思い切り解放する（と書いても、見てない
読者には意味分かんないだろうけど）。

189 目的にふさわしい手段

　今では重厚に頭取を演じたりする北大路欣也も、映画『仁義なき戦い』
の頃は親分の意を受けて敵を殺しまくる若い鉄砲玉で、殺し過ぎて誰が敵
だか分からなくなり、最後は警察に囲まれて自殺する。北大路欣也の葬儀
で「任侠の鑑」と称える親分が、兄貴分だった菅原文太には、「オマエが
指示したせいだろ」と耐え難い。

　この手の親分のために刑法は教唆犯という類型を設けており、量刑上限
は実行した正犯と同じだが、親分を正犯と認定しないのが捜査の現場感覚
では耐え難く、実行の前段階で指示していれば条文にない共謀共同正犯と
認定する慣行が今も続いている。もちろん非実行者を認定するハードルは
高いから、親分も葬儀では安心して鉄砲玉を称えた。

　珍しく週刊誌を買ったのは、自殺した近畿財務局職員Ａさんの手記を読
み、なぜ決裁文書を改ざんしたのかの認識を確認するとともに、やはりな
ぜ自ら命を絶たねばならなかったかの真相に近づきたいからである。前段
については、Ａさんと認識に違いはないと感じた。総理夫人のお言葉だ
の、政治家の学園への来訪だの逸話に満ちた改ざん前の決裁文書の奇怪さ
は、国有財産行政史上例がないほど手段を選ばぬ交渉相手の奇怪さに起因
すること、近畿財務局が身の証として決裁文書に詳細な経過を残そうとし
たのが日々政治に接する本省の目からは誤解を招くと懸念されたこと、は
Ａさんも百も承知である。違いがあるとすれば、それでもなお決裁文書の
改ざんは許されないとの認識を、自殺直前のＡさんが私より強く抱いてい
たことくらいに思われる。

世紀の変わり目に近畿財務局にいた私は、「本庁から教わることなどな
にもない」とうそぶいて自律的に金融行政を進めたが、本庁から、「局長
に上げて方針が決まった」と言われれば従ったのは、それが役所の掟だか
らである。Ａさん自身や上司の管財部長がいったん本省指示の改ざんに抵
抗したのは近畿財務局の自律性の伝統を感じさせる一方、元の決裁文書が
余計なことを書き過ぎていたとして改ざんに抵抗しない財務局の同僚への
批判は、「現場官僚の鑑」としてのＡさんの資質を示しているようではあ
る。

　後段のなぜ自ら命を絶たねばならなかったかになると、やはり検察の参
考人聴取を受けた２人の大蔵省職員が自殺した接待事件を思い出す。役所
の官房経由で参考人聴取を求める手続は、Ａさんの場合も同じである。接
待事件の参考人に、仕事と思っていたとはいえ接待を受けた負い目があっ
たのと、Ａさんに、本省指示とはいえ改ざんの実行者だった負い目があっ
た構図も同じである。

　接待事件では検察は参考人に、「逮捕した〇〇さんを××銀行が接待し
たのは△△の件で便宜を図ってほしかったからですよね」と予め描いたス
トーリーの供述を求めた。「そんなのこじつけもはなはだしい」と思って
も抵抗できる人間とできない人間がいる。自らの認識と違う供述を拒む人
間は、やがて自らの身の安全が不安になり、やがて不安は生き続ける臨界
点に達する。

　国営放送として森友学園騒動がたいした問題に見えないのは当然の見識
と思うが、森友報道に重きを置いてくれないのが不満でNHKを辞め、Ａ
さんの妻から得た手記を週刊誌に仲介したジャーナリストは、大阪地検が
本省でなく近畿財務局主導の改ざんというストーリーを描き、Ａさんが自
殺の前日に、「明日は検察だ」と語ったとしている。

　実行者である自分だけが裁かれる不安が臨界点に達し、であるがゆえに
指示した本省への怒りが手記に炸裂しているかもしれないが、確認できな

い週刊誌情報をもとに論じるのは控えたい（注）。ただ、Ａさんの不安の構成要素のほとんどはたしかに検察が占めていた。だから、なぜ自ら命を絶たねばならなかったかを明らかにするのが目的なら、ふさわしい手段として尋ねる相手は、実現可能か否かは別として財務省でなく検察になる。この自明の指摘を見かけないのは不思議でならない。

（注）　容疑者であれ参考人であれ全国から自在に呼びつけるのは、東京地検特捜部の特権らしく、大阪地検特捜部が霞が関の官僚を参考人として聴取したければ霞が関に赴く。大阪地検のこの流儀を近畿財務局で知った私は、「腎臓売れ！」と迫る債権回収で悪名をはせた京都本社の商工ローンを捜査していた東京地検から監督者として参考人聴取で東京に来るよう呼びつけられて逆上し、「用があるならアンタが大阪に来い！」と電話を叩き切った。無論大蔵省接待事件の直後だったからであり、「なんか分からんけど相手が悪そうだ」と思われたせいか聴取は沙汰やみになる。

　　この流儀からすると、近畿財務局主導の改ざんとすれば大阪地検が自らの仕事にしやすいと考えるのは分かりやすい話、にはなる。Ａさんの実名は後に「ファイル」に冠されて人口に膾炙するが、見ず知らずのメディアや政治家に自分の名前が連呼され詮索される事態をＡさんが望むとはとても思えないから、意味ないこだわりではあるが、実名を避けている。Ａさんの妻の活動を追うのが唯一の読んでもらえる仕事になったらしいジャーナリストの記事も読まない。

第 32 章

コロナ時代の幕開け（190～196）

2020年３月上旬に出張とそれを奇貨とした観光でミャンマーを訪れ、経由地のバンコクで帰国できなくなりかけてようやくコロナショックを体感する。４月の第一次緊急事態宣言に先立ちリモートワークに入り、自宅で書くのは自ずとコロナの話題が続く。この本をまとめている2022年に入っても収束に至らないから、結局ここから最後まで、コロナが通奏低音になっている。

190　ビルマのたわごと竪琴編

　ミャンマーで日本滞在経験があるタクシー運転手と、映画『ビルマの竪琴』を語り合う。ミャンマーの店にはたいていスーチーさんのポスターやカレンダーが掲げられ、老いてなおアイドル的人気を誇っている。軍によるロヒンギャ虐殺をかばって国際社会から指弾されるほど妥協したスーチーさんが、１年もしないうちに軍に拘束される展開を迎えるとは、神ならぬ身の知る由もなかった。

191　ビルマのたわごと素足編

　ミャンマーのタクシー運転手から、「弱いタイはイギリスの圧力に屈して寺境内への土足立ち入りを認めたが、強い我々は伝統の宗教信念を貫いて今も素足立ち入りを続けている」と聞いて経由地のバンコクに行くと、フライトが経由していない。バンコクの運転手にミャンマー運転手の話をすると反応は、「我々は賢く、奴らは馬鹿だからだよ」。クーデターにも無論同じ反応に違いない。

192　ポストコロナの社会

　第一次大戦後の先進国が社会保障や累進課税を強化して格差が縮まったのは、不衛生地帯でスペイン風邪に感染して貧しい負け組の人た

ちから死んでいった経験にも根差していると思う。接客や力仕事ゆえにリモートワークしようがない人たちの感染が増え、「しょうがねえなあ負け組の奴らは」が通念になっては社会が公平に向かえない。引きこもり生活の中で、社会が良くなる要素を探す。

193　政策の効果と副作用

　リーマンショック後に政治主導で返済猶予を促す金融円滑化法ができると、金融庁も銀行も副作用を懸念したが、足元の倒産が減る安堵感も捨て難く２度も延長された。非常時とて円滑化法は事実上復活し、淘汰されて然るべき生産性が低い企業まで延命する副作用が懸念されるが、「アメリカみたいに失業率２割を懸念する国の形がよいのか！」と逆の声に挟まれて身動きとれずに流される。

194　さよならテレビ２

　「弱者を支援し権力を監視する使命のテレビが、自らの恥部に赤裸々に向き合った」と称するドキュメンタリー映画の出来栄えが期待水準に及ばない。コロナで収入が減って困った弱者への30万円が、全国民一律の10万円になっても、コロナで収入が減らない視聴者が主力のテレビは批判しない。「視聴率を稼ぐ自らの生活と、権力の監視がもっと深刻に相克する続編を作れよ」と思う。

195　相関と因果

　「コロナ失業により増える自殺者がコロナの死者より多くなる」との主張は長年の失業率と自殺者数の相関関係からの推計による。でも、失業した生活を借金で補って返済不能になると、「社会のお荷物」を降りる自殺に導くのが相関関係の背後に潜む因果関係と感じてきた。貸金業制度改革により急速に多重債務化する借金が困難になっ

た以上、相関関係からの素朴な推計はもう使えない。

196 パチンコ断想

「職業に貴賤なし」は建前で、客をハマらせて搾り取るパチンコや風俗は賤しい職業と思われているが、ほとんどの職業は客がハマってリピートしてくれないと稼げない。「休業指示に応じないパチンコに罰則を科せ」という怒りは、賤しい職業のくせにと増幅するが、感染蓋然性の検証が前提になる。3密というあいまい概念でパチンコを風俗並みに扱うのは、科学的政策とは思えない。

190 ビルマのたわごと竪琴編

ほんのひと月前（2020年3月上旬）、ヤンゴン出張のついでにミャンマーのまだ見ぬ秘境を訪れると、少数民族が作った世界に類がない仏塔林立寺院の境内に30年以上も前の風景が再現していた。観光の主役は欧米人であり、アジアからの旅人は日本人だけ。当時、欧米人はちょっと上から目線でも、アジアの歴史や文化に敬意を払って穏やかに学ぼうとし、身近なアジアの魅力を発見し始めた日本人もその流儀にならった。大声で叫び、所構わず煙や痰を吐くアジア同胞の旅人はまだ存在しない。やがて日本人も、「ニーハオ」「アニョンハセヨー」と声をかけられるのに慣れ、いつまでもアジアのフロントランナーでいられない非可逆性を悟る（**55 東アジアの仲間**）。

それが今や、必ず「コニチワ」と声をかけられるのは、もちろんコロナ感染防止のために中国人と韓国人の入国が禁じられたからである。でも、なぜか穏やかで満ち足りた幸福感。少数民族の少女がかいがいしく運んで

くるカクテルに酔い、稚拙な工芸品も鷹揚に求め、アジアはもとより世界経済のリーダーとしての日本を疑わなかった時代の感覚がよみがえったのである。

そんな幸福感のまま観光を終え、日本滞在経験がある同世代の運転手が待つタクシーに戻ると、映画『ビルマの竪琴』を見たかと問われた。「中井貴一の僧が竪琴を弾くやつは見てないけど古いほうは子供の頃見て、結構感動したと思うね」「私はチャコちゃんケンちゃんのお父さんの安井昌二が僧をした古いほうも見ました。あの子供たちどうなったんでしょうね」「チャコちゃんは大人になると売れなくて、脱いだけどやっぱり売れなくて今は浦安のマックでバイトしてるって歯医者の週刊誌で見た。ケンちゃんは洗濯屋になった噂を聞いたけどよく分からん」。「そうですか。それはともかく、上座部仏教は音楽禁止なので、竪琴を弾く僧なんかいません」「そうなんだ」「それに人間は死ぬと魂が体を離れるので遺骨に関心なく、戦友の遺骨を集めて弔う僧もいません」「そうなんだ。でもミャンマーに無知な日本の文学者が日本の子供向けに書いた童話だからねえ」。

彼もまた、日本人が上座部仏教を知らないのは理解するが、最も気持ちが割り切れないのは、日英両軍が対峙する物語のヤマ場で、音楽学校出の隊長に合唱を教わった日本軍がつい「埴生の宿」を口ずさむと、イギリス軍がつい「ホーム・スイート・ホーム」を呼応して無益な戦闘が避けられるシーンになる。「私だってこれが感動的なのは分かりますよ。近代化で西欧音楽を翻訳して摂取した努力が、西欧との戦場で報われるとはね。でも我々は、ただの無知で善良な土人としてしか登場しないんです。イギリスに植民地にされる前は、タイともインドとも戦って勝った我々が」。

さて、傷ついた彼のナショナリズムにどう反応したものかと思うが、アジアはもとより世界経済のリーダーとしての日本を疑わなかった時代がよみがえった幸福感で満たされていただけに、素直に非を認められない。「気持ちは分かるよ。でも日本の子供が、なぜ日英がミャンマーの地で殺

し合ったのか疑問を持てば、自ずと帝国主義戦争の虚しさを悟れるから、ミャンマー人のプレゼンスに乏しいからと言って無意味な物語とは言えないと思う。スーチーさんのお父さんのアウンサン将軍も、インパール作戦の失敗で日本を見限るまでは、日本軍から訓練され共闘したのだし。ミャンマーの日本軍を率いてアウンサン将軍たちを訓練した鈴木大佐の浜松のお墓は、今もスーチーさんや国軍幹部の巡礼地になっているよ」。スポンサーの反応に、彼はもう反論しない。ただ、少数民族の先祖が遺した寺の遺跡で観光を終え、日本軍が遺した空港まではタクシーで2時間かかるから、まだ彼との会話は続き、やがて私が覚えた幸福感も想定外の帰結に至る。

191 ビルマのたわごと素足編

　世界のどこでも、増え続ける中国人と韓国人の観光客に囲まれるのは非可逆の流れと諦めていたのが、ほんのひと月前、コロナによって一時的に可逆になった。世界経済のフロントランナーとしての日本に疑問を抱かなかった時代の再現として穏やかな幸福感を覚えるのが後ろめたいが、幸福は感情なのでしょうがない。

　ミャンマー少数民族の先祖が遺した寺から日本軍が遺した空港に向かう間、日本滞在経験があるタクシー運転手と映画『ビルマの竪琴』の話を終えると、つい素朴な問いを発した。「さっきの寺の床は昼間だと歩けないほど熱いね。タイは土足で、スリランカは靴下で寺の境内に入れるのに、なんでミャンマーだけ素足じゃないとダメなんだろう」。

　それこそ彼のナショナリズムに火をつける問いだった。「植民地時代のイギリス人は素足に抵抗感が強く、キリスト教会みたいに帽子を取ればブッダに十分敬意を表していると主張しました。イギリスの圧力に屈したのがタイ、妥協したのがスリランカ、伝統の宗教信念を貫いたのが我々で

す」。「でもタイが植民地にならなかったのは、柔軟にうまく立ち回ったせいとも言えないかな」「そうかもしれません、連中は我々ほど強くなかったからね」。

『ビルマの竪琴』と同じく、話を続けるとややこしくなりそうなので打ち切ったが、当時のイギリスは、「不潔な床を素足で歩くと感染症のリスクが高まる」と今日的な主張もしていた。「それにしても中国人と韓国人がいないと穏やかで居心地が良いのは、国際友好平和主義者のオレにしちゃ困った感情だが、居心地の良さにゃ勝てんからGWは同じ入国構造になってる国を探そうかな」などと近視眼的な妄想を抱く。

ヤンゴンで用を済ませた夜に経由地のバンコクに至り、成田行きが24時間遅れると聞いても動じなかった。「要は毎晩定刻に出ている2日分を、乗客が減ったから1日にまとめるわけね。リーマンショックでよく遭遇したパターンだぜ。明日は日本での用もないから、バンコク観光してやろう」。翌日のタクシー運転手から、バンコク市内の主な寺はすでに閉鎖され、ワットアルンだけが入れると聞く。「大蔵省の先輩でも相性が悪い三島由紀夫の『暁の寺』かあ、とりあえず行って」と指示してからふとミャンマーの運転手を思い出す。

「タイの寺の境内に土足で入れるのはイギリスの圧力に屈したためとミャンマーのタクシー運転手から聞いたけど、どう思う？」「そうかもしれません、連中は我々ほど賢くなかったからね」「合理的な圧力なら屈するほうがよいと？」「ワットアルンに来た日本の作家が夜明けの素足の冷たさを強要されたら、感動どころじゃなかったでしょ」。その後も彼からは、「アユタヤ王朝を理由なく滅ぼした野蛮人」「つまらん理由で内輪もめしていつまでも貧乏人」と延々隣国批判が続くのを、日本で隣国批判する連中には生理的嫌悪を覚えるにもかかわらず、面白がっていた。

観光を終え夜の空港で、「今日から我が社の日本便は当分運航停止になりました」と聞かされ、「え、まじ？　昨夜は24時間遅れるだけって言っ

ただろ」とさすがに焦るが窓口職員を追及しても始まらない。出発ボード
の９割超はキャンセルされていて、必死で目を走らせると新興エアライン
の１便だけ成田行きが運航していた。「これに日本人が集中するな」と思
ったが結局９割は空席で、鈍感な私もリーマンショックどころでないコロ
ナショックを体感する。それが今（2020年４月上旬）や、この原稿も自宅
で書き、国内での意味あるGWの過ごし方を模索している。私の見通しの
悪さを嗤う読者には、ご自身の３月上旬を冷静に思い出し、後知恵で裁か
ない習慣を身につけるようお勧めしたい（注）。

（注）　2020年明けから武漢の惨状が報じられたが対岸の火事と認識され、２月
　　　からダイヤモンド・プリンセス号の惨状も報じられたが運が悪い特殊事例
　　　と認識され、３月の学校閉鎖は、「パフォーマンス政府の過剰反応だろ、
　　　学童保育のほうが密だぞ」とむしろ批判が多かった。３月の春分の日を含
　　　む３連休はいずこも花見が賑わい、自宅に近い新宿もほとんど緊張感がな
　　　い。
　　　　株価は下がり続けていたが、３連休明けの23日にFRBが米国債とジャン
　　　クボンドを買いまくると宣言すると反転し、株高と円高が並走する珍しい
　　　展開になった。翌24日にオリンピック延期が決まり、25日に五輪縛りが解
　　　けた小池知事が法的根拠もなくロックダウンと口走ってリモートワークを
　　　切望すると、まじめな第一生命はリモート移行を決める。「え？　おばさ
　　　んのパフォーマンスを真に受けるの？」「我々も一応東京の会社ですか
　　　ら」。そして感染者数は増え始め、４月上旬の第一次緊急事態宣言へと政
　　　府を追い込んだ、のが公平な回顧と思う。
　　　　私を成田に運んだ新興エアラインはタイ航空に続いて破綻し、バンコク
　　　案内してくれたタクシー運転手はミャンマーのクーデターに、「やっぱり
　　　死ななきゃ治らんバカだ」と呆れているのが想像できる。抗議する市民が
　　　ミャンマー国内から、「助けに来てくれアメリカ軍」と叫ぶのが痛ましい
　　　が、叫びに応じたら中国軍も来て朝鮮戦争やベトナム戦争が再現するでし
　　　ょ、とは思わざるを得ぬ。日本の立ち位置の議論もかまびすしいが、「ビ
　　　ルマの竪琴」時代をどう総括するかがややこし過ぎて自分の立ち位置すら
　　　定まらない。

192 ポストコロナの社会

　見知らぬ大勢の人前で話すのは、どうせ誰も真剣に聞かないだろうと平気なのに、真剣に聞くかもしれない初対面の人間とサシで話すのは気後れする。だから民間企業に就職して営業に配属されたら、さぞやお荷物だったに違いない。だから一見ひ弱な新人社員に体育会系先輩が、「営業は足が命！」と鍛えたヒラメ筋を誇示しても、「It's OLD営業！」と新人がひょうひょうとパソコンで営業するCMには心が和む。「リモートワークは、強引で無駄な営業を減らす」と、引きこもり生活の中で、ポストコロナの社会が良くなる要素を探す。でもそんな時、リモートワークしようがない人たちが、往々に視野から抜けている。

　第一次大戦末期から世界に蔓延したスペイン風邪の死者数は、最多推計値が１億人に達する。死がかくも身近になると、残された人たちは命あることに感謝し、助け合って生きるようになる。総力戦で全国民が命や労働を捧げたから、見返りの政治発言権を求めて戦後の先進国で民主化が進んだとピケティは指摘した。民主政権が社会保障や累進課税を強化して貧富の格差が縮まったのは、不衛生地域で感染し、医療にアクセスしづらい貧しい負け組の人たちから死んでいったスペイン風邪の経験にも根差していると思う。

　要は人間の幸福感のかなりの部分が、勝ち組になって稼ぐことから、助け合って生きることに移った。ピケティが格差の指標としたマクロの資産／所得倍率は、勝ち組の蓄えた資産ストックが全国民の稼ぐフローの所得の何倍あるかを示し、第二次大戦まで低下した後、反転上昇して今では第一次大戦前の水準に戻っている（5　遅ればせのピケティ）。

　コロナ初期の日本、スペイン旅行で感染すると、「わざわざ危ない国に行く不用意な奴ら」と批判されたが、海外に行けるのは経済的にはほぼ勝

ち組に属する。国内感染局面に入ると批判対象は、「3密に行く無謀な奴ら」に移ったが、彼らが勝ち組か負け組かは一概に言えない。政府が外出自粛要請を出しリモートワークが増える局面に入ると批判対象は、「外出する非国民の奴ら」に広がる。接客や力仕事ゆえにリモートワークしようがない人たちは、経済的にはほぼ負け組に属する。仕事のために外出しないと食べていけない以上、自粛しようもない。

　彼らの中から今後感染者が増えると、努力して正規雇用の勝ち組になったつもりの人たちからは、非正規雇用へのお馴染みの反応「しょうがねえなあ自業自得の負け組の奴らは」が現れる。勝ち組になるには努力が必要でも、生まれた家庭や地域、生まれつきの頭脳や容姿と無数の要素があり、ひと際大きい要素が運になる。運が悪ければ感染して死ぬのは、スペイン風邪も新型コロナも違わないが、ポストスペイン風邪の時代には、先進国の衛生や医療の水準が上がり、社会保障や累進課税を強化してアクセスは公平に良くなった。アメリカのコロナ感染が深刻なのは、アクセスがまだ先進国になりきれていない事情にも由来する。

　感染拡大につれ批判対象が、海外に行く→3密に行く→外出そのもの、と広がったように、今では他人との接触を避ける必要性が最も強調される。食べていくために接触を避けられない人たちが自業自得とされる社会通念ができてしまうと、ポストスペイン風邪の時代のような、公平な社会に向かう力学は働かない。

　コロナウイルスが、スペイン風邪ウイルスのように大量に感染して集団免疫を形成しないと収まらないか否かが当面の不安要素になる。感染すればウイルス耐性が弱い高齢者ほど死ぬ確率が高い。命の選別を行う国も現れたが、日本人には到底耐えられまいと思う。ただ、命は全国民平等の信条を固く守っていると、全国民の経済が沈んでいくのも避け難い。そして、感染が収まったポストコロナの時代はなにが変わるのか。引きこもり生活の心の健康を保つためにも、社会が良くなる要素を探している。

193 政策の効果と副作用

　まじめに政策に携わっているつもりでも、世間から遅いとか不十分とか批判され、「後知恵で裁くのは楽だな」と感じてきたから、床屋への営業自粛要請で国と都の足並みが揃わないくらいで批判する気にならない。むしろこの国の形の象徴として、1000円でカットだけする床屋を、「洗面台がないと不衛生」として条例で禁止させる業界団体の政治力を思い出す。髪が伸びれば床屋に行きたいが、店主の床屋政談を1時間聞かされるより、10分で済む1000円カット店に条例がない東京の客が集まるのが皮肉だが自然な展開ではある。

　感染阻止主義者に、経済悪化阻止主義者は、「経済悪化で自殺者が増える」と警告する。間違いではないが、「経済悪化の生活を借金で補おうとしてクビが回らなくなれば自殺者が増える」が因果関係のより正確な説明と感じてきた。前世紀末金融危機を経た今世紀初めのピークに年3万5000人弱だった自殺者が足元2万人まで減ったのは、クビが回らなくなるような借り方ができなくなったのが主因と考えるしかない。だから先般金融庁が銀行業界に、個人の住宅ローンの返済猶予に柔軟に応じ信用情報機関（ブラックリスト）にも載せないよう要請し、銀行業界がすぐに呼応したのは過去の学習効果が効いている。もっとも銀行自らも必要と感じていた、副作用が少ない政策だからでもある。

　フラット35のモデルで月収30万円の30歳が3000万円を金利2％返済期間35年で借りると、65歳で完済する無謀な前提はさておき、毎月の返済は10万円になる。借入の5年後にコロナ休業により月収20万円に減ると、その半分が返済に消えて生活が窮迫するのは、貸金業制度改革時に学んだ典型的な多重債務者の姿に近い。多重債務者の場合は元本が減らず、10万円全額が金利なのが違うだけである。

先のモデルで返済期間を15年延ばすと、完済80歳の一層無謀な前提になるが、毎月の返済は4分の3の7万5千円に減る。元本返済猶予ができれば2分の1の5万円に減り、多重債務者と同じく毎月金利を払うだけになる。このように、借り手の不可抗力の非常時に銀行が社会的責任を果たしてはいるが、貸金業ビジネスにどこまで近づくかという、冷静な経営判断の性格も持つ。それだけに非常時が過ぎれば、借り手は返済条件を戻しさらにできる限り繰上げ返済して総負担を減らさねばならない（**120　あまのじゃく視聴者**）。

　金融庁要請に先立ち、国交省は不動産業界に、テナントへの賃料の支払い猶予を要請した。小規模な不動産業者ほど銀行借入に依存し、銀行への返済がテナントへの対応に連動するから、結局この政策の有効性は、銀行が個人だけでなく企業の返済猶予にどこまで本格的に取り組むかに依存する。それはあの中小企業金融円滑化法がどこまで本格的に復活するかを意味する。

　かつて政治主導の新法に金融庁も銀行業界も困惑したが、みんなで渡れば意外に怖くなく、足元の倒産が減る安堵感も捨て難い。やがて困惑は薄れて2度延長し、廃止後も金融庁は銀行に任意の返済猶予報告を求めた。昨年（2019年）ようやく「休止」した報告は、非常時とて当然のように再開されている。この国の経営者は経営が苦しくても極力労働者の解雇を避けるから、ゴーンの日産みたいなクビを切っての回復は珍しい。

　「返済猶予しても正常先に戻らない」「将来の倒産予備軍を増やしている」「こんな政策が地銀の持続可能性を金融行政の最大課題にした」といった指摘は金融庁も銀行業界も百も承知している。この声と、逆の声「アメリカみたいに目先の失業率2割を懸念する国の形が良いのか！」に挟まれ、身動きとれずに流されるしかない。

194 さよならテレビ2

コロナがまだ東シナ海対岸の火事だった頃、問題作の上映を標榜する近所のミニシアターで、メディア業界が震撼したらしいドキュメンタリー『さよならテレビ』を見た。普段は自らを棚に上げて誰かを攻撃するテレビ局が、自らの恥部に赤裸々に向き合ったという触れ込みになる。たしかに連日視聴率の微増減に一喜一憂するさまは自らの恥部かもしれないが、視聴率が広告料という自らの収入に連動する以上は自然な反応にも見える。より直截にスポンサーをよいしょする番組を作るのも、業容の割に高収入なのは正社員だけで多くの制作会社の派遣社員が使い捨てられるのも、さもありなんと思う。自らの恥部に赤裸々に向き合ったという触れ込みから期待したほどの水準には達してない。

結局見終えて印象に残ったのは、それでもなお彼らが、①真実を伝える、②弱者を支援する、③権力を監視する、というメディアの三大使命そのものは疑わず、使命に照らして自らの仕事を省みる姿勢になる。①の真実を伝えるのも時に怪しくなるが、メディアの定義上は当然だろう。②の支援すべき弱者として取材するのが、戸建ての自宅に近い高層マンション建設で日当たりが悪くなると反対する住民だった。工事の実力阻止を住民仲間と相談しただけで逮捕されるのが「共謀罪」の脅威であり、これを政府の命名どおり「テロ等準備罪」と呼ぶのが③の権力の監視として正しい姿勢かと省みる。でも今や、いささかのどかな相克と感じなくもない。むしろ、使い捨てられ、「今晩のごはん代もないんです」と正社員のディレクターに無心する制作会社の派遣社員のほうが、より深い取材に値する気がした。

今注目すべき弱者は、コロナで収入が減って生活が苦しい世帯だから、30万円で十分かどうかはともかく、当初案の支援策にさほどの違和感はな

かった（注）。ただし、本当に生活が苦しい少数派は、SNSやメディア投稿で自らの期待を表明したり、投票に行ったりする気力もない。一方で国民の多数派も、今後の感染展開によって自らの健康や仕事がどうなるのか不安を覚え、「私たちだって困っている」と政府に不満を表明し始めた。

そこで政府は緊急事態宣言の全国拡大に合わせ、弱者のための30万円を、全国民一律の10万円に切り替える。サイレント・マイノリティより、反応が見えるマジョリティの支持を求めた。誰もが非正規雇用者の劣悪待遇の改善を願うが、正規雇用者の負担を伴うなら多数決で否認されるのと同じ構図になる。選挙対策としては、弱者の支援代より、全国民の不安の慰め代のほうが有効に違いない。

弱者を支援し権力を監視する使命だったはずのメディアからは、さすがに不公平との批判が現れると思いきや、さにあらず。テレビの主力視聴者はコロナで収入が減らない高齢層であり、リモートワークの合間に気晴らしする新視聴者にも気に入られたいから、公平性に疑問を呈するコメンテーターは司会者が制して黙らせる。

「30万円もらえるなら半年はアパートを立ち退かなくて済む」といったん安堵した少数派弱者の期待は裏切られ、「10万円でもくれるならもらっておこうか」気分の多数派がちょっぴり安堵する。唖然とした私はこの国から抜け出したくなるが、今や行ける国がない。「東京から出ないで」と都知事が言うなら、小笠原にでも行ったろかと思うが、「帰省も自粛して」と村長が言う島の招かれざる客にもなれない。

今想像するのは、自らの恥部に一応は向き合おうとした『さよならテレビ』の制作陣が、この事態をどう受け止めているかである。高齢層とリモートワーク新視聴者から視聴率を稼いで自らの生活水準を維持しようとする現実と、少数派弱者を支援し権力を監視する使命がより深刻に相克する続編『さよならテレビ2』が作れたら、期待水準に達しなかった前編よりは意味ある仕事に違いない。

（注）　一律10万円にあまりに唖然としたため、コロナで収入が減って苦しい世帯に30万円を給付する当初案に、「さほどの違和感はなかった」と書いたのが軽い嘘になっており、実際には、「かなりの違和感があった」。この国の政府は世帯収入の把握能力が低く、申請する世帯は企業が発行する賃金明細で収入減を証明する仕組みになっただろう。ならば企業は当然、賃金を減らして給付金に肩代わりさせただろう。悪知恵が回れば、さかのぼって賃金明細を発行し直して給付金を従業員と山分けしたりもしただろう。賃金を減らした理由は、「経営が苦しい」でも、「従業員に能力がない」でもなんとでも言える。政府が、「ずるいぞ」と思っても摘発しようもない。そしてメディアは実質的な不正受給を許す仕組みを袋叩きにしただろう。

実のところ公明党の意向と同程度には、仕組みへの懸念が一律10万円への切り替えの本音かもしれない。一律10万円のオンライン申請さえ、自治体が住民基本台帳との照合に忙殺されて郵送申請に切り替わる展開を眺めていると、せめてこの顛末がデジタルガバメントに真剣に取り組む契機となれば、と願うしかない。デジタルに給付できないので紙のクーポンに費用がかかって物議を醸す騒動は対象を替えながら後にも続く（273　政策目的の明示）。

195　相関と因果

「コロナで何十万人死のうが、自粛で自分が失業するよりましだ」と思う人間は多いが、人倫に反する思想は表に出せない。そこで自粛の需要喪失を懸念する人たちが、長年の失業率と自殺者数の相関関係から、「失業率上昇により増える自殺者は、コロナの死者よりはるかに多くなる」と主張するのは、失われる命同士の比較だから人倫に反しない。数理モデルによるコロナ死者数の推計と、過去の相関関係による失業率からの自殺者数の推計は、機械的な素朴さ加減がいい勝負に思える。

「目に見えるのは相関関係だけであり、因果関係は各人が経験から判断する」と、アダム・スミスの友人のデビッド・ヒュームは言った。過去の失業率と自殺者数の相関関係は目に見え、仕事を失って命を捨てるのは、自然な因果関係と感じるかもしれない。前世紀末金融危機時には失業率が

上昇し自殺者数が一挙に1万人近く増えて3万人台になった。

　大手の銀行や証券会社が破綻し、日産自動車すら行き詰まる時代は秩序の崩壊感があり、雇用維持を旨としてきた経営者も非情にならざるを得ない。でも、ほぼ10年後のリーマンショック時には、失業率はもっと急上昇したのに自殺者数は反応しなかった。なぜか？　「貸金業制度改革により短期間に過剰な借金ができなくなったから」というのが、経験からの判断になる。

　遺書から警察が推測した自殺原因は主に健康問題と経済問題であり、各々をさらに細分化している。健康問題で最も多いのはウツだから、経済問題と峻別しにくい。経済問題のほうも失業、生活苦、借金と並んでいて、主因が判然としない。失業すれば生活苦になり借金してウツになる。なにが命を捨てる臨界点かは、私の場合、多重債務者の行動を学んだ経験から判断する。既存の借金を返すために新たに借りるのは不合理でも、既存の貸し手に迷惑はかけられない。生活はどんどん窮迫するが、ご飯に塩だけ振って命をつなぎ、元本は減らなくともとにかく金利だけは払う。

　臨界点は、金利さえ払えなくなった時に訪れる。仕事を失っただけで命を捨てる人間もいるが、多くは自らの窮迫には耐える。でも、自分が生き続けると誰かに迷惑をかけてしまう事態は耐え難い。「社会のお荷物」としての絶望感がお荷物を降りる自殺に導くのが、長年の失業率と自殺者数の相関関係の背後に潜んできた因果関係であり、リーマンショック時にはお荷物になる借り方＝貸し方が制度的にできなくなっていたのが、相関関係が消え自殺が減った主因と考えるしかない（注1）。

　後に失業率と自殺者数はさらに低下して、今は2％台と2万人に至っている。失業率の低下は自民党政権に復帰して景気回復したおかげではなく、生産年齢人口が減って人手が不足し分子の失業者数が減り、女性と高齢者の労働市場参入で分母の働く気がある労働力人口が増えたためである。需要が牽引していないから雇用指標だけが好調でも、賃金は上がら

ず、成長率も生産性も低迷が続く。この間に新たな貸金業制度は一層定着した。

　コロナによる足元の需要喪失はすでに怖いほどの規模に達している。が、需要を失った産業のうち、失業が顕在化したのは飲食や宿泊などの元来新陳代謝が激しく雇用流動性が高い分野になる。構造的に増える製造業の失業を医療や介護が吸収してきたように、コロナの影響を受けにくい仕事を探すのは次第に容易になりつつある。

　仕事が見つからなくても、生活のための過剰な借金は短期ではもうできない。家賃が払えないのは借金が返せないのと同じ「社会のお荷物」としての絶望感に借り手を追い込むが、支援策により直ちに貸し手に迷惑はかけにくくなる。よって、足元の需要喪失→失業→借金→自殺の因果関係は、長年の相関関係に基づく機械的で素朴な推計には達しそうにない（注2）。

（注1）　無論今でも銀行カードローンを借りてゆっくり借金が増え、やがて金利さえ払えなくなって「社会のお荷物」としての絶望感がお荷物を降りる自殺に導くメカニズムは生きている。ただ、上限金利の引下げと総量規制の導入により借金が増えて金利さえ払えなくなる額に達するにははるかに時間がかかるため、自殺者の数字には直ちには反映しない（付録1　貸金業制度改革10年の感想）。

（注2）　「コロナ失業による自殺者がコロナ死者より多くなる」との予言は、この年（2020年）の自殺者が1000人増えて2万1000人になったに過ぎず、翌年は横ばいだったから、私の見通しどおり外れている。ただ執筆時には、増える自殺者がほぼ女性とまでは見通さなかった。非正規雇用の接客だと客が消えれば解雇され、新たな職に就けなければ人生の意味が見えなくなる。さりとて国民の多数派が依然感染を懸念する中で対策を緩めるのは、科学的かもしれないが現実的ではないから、国民の多数派が納得せざるを得ない対策を自分の頭で考えざるを得なくなる（274　書いたのを自主点検、275　お1人様とご家族様歓迎）。

196 パチンコ断想

　ジャーナリストの須田慎一郎さんから、「昔の大蔵省証券局のノンキャリアのボスは、「オレの目が黒いうちは、サラ金とパチンコは上場させん」と豪語してたけど、サラ金は上場してすっかり市民権を得ちゃいましたね。パチンコは景品交換の合法性問題から認めないままですが」と言われ、「サラ金が市民権を得て副作用が看過できないなら上場じゃなくて規制しない我々の責任ですよ。パチンコホールだって上場基準を満たせば認めない理由はないと思います」と答えたのは、貸金業制度改革に取りかかる直前だった。

　同じ頃、大手パチンコホールの会長が大蔵省OBの友人に伴われ、「東証が上場の相談に応じてくれません」と相談に来た。「今では役所が上場に口出しする権限はないですが、ジャスダックなら違う反応かもしれないから聞いてみましょう。ところで会長は在日の方ですか？」と尋ねたら、返事は、「そうです。今は帰化しましたが」だった。

　後に同伴した大蔵省OBから、「20年来の友人に聞けなかった質問を、初対面のあなたが一瞬で解明しちゃうとはね」と呆れられる。「在日金融機関の再編に携わったので、私にとってはタブーの質問じゃないんです」と釈明した。在日金融機関の幹部は、日本の大企業と見まがうばかりの高学歴揃いで、東大出の理事長が語った言葉が記憶に残る。「我々は日本の大企業には就職できませんからね。パチンコとサラ金と風俗の在日三大産業も、日本人経営者は下層のバカばっかだから、我々に勝てるはずないです」。「勝てる」とは、客をハマらせて搾り取る能力競争においてである。差別された弱者ゆえ、日本人の弱者に寄生して生きる構造に気持ちは暗くなる。

　ジャスダックはパチンコホール上場に前向きだったが、景品交換の合法

性のグレーさを懸念する証券業界からの異論で断念した。「ホールの近くで景品と現金を交換する慣行は違法ではないか」と国会で問われた警察が、「そのような慣行は承知しておりません」と官僚答弁する時代だからやむを得なかったかもしれない。件のパチンコホールは、今では香港に上場している。そしてようやく数年前、警察は景品交換が違法でないと公式に表明した。

　だから、「コロナ休業によるセーフネット貸付の対象にパチンコホールを加えた」との報道には、「まだ差別していたのか」と驚く。公的な貸付先に、客をハマらせて搾り取る産業はふさわしくないと感じるかもしれない。でもゲーム産業は客をハマらせ課金で搾り取る。小売業も飲食業も宿泊業も客をハマらせリピートさせないと稼げない。酒やタバコはハマって買い続けさせる中毒物資そのものである。不可抗力の休業で従業員が困るのがどの産業も同じなら、違法でない以上は同じに扱うべきと思う。

　上場もまた然り。どんな産業も上場すれば、株式市場から監視されて客への所業は改善する。それで不十分なら、規制を改善するのが所管する役所の責任になるとサラ金の歴史が示している。パチンコをギャンブルとしてカジノ並みに厳しく扱い日本進出を諦めたラスベガスの連中にとって代わるのか、遊技としてゲームセンター並みに緩く扱い射幸性を抑えるのか。実質ギャンブルなのに遊技として扱うから、休業指示に応じなくとも客が集まる。自粛警察が憤激しようが、初めから、「地域の皆様に愛されて生きる」なんて構えで経営していない。

　「休業指示に応じなければ罰則が必要」との主張は論理的ではあるが、その前に感染蓋然性の実証が必要な気がする。パチンコ中毒はたいていタバコ中毒だから、ホールの天井は高く頻繁に換気し、隣客とは透明板で遮断し客は無言で己の台を眺める。それを３密というあいまい概念で風俗並みに扱うのは、科学的な政策とも思えない（**274　書いたのを自主点検**）。

第 33 章

レジーム・チェンジの再現 (197〜200)

財務省の佐川宣寿元理財局長や、福田淳一元次官の記憶を書いた時と同じレジーム・チェンジが、新聞記者との日頃の習慣を続けていた黒川弘務東京高検検事長を見舞った。こうなると因果な性分のインサイダー物書きは黙っていられず、「改ざんオヤジ」や「セクハラオヤジ」でない私が知る佐川さんや福田さんがかつて現れたように、「賭博オヤジ」でない私が知る黒川さんが現れる。

197　老いの郷愁

先輩官僚の老人をおちょくる趣味はないが、「検察官法改正に反対する検察OB有志の意見書」があまりに直球ストレートなのが微笑ましかった。「ロッキード世代として、政権が人事に介入して検察の力を殺ぐ法改正は看過できない」との結論には、栄光の時代を経験して幸せだった検事人生が偲ばれる。そしてつい、笠間治雄検事総長がまとめた繊細の極みみたいな「検察の理念」と比べる。

198　恐慌 !?

製造業の生産が激減し働く中間層が大量失業して株価が暴落するのが伝統的な恐慌だった。今アメリカの時価総額を牽引するGAFAはコロナの影響を受けず、サービス業の底辺労働者が大量失業しても新中間層は動じない。日本企業も設備投資を減らし配当や自社株買いを増やすなら、アメリカとは違う経路で実体経済と株価が乖離するかもしれないが、株価追随は長くは続きそうにない。

199　該当して摘発

犯罪に形式的に該当しても摘発されない世界が存在してきた。「内閣が強引に黒川検事長の任期を延長し、法改正で正当化まで試みた」

から、任期延長されたほうの麻雀も許せず、引責辞任だけでなく「賭博罪で摘発せよ」と怒号が飛ぶ。今の内閣が嫌いだから、見ず知らずの黒川さんを犯罪者にせよと叫べる精神は、観察対象としては理解できる。が、そばにいてもらいたくないとは心底思う。

200　官民の人事制度改革

　銀行が総合職と一般職の身分制廃止を含む人事制度改革に取り組むのに、年功序列の人事運用と身分制が強固に残る国家公務員の定年延長は、政権による検察介入だけが議論された。公務員の働く時間を減らすのも大切だが、働くのがつまらないから短時間でも耐え難い。少なくともタブーなく議論して論点を明らかにしておかないと、延長の安堵感より閉塞感が勝るのは確実と思える。

197　老いの郷愁

　標題は「検察官法改正に反対する検察OB有志の意見書」を見て、ふと浮かんだ言葉になる。意見書はまず、現行法の趣旨解説が延々と続く。現行法を好きなのは分かるが、法改正を否認する自立した論拠にはならない。ロッキード事件の思い出になるとにわかに、高揚した若い頃への郷愁が炸裂する。田中角栄元総理との対決を辞さない捜査の気概と、捜査に介入しない時の三木武夫政権の自制への賛美（自制というより、政敵潰しの捜査応援だった気もするが）。

　ともあれ、栄光の時代は短く、政権への忖度が疑われて窮地に陥る苦難の時代が長い。やがて郵便不正捜査での証拠改ざんが後輩のトラウマになり、政権につけ入る隙を与えたと老先輩は心配する。「ロッキード世代と

して、政権が人事に介入して検察の力を殺ぐ法改正は看過できない」との結論には、栄光の時代を経験して幸せだった検事人生が偲ばれる。

　でも、政権が検察人事に介入するって珍しくもないのでは、とも思う。自民党副総裁への対応が甘いと検察が非難され窮地に陥ると、後藤田正晴法務大臣が、ロッキード捜査の主役だった「現場派」の吉永祐介検事総長を登用した政治主導は、誰も違和感がなかった。「やるべき仕事を「巨悪を眠らせない」奴にやらせる政治主導はいいんだよ」と言うなら、民主党政権下で検察が、郵便不正捜査での証拠改ざんや小沢献金捜査の適法性を問われて窮地に陥ると、仙谷由人官房長官の意向で笠間治雄検事総長を登用した（らしい）のはどうなのよ？　と思う。政権を批判する時、野党が同じことをしても同じ批判ができるかが、論理の自立性のリトマス試験紙になる。

　笠間さんがまとめた「検察の理念」は、「目指すのは派手な逮捕や重刑でなく、事案の真相に見合う相応の処分、相応の科刑の実現」と地味なことこの上ない。「自己の評価を目的とせず、時に評価が傷つくのを恐れない胆力」とか、「独善に陥らず、真に国民の利益にかなうか常に内省する謙虚な姿勢」と読み進むと、ライブドア、村上ファンド、郵便不正、小沢献金と、「なにが正しいかは政権でなくオレたちが決める」信念が前提になっていそうな仕事を眺めさせられた記憶が癒される。

　なにより冒頭で、「国民の信頼という基盤に支えられ続けることができるようこの理念を示す」という不自然な日本語が痛ましい。英訳は「secure」だから普通の日本語なら、「信頼を確保すべく」とでも書くところだろう。が、能動態だとかすかに漂う傲慢を避けようとして不自然な受動態になってしまう繊細な葛藤に、笠間さんの謙虚を感じる。

　そう言えば、件のOB有志意見書も、検察は謙虚であれと書いてはいた。が、すぐに続けて、「正しいことが正しく行われる国家社会でなくてはならない」と宣言する。結局やはり、「なにが正しいかは政権でなくオ

したちが決める」信念が前提になっているらしい。もとより「検察の理念」は、金融行政を含め独善が懸念されるすべての行政が心すべき指摘になっている。それでもなお、最近の検察を眺めていると、リニア談合であれ、ゴーンであれ、果たして、「事案の真相に見合う相応の処分、科刑の実現」を目指しているのかね？、と感じなくもない。

ともあれ、検察であれ金融行政であれ、OBは老いの郷愁を自覚し、後輩から、「時節柄大人しくおうちでテレビでも見てなよ」と言われぬよう謙虚に過ごしたいとは願う。そして、麻雀がいきなり「巨悪」の賭博になり、もっと厳しい処分や科刑を求める怒号が飛び交う中で、「賭けない麻雀って見たことないんですけど」と思った件については、機会を改め考えてみたい（199　該当して摘発）。

198　恐慌 !?

社説にせよワイドショーにせよメディアの論調に共感できる感性なら、もっと気楽に生きられるのにと思うマイノリティだから、LGBTの生きづらさが分かる気もする。「新聞やテレビを見なきゃいいだろ」って、「メディアとしちゃとっくに見てねーよ」。でもさすがにネットを見なきゃ社会生活にならないから、「なんとか新聞やモーニングなんとかが「迫るコロナ恐慌に備えよ！」と提言」なんて見出しに遭遇し、「恐慌ってなに？」と改めて自問する。株価の暴落、生産（GDP）の激減、大量失業が一斉に襲ってくるのが、伝統的な恐慌イメージだろう。

武漢の街やダイヤモンド・プリンセス号を閉鎖しても、「我が身に関係ない」とばかりにアメリカの株価は最高値更新を続けた。我が身がコロナに襲われればさすがにいったん暴落するが、FRBの政策に反応して持ち直す。別に政策の効果を本気で信じているわけではなく、「投資家みんなで政策を材料に持ち直そうぜ」がウォール街の気分になる。

底辺労働者が大量失業して雇用統計から脱落した結果として平均賃金が上がれば、それさえ好材料にしようとする。株式投資に無縁な底辺労働者など、どうなろうが知ったことじゃない。ブロンクスの3密アパートでクラスターが起きようが、知ったことじゃない。これが、ウォール街発だった世界恐慌やリーマンショックと、サービス業を直撃したコロナショックの違いになる。

　もとより、株価は投資家の気分だけでなく、発行体のファンダメンタルズにも依存する。世界恐慌時のように時価総額の大きな部分をGMやGEなどの製造業が占めていれば、そんな大製造業の生産の激減やそこで体を使って働く中間層の大量失業を株価が予感して暴落し、誰が見たって恐慌だった。今、時価総額を牽引するのは、社員がリモートワークするGAFAだからコロナの影響を受けず、失業率が世界恐慌時に迫ろうが、「負け組の話だろ」と新中間層は動じない。この不公平に分断した国の形は、競争の激しさによる効率性と裏腹になる。株式市場を通じて成長しそうな企業に資金が集まり、産業構造を柔軟に変えていくのもアメリカの強みだが、失業を株価が反映しない生きづらい国にもなった。

　日本では、企業が雇用のバッファになり、銀行中心の金融で産業構造も変わりにくいから、生産性や成長率の低迷と引き換えに、アメリカほど不公平な分断は生じていない。銀行が、倒産と失業を避ける返済猶予に政策的に動員されるのも、非効率性の温存と裏腹になる。コロナショックは元来生産性も成長率も低いサービス業を直撃し、雇用のバッファになる余力がない中小零細企業からの失業が増えるのは避け難い。不要不急の消費をいったん控えた個人の生活様式はしばらく元に戻らないから、企業の設備投資は一層慎重になる。

　となると、企業は資金使途として配当や自社株買いを増やし、引き続く低金利に失望した個人の資産運用も株式を一層指向するかもしれない。となると、アメリカとは違う経路で日本でも実体経済と株価が乖離し、国民

の分断が強まる展開が待っているのかもしれない。ただ、日米経済のファンダメンタルズはぜんぜん違うから、FRBのジャンクボンド買取りにしばらく恩恵を受けた日経平均のダウへの追随は長くは続かないだろう。

　長らく、「もうちょっと市場メカニズムと競争に正面から向き合って生産性や成長率を高めないと」と考えてきたのは結局のところ、肉体的、精神的、経済的に多様なタイプの弱者が人間らしく生きるには、再分配だけでなく、パイそのものが増えねばならないからである（**第17章　弱者へのまなざし、242　モンスター身障者──わきまえる意味、243　論理を突き詰める時**）。

　この国の再分配機能自体も、アメリカよりは公平に再設計できるかもしれない。戦後長らくお手本にしてきたアメリカの過酷な分断の現実を直視し、日本の国の形をどう再設計するかは広範な議論に値する課題に思える。でもメディアでは、国民一律10万円が行き渡れば内閣支持率が回復するか否か、のほうが大切な課題らしい。

199　該当して摘発

　弁護士が、「本件はインサイダー取引に該当して摘発されることはない」と合成した話法を使う時、インサイダー取引に該当しないのでなく、形式的には該当しても摘発されない、という意味になる。インサイダー情報を知って公表前に売買したら形式的には該当してしまうが、知ったことと売買したことに主観的因果関係がなければ、誰もずるいと思わないから摘発価値がない。

　ならばインサイダー取引を定義する条文に、「情報を利用して売買する」と主観的因果関係を明記すべきと思うかもしれないが、嫌疑者にはさまざまなタイプがいる。「情報を聞いて稼ごうと思いました」と素直に白状する人も、「情報は聞いたけど売買と関係なく、オレの相場観でやった

だけだ」と言い張る人も。「そうだとしても、知った以上は売買しただけでアウトだよ」と言えるほうが公平な場合もある。

　あるいは、自社株の売買を慢性的に繰り返す困ったワンマン社長がいたりする。社長が知った情報と売買の因果関係は必ずしも明らかでないが、「こいつを放っとけばきっとそのうちもっとひどいことを仕出かすから、今、課徴金で警告しとくのがいいんじゃないか」と佐渡賢一さん（証券取引等監視委員会委員長）が元検事の直観でぶっきらぼうに言えば、「別件逮捕は好きじゃないけど、別件がゼロコンプライアンスならしょうがないか」と私も同意する。客が安いレートで遊ぶ雀荘でも、反社の資金源だったり、女性店員が風俗副業していたりすれば、店主が賭博開帳で別件逮捕される構図と違わない。

　麻雀の形式的な賭博該当性は、判例が確立している。かつて裁判で、「偶然に賭けるのが賭博だが、麻雀は強いほうが勝つ」と主張した弁護士に、裁判官は、「偶然の要素がちょっとでもあれば賭博と認定するに足る」と一刀両断した。「インサイダー情報の実現可能性はあれば足り、高低は問題にならない」と一刀両断した村上ファンド事件の地裁裁判官を思い出す。ではなぜ偶然に賭けてはいけないかは、「勤労で稼ぐ美風を損なう」とか、「強盗や殺人などの犯罪を誘発する」とか、「え？」と思う判例があるが、大審院時代だったりする。

　仲間内でレートを決めて遊ぶ麻雀より、公営ギャンブルの競馬や遊戯のパチンコのほうが、人生が壊れる副作用が大きいと思う人たちが多い気もする。「なら麻雀をカジノみたいに合法化すれば」と思うかもしれないが、誰も評価してくれない。カジノ法の立案者の苦労を繰り返すくらいなら放っておき、たまにレートが高過ぎるとか別件が看過できないケースを摘発するほうが楽だし、摘発して起訴するか否かの裁量性は刑訴法が正面から認めている。

　なじみの新聞記者と麻雀していた黒川弘務東京高検検事長を、「賭博罪

で摘発せよ」と叫ぶ世論は法律論ではないから、野暮な指摘をしている自覚はある。「内閣が強引に定年延長して検事総長にしようとし、任期延長権限を新設する改正法で正当化まで試みた」から、されたほうの麻雀も許せない。ただ、改正法も、上層検事の内閣任命権限そのものは現行法と変わらないから、几帳面に任期延長権限など新設せずに検事定年は単に全員65歳、とだけ書いておけば問題にならなかった。

　任命権者の内閣が検事総長に後進に道を譲ってほしいと希望すれば普通は従う。検事総長が誰を後任にしたいかの意向を内閣は普通は尊重する。検事総長が内閣の希望に従えず、内閣が検事総長の意向を尊重できないなら、すでに内閣と検察の関係は非常事態であり、制度上の権限がどうなっていようが世論が黙ってない。

　黒川さんは政治家に限らず、検察の同僚にも、私のような別の役所の官僚にも、新聞記者にも人当りが良い。「昔初めて特捜部に来て佐渡先輩に挨拶に行ったら、窓を向いたまま一言も反応してくれないほど人当りが悪かったけど今は大丈夫でしょうかね」。「相変わらずぶっきらぼうだけど、別の役所に来て歳もとって丸くはなりましたよ」。引責辞任だけでは許さない世論を眺め、そんな会話をふと思い出す。

200　官民の人事制度改革

　今世紀に不良債権処理が峠を越えて経済の安定を体感できるようになると、メガバンクは採用を増やした。リーマンショックで急減するが、ショックが癒えるとまた増やす。そして数年前にふと、「こんなことしてて大丈夫か」と悟ったかのように、採用はまた減り始めて今に至る。ジェットコースターみたいな採用変動の帰結は、年功序列的な人事運用の難しさとして現れる。

　半沢直樹のバブル世代は出向していくが、ロスジェネ期を経て大量採用

した30代半ばの行員を処遇しきれない。総合職と一般職の統合の動きは、オンライン取引やロボット化で一般職女性の典型的な業務が減った事情と、総合職に従来の処遇ができなくなった事情が合わさって生じた。能力主義の標榜も、シニアやミドルを標的に、能力を自省して処遇を期待するなと諭している。

一般職やパートとして入行した女性が投信や保険の販売で実績をあげ、元総合職の先輩男性を部下に持つのも当たり前に、と書きかけて筆が止まる。「当たり前になる」とさらっと言い切るには、年功序列的な人事運用の呪縛はまだ強いだろう。人事部門はシニアやミドルの抵抗に遭いながら、人件費削減の至上命題に取り組んでいく。その攻防を見るヤングは、人間が働く場所として居続けるべきか、転職すべきか考える。

経営環境や技術環境の変化への対応とはいえ、銀行が総合職と一般職の身分制廃止を含む人事制度改革に取り組むのに比べ、環境が基本的に変わらないから年功序列的な人事運用と身分性が強固に残るのが国家公務員の世界になる。定年延長の法改正は政権の検察介入だけが議論されたが、検事の世界だけでも論点は無数にある。難しい法律試験に合格するしか検事への道はないのか。法律より経済や社会の要請に応える資質をどう養うのか。堀江貴文さんや村上世彰さんが復権して活躍しているのは、罪を償ったからでなく、そもそも償うべき罪だったか疑問があるからである。そして、検事を支える事務官との関係は持続可能か。最後の論点は国家公務員全体に、キャリアとノンキャリアの身分制として存在する。

上司に説明に行かなかった私は、部下に任せて次の政策を考えるのを優先していた。特捜部の佐渡賢一検事が挨拶に来た後輩の黒川弘務検事に反応しなかったのも、次の捜査を考えていて気づかなかった。人当りが悪くてもクビにならないのが身分制だが、キャリアは指図するに過ぎない。「貯蓄から投資へ」の制度基盤になる法制の再編統合を指図したが、ノンキャリアの金商法立法担当者の超勤はひと月300時間を超えた。

次第に金融庁も平時になり超勤時間も減ったが、証券犯罪を刑事告発する課だけが減らないのでキャリアの課長に事情を尋ねると、「実はウチの出向検事と親元の検事にあまり時間観念がなくて」と言いよどむ。法務省の黒川官房長に出向要請して来てくれた優秀な検事は証券犯罪の本質につき私と議論できる資質を備えていたが、仕事熱心でもあった（**185　決め手がない法解釈**）。

　内閣人事局を作る時に、実力主義と外部人材の登用はすでに標榜している。総論は反対されないが、国家公務員の実力をどう評価するかは自明でなく、自分への主観的評価が周囲からの客観的評価を下回ることもない。後輩より実力があると私は思っているのに、組織から私より実力があると認められた後輩が上司になったら、働く意欲が続いたかは怪しい。外部人材として金融庁が登用した森まさこ弁護士が法務大臣になったのは面白い展開と思うが、部下たちの働く意欲にどう影響しているかは定かでない。

　ともあれ、キャリア身分に安住したまま卒業してしまった私に、公務員人事制度改革の具体的な処方箋を提示する資格も能力もないのは自覚している。働く時間を減らすのも大切だが、働き甲斐があれば長時間でもさして苦にならず、働き甲斐がなければ短時間でも耐え難い。そして、新たに役所に入ってくる公務員が国民の期待に迅速・的確に応えるほど優秀とは次第に期待しにくくなっている（**88　結婚したい男性の職業は？**）。少なくとも、タブーなく議論して論点を明らかにしておかないと、定年延長の安堵感より今後の人生に期待を持てない閉塞感が勝るのは確実だろ、と思う。

第 34 章

コロナ時々外出 (201〜209)

さまざまな分野の原理主義が社会を硬直させるが、主義から解脱できると相手を問わずに一律ではなく、相手に応じて柔軟に対処するようになる。金融業が個々の顧客の資質や経営環境に応じて考え対処し、金融庁も個々の金融業の資質や経営環境に応じて考え対処する必要性が認識されてきた。が、平時からコロナ有事に至れば、原理に基づく一律の対処が必要かもしれないと人間は悩む。

201　セシルに学ぶ

　サガンの『悲しみよこんにちは』の主人公セシルのもくろみに想を得たドラマから庶民感情と乖離したり感情を唆したりするテレビの力を再考し、人種差別に抗議したアフリカ系アメリカ人ジャズピアニストのセシル・テイラーを介して、人種差別抗議運動を利用し分断を煽る扇動政治家の力を再考する。結論を決めずに書き始めるせいにせよ、高得点がもらえない連想ゲームには違いない。

202　一国二制度への距離感

　民主主義を自ら生んでもいない日本が、米英に並んで中国の香港対応が一国二制度に反すると追随批判してもしっくりこない。香港を含む中国の相当部分を占領した国としてもなおさらそう思う。「我々は帝国主義に失敗してGHQに民主主義を与えられた、一国二制度に居心地悪いのも分かる、それでもなお古き隣人として」と前置きしての立ち位置が、しっくりくる外交作法かな、と迷う。

203　原理主義からの解脱

　「第25章　リブラへの視点」の後日譚。主要な複数通貨バスケットに連動するはずだったリブラは、コロナにより国境が復権する中で単

一通貨に連動する構想に変容し、オープンネットワーク構想も放棄した。ただ、市場原理主義からの解脱と同じく、ブロックチェーン原理主義から解脱すると柔軟に考え対処するようにはなる。そして標的は例によって、この国の大陸法原理主義に向かう。

204　任意払い

　貸金業は金利規制に従わねばならないが、債権を割り引いて買うのも経済的には金利を取って貸すのと同じだから、裁判所や金融庁は脱法行為を警告する。任意に借りて払って破滅する人間の自由に、破滅を避けたい政府の挑戦が続く。売買代金の割増し後払いも経済的に同じであり、条件つきで払うならもはや債権とも言い難いから、規制は抽象的で論理的に書かない限り実用に供せない。

205　政府系事業再生ファンド

　上司が手元に置きたい部下じゃなかったから出向して、銀行が機能を取り戻す金融再生、未だ万全でない銀行の機能を補う産業再生、銀行からの新旧二重債務発生を避ける被災地再生と３つの政府系事業再生ファンドに携わる再生屋行政官になった。この世界も例によって、政府系だから良いとか悪いとか原理主義的に評価されるが、評価の基準は、どんな局面と場所でなにをするかによる。

206　結果として資本性融資

　無担保である時払いの資本性融資をしても、借り手の稼ぐ能力が高まるわけでなく、返す気力が緩むかもしれない。任意払いの実質貸金業、政府系ファンド、資本性融資と見てくると、意味がある対策は、手法の目新しさより貸し手と借り手の相互関係からしか生まれないと気づく。借り手にふさわしい稼ぐ提案をしてインスパイアする半沢直

樹の流儀を、組織として遂行する平凡な方針になる。

207　レバレッジ助成の深読み

　産業助成は介入により価格を下げて消費者を誘うのでなく、産業に直接助成するのが常道ではある。ただ、国民の所得はあまり減っていないのに、消費が大幅に減った状況では消費者を誘ってレバレッジ効果を得たくなる。それは国民をウィズコロナに慣らす政策意図を含むかもしれない。そこまで深読みしてようやく、豊かな消費者ほど恩恵を受けるGoToへの違和感に折合いをつける。

208　北アルプスの麓に住む？

　地方に若く優秀な人材が少ないから、都会の凡庸なコンサルが地方創生を食い物にしたりする。リモートワークが恒常化して都会から地方に移住する優秀な若者が増えているのは、人間としての生き甲斐の重視であり、移り住む地域に貢献できるのも新たな生き甲斐を喚起する。そして優秀な若者のリモートワーク移住は、地方創生の一環としての地銀の持続可能性の強化にも貢献し得る。

209　説教の系譜

　不良債権処理のように金融庁が銀行に一律に説教するのが必要な有事もあったが、平時には目利き力のような難しい本質的課題を説教相手に丸投げして責任転嫁したりする。説教をやめる氷見野良三長官の方針に共感するが、時代は平時から有事に戻っている。金融円滑化法と同じくコロナ支援も、必要な支援なのかゾンビ企業の延命なのか、二律背反に悩みながら試行錯誤するしかない。

　セシルに学ぶ

　標題に、フランソワーズ・サガンの『悲しみよこんにちは』の主人公の少女セシルを連想した読者がいるかもしれない。数年前のTVドラマ『セシルのもくろみ』は、サガンの主人公が父親との気楽な暮らしを脅かす再婚の阻止をもくろんだように、日本のファッション業界でのアラフォー女たちのもくろみを描いたらしい。

　「らしい」としか言えないのは見てないからだが、真木よう子を中心に５人のアラフォー女たちが喜怒哀楽を顕わにしたポスターに街で遭遇して、底知れぬ違和感を覚えた。喜怒哀楽を顕わにして微笑ましいのは、乃木坂なんとかまでではないだろうか。念のため申しますと、無論喜怒哀楽を顕わにする男たちでも感想は同じです。ドラマタイトルを検索すると、「体育会出身のがさつなアラフォー主婦が、ひょんなきっかけから読者モデルになり、ファッション業界の艶やかな女たちに接して己の中の女に目覚めていく」。

　唖然とし、「誰がそんなドラマ見たいんだよ！」と思ったが、「いや、艶やかな女たちに己を重ねる勘違いおばさんが結構いるのかもしれない」と気になって視聴率だけは追うと、５％台で低速発進し、３％台に沈んで打切りになる。「テレビ業界内では面白いと評判で、なぜ低視聴率なのか分からない」という業界インサイダーの述懐を見て、「それはなあ、あんたらの世間と人生をナメた姿勢が、まじめな庶民感覚と乖離したせいだよ」と留飲を下げ、己の感覚が世間とずれていないと安堵はした。

　でも、まじめな庶民を脅して自粛警察を量産する力がワイドショーにはある。台本なしと主張するリアリティショーが、出演者を自殺に追い込むほどの誹謗マニアを量産する力もある。自分の頭で考える習慣がないと、映像と現実を区別しない。「滅びゆく受け身メディア」と一刀両断にする

のはまだ早く、テレビの力に社会がどう向き合うかは、依然侮れない課題のような気はする。

　今改めて学んでいるのは、アフリカ系アメリカ人のアヴァンギャルドなジャズピアニストだったセシル・テイラーが生涯に残した録音になる。半世紀前に奥飛騨の中学生だった私は、不協和音の高速波状攻撃に底知れぬ快感を覚え、半日かけて名古屋の来日公演に行き全盛期のセシルに接した。社会人になるとジャズよりクラシックスを聴くようになるが、クラシックスから派生した現代音楽の物足りなさはセシルで補う。

　退官後しばらくニューヨークにいた時、現代美術館のホールで偶然晩年のセシルに接した。高速波状攻撃は褪せ、ひび割れた骨董みたいなピアノソロの周りで骨董に近づいた田中泯がゆらゆら踊る。老人ホームの慰問芸みたいだが、全盛期との落差にかえってセシルの生涯の録音を追いたいと感じて今に至った。

　長年の世界中での演奏を聴きながら、同時期の世界情勢と己のささやかな人生を重ねる。世界情勢が演奏に反映するほど芸術は単純ではないが、公民権運動が高揚した頃のアメリカでの演奏や、壁が崩壊した頃のベルリンでの演奏なら、自ずと時代を想像しながら耳を傾ける。セシルは生涯にわたり、「アフリカ系への差別」に抗議したが、音楽は広く世界に開かれていたから奥飛騨の中学生にも届いた。

　今のアメリカで警察による人種差別に抗議するのは当然でも、差別解消運動はセシルの音楽ほど広く世界に開かれているようには見えない。差別解消が、警察の予算削減を目指す運動へと展開するのは分断の苛烈さを示しており、「警察は豊かな白人を守るためだけに存在する」と思い込まない限りは生まれない迷走にも見える。実際には、警察の治安維持能力が劣化すると、治安の悪い地域に住むアフリカ系やアジア系やラティーノのまじめな庶民が一番苦しむ。かつて、アフリカ系への人種差別をきっかけとするロサンゼルス暴動が結果として、「身近な敵」のコリアンタウンを最

大標的にしてしまった記憶が薄れているのかもしれない。

　治安維持も差別解消も両方大事という平凡な前提に立たないと迷走は止まらないが、止まらないほうが好都合と思う政治家もいる。国民を豊かにする力はないが、属性が違う国民の相互不信を喚起し己を支持する側を動員する力はあり、ひょんなきっかけから大統領になったりする。「滅びゆく扇動道化師」と一刀両断にするのはまだ早く、政治家の力に社会がどう向き合うかも、テレビの力と同じく依然侮れない課題のような気がする。なーんてつまらぬ連想ゲームはほどほどにして、今日もセシルの高速波状攻撃に身を委ねたい。

202　一国二制度への距離感

　香港で好きな場所に、1950年代に建てた団地を改装した生活博物館がある。同時代の日本の団地よりひと回り狭い空間に、家族が３密に暮らした。年長の子供はハシゴを立てかけたタンスの上に登って勉強し、そのまま眠る。工場から夜遅く帰る両親は、年少の子供が眠る床の隙間に潜り込んで眠る。中国本土の共産党政権誕生を拒んだ移住者も多い。日本を超える今の豊かさも長寿世界一も、こんな生活を経て形成したのを体感できる博物館になる。

　中国の香港への統制強化が、「一国二制度に反する」とアメリカやイギリスが批判するのは必要だし気持ちも分かるが、民主主義や言論の自由を自力で生んだわけでもない日本が、同じ論理で追随批判するのはいささか観念的かつ表面的でしっくりこない。一国二制度は、別にイギリス統治下で香港人が享受した一定の民主主義や言論の自由を返還後すぐに奪うのが気の毒と中国が同情したからではない。中国は貿易や金融の窓口として香港を使うのが有利であり、国内産業が空洞化して金融立国で生きるしかなくなったイギリスも香港の現状維持を望んだ帰結になる。

アヘン戦争でイギリスに割譲されて以来、長く香港は中国の貿易や金融の窓口だったが、本土で共産党政権が生まれるとこの機能がいったん衰えた。香港が軽工業で生きる道を模索した頃の痕跡が、冒頭の生活博物館になる。が、本土で毛沢東が死に改革開放が始まると、本土は世界の工場、香港は貿易や金融の窓口との役割分割が復活した（注1）。中国は国際金融センターの香港経由で世界から資金調達し、逆に言うと世界の投資家は香港経由で中国本土に投資する。香港人と中国人は互いを好きではないが、返還のはるか前から、香港の豊かさの源泉が中国なのは互いに深く認識している。

　第一次大戦を経て総力戦の時代がはっきりすると、民主主義国ほど戦争に強いとの観念がいったん確立した。国民が自らの命や労働を戦争に捧げる以上、見合いの生活を国に要求し、要求に答える国だからこそ戦うに値する。ただ、所得再分配や社会福祉を強化し、「ゆりかごから墓場まで」を保証されて競争意欲が衰えるとイギリスみたいになる。一方、権威主義体制で、「先に豊かになれる者からなれ」と鄧小平の権威で競争を号令する国のほうが、近年には急速な豊かさを実現した。その結果、中国人は民主主義や言論の自由にさしたる価値を置いていない。権威主義でコロナを抑えてからは、なおさらである（176　芙蓉鎮から香港へ）。

　香港の政府や財界の指導層からは、現実的で合理的な印象を受けてきた。例えば、「政府は民間の経済活動に介入すべきでない」という欧米的観念にこだわらない。香港政府は、ハンセン銀行が潰れかければ香港上海銀行（HSBC）に救済を命じ、救済体力がある銀行が見当たらなければ自ら公的資金を注入し、香港ドルが空売りに遭えば断固介入して撃退する。バブル崩壊後は官民協調の日本型モデルに自信を失い、欧米的観念に制約されて政策対応が遅れた国として、もっと早く近隣のモデルを参照すべきだったと思う。

　香港の指導層の多くは自らデモには行かないが、デモの若者には共感し

選挙でも民主派に投票する。でも、今深圳や蘇州で実験中のデジタル人民元が一帯一路展開局面に入る時、展開の窓口が香港でなく上海になりそうなら、中国への恭順姿勢を改めて強調するに違いない。日本は中国が香港を失ったアヘン戦争で覚醒し、「鉄や大砲や船は早く自力で作らなきゃ」と邁進し、香港を含む中国の相当部分を占領し、国体護持にこだわって敗戦の決断が遅れ、GHQに民主憲法を与えられた。

そんな歴史を歩んだ国は、今やアメリカやイギリスの陣営にいても、そして今のアメリカやイギリスの政治指導者の資質は問わないにしても、一国二制度に反するという追随批判からはちょっと距離を置きたい。「我々は民主主義を自力で生んだ国ではないし、一国二制度に居心地悪いのは理解できるし、民主主義は最悪の政治体制と思う」。「他に試みられたすべての体制を除けば」とチャーチルでも引いて前置きしてから、中国とアメリカやイギリスの間に立って香港の行く末を古い隣人として話し合う。そんな姿勢が、観念的でも表面的でもないしっくりくる外交作法ではないかな、でもそんな姿勢がさまになって相手にしてもらえる政治家や外交官がこの国にいるのかな、と迷いながら思う（注2）。

(注1)　冒頭の生活博物館に痕跡が残る香港の軽工業は、改革開放後、メインランドの珠江デルタに拠点を移した。香港から反時計回りに、深圳、東莞、広州、仏山、江門、中山、珠海、マカオ、香港と一周する珠江デルタは、今のところ世界の常識にはなっていないが、東京やニューヨークの都市圏を超える世界最大都市圏になったと考えている。

(注2)　本稿は、イギリス首相が、「希望する香港人にイギリス市民権を与える」と表明した直後に日本政府が、「香港の金融高度人材を歓迎する」と表明した違和感から書き始めた。「相変わらずせこいこと言うなあ。金融高度人材が逃げるならシンガポールに決まってるだろ。ほとんどの国民が英語も中国語も喋れず税金が高い国に誰が来るかよ」。米中対立で香港の国際金融センター機能が揺らいでいるが、東京が代替する想像ができないのは、1980年代後半のバブルを東京国際金融センターとして正当化した祭りの記憶が一因には違いない。

203　原理主義からの解脱

　原理を信仰する原理主義から解脱すると、人間は建設的に考えるように
なるらしい。ビットコインの登場時、オープンなネットワークに報酬目当
てで参加して取引を認証（マイニング）すれば、管理者がいなくとも送
金・決済手段として機能する自走プログラムを神の摂理のように信仰する
のは、ブロックチェーン原理主義者に見えた。

　かつて市場原理主義者も、価格変動が需要と供給を均衡させ効率的に資
源配分するのを神の見えざる手と信仰し、弱者支援の最低賃金保証や労働
時間制限が、神の摂理への挑戦として結局は人間を不幸にすると批判し
た。今では最低賃金保証は、高過ぎなければ効率経営を促しながらマクロ
の需要を下支えし、労働時間制限も、働くために生きるより人間らしく生
きるために働く手法と建設的に考えている。

　「世界の貧困層への安価な送金・決済手段と金融サービスの提供」を掲
げてフェイスブックのリブラ構想が登場すると、ブロックチェーン原理
主義者は評価しなかった。将来のオープンネットワーク化を標榜していて
も、当面はクローズな企業連合が管理するのは自走するブロックチェーン
の原理に悖ると感じたのである。

　だが、それでも国家連合のほうは、複数通貨バスケットに連動する国境
超え通貨圏の誕生を認めない。ビットコインのようになってしまうと誰も
止められないから、「これ以上フェイスブックはリブラの開発を進める
な」と命じる法案を作られ、ザッカバーグCEOは、「議会がこんなことを
していたら世界はデジタル人民元に席巻される」と警告した。

　さらに、コロナにより国境が一層復権する中で、リブラは単一通貨ドル
に連動する構想に変容し、日本で言えばMUFGコインになった。将来の
オープンネットワーク化もひとまず封印する。ブロックチェーン原理主義

者はリブラを評価しなかった割に一層の後退と批判するが、ここにきて暗号通貨が原理主義から解脱したようにも見える。

「ビットコインは誰も管理してないから信用できない」も、「誰も管理してないからこそ信用できる」も、政府や企業やプログラムを信用するか否かの言い換えであり、時と所により信用できたりできなかったりする、という平凡な認識が建設的に考える土台のようである。アメリカ政府が、デジタル人民元に対抗できるデジタルドルのプラットフォームとしてのリブラならかろうじて許容できるのが目下の力関係に見える。政府に許容され、民間が生む暗号通貨が支払い手段として使われるだけでも、金融システムにとっては重要な変化に違いない（注1）。

なかなか普及しないMUFGコインから、新たな金融の商品や業務が登場すると既存の商品や業務と峻別する極端に大陸法的な規制手法も、日本の大陸法原理主義と感じてきた。資金決済法が銀行以外に送金・決済業務を解放した時、銀行業界の縄張り激変緩和要望を容れ、新設の送金業者が扱う上限を100万円にした。後に資金決済法が暗号通貨規制を追加した時、暗号通貨の交換業者が預金や送金などの通貨建資産を扱う既存の金融業務を行えないよう、暗号通貨の定義から通貨建資産を除いた。

この2つの規制の結果、三菱UFJ銀行グループが暗号通貨を発行する子会社が、1MUFGコインを1円に固定する通貨建資産にすると100万円規制に抵触するので、限りなく1円に近づける価格安定操作をして暗号通貨性を維持しようとする本末転倒の苦労話を聞いた（**117　規制法の書き方と運用**）。やがて政府が100万円上限の撤廃方針を示すと、わざわざ価格安定操作をする意味が分からなくなる。金商法に新設した利益分配型ST（セキュリティ・トークン）も暗号通貨と峻別するがゆえの規制課題を惹起し、せっかくユーザーに新たな金融商品を提供しようと試みるチャレンジャーを悩ませる（**付録2　日米のSTO形成過程**）。

さらに、世界中で中央銀行が発行する法定通貨のデジタル化の機運が高

まると、企業グループ内で暗号通貨の送金・決済手段を自前で持とうとしてきた意味も分からなくなる。デジタル人民元なら中国国民は引き続き電子マネーであるアリペイやウィーチャットペイを使い、銀行間ネットワークをブロックチェーンに置き換えて効率化するのだろうと想像できる（注2）。でも、日銀がデジタル円を発行する世界に民間暗号通貨のMUFGコインもいる意味ってなに？ と想像が前に進まない。国としてこの大陸法原理主義と言うべき状況から解脱して官民が建設的に対話できるようになれば、民は規制抵触回避に悩む労力をユーザーの利便性に向けられる。

（注1）　本稿執筆後に、フェイスブック（メタ）はリブラ（ディエム）の発行中止を表明したが、通貨として機能する民間発暗号通貨構想の最終決着の気配は感じない。中央銀行が国民の金融取引を完全掌握する事態は、先進国国民の感覚としては受け入れ難い。よって、メタが舞台から退いても、デジタル人民元の展開次第で、デジタルドルの民間プラットフォームとして構想が再現する可能性はある。ザッカーバークほど政府の神経を逆なでしない民間プレイヤーを必要とするだろうが。

（注2）　デジタル人民元は、国外では一帯一路への展開を目指すが、国内ではアリペイやウィーチャットペイでなく既存国有銀行のアプリ経由で国民に使わせる方針をやはり本稿執筆後に中国政府が示して、「え？　間違えた想像を書いちゃったか」と思う。これまで自由に放し飼いして巨大化させたアリババ（アリペイ）やテンセント（ウィーチャットペイ）が、送金・決済だけでなくビッグデータとAIを使って融資や保険などの手軽な金融サービスを展開する状況に対し、既存の金融業並み規制を受け入れるか、さもなくば金融サービスを断念せよ、と迫っている。

　誰も指摘しないが、規制が緩い金融サービスは貧困ビジネスとして、手軽に借りて一層貧しくなったり不要な商品を必要と思い込んだりして、利用拡大によりさらに格差が拡大するのを中国政府は懸念していると思う。成り上がり経営者のジャック・マーが政府の規制能力に疑問を呈したから逆鱗に触れたとの解説は間違いではないが、ジャック・マーに自由に貧困層を開拓させ続けるわけにもいかない。

　ただ、成功するほど後出しで規制強化されては、成功を目指すインセンティブは挫かれる。アメリカで上場し国外活動する中国企業が弾圧され、「共同富裕」の下に資産家が寄付を強要される事態は、改革開放前への先祖返りに見える。

　「先に豊かになれる者からなれ」と放し飼いして広がった格差を是正す

るなら手綱を締めねばならないが、経済成長のエネルギーは削がれる。それでも毛沢東の平等国家の建国理念を優先するなら、世界経済にとって大きな実験と呼ぶしかない（271　（今更ながら）課税の公平）。

　この光景を見て、日本にはほとんど見当たらないユニコーン企業の若い中国人経営者が、自らの行く末をどう展望しているのかをもっと知りたく思う。無論一枚岩ではあり得ないが、総体的傾向として、自らのビジネス分野や展開領域をどう設計し、その中で政府との関係をどう位置づけるかは、中国企業と提携しての日本企業の近未来を考える際にも重要な判断要素に違いない。

204 任意払い

　消費者金融にいて過払い金を請求される側で困ったから、今度は困った弁護士を使って過払い金を請求する側に身を移し、弁護士と山分けして借り手に返さない事件が発覚しても驚かないが、消えた過払い金規模がこの時代でも巨額なのは印象に残る。「利息制限法を超え出資法未満のグレーゾーン金利も任意に払えば事後的に有効とみなす」法律の任意性を事実上否認した最高裁判決が、2006年の貸金業制度改革を促した（**48　最高裁の判断──同一労働同一賃金**）。

　制度としてグレーゾーン金利が消えた後も、制度が消える前からの任意払いを延々続けた素直な借り手が多いから、巨額の過払い金が消えるまで事件が発覚しなかった。闇に埋もれていたこの素直さはかなり怖い。今でも法律構成を変え、任意に借りて払って破滅する人間の自由と、破滅を未然に防ぎたいパターナリスティックな政府の攻防が続く。

　AがBに商品を売った代金の売掛債権をファクタリング業者がAから２％引きで買い、業者がふた月後にBから回収するのが正常モデルになる。BがAに発行した手形が割り引かれて流通し、手形の最終持ち主がBから回収する古典モデルと違わない。AがBへの売掛債権を業者に売るとBが信義に反すると感じる場合、売掛債権を20％引きで買い、AにBから

の回収を委託するファクタリング業者が現れる。

　ふた月後の回収なら、業者がAに年利120％で貸すのと経済的に変わらない。Bからの回収が難しいAが業者に猶予を求めれば、「じゃあBにウチが債権者だと通知するよ」と脅され、別の売掛債権を売って調達できそうな新たな業者を探す。こうして、既存の借金を返すために新たな借入先を探す多重債務者の破滅の構図が再現する。

　私の周りでも、「ファクタリングって儲かるらしいから、投資先にどうですかね」なんて声を聞く。「やめときましょう。いつ裁判で否認され、金融庁が貸金業の脱法行為と警告しても不思議でない」と狭い経験から予言したら偶然にもすぐ予言が実現して感心された。裁判官とファクタリング業者の会話はかみ合わない。「あなたのビジネスは違法な高利貸しと事実上同じですね」「私がしているのは資金繰りに困った事業者を助ける合法な債権売買です」「同じかと聞いている問いに答えてください」。

　金融庁は判決を踏まえて警告しても、すぐに無登録貸金業として組織的に摘発する構えはなさそうであり、警察もまた然り。任意に借りて払うニーズがある以上、詐欺とまでは言えないファクタリングを摘発するのは金融庁も警察も気が進まない。裁判外で事実上の違法な高利貸しが続くのを防ぎたいなら、もぐら叩きみたいに新規制を試みるのが論理的ではある。コロナ対応で銀行貸出が全開なのに銀行が貸さない事業者は、資金繰りの道を絶たれて廃業するほうが破滅の傷は浅く済む。でも、「債権売買の手数料は出資法未満に」なんて具体的に書く狭い規制ではもぐら叩きも当たらない。

　決済が取引より遅れる限りは同じビジネスが生まれる。旅行やトレーニングジムの費用を提供してふた月後に20％増しで後払いしてもらうのと違わない。「旅行が楽しかったら」とか、「トレーニングで痩せたら」と条件つきの後払いならもはや債権とも言い難い。それでも任意に払う素直な人間に依存するビジネスなのである。

2006年の貸金業制度改革時、前世紀末の消費者金融の初借り手を追跡調査したら、3割が完済、3割がデフォルト、4割が残高を平均3倍に増やして借入継続していた。借入継続の4割は無論他の借入先からも借りている。7割の借り手の人生が壊れたり壊れかかったりしている構図が判明した（**付録1　貸金業制度改革10年の感想**）。

任意に借りて払って破滅する人間の自由を、強固な大陸法ルールベース原理主義の日本で防ごうとすれば抽象的で論理的な規制の書き方が必要になる。「元本の資金を貸して元本と金利を払わせるのと事実上同じ経済効果を持つあらゆる取引の金利相当は、たとえ元本と金利相当の支払いに条件がついていても支払う以上は出資法未満でなければならない」という具合にしておかないと、もぐらはさっと引っ込んでしまう。いちいちこんな具合に書いておかないと必要な規制ができないなら、立法文化のほうをプリンシプルベースに変えようとするほうが建設的な思考法に違いない（**付録2　日米のSTO形成過程**）。

205　政府系事業再生ファンド

ローリスクでハイリターンな事業も、ハイリスクでローリターンな事業も存在し、事業のリスクとリターンが見合う保証はない。だから、ハイリスク・ハイリターンとは事業の性格というより、事業に資金を出す民間の行動原理を示す言葉として普遍性を持つ。無担保の事業者向け金融は借り手の事業のリスクが高いからリターンとして高利を求める。ただし、高利を求めれば借り手の事業のリスク自体を高めてしまう矛盾が生じるから、矛盾の中で利益が最大になる水準を探す。

無担保の消費者向けリボルビング貸出も、高利を求め過ぎれば一時的に利用してさっさと完済する借り手や、逆に早期に限界に達してデフォルトする借り手が増えるから、旧出資法の30%近い上限内でじわじわ借入残高

を増やしていきやすい金利を設定し、スコアリングモデルで審査を効率化し、借り手を密に管理するノウハウを貸金業者は形成してきた。それでも金利の上限が利息制限法の15%になると、多くの貸金業者のノウハウは通じなくなる。

　従来から利息制限法の上限内で貸してきた銀行は、貸金業者に追随する試みを重ねてきた。でも、団地のベランダの洗濯物の干し方を見て借りた主婦の返済規律を推し量るのが、貸金業者が試行錯誤を続けて形成したノウハウになる。それを、銀行が形だけ追随しても上手くいかない。給料が高く上品で借り手を密に管理しない銀行員は、スコアリングモデルから利益を生めなかった。

　そこで銀行は貸出の窓口だけを務め、借り手の審査や管理や保証を貸金業者に委ねるカードローンが普及したが、貸金業者の全盛期より多重債務化が緩やかに進むだけだと社会は許してくれない（**付録1　貸金業制度改革10年の感想**）。借り手に貢献して感謝される幸せと、自らの経営を健全に守る幸せの均衡点を探す作業は、成長しない経済環境では難しくなる。

　バブル崩壊後、銀行は自らの健全経営を守るために、借り手に貢献する余裕を一時失った。借り手の同意も得ず「ハゲタカ外資」に貸出債権を叩き売ったのは、資金を出せるファンドが民間では他に存在しなかったからである。ハゲタカ外資が買い叩くのもまた、ハイリスク・ハイリターンを求める民間の行動原理に他ならない。

　前世紀末の金融危機を経てようやく、政府の行動原理を使うべき局面らしいと認識され、広い意味での政府系事業再生ファンドが生まれた。まずは銀行自体を再生する金融再生委員会になる。銀行に公的資金を注入するほうが望ましい局面と場所があるのは、後にリーマンショック時のアメリカ政府が追随して示している。ただし、銀行に公的資金を注入する制度の延長を何度も繰り返して事実上恒久化するのは、慎重に考えねばならない政策判断と思う。銀行の実質政策金融化は、借り手への貢献と自らの健全

経営の幸せな均衡点を探す作業をますます難しくするからである。

　今世紀に入ると、事業再生ファンドとして産業再生機構が生まれる。「民間経済に介入するな」との原理主義的な反対もあったが、当時の国内にはまだ多額の資金を出せる民間ファンドが存在しなかった。後に産業再生機構の成功に形だけ追随した多くの政府系ファンドに失敗が目立つのは、成長してきた民間ファンドが相手にしない事業を支援対象にしたのが主因に見える。そして、2011．3．11を経て被災地の銀行からの二重債務を回避する事業再生ファンドとして、震災再生支援機構が生まれた（**付録3 銀行行政の四半世紀**）。

　役所ではほぼ慢性的にヒマそうにしていたので、金融、産業、震災の3つの政府系事業再生ファンドのすべてに派遣されて携わった私が心がけたのは、①融資や出資や保証や債権買取りなどの支援の選択肢は多く揃える、②センスの良い経営者を探して口出しせずに任せる、③初めから政策の緊急性と時限性を強調しておく、ことくらいである。政府系事業再生ファンドという理由だけでは評価も批判もできない。問題は、どんな局面と場所でなにをするかによる。

206　結果として資本性融資

　信用保証協会の100％保証に加え自治体が利子補給する結果としての無利子融資は、銀行にとってゼロリスクだから当然残高は急増する。政策金融みたいなこの融資の急増をもって銀行がコロナ対策への貢献を自負するなら、財政負担の問題は別としてちょっと引っかかる。リスクを考えて資金を出すなら資金繰りを絶ち早く廃業を促すほうが傷が浅く済む借り手まで延命しかねない。

　無利子融資とは対照的に、今話題の資本性融資は銀行が通常融資以上にリスクを取る。原則無担保で当面返済の必要がなく金利も配当みたいに業

績連動なら、借り手の資金繰りはたしかに楽になる。かつては政策金融に限られた資本性融資を民間の銀行も試みるのは、無論1つにはコロナ対策への責任感に違いない。借金返済が切迫すると精神的な余裕を失う借り手も多いから、事業に励む経営環境を一応可能にはする。

　今後は結果として資本性融資になるケースが多発する。「コロナ収束まで」と銀行が横並びで始めた支援が、ニューノーマルでソーシャル・ディスタンスを確保しなければならないと採算が取れない。それで返せなくなれば、担保がカバーする部分は通常融資として残り、カバーしない部分が結果として資本性融資になる。首尾よく通常融資を返していけば資本性融資にも担保が及び、両者の線引きが移動して最後に資本性融資が消えれば、有意義な対策だったと判明する。かつて不良債権処理で使ったDDS（デット・デット・スワップ）がニューノーマルになる。

　この条件変更の査定に金融庁は、『半沢直樹』の黒崎検査官みたいな介入はしないと表明している。とはいえ、資本性融資は当然ながら、借り手の稼ぎを増やさない。銀行に感謝して事業に励む借り手もいれば、安堵して励みが緩む借り手もいる。事業に励んでも稼ぎが増える保証はなく、借金返済の切迫感がむしろ稼ぐ原動力だったりもする。

　前々回は任意に借りて破滅する借り手と未必の故意で破滅に導く資金の出し手、前回は銀行が資金を出せなくなって登場した政府系事業再生ファンド、と資金の出し手と借り手の実際の相互関係を眺めてうろうろしている。バブル崩壊後の銀行は自らが破綻する恐怖感から、『半沢直樹』でしばしば言及される「晴れた日に傘を貸し雨の日に取り上げる」通念が生まれた。

　資金を出せない銀行に代わり、まず外資系ファンドや政府系ファンドが現れ、やがて国内民間ファンドも成長したが、ファンドだから銀行より稼ぎを増やす提案ができる保証もなく、銀行の機能不全時に事業再生の契機となり得るにとどまる。銀行自身も稼ごうと、貸金業者のスコアリングモ

デルに追随して失敗したり、失敗に懲りて貸金業者に借り手の管理を委ねるカードローンに注力したりしたが、借り手への貢献より搾取と評価されれば社会が許さない。

一方で政府は、銀行に公的資金を注入する制度を再三延長し、銀行が破綻する可能性は事実上意識しなくなった。政策金融みたいに破綻しない意識と、銀行業務の政策金融化には因果関係がある。資本性融資を量産して将来経営が行き詰まって公的資金を受ける可能性は考えるし、己の経営者としてのレピュテーションも考える。でも、結局は破綻しないという意識は目前に困った借り手がいれば支援する方針を優先させる。

だから、「今こそ銀行はコロナ対策で資本性融資の傘を貸せ」との忠告も、「安易な不良債権の量産が銀行自身の破綻を招く」との警告も、ともにあまり共感度は高くない。意味がある対策は資金の出し手と借り手の実際の相互関係が決める。『半沢直樹』のように、手作業にこだわる大阪の町工場であれ、傾きかけた老舗ホテルであれ、政府に縛られた巨大エアラインであれ、借り手の資質と経営環境に応じて稼げる提案をし、事業に励むようインスパイアする。それを個人芸でなく組織としてできる銀行にするという、平凡な方針にならざるを得ない（**付録3　銀行行政の四半世紀**）。

207　レバレッジ助成の深読み

リーマンショック前にアメリカの住宅所有者は、上昇する住宅価格と住宅ローン残高の差額を追加で借りて日本製のクルマやテレビを買った。西海岸の瀟洒な住宅街を歩けば、「お、プリウスばっかりだ」と誇らしいような唖然とするような。ショックで需要が蒸発すると、日本政府がエコを名目にクルマやテレビの国内の買い手に助成を始めたのにはややこしい思いを抱いた。「助成を呼び水に何倍ものレバレッジ需要が生まれる効果は

分かるし、トヨタさえ赤字になる不安も分かるけど、アメリカのバブル需要の蒸発を日本の将来需要の前倒しで補うとはなあ」。

　ややこしい思いは、バブルに乗った企業の責任論のややこしさにも起因する。製造業は需要に応えて供給しただけとも言えるが、日本を代表する企業なら、どうしてアメリカでこんなに売れるのかのメカニズムを分析して日本からの供給体制を慎重に制御すべきとの後知恵批判もあるだろう。これが金融業になると、銀行なら貸すほどに、証券会社なら仲介するほどにバブル生成の責任の一端を負うから政策支援への風当たりも一層強い。

　こうした政策に比べれば、資金繰りが切迫した宿泊業のために、この（2020年）夏実行しないと後倒しできずに消滅してしまう需要をレバレッジで生むほうが、同じロビイングへの反応としても違和感はまだ軽い。「病院に行くより旅に行くのを優遇するのか」とまじめな経済学者は怒るが、病院は必要な需要で旅行は不要不急の需要だからこその政策になる。所得が倍になったり価格が半分になったりしても、必需の病院に倍通ったり、同じく必需のコメやパンを倍買ったりはしない。でも、旅行は所得と価格の弾力性が高いから助成の呼び水効果が高く、助成金の何倍もの旅人が使うカネが全国の宿泊業に流れる。

　リーマンショック時のエコを名目にした助成では、さすがに日本を代表する輸出製造業に直接助成すべきとの声は聞かなかったが、困っているのが地方の宿泊業だと豊かな旅人への助成より宿泊業に直接助成せよとの声を聞く。でも、供給する業者に助成して赤字が減っても観光地の沈滞は変わらず、需要する旅人を閑古鳥が鳴く観光地に行かせて活気を取り戻す狙いになる。

　だからこそ、「欲望が赴くままに行動して感染をまき散らす旅人」への風当たりが強い。宿泊業の支援策なのに、「東京発着の旅行は除く」という妥協が感染対策に見えるから、「東京ディズニーランドは千葉県でも除け」と求められたりする。助成を除かれた東京でカネを使ってもらおうと

都知事が帰省自粛を求めれば、「帰省者は小池さんに従い東京に帰れ」と地元住民の張り紙が現れたりもする。でも、この政策と妥協の考案者には、「人口の１割でGDPの２割を稼ぐ豊かな東京の旅人は支援しない代わりに、困った地方の宿泊業は支援していいでしょ」と論理でなく情に訴えて政策の骨格を維持する思惑がある。

　こうして深読みしているのはこれまで、地元のホテルや旅館が地元の政治家の活動拠点としてロビイングの舞台になる光景に接し過ぎたせいかもしれない。そしてさらに深読みすれば、世論の不安と怒りを喚起してまで実行すること自体がこの政策の一層深い狙いかも、と思う。（2020年夏現在）感染が完全収束する気配はないが、幸い重症者数や死者数は春より少ない。このまま多くの国民がゼロリスク信仰のコロナ過敏症のままでは経済再生も覚束ない。だからあえて世論を喚起してウィズコロナのニューノーマルに慣れさせる。

　そこまで深読みしてようやく、この政策への違和感もさらに軽くなったが完全には消えない。そして副作用として、地元住民の冷たい視線を覚悟してまで東京の外に旅する意欲もなえた。でも、旅する非日常と住む日常は違う。日本での東京の位置づけとして、リモートワークが定着して住居を東京から地方に移す、より構造的な動きの萌芽が生まれたようにも見え、引き続き次回に考えてみたい。

208　北アルプスの麓に住む？

　高校時代を過ごした飛騨高山は平成合併で東京都並みの面積になったが、人口は東京の１％にも満たない。人口密度が低いので観光客以外からのコロナ感染は心配しないが、観光客が来ないのは地元経済にはもちろん痛い。これまでたまに法事や同窓会で帰省すれば、私のような地方創生の素人でも意見を求められてきた。「人口減や高齢化・少子化は止めようが

ないから、せいぜいおもてなしの質を高めて観光リピーターを増やすしかないのでは」と平凡な答えになる。生産性を度外視したおもてなし自慢に違和感を覚えてきたにもかかわらず、他に答えようがない（40　日系ホテル）。

　もちろん優秀な若者が移住してくれば地方創生の知恵も出るが、優秀な若者が住む経済的インセンティブがないと思い込んでいた。自分自身がたまにしか帰省しないのも、もう東京人になった以上は仕方ない。でも、リモートワークに慣れると、こうした物書き活動はもとより、関与先とのコミュニケーションもメールと映像会議ツールで概ね十分と感じるようになる。口と指さえ動けば、北アルプスの麓にのどかに住むのもあながち絵空事でない。幸い通い慣れた親戚の家も、都会で働く子供らが戻らず空き家になっている。今、地方創生の意見を求められたら、「観光復活に全面的に舵を切れない以上、移住者を招くインセンティブを工夫しては」と平凡に答えるだろう。

　久々に東京の人口が流出超過に転じたのは、就職や進学の予定者が足止めされた事情もあるが、リモートワークに慣れた既存の若い社員が住居を地方に移しており、この動きは今後一層加速するに違いない（注）。私のように希望を行動に移すのが鈍い老人より、しがらみがなくITに習熟し人間らしい暮らしを求める若者が地方に移る。人間らしい暮らしの張り合いは、移った地元に貢献できればさらに増す。

　人口の１割が住みGDPの２割を生む東京の生産性の高さが、満員電車にも、狭くて家賃が高い住居にも、保育所や介護施設の不足にも耐えるインセンティブだった。その人口密度の高さがコロナ感染者の３割強をも生むと、一極集中の生産性も色褪せる。企業もまた、家賃が高く社員のいないオフィスを維持する不条理に対処する。優秀な若者が地方に多く移る事態は、これまで人材の確保に苦慮した地方経済に、これまでとは次元が違う可能性をもたらす。

誰もが当然の前提としているのに、地方創生のような政策を論じる際に明示してこなかったのは、優秀な人材が創造性を要する仕事が多い都会で働けば能力に磨きがかかる一方、平凡な人材が創造性を要しない仕事が多い地方で働けば能力も減退しがちな現実になる。高山が本店の飛騨信用組合には高校の同級生が多く、かつて組合内で起きた横領事件を財務局に報告しない初歩ミスで行政処分を受けた。幹部になった同級生たちはどうしているだろうと、全信組連を通じて処分後の動向を聞くと、やはり都会から金融やITの人材を招いて再生の原動力にするしか道はない。地方の信用組合でも優秀な若手がいれば、地元で流通するデジタル通貨を発行し、能力次第で幹部に登用して全国から注目される。

　金融行政も、地域金融の持続可能性が最大課題になったが、答えを探すのが難しいと感じてきた。この課題に取り組んだとされる遠藤俊英前長官は、家族が人間らしく暮らすのを最優先した挙句に軽井沢に自宅を構えたが、リモートワーク時代の到来がちょっと遅くて新幹線通勤した。東京駅22時発が最終だから二次会には行けない。うっかり眠って佐久平まで乗り過ごせば還暦のくせに軽井沢まで40キロを歩いて帰る強靭で無謀な体力の持ち主だった。

　遠藤前長官が残した今年（2020年）の人事では、大手銀行担当の銀行一課長が地銀担当の銀行二課長に前例がない横滑り異動をして、最大課題たるゆえんを示している。地方にITに習熟し地元貢献できる都会並みの人材がいれば、当局が上から目線で説教する必要もない。新銀行二課長が描く地銀の将来像に、地方に移住した優秀な若者が一役買う展開を期待する（と、たまには先輩ぶってみせようか）。

（注）　アメリカ東西両岸の大都市で住居を近郊に移す動きが2020年3月に現れると日本でも同じ動きが現れると思い、5月に東京が流出超に転じた時点で本稿を書いた。翌6月には流入超に戻り早まったかと思いきや、翌7月以降は流出超が続いている。例年3月と4月は入学と入社で極端な流入超になるのは2021年以降も同じだが、流入幅は着実に縮小している。

コロナが収束しても、いったん効率性と快適性を実感したワーカーは、リモートワークをリアルに戻したくはない。ただ、一流とされる大学と大企業の本社が極端に東京に集中している構造は、全土に分散しているアメリカと違い、コロナ収束後に「部下をリアルに管理しなきゃおじさん」がしぶとく復活して東京流入がアメリカよりはしぶとく戻りそうな気はする。

209　説教の系譜

　常に説教している人間は教え説く内容が正しいと信じているが、説教される人間も正しいと信じていれば余計なお世話だし、信じていなければ従うふりをするだけだから、往々に無駄話になる。だから金融庁の氷見野良三新長官が、「説教庁をやめる」と言えば共感を呼ぶが、「説教」でなく、「指示」や「要請」や「提案」をやめると言えば、「監督責任を放棄する気か」と憶測も呼ぶだろう。「説教」とは、やめると言いやすい語感の言葉なのである。

　かつて不良債権処理を先送りしたい銀行に、「経営環境が将来良くなる見込みもなさそうだから、債権に引き当てるだけでなく銀行から切り離せ。公的資金を入れてでも急いで処理せよ」と一律に説教＝指示せざるを得ない時代があった。先送りするほうが足元のマクロ経済への悪影響が小さそうでもなお急ぐべき場合もある。

　でも、不良債権処理が峠を越えて、金融庁が、「顧客とのリレーションシップを強化して事業の目利き力を高めよ」と説教したのは、余計なお世話か従うふりを招く無駄話と思って説教団に加わらなかった。「財務基盤を強くするためにもっと稼げ」という説教は評価が難しい。審査書類を偽造してまで自作自演のねずみ講を演出して顧客から奪う場合もあれば、特に手も打たずじわじわ沈んでいく場合もある。結局、「稼いでいれば偉いわけじゃないが、稼がなくてよいことにもならない」という平凡な答えに至る。顧客からの感謝や不満が説教の必要性のメルクマールにならないの

は、先人の「貸さぬも親切」という言葉が示している。借りられた時は感謝するが、「借りなきゃ潰れずに済んだのに」と恨みを抱く展開に至らないとも限らない。

氷見野さんの発言は、「顧客のためになる投資商品を提供せよ」という説教についてらしく、これまた評価が難しいと感じるのは説教する側も一枚岩でない事情がある。私個人は、孫に毎月小遣いをあげたい高齢者が好む毎月分配型投信を、「資産形成上は非合理な商品」と説教する気になれなかったが、ジャンクボンドにFXを組み合わせた通貨選択型投信には、「一線を越えた商品」と言い続けた（**155　貯蓄から投資へ**）。常識としては、「安い手数料で長期の資産形成に寄与する投資商品を提供せよ」というところだろうが、投資商品を売買する手数料をゼロにして購入資金を貸した金利で稼ぐのをどう評価するかは、意見も割れると思う。

最近のこの連載で金融業では、顧客を問わない一律の対応でなく、顧客ごとに違う資質や経営環境を把握してふさわしい商品やサービスを提供する必要性を考えてきた。金融業者を監督する金融庁も同じく、業者を問わない一律の説教では済まない。とりわけ金融行政がマクロ経済に影響する有事が過ぎて平時に至れば、業者ごとに違う資質や経営環境を把握して、「説教」でなく「指示」や「要請」や「提案」をする必要性が高まるのだろう。その意味で、正しいと信じて高みから説教する金融庁の姿が、BIS規制を論じても自ずと詩情が漂ってしまい、彫刻や古典の本まで書く氷見野さんの感性と相容れないのはいいね！　とは思う。

ただし今や時代は平時から、マクロ経済への影響を考えねばならない有事に戻った。コロナの影響を受ける産業は初めは限られるが、売上げ減に対応して仕入れも人件費も減らしていけば全産業に打撃が及ぶ。打撃を緩和するのが、雇用調整助成金や各種給付金などの政府支援と並び、借り手への銀行支援になる。そして銀行支援は不良債権処理が最大課題だった時代と同じく、マクロ経済が沈む悪循環の回避と非効率企業の温存という二

律背反を孕んでいる。

　生産性の高い企業は支援し、そうでない企業は廃業や転身を促して、ミクロで生産性が高い企業の集まりがマクロ経済を支えるのが望ましいのは当然だが、政策として実現するのは容易な道でない。説教庁をやめる方針は無駄な教えを説かれてきた金融業界の慰めになるかもしれないが、それは仕事の出発点に過ぎない（**付録3　銀行行政の四半世紀**）。

第 35 章

企業組織論 (210〜215)

生産性が高い企業だけが存続する銀行のコロナ支援ができないかと考え、企業規模と生産性、企業組織の再生と進むうちに、優れた中小企業の特性を大企業にも活かせないかと最初の目的とずれていく迷走癖が出る。藤井聡太さんに自らの人生を回顧し、政府と学者の望ましい関係を考え、主な肩書を「第一生命経済研究所顧問」から、学者未満の一人の「金融・経済・人間研究者」に変える。

210　統計と支援の線引き

コロナで売上げが減った企業の社員の収入まで減らないよう、雇用調整助成金などの政府支援と並んで銀行が借り手企業を支援している。支援により倒産や失業を抑えられるが、生産性が低い企業まで存続してしまう。政府は一律に支援するしかないが、銀行は企業ごとに支援して育てるか見放すかを判断するから、ミクロで生産性が高い企業の集積がマクロ経済を支える可能性を考える。

211　企業規模と生産性

財務省の研究では企業規模と生産性が20人以上の企業では相関するが、20人未満で逆相関するのは、1人当たりが目覚ましく稼ぐ数人の零細企業が統計に影響している。1人が何役も兼ね各人が自分のやるべき仕事を理解して自在に動く。人数が増えると役割分担が始まり指示待ち族も出てきて生産性は下がり、20人以上になってようやく規模の経済性が効き始めるらしい、と想像する。

212　企業組織の再生

最新の企業組織論では、社員各人が組織の目的と活動方法を自身で決め、仲間と共有して好きな時に好きな場所で働けば、自律的な生命

体のように機能して結果の売上げも利益もついてくる。1人当たりが目覚ましく稼ぐ前回の零細企業と共通要素があり、仕事に人間として生き甲斐を覚えればそんな組織が機能するとは思う。そして企業規模が大きくなっても機能する条件へと関心が移る。

213　愛するトヨタを辞めて

　愛するトヨタの人事を3年で辞め、サイボウズの人事に転職した若者の手記が、同じ年功序列型大企業で閉塞感を抱く読者の共感を集める。性格が悪い私は、上司に部下を管理させず、社員に自律性を発揮させるサイボウズのPR戦略かなと思う。でも、自律性を発揮せよと言えば途方に暮れる多数派社員は管理するしかなく、ならば企業組織論に正解などないのかと振り出しに戻ってしまう。

214　才能の壁

　藤井聡太さんに触発されて、半世紀ぶりに詰将棋を再開した。将棋小僧だった頃、勝てない相手が現れると闘争心を燃やして精進するより、気持ちがなえて諦めた。が、才能の壁に気づいて早く諦めるほど人生の選択肢が残っていて傷が浅く済む。全国の元将棋小僧たちが、父や祖父の世代の相手に勝ってしまう藤井さんに勝負の世界の非情を痛感し、己の平凡な人生の選択に安堵する。

215　政府と学者

　政府による学術会議委員の任命拒否騒動には、政府は優れた学者の見識から学べるが、学ぶには学者の行政組織の委員に任命する必要もないと思う。退官後5年間も放し飼いにして活動拠点を提供してくれた第一生命に感謝し、連載を始めた時の気持ちを振り返る。今後も学者未満の一人の「金融・経済・人間研究者」として、複雑な世界の課

210 統計と支援の線引き

　2009年初めに前年10〜12月GDPが前期（7〜9月）比3％強減と公表されると、「このペースで減ったら年率1割強減は覚悟しなきゃ」と感じたのが、底打ち時が読みにくかったリーマンショックの記憶になる。対する今年（2020年）4〜6月GDPが前期（1〜3月）比8％弱減と公表されると、「年率3割減」と喧伝されるのは、思考放棄の条件反射みたいな気がする。

　緊急事態宣言で人出が消えた4〜6月が前期比8％弱減なのは分かるが、人出が歴然と戻ったのに同じ減少ペースが1年も続くはずがない。イギリスの4〜6月GDPは前期比2割減だから年率換算すると6割減になり、さすがにそんな展開にならないと常識で分かる。売上げが激減したサービス業の苦境が連日報じられるから、日本での年率3割減は非常識と気づきにくい水準なのかもしれない。

　一方、直接コロナの打撃を受ける産業は初めは限られるが、売上げ減に応じて仕入れや人件費も減らしていくと、打撃は全産業に波及していく。打撃を緩和するのが、雇用調整助成金などの政府支援と借り手への銀行支援であり、マクロ経済がマイナス乗数効果の悪循環で沈んでいくのを防ぐ。同時に打撃緩和の支援が生産性の低いゾンビ企業まで延命させる懸念は、銀行が不良債権処理に逡巡した時代から変わらない。主観的には経営を続けようと頑張っているのをゾンビ企業とは失礼な言葉と思うが、ここでは机上の上から目線で批判する学者やジャーナリストにならっておく。

　不良債権として処理される企業は倒産やリストラを余儀なくされ短期的

にはGDPを減らすが、長期的には労働と資本がより高い生産性の場に移る新陳代謝が生産性向上をもたらす。リーマンショック後の政府支援や中小企業金融円滑化法が倒産や失業を抑えた一方で、生産性を一層低迷させたと批判されるゆえんになる。

　4月の休業者数が600万人と公表されると全就業者の1割弱が失業予備軍と見なされ、「早晩失業率が2桁に」と喧伝されるのは、やはり思考放棄の条件反射みたいな気がする。経営者は売上げが減っても直ちに労働者を解雇せずいったん休職させるから、たしかに休職者数はいったん急増する。失業率2桁を喧伝する人たちは、経営者も労働者も、政府や銀行の支援を受けながら売上げが戻るまでになにもしないで待つとでも思っているらしい。

　この国が経済ショックに見舞われても失業率がめったに5％を超えないのは、政府や銀行の支援だけでなく、経営者も労働者も各々可能な限り失業回避の工夫や努力をするからである。元来、コロナ前は生産年齢人口の減少が懸念され、人手不足倒産の危機が叫ばれていた。加えて、直接コロナの影響を受ける産業は、元来労働と資本の新陳代謝が激しいサービス業が多い。

　結局、多くの休業者はあまり間を置かず新たな仕事に就き、7月には200万人強まで減っている。打撃を受けた産業の雇用を、別の産業で吸収する新陳代謝力が高まっているので、政府や銀行が現状維持しようとする支援の手法も再考しないと、ゾンビ企業延命批判に対抗できない。仕事がなくなれば有無を言わさずクビになるアメリカに比べ、労働者に優しい国だと感じてきたが、現状維持が優しいのかはますます自明でなくなりつつある。

　銀行は今回の返済猶予や新規融資による支援が、しばらくは対応する売上げがない人件費や家賃に消えてしまい、返済再開までにニューノーマルに対応できる生産性向上を促す必要性は認識している。中には生産性向上

の困難さを予見して、支援そのものを控えている銀行もあるかもしれない。どういう場合に控えるのがマクロ経済として正当化されるかは、これまでの連載でもさんざん考えてきた生産性そのものに、これまでとは違う角度からアプローチする必要がある。その材料は意外にも、補助金や税制や政策金融による中小企業への支援の線引きを再考したい財務省の研究所にあった。

211 企業規模と生産性

「なぜ日本の賃金が低いのか」の問いに、「非正規雇用が多いから」と言われると、「それは答えじゃなくて言い換えでしょ」と思う。同じ問いに、「生産性が低いから」と言われると、生産性は社員1人当たりの付加価値＝稼ぎだから、やっぱり言い換えみたいだが、「生産性が低いのは、零細企業が多いから」と続くと、企業構造を考える手がかりになりそうな気はする。たしかに20人未満の企業で働く労働者の割合が日本は2割を超え、1割ちょっとのアメリカやドイツに比べ規模の経済性が十分効いていそうにない。

日本企業の生産性が低いままでは財政の持続可能性も覚束ないので、財務省の研究所では日本の企業規模と賃金と生産性の相関関係を分析している。「生産性が低いのは、零細企業が多いから」を立証して、規模が小さい企業への補助金や税制や政策金融の優遇政策を見直したい。指標が企業規模と賃金と生産性の3つだから、相関関係も3つになり、まず賃金と生産性は予想どおりきれいに相関している。言い換えると、社員1人当たりが稼いでいるのに企業が賃金で報いず、設備投資や配当を優先したりはしていない。もっとも設備投資は生産性を高めるから、報いるのが今の賃金か後の賃金かの選択肢はある。

大企業ほど賃金が高いので高学歴の若者が集まる現象からは、企業規模

と賃金が相関しているのも当然に思えるが、大企業ほど設備投資や社員教育や研究開発の余力があるから社員の生産性を高める因果関係のほうが効いているかもしれない。また、サービス業では一定規模を超えると賃金がむしろ下がるのは、小売業の割合が高まって非正規雇用が多いのが影響していると財務省の研究者は分析している。全国津々浦々にあるイオンやセブンイーレブンやユニクロの光景に、さもありなんと思う。

　興味深いのは企業規模と生産性の相関であり、社員5人未満の企業のほうが5人以上10人未満の企業より、5人以上10人未満の企業のほうが10人以上20人未満の企業より生産性が高く、20人以上の規模になってようやく規模の経済性が効いて相関が現れる現象になる。もちろん20人未満の企業の多くは生産性が低いが、社員1人当たりが目覚ましく稼ぐ数人の零細企業が統計に影響してしまう。

　予め決めた結論を導こうと数字を選ぶ経済誌の分析に比べ、財務省の研究者は学問的な訓練を受けている。でも20人未満の零細企業の規模と生産性の逆相関という不都合な真実に対して彼らは、平均値でなく中央値を採ったりする。中央値で逆相関は緩和されるが、解消はしない。挙句に社員1人当たりが目覚ましく稼ぐ少数の零細企業は外れ値として、分析対象から除こうとしたりする。零細企業に規模の経済性が効かないのはイレギュラーな事情によるとの先入観は、もったいないなと思う。イレギュラーな外れ値とは、ガレージ時代のソニーやアップルに他ならず、ミクロで観察すれば企業組織論の宝庫に違いないからである。

　おそらく画期的アイディアを持つ創業者が生産も営業も運送も財務も法務も兼ね、大学時代からの仲間だったりする同僚社員も指示しなくとも自分がなにをすべきか理解して臨機応変に動く。人数が増えると役割分担が明確化し指示待ち族も出てきていったん生産性が下がり、20人以上になると企業組織の型以上に規模の経済性が効き始めるのかな、と想像する。

　補助金や税制や政策金融の優遇政策は企業組織の型によって適用を変え

られないから、財務省の研究者の興味を惹かないのかもしれない。でもこの逆相関と外れ値は、支援する企業の線引きに悩む銀行にとっては着目に値する現象と思う。かつて、「京セラや任天堂や日本電産のガレージ時代からつき合ってきたのが当行のかけがえない財産です」としみじみ述懐した京都銀行頭取との対話を思い出す。

212 企業組織の再生

　関与先企業の創業者からいただいた本『Reinventing Organizations（企業組織の再生）』の歴史観によると、産業革命が伝統的身分階層制を掘り崩すにつれ、利益の達成を目標とする新たな階層制として企業が成長した。達成型組織では同業他社は敵であり、組織内では経営者が利益目標と目標達成のための活動方法を指示し、社員は経営者に管理され利益目標達成に必要な能力だけを使って活動する。

　産業革命を可能にした機械を組織に置き換えたような達成型組織の非人間的な閉塞感が耐えられないと、家族を置き換えたような多元型組織が生まれる。ここでは組織の目標と活動方法は経営者が指示するのではなく、家族みたいに気心が知れた仲間内で話し合って決めるから、なかなか決まらない。達成型組織の閉塞感が退く代わりに、多元型組織では生産性が低くなる。奴隷を解放して自由になると往々に生産性が低くなるのも、指示や管理の一定の役割を示している。

　ならば社員各人が話し合って組織の目標と活動方法を決めるのではなく、各人が自ら決めてはどうか。もちろん全人格を賭けて仲間を説得し、仲間も全人格を賭けて助言し、最終的には各人が組織にふさわしいと思う目標と活動方法を全員納得のうえで決める。全人格を賭けた仲間内の相互信頼は、少人数のこの仲間を、経営者も管理部門も必要とせず生命体のように自律的に活動させ、高い生産性と利益が結果としてついてくる。達成

型組織の閉塞感と多元型組織の低生産性を、生命体型組織がアウフヘーベンする。要約が拙いせいでユートピアを語っているみたいだし、私自身も半信半疑ではあるが、著者が生命体型組織の成功事例とするオランダの訪問医療企業を紹介する。

　医療従事者は、医療で生活の糧を得るのが前提でも、顧客である患者の健康や幸せを願うのが人間としての自然な感情になる。だから組織の目標が利益より患者の健康や幸せになるのは、仲間内の異論もなく収斂するだろう。どんな活動方法により患者が健康で幸せになれるかは、オフィスにいる経営者や管理部門より、現場にいる自分たちが一番よく分かっている。

　例によって各人が全人格を賭けた説得と助言により各人の活動方法が決まれば、各人が自律的かつ臨機応変に活動する。役割分担は明確でなく、各人ができる時にできる場所でできる活動をする。患者の健康と幸せのための活動だから、患者から感謝され業務と利益は増える。管理部門が指示する医療法令をよく知らなくとも、法令の精神に悖る心配もない。

　この本の成功事例は、組織の目標が社員の人間としての生き甲斐に重なりやすい医療や教育に加え、広い意味でのもの作りが多い。いいものを安く作って顧客から感謝され生き甲斐を覚えるのは人間の自然な感情だから、利益達成を経営者から指示されるより、現場の社員が自律的生命体のように活動した結果として利益がついてくるほうが、心温まる光景には違いない。でも、ものの品質を保つには、指示や管理という要素も無視できそうにないとは思う。逆に組織をどんなに工夫しても、ゼロサムで競争するサービス業で生き甲斐を覚えるのはなかなか難しいだろうとも思う。

　パラドキシカルなのは、創業者がこの手の生命体型組織を初めから作るのは割と容易だが、規模が大きくなって途中から生命体型組織に再生するのは現場の社員の主導ではできず、経営者が強く指示するしかないという著者の指摘になる。私がこの本をいただいた創業者も社員と顧客の幸せの

ためにどんな組織に再生しようかと日夜考えているから、私も一緒に乏しい知恵を絞る。

　そこには前回想像した、規模は零細でも目覚ましく稼ぐ少数の零細企業の組織とたしかに同じ要素がある。零細なうちは自然発生的に行われる仲間内の自律的な活動の役割分担を、規模が大きくなっても社員が閉塞感を覚えないように維持するのは容易でない。だからあえて、門外漢の企業組織論にもう１回だけとどまってみよう。

213　愛するトヨタを辞めて

　トヨタで設計をしている従姉の息子に会うといつも、仕事が楽しいと聞かされる。「そりゃいいものを作って世界中から評価されれば生き甲斐を感じるから、頑張って働く価値もあるよね。でもあの一家ってちょっと暑苦しくないか？」と問えば、「暑苦しいと感じて辞める人もいるけど、ボクは人間関係濃いの好きなんで。飲み会も駅伝大会も燃えますよ」が答えだった。従姉の息子は組織に管理されて働くのに疑問を抱かない（**99　職業選択（下）**）。

　一方、「愛するトヨタの人事を３年で辞めて、サイボウズの人事に転職した」若者の手記が共感を呼んでいる。東大を出てトヨタの現場で働きたかったが、人事もまた社員の生き甲斐に貢献する部門だから、飲み会や駅伝大会の企画も含め張り切って働いた。でも、辞令には逆らえず、働く場所も時間も選べず、副業も認められず、縦割りで情報が共有されない年功序列の階層組織に次第に閉塞感が募っていく。「もっと社員に自律性を発揮させても高い生産性と両立します」と上司に提言するが、「そういうことは偉くなってから考えたら」とやんわり諭される。そこで20年後の中間管理職の自分を想像しても、依然経営陣と現場の板挟みになって閉塞感を募らせる姿しか浮かばない。

この手記への共感は、同じく大企業で閉塞感を募らせる社員から寄せられているが、性格が悪い私は一読してサイボウズのPR戦略の一環かと思った。かつて離職率年3割のブラック企業だったサイボウズは、経営陣主導で社員の自律性を発揮させる組織改革に取り組み、今では部下を管理しようとする上司からは部下を剥奪する境地に達している。

　プレミアムフライデーを「ありがた迷惑」とおちょくり、リモートワーク継続のため「がんばるなニッポン！」と宣言するサイボウズのPR戦略は面白いと同時に、管理されなくても自律的に働ける資質の社員集団ならではとも思う。他の企業には、政府が早退するフライデーを決めてくれたから早く帰れて嬉しい社員も、毎日の通勤が仕事するふりだったとリモートワークで判明する社員もいる。

　手記の若者が感じた閉塞感はもとよりトヨタ批判になっているが、「今もトヨタを愛している」と再三強調することにより真摯な葛藤として共感を呼び、「情報共有ウェアを作るかクルマを作るかの違いはあれど、コロナを機にトヨタもサイボウズの組織を取り入れてはどうですか」と建設的提言にまで昇華している。これほどの演出力があるから、ふさわしい職場のサイボウズに転職できるのであり、管理されて働く従姉の息子には務まりそうにない。

　このところの連載は私の迷走癖が再燃している。政府のコロナ支援は一律に適用せざるを得ないが、銀行のコロナ支援は相手が存続に値するかしないかを個別に判断するので、この国の零細な企業構造を是正して生産性を高めるのに貢献できるかも、との思いから出発した。やがて零細でも社員が自律的に働いて生産性が高い少数の企業の組織特性を想像し、むしろ企業規模が拡大してもその特性をどう維持するかに関心が移った。人間として生き甲斐を求める社員の自律性が組織の存在意義と一致しやすい業種はあるが、業種が決定的でもないのはサイボウズの組織改革や将来のトヨタが示すだろう。

でも、より根源的に不都合な事情として、自律性を発揮せよと言われると かえって途方に暮れる社員のほうが多い。管理されるほうが自分の頭で 考えずに済んで居心地が良く、所詮仕事は食うための手段と割り切ってい れば、企業組織にあまり工夫の余地もない。こうして出発点に戻ってしま ったが、企業組織論に正解などないのか、あっても簡単には見つからない 現実を示しているのだろう、と門外漢の領域でまた迷走した自分に言い聞 かせる。が、この迷走につき合ってくれた読者の職場にとってなんらかの 意味があることを、心底から願う。

214　才能の壁

　例えばこうして書いていて行き詰まると詰将棋ソフトを起動するように なったのは、小学生時代から詰将棋の全国選手権で優勝を続けている藤井 聡太さんが、タイトル戦で渡辺明さんから16連続王手をかけられ、16手目 の切り返しで逆に詰めてしまう展開に、「ほほう」と歳甲斐もなく興趣を そそられたせいである。小学生の私も将棋小僧だったが、勝てない相手が 現れると闘争心を燃やすよりなえた。先の展開を読む頭の消耗作業に精進 するほど根性がない。

　才能の壁は将棋に限らなかった。ピアノを弾いても、より上手く弾く奴 が現れるとなえる。学内大会で勝ち抜いたスキーや剣道は郡（という平成 合併を経て今やめったに見かけなくなった行政単位）の大会で落ちた。た またま郡大会で勝ち抜いた珠算は、県大会では通用しなかった。中学に進 みギターを弾きラッパを吹いても、より上手い奴がいるとやはり闘争心を 燃やすよりなえる。幼い藤井さんが負けると身をよじって泣きじゃくる映 像を見て、才能と闘争心と精進のまれな三位一体なのだろうと想像した。

　高校に進み、初めて自分に才能があるかもと感じたのが、日本の古文の 読解になる。英語は人並みに単語や文法を学ばないと分からないが、『徒

然草』も『源氏物語』もあまり精進しない割に分かる。「これは職業にすべきかも」と一時考えたが、古文の世界に自分が生涯を賭けて開拓する領域が残っているのか定かでない。なにより思想家としての吉田兼好にも作家としての紫式部にも、さほど惹かれなかった。

だから才能を活かす野心など抱かず大学は法学部を選んだが、「甲が乙と丙に二重譲渡した土地を乙はさらに丁に譲渡し」なんて私法の世界に当惑する。「どこが学問なんだろ」と悄然としたのは、大学とは麻雀でなく学問をするところだと一応は思っていたせいらしい。行政官時代に会社法の大家の知己を得たが、上村達男教授にも岩原紳作教授にも神田秀樹教授にも、「実は私、大学で会社法の単位を取っていません」とは言えなかった。

法律を学ぶ時間を、ケインズの思想やトルストイの小説に充てたのは悪くなかったとは思う。でも後年大学で話す際には、「英語と法律を学ぶのはつまらないからこそ、若いうちに身につけておけば仕事で役に立つ局面に必ず出会う」と自分を棚に上げてオヤジ説教してきた（**59　教育の意味 ──経済効果と精神効果**）。

幼い藤井さんが盤上の駒を頭に浮かべて詰将棋の展開をノートに書いていったアナログな学び方に比べ、老いた私はパソコン画面で指しながらデジタルに学ぶ。先の展開を読んで頭を消耗したくないから、行き詰まるとすぐに答えを見る学び方は昔から変わらないが、次第に半世紀前の将棋小僧の境地に近づく（**173　己を恃む精神**）。

そしてしみじみ、人生の早い時点で才能の壁にぶつかってよかったな、と安堵する。周りに勝てない相手が現れなければ奨励会に入ったりして、やがて挫折した時点では往々に人生の選択肢が残ってない。偉大な思想家や作家を目指すにしても、どうせ無理なら挫折が早いほど人生の選択を変えやすい。より現実的に弁護士や医師を目指すにしても、国家試験資格を取る前提としての大学にも入れなければ、人生の選択を早い段階で変えて

浅い傷で済む。

　才能に恵まれて奨励会を勝ち抜いたプロ棋士の闘いを経済的に支えるのが、地方紙を含む新聞社というのも妙に色褪せたアナログ世界ではある。新聞に載る詰将棋も、デジタルに駒を動かす手軽さに慣れると食指も動かない。でも、新聞社名を掲げたタイトル戦に藤井さんが出るとなれば、かつて挫折した全国の元将棋小僧たちが俄然注目し、自分の才能を棚に上げて論評する。そして父や祖父の世代の相手に勝ってしまう藤井さんに勝負の世界の非情を痛感し、己の平凡な人生の選択に安堵する。そんな一群に、私も還暦を過ぎて加わった（270　ハイドンと現代人）。

215　政府と学者

　GHQの若いスタッフが突貫工事で憲法草案を作った会議室は第一生命が今も現役で使っているから、私にとっては歴史を偲べるとともに、憲法への思い入れを（そんなものがあればだが）醒ます作用を持つかもしれない。憲法が個人の精神活動を守る学問の自由の条文から、学術会議のような学者の行政組織の独立性を導いても別に構わないが、学者行政組織の独立性に思い入れを持つ憲法学者は、「導くべき」と信じている。

　一方、地政学者の軍事研究は国の得になりそうな戦略の追求だから、そこには憲法学のような「べき論」がない。「べき論だらけの憲法学とべき論不在の地政学」の違いが、政府による学術会議委員の任命拒否をめぐる応酬を一層憎しみで満たしているように見える。「法律の任命拒否権限を行使するのは憲法違反」との主張と、「軍事研究を認めない左翼学者の行政組織など無用」との主張がかみ合うはずもない。

　任命拒否された学者の本としては、憲法学や地政学よりは幅が広そうな歴史学の加藤陽子教授の『それでも、日本人は「戦争」を選んだ』と、『戦争まで』をかつて読んだ。古典的左翼と距離を置く加藤教授は、現在

の感覚から過去を断罪するのでなく、戦間期の帝国主義や国際関係の常識から軍部や政治家やメディアや国民の反応を予断を持たぬよう努力しながら検証していく。そして例えば、国際連盟を脱退し日独伊三国同盟に尽力して典型的戦犯と見られてきた松岡洋右の行動が、彼なりのバランス・オブ・パワーの地政学に基づく対米戦回避の戦略だったと論じる。

　国民を興奮させて売りたいから強硬外交を煽ったメディアとそれに熱狂した国民を長年研究し今もそのDNAが死んでないと判断すれば、有事法制に反対する加藤教授の今の政治活動として現れる。「そんな政治活動をする学者の行政組織委員への任命を政府は認めない」のは、憲法の別の条文が規定する行政への民主的統制には違いない。なんて言うと、「学術会議こそが権力に対する民主的統制の手段なのが分からんのか」と怒る人たちが現れるから、これ以上条文の解釈論は控えるのが無難だろう。

　加藤教授の本を読めばよほど極端な思想の持ち主でもない限り、その洞察が依然混沌とした国際関係において微妙な判断を迫られる政府が有益な学びを得られるのは分かる。「無教養だから分からない」とどこかの元学者知事みたいに言い放てば、「学者ってそんなに偉いのかよ」と炎上して国民は一層分断される。次元を異にする「べき論」と「べき論不在」が憎しみを応酬し合うディレンマを打開するには、学術会議を行政組織でなくす道くらいしか、今の私には思いつかない。

　政府は優れた学者の洞察から学べるが、学ぶために行政組織委員への政府の任命を介する必然性もないだろう。政府内で、「政治活動する学者は任命を拒否しなきゃ」と最初に考えたのは、実につまらぬ人間だとは思う。ただ、そんな人間のつまらぬ思惑が実現してしまうことにより、行政組織としての学術会議の意義がますます乏しくなるのが歴然としたのは妙味と言えなくもない。

　「行政組織である学術会議委員に任命されたから、自分も一流学者として功成り名を遂げた」と自己満足するなら、自律して思考すべき学者にふ

さわしい感性でもあるまいと思うのは、より手頃な金融審議会の委員に任命されるのが自分の存在価値みたいに勘違いする金商法学者がたまにいて応対が面倒だったからでもある。「この任命はあんたの学問業績の価値とは無関係に、あんたが政策形成上手頃な位置にいるだけだよ」。

　今回から、この連載のタイトルに由来する「金融・経済・人間研究者」という肩書に変えた。役所を退官してしばらく世界をさまよった後、長く活動拠点を提供していただいた第一生命に改めて感謝する。私が与えるより、与えられるほうがはるかに多い5年間だった。言論だけでなくビジネスへの関与も放し飼いにしていただいたので、勘違いでなければ、言論とビジネスの相互作用により金融や経済や人間への洞察の幅も、もっぱら上から目線だった行政官時代よりは広がったのではないかと期待する。活動拠点も自宅で十分なのを、コロナにより学んだ。

　かなり長くなったこの連載でも、世界は依然私にとって謎だらけになる。「経済の潤滑油のはずの金融のせいで経済の変動が激しくなり人間が不幸になる、所得の伸びが鈍化すると、資産価格の上昇に依存する誘惑が強まる」世界の現実に、よりましな制度や運用の処方箋を考えようと連載を始めた（1　金融制度改革の記憶）。考えているうちに、人間が生きやすい豊かで公平な社会とはなにかと、射程が広がったようである。

　現実を一刀両断に解明して処方箋を示せればよいが、そう主張する学者に共感した経験がないのは、世界は彼らの主張より複雑にできているためらしい。そんなわけで、政府で働いた経験を持つ学者未満の一人の研究者として、引き続き、よりましな処方箋を求めてさまよい続けさせていただく。読者におかれては、「いつまでうろうろしてるんだよ」と愛想を尽かさぬよう期待する。

第 36 章

部門別資金過不足の変容から （216～220）

コロナにより企業と家計と政府の資金過不足の状況と、過不足を補う調達と運用の金融行動が変容している。前世紀末の金融危機、輸出が急減したリーマンショック、サプライチェーンと原発が止まった東日本大震災、人出が消えたコロナショックと想定外の事態に企業と家計と政府がどう対応してきたか、変わりつつあるものと依然変わらないものはなにかを、金融行動を眺めて考える。

216　内部留保論争

企業のバランスシート右側の資本の内部留保（利益剰余金）の増加に応じ、左側の資産として現預金が増えるのは消極経営と批判され、設備投資が増えるのが積極経営と評価されてきた。証券投資が増えているのは内部留保を海外展開に充てる行動を示しており、この評価は定まってないが、足元はコロナの資金繰り対応として銀行から借りて、現預金を両建で増やさざるを得なくなっている。

217　ガバナンスの現段階

企業が内部留保を海外展開に充てるのは、海外で国内と同じ事業を続けてステークホルダー共同体としての企業を守ろうとしていると仮説を考えた。経営環境の変化に応じて国内で新たな事業を展開すれば、既存の事業の関係者からなる共同体の動揺は避けられない。労働と資本を流動化するくらいなら、就職でなく就社した社員を海外に派遣して、同じ設備で同じ事業を続ける道を選ぶ。

218　景気の風景

生産が増えれば忙しいから景気が良いと感じるが、近年の売上げは円安で輸出の円換算額がゆっくりと増え、費用は高齢者と女性のワー

クシェアにより売上げ未満のテンポでしか増えないから、利益が割と急に増えて株価に反映するのが好景気の姿になる。これまで実感なき好景気でも弱者に配慮する世論は高まってきたが、コロナは弱者でなく全国民への一律給付を支配世論にした。

219　消費のさせ方

　コロナで売上げが減った企業が賃金や家賃を払い続けて小幅の資金不足に転じたのに対し、家計は収入があまり減らない割に消費を急減させて資金余剰が大幅に拡大し、対策見合いで政府の資金不足も大幅に拡大している。よって消費の復活が急ぎの課題だが、GoToよりマイナポイントの上限を上げるほうが、広く国民に恩恵が及びキャッシュレス化にも貢献する、なんてまじめに考える。

220　3つの外食業

　自称「街の食堂」大戸屋への、蔑称「食品工場」コロワイドによる敵対的TOBを『ガイアの夜明け』で見て、「共倒れしないの？」とコーポレート・ガバナンスを考える。同じくガイアで見た真に街の食堂の佰食屋から飲食業の微妙さを考える。3社のいずれにも特に共感してないが、ビジネスとしての成功とコンプライアンスやワークライフバランスの葛藤が、興味を惹く事例には違いない。

216　内部留保論争

　リーマンショックや東日本大震災のような想定外の危機時に、日銀が四半期ごとに出す部門別の資金過不足と、過不足に対応した資金の調達と運

用の数字を見てきた習性はコロナショックでも繰り返す。人出が消えたこの（2020年）4〜6月に、従来は家計と並んで資金余剰だった企業は小幅の資金不足に転じ、家計の大幅資金余剰と政府の大幅資金不足という従来の傾向は一層極端になった。

　売上げが減った企業が賃金や家賃を払い続けて資金不足に転じたのは東日本大震災以来であり、不足は銀行から借りる。印象的なことに、企業の4〜6月の資金不足は△1兆円に過ぎないが、6月末の現預金は3月末に比べ調達見合いで30兆円も増えている。借りた資金を使わずに蓄えるのは、現預金をひと月の赤字で割って、「余命何カ月」なんて記事が溢れる状況ではやむを得ない。

　一方、「リスクテイクしない消極的な企業が内部留保を設備投資に使わず現預金として蓄えるから低成長」というかつて流行った批判は、「デフレだから低成長」と同じく症状を原因と取り違えていたが、かと言って、「今や内部留保は企業の救世主」と称えるのもまた、かつて嫌悪したトランプの再選を期待する金融市場関係者みたいな無節操を感じる。

　「内部留保を蓄えるから低成長」論は、「デフレだから低成長」論と同じく用語法が錯綜していたが、以下財務省にならい企業が年々の利益を蓄えたバランスシート右側の資本の利益剰余金を内部留保と呼ぶ。資本の利益剰余金に対応する資産の現預金を内部留保と呼ぶ論者が多いので用語法が錯綜した（**80　希望しない投票心理**）。主に労働者にどれほど還元するかで内部留保の水準が決まり、その内部留保をなにに使うか使わないかは経営判断であって、倫理的評価の対象になじまない。

　節操がある野口悠紀雄教授は前政権の経済政策を、「安倍政権期間中に内部留保（利益剰余金）は250兆円から450兆円に増えたが使い道がないので、企業は現預金を150兆円から200兆円に増やした」と書く。「だから銀行貸出は増えず金融緩和は機能しなかった」と続く論旨に異存はないが、前段の数字に素朴な疑問を抱く読者がいるかもしれない。「バランシー

ト右側の資本の内部留保が200兆円増えて左側の資産の現預金が50兆円増えたなら、差引き150兆円増えた資産はなに？」。

設備投資はマクロでは減価償却で賄えるので、原資として内部留保利益や資金調達を必要としない。差引きで増えたのは、基本的に証券投資の形を採る海外での直接投資や買収になる。海外での企業活動には海外ならではのリスクがあるが、それでも人口減少が続き時に円高に見舞われる国内の設備投資よりは低リスクと判断した。「経済は設備投資で成長する」と思い込みバランスシート右側の内部留保と左側の現預金の蓄積だけ見て、「リスクテイクしない消極的な企業」と批判するのは知的退廃を示す。それに、企業が内部留保と現預金を蓄える傾向は前政権期間に限らず、前世紀末金融危機時から続いている。

拓銀、長銀、日債銀が潰れた後も身近な地銀や協同組織金融機関が潰れ続ける想定外に、銀行に頼りづらくなった企業は危機感を強めた。リーマンが潰れ輸出需要が急減するショックにも、大震災でサプライチェーンと原発が止まる想定外にも危機感を強め、活動を一層海外に移す。現預金が増えたのは、海外拠点に機動的に資金供給する必要性にも起因している。

そして今、コロナウイルスという別の想定外に襲われて久々に銀行の出番となり、企業は負債と現預金を両建で増やした。前政権の6年間で50兆円増えた現預金が、4〜6月の3カ月だけで30兆円も増えたのが危機感の現れになる。経済の症状と原因を考える際、企業の危機感を原因と位置づけるのが経験上はしっくりくる。ただ、なにを守ろうとしての危機感なのかまで考えないと、政策論にはなりにくい。内部留保を設備投資せずに現預金として蓄える企業はリスクテイクしてないとの批判はコロナの現実に押されて終焉を迎えたが、知的退廃の痕跡は意外に広く及んでいる（注）。続いては、国内と同じ事業を海外で展開する意味を考えてみたい。

（注）　利益剰余金（内部留保）が出る前にもっと労働者に還元し、企業から家計への所得移転により消費を増やすのが、マクロ経済の成長には望ましい

と考えてきた（121 外国人労働者総論、162 政府の負債による負担とは？）。出た利益剰余金を設備投資しても、家計の所得が増えず消費需要が低迷しているから利益率が低くて成長に貢献しない。設備投資せずに現預金で蓄える企業行動へのステレオタイプの批判を長年眺めていると、環境変化への危機感から海外展開する企業行動の動機も、より掘り下げて理解する必要性を感じて次回の仮説に至る。

217 ガバナンスの現段階

　日本企業が増えた内部留保（利益剰余金）の大半を海外展開に充てるのは、人口が減り続け時に円高に見舞われる通奏低音の上に、バブル崩壊の打撃が臨界に達した前世紀末金融危機、アメリカへの輸出が急減したリーマンショック、原発事故にサプライチェーンの途絶が重なった東日本大震災、と何度も想定外の事態に襲われた危機感が原因との実感を前回書いた。

　なにを守りたい危機感かと言えば、株主でなくステークホルダー共同体、というのがやはり実感になる。社員も取引先も切れないし、銀行にも顧客にも迷惑はかけられない。無論企業を所有する株主にも迷惑はかけられないが、日頃はあまり意向を意識しない。そして、ステークホルダー共同体としての企業を守りたい危機感は環境変化への適応と相性が悪いという認識が、金融行政がコーポレート・ガバナンスを考え始めた頃から存在した。この認識は、日本の銀行型金融システムが、アメリカの市場型金融システムより環境変化への適応と相性が悪いという認識と、車の両輪をなしている（144 ガバナンスとコンプライアンス）。国内と同じ事業を海外展開して続けるほうが、国内で新たな事業を展開するよりステークホルダー共同体を守りやすい。

　アメリカに先見の明があったからコーポレート・ガバナンスが進んだわけではない。社外役員が社長の交代を主導するようになったのは、競争力

が衰えても変われない企業への株主の不満が原動力になる。金融システムが市場型に変わったのは、銀行が3Lと呼ばれた不動産（Land）と中南米（Latin America）とLBOに貸し過ぎて機能不全に陥ったのが原動力になる。

　プロ野球コミッショナーの斉藤惇さんが東証社長だった頃の講演資料は私と同じ「30年前と今の日米の時価総額上位企業の顔ぶれ」だった。アメリカで今も残っているのはGEやIBMなど数社に過ぎず、しかも業種が変わっている。企業が株主の期待に応えようとすれば、労働と資本を流動化して変わらざるを得ず、変われなければ退場せざるを得ない。日本では新顔のほうが数社に過ぎず、30年前と顔ぶれはもとより業種も変わっていない（24　アメリカの変わり身）。

　「結局、企業が環境変化に適応してより高い利益や生産性を求めて事業を変えない、言い換えると労働も資本もより高い利益や生産性を求めて動かないのがこの国の宿痾だから、利益や生産性を求める株主の意向をもっと企業に尊重させる制度にしなきゃ」とガバナンス担当だった私が言うと、思慮深い部下は、「でも、固定した労働や資本を流動化するだけではより高い利益や生産性が実現する保証はないし、株主の意向を尊重したら格差は広がりますよね」と応じた。「雀の涙の預金金利じゃ家計を補えないから、前世紀末からずっと「貯蓄から投資へ」をスローガンに投資家の裾野を普通の庶民にまで広げようとしてきたんだろう」と私の怒気が強まると、「金融行政で変わるほど簡単な課題じゃない気がします」と部下はつぶやいた。

　「企業が内部留保を海外展開に充てるのも環境変化への適応では？」と読者は思うかもしれない。たしかに国内で安楽死したくないから海外展開するとも言える。ただ、国内で新たな事業を展開して社員や取引先や必要な設備を変えるほうが一層避けたい事態だから海外で国内と同じ事業をする、というのがより掘り下げた説明に思える。「就職」でなく「就社」し

た社員は、命じられれば世界のどこにでも赴き、国内と同じ設備を使って同じ事業をする。

前政権でコーポレート・ガバナンスの制度対応が進み、株主の意向を代弁する社外役員の登用が本格化して私の第2の人生の選択肢も増えた。配当も増えたが、海外展開に必要な内部留保が足りなくなるほどの社外流出は避ける。株主の意向は次第に意識されるようになったが、無論、ステークホルダー共同体の維持が優先される。

かくて現段階では、労働と資本の固定性は基本的には変わっていない。「企業が内部留保を蓄えるから低成長」論は、「デフレだから低成長」論と同じく症状と原因を取り違えていると前回書いた。内部留保を海外展開に充てるのも低成長もともに、同じ事業を続けて固定した労働と資本を流動化できないから、というのがより掘り下げた説明に思える。その意味で、「簡単な課題ではない」とつぶやいたかつての部下のほうが、私より正鵠を得ていた（注）。でも、コロナショックは今度こそ企業を変えるのではないかな、と性懲りもない想像は続く（249・250　変化への耐性（上）（下））。

> （注）　想定外の環境変化への経営者の対処が新たな事業への進出なら社員も取引先も必要な設備も変えねばならず、既存の共同体の動揺が避け難いから海外展開して同じ事業を続ける、というのは経営者側に着目したちょっと上から目線の仮説ではある。社員側に着目すると環境変化した職場に残るか、新たな職場に変わるかの選択になるが、変わりたくともこの国では企業規模が大きいほど転職が経済的に不利に設計されているから、家族のためにも残らねばならない現実がある。
>
> 　「労働と資本をもっと高い利益や生産性を求めて流動化する必要性」を私が主張すると、「流動化だけでより高い利益や生産性が実現する保証はないし格差が広がる」と部下が応じたのは、経営者が自由に社員を解雇するなど恣意性を発揮することを懸念していたと思う。経営者も社員も労働を流動化したくなければ無論現実は変わらず、解雇の金銭解決により流動化したい経営者がいても労使の多数派が反対すればやはり現実は変わらないが、社員が流動化したければしやすくするのが望ましい。
>
> 　毎年の報酬も退職金も企業年金も、同じ企業に長く残るほうが有利な設

計を見直して、社員が望む転職が経済的に不利にならないようにしていくのがこの国での労働の流動化の現実的な処方箋と、さまざま思案を重ねた挙句に今では考えている（175　痛みを避け続けた挙句に……、263　45歳定年制の構図（下）、276　自社株買い問答の含意）。そして資本の流動化はやはり、保守的な銀行より新たな事業を評価してくれる証券市場に委ねる「貯蓄から投資へ」の息が長い取組みを続けねばならない。

218 景気の風景

　「今次の景気が山を越えたのは2年前の今頃（2018年末）」と専門家が統計数字から診断すると、世論を心配する政治家が反発するが、そもそも数字を解釈しないと結論が出ない状況が景気という言葉にふさわしいのかな、と疑問を覚えてきた。普通の人間は、仕事が増えて忙しいから景気が良くなったと感じるが、行政官は景気と仕事の忙しさがあまり関係ないからより鈍感になる。かろうじて景気と仕事が仄かに関係すると、仄かに記憶に残る。

　今世紀に入って景気が良いと感じたのは、不良債権処理の峠はまだ高いと思っていたら意外と円滑に処理が進んだ頃であり、さらに明瞭な自覚は続く2006年の貸金業制度改革の頃だった。「返せるのに貸せない」事態を避けようと金融庁が考えた少額短期の高金利特例が、規制の抜け穴として世論の激しい批判を招く。それまでは借り手と貸し手の責任論が拮抗していたが、貸し手責任が世論を席巻し、「やっぱり景気が良いと人間は、借り手という弱者の人生が壊れないよう心配する余裕ができるものだな」と痛感した。

　だが、制度改革の最終施行はリーマンショック後だったから、今度は規制の副作用で企業への信用収縮を批判する世論が席巻する。担当として、「信用収縮とは、制度改革の副作用じゃなくて目的なんですよ」と記者の神経を逆なでする解説を繰り返さねばならなかった。さらに退官後に銀行

カードローンが社会問題化した頃の世論は、かつて銀行を総量規制の対象にしなかった抜け穴批判が台頭して、再び担当として取材される。

民間人になった私はうんざりし、「貸金業制度改革時に銀行も対象にすべきと主張した奴がいる証拠を出してみろ」とやっぱり記者の神経を逆なでする。でも、銀行カードローンでも借り手の人生がゆっくり壊れていくのは確かだから、弱者を心配する世論は景気の良さの反映かもしれん、と自らを慰めた（154　想定外の不条理、付録1　貸金業制度改革10年の感想）。

貸金業と銀行が批判された2つの時期の景気の良さには、円安と輸出企業の高利益と株高という共通項がある。貸金業批判の頃、「円安だから企業のアメリカ向け生産量が増えて高利益と株高をもたらした」との解説に違和感を覚えた。「アメリカ向け生産量が増えたのはアメリカが住宅バブルで日本製のクルマやテレビの消費が増えたからであり、バブルを警戒したグリーンスパンのFRBが引締めに転じたから円安になった」というのが因果関係のまともな解釈と思う。

2年前に山を越えたらしい前政権時の景気を感じる鋭敏さが私にはなかったが、ぼんやり眺めていたのは、①前政権期間中に企業の売上げは100から110にゆっくり1割増えた。②費用のほうは95から102に1割を下回る増加にとどまった。③この結果、企業利益は5（100－95）から8（102－95）に6割も増えた、という風景になる。

売上げより費用の増加率が下回るのは、人口が減る中で、非正規雇用の高齢者や女性がワークシェアしたから人件費を抑えられた、というのが因果関係のまともな解釈と思う。人口が減り続けても、就業者数はコロナ前まで増え続けた。売上げが増えたのも、輸出の円換算額が増えた効果が大きいから仕事が増えて忙しいとは感じない。

「じゃあバブル崩壊以来の株高はどう解釈するんだ」と言われると、「投資家みんなが、みんなでどう思いたいと思うかの帰結だろう」と開き直る

（43　ソロスの蹉跌）。アメリカの株高は理屈上コロナ利下げの影響と解釈する余地もあるが、日本にはない。「日銀とGPIFが買い支えているから」という批判は、まあそりゃそうだろうけど、行政官時代に銀行保有株式買取機構という似た試みに携わった経歴を棚に上げての批判は控えよう。今では誰もが景気が悪くなったと感じるだけに、貸金業と銀行が批判された2つの時期ほど弱者を心配する世論が高まらない。「全国民がコロナで困っているんだから全国民に一律支給せよ」が違和感なく受け入れられる世論なのである。

219　消費のさせ方

　コロナ対応が本格化したこの（2020年）4〜6月に小幅（△1兆円）の資金不足に転じた企業が、不足をはるかに超えた借金による両建で現預金を30兆円も増やした日銀統計を機に、これまでの企業の内部留保の蓄積や原資である利益の生まれ方を振り返ってきた。でも部門別資金過不足統計で企業より印象的だったのが、同じ3カ月で家計の資金余剰が4倍強（16兆円）になり、現預金も企業と同じく30兆円も増えた現象になる。売上げが減った企業が賃金や賃貸を払い続けたから資金不足に転じたのと裏腹に、家計は収入がさほど減らない割に旅行や外食の支出を控えたから資金余剰が急増した。加えて、全国民に一律支給した10万円が使われない影響が大きい。

　部門別資金過不足の四半期推移の折れ線グラフは、家計の大幅資金余剰と政府の大幅資金不足が対称をなし、右向きのワニがぱっくり口を開いた形になっている。「だからGoToが必要」という論拠には違いない。でもその前に、同額の予算でも全国民でなくコロナで収入が減って困った家計に支給していればもっと使われ、ワニの口の開きも小さくて済んだし、家賃が払えずホームレスになったり自殺したりする人たちの数も確実に減ら

せた（264　番犬の分と矜持）。さらにその前に、多くの企業の売上げが減って休業しても家計の収入がさほど減らないのは、政府の雇用調整助成金の積立が枯渇に向かっているからである。政策の優先順位として、コロナと折合いをつけてでもまずは家計の消費を増やさねばならない。

　かつて池田勇人総理が所得倍増論を提起した際、多くの経済学者は、「強い大企業と弱い中小企業の二重構造を放置したまま総所得の倍増を目指すのは、政策の優先順位として誤っている」と批判した。池田総理は、「貧しきを憂えず、等しからざるを憂える論調には組みしない」と軽く受け流す。そんな昔話を思い出すのは、GoToをめぐる論調と似ているからである。

　GoTo賛成派は概して弱者を対象とする政策に懐疑的であり、全国民を対象とする政策により弱者にトリクルダウンの恩恵が及ぶと信じている。GoTo批判派は感染懸念を別にしても、政策の基本は弱者支援と信じているから、カネを持っている者に使わせて楽しませる政策は生理的に受け入れにくい。旅行の費用は5桁はかかるから助成が旅行するインセンティブを喚起し、レバレッジ効果が宿泊業に携わる弱者も感じられる恩恵をもたらした。感染が下火になった時期と重なった事情と相まって、直接の弱者助成より効果的だったのは否めない。外食への助成のほうは費用が3桁で済むから客が1000円の助成との差額を稼ぐ行為が広がったのは、結果として外食業より外食する弱者助成の色彩を帯びた。

　今も私は全国民に一律10万円支給したのは世論と選挙を恐れた残念な政策であり、ほぼ貯蓄されたのを示す資金過不足統計には、「それ見たことか。カネに困った弱者に支給すればもっと使われたのに」と思う。ただ、GoToという異形の政策を眺め、カネを持っている者に使わせてカネに困った弱者にレバレッジ効果の恩恵が及ぶのも非常時にはありかも、とは認めざるを得ない。

　なら、マイナンバーカード取得者に還元するマイナポイントも、上限

5000円でみみっちく実験するより、消費するインセンティブをより喚起する金額に上限を上げてはどうかな、と思う。カネがいらない者までは申請せず、いる者が期限内に使うのは一律10万円支給よりましな景気対策になる。使途を限らないから、使われる側の恩恵はGoToより広い分野に及ぶ。マイナンバーの普及とキャッシュレス決済を促し、GoToより感染の副作用は弱い。

今以上に消費喚起策に割く財源がなければ、異論が絶えないGoToから回せばよい（注）。マイナンバーに背を向ける消費者や現金対応しかできない事業者の不満はあっても、多数決で世論は支持するだろう。有事の資金過不足統計の異形の姿は、平時ならあまり惹かれないこの手の異形の政策をまじめに空想させる。

（注）　後の子供がいる家庭に10万円支給する案も、選挙対策の本音を隠そうと、政策目的が、消費回復の景気対策か、貧しい暮らしを補う貧困対策か、景気や貧困とは独立の子育て対策かを明示しないので、誰を対象になんの使途でどんな形態（現金かクーポンかマイナポイントか）で支給するかの手段の議論が紛糾する不毛論戦になった。誰しも信じる政策目的に応じた支給の手段を主張するから、政策目的が初めから違うなら議論がかみ合うはずもない（273　政策目的の明示）。

220　3つの外食業

大戸屋の創業者死亡後のお家騒動を経て、コロワイドは創業家から株を買って大株主になった。さらに買い増して傘下に収めたいコロワイドの方針を拒む大戸屋の社長会見に、「あれ？　社長が代わった」と気づくのは、昨年（2019年）の『ガイアの夜明け』で残業時間規制と格闘する大戸屋の店長たちと前社長の攻防を覚えていたからである。

「これまでの残業を続ける前提でマンションを買って娘を私立に入れたのに」と嘆く店長もいれば、「自分の時間を確保してもっと人間らしく暮

らしたい」と歓迎する店長もいる。歓迎する店長も人間らしく暮らそうと大勢の外国人バイトを雇うと、教える手間がかかりかえって残業時間は増えてしまう。時短ノルマを達成できない店長に、バイト出身の前社長は容赦なかった。自分が現場の工夫で実績を上げて成り上がってきた以上、時短の工夫も現場に丸投げする。仕事量を変えずに時間だけ減らせと迫られる店長たちに同情した。

コロワイドの買収方針を拒む新社長の株主へのメッセージは、「ウチは店内調理にこだわる街の食堂で、コロワイドは食品工場」だったが、店内で作りたての豆腐の味だと分かるほど舌の肥えた客層ではあるまい、とも思う。「ガイア」でも、「店内で作るとおいしいそうです」と店長は他人事みたいにコメントした。前社長の時代に100円ほど値上げして単価が1000円に近づくと途端に客足が遠のいたのは、大戸屋が期待するほど客は店内調理を信仰していないのを示している。かくて、コロナ前から赤字に転じたからバイト出身の前社長は平取締役に降格され、創業家の縁戚だが創業家に敵対する新社長の登板に至ったようである。

コロワイドの株主提案が総会で否決されるとメディアは、「株主は食品工場より街の食堂を支持」と応援し、新社長の安堵のコメントが流れて唖然とする。「コロワイドが本気ならTOBかけるだろ」。以下TOB成立に至る経緯は省略するが、①引き続き「ガイア」で社内事情を実況中継する大戸屋に比べ取材を一切拒むコロワイドの閉鎖性は気味悪い、②すべての株主の取得価格を上回るTOB価格はコロワイドの本気度を示してはいるが、公表財務を眺め、「こんなに高く買える余裕があるのかね」と共倒れを招かないか疑問が湧く、③TOB成立後に大戸屋に1人だけ残った取締役とは誰かと思えばあのバイト出身の前社長だった、という事情は、かつて政府にいてニッポン放送だのブルドックソースだの敵対的買収につき合わされた研究者として、今後の展開にも関心を持つだろう（**付録5　敵対的買収防衛策での強圧性論の濫用**）。

大戸屋、コロワイドと並べてみたいもう1つの外食業は、やはり「ガイア」が継続取材してきた佰食屋（ひゃくしょくや）になる。料理が趣味の夫が作ったステーキ丼に、「こんなおいしいもの生まれて初めて食べた」と妻が感動して夫妻で始めた。たしかに富士山型に盛ったご飯の上にステーキを敷き詰めるのは、牛丼にないインパクトがある。

　店名が示すように一日100食限定で、売り切れたら閉店するから店員は午後の早い時間に帰れる。ほどほどに生活の糧を得て人間らしく暮らすビジネスモデルを本にして、自己啓発セミナーの常連になると、味より生き方に共感する客も来る。「このビジネスこそ人類を救う」と感嘆するセミナー司会者の森永卓郎には、「でも一食1000円で100食売り切れる前提は誰でも満たせるわけじゃないよな」と思う。

　この夫妻が客にランチで1000円払わせる意味を分かっているのは、店内調理を信仰して値上げした大戸屋より読みが深いが、ステーキ丼に続くメニューも考えねばならない。おいしく作れたビーフライスとキーマカレーのどちらにするか迷った挙句、一皿に両方乗せると決める。でも「ガイア」の続編では、それさえ売り切れには至らないのだった。

　さらにコロナで赤字に転じると店員をさっさと解雇して廃業するのは、さすがに日本での経営歴が短いだけのことはある、と妙に感心した。潰れそうな外食店に、「客にランチで1000円払わせるメニューを目指せ」と言うコンサルタントほど役立たずな存在はない。才能と幸運に恵まれた店だけがそんなメニューを提供できる。コロワイド傘下の大戸屋も、食品工場化し値下げして客足を取り戻すしか、共倒れを避ける道はない。

第 37 章

旅の再開 （221〜227）

2020年3月上旬に間一髪でタイから帰国して以来、海外には当分行けそうにないから国内に目を向けようとしたが、元行政官は政府と自粛警察がうるさい間は意外と旅する気持ちが高まらないのだった。晩秋に至り、旅して人生を取り戻す気持ちが復活し、11月末と年末年始の旅とその間に書いた文章になる。両方の旅が、なお海外に執着しているのが我ながらちょっと面白い。

221　ルーブルにいる気分

絵の素人は「陶板複製なんて」とバカにするが、優れた専門家ほど一目置いているのが鳴門の大塚国際美術館になる。そして、「見るに値するのはギリシャ・ローマを源流とする西洋の絵だけ」という明治の美術留学生みたいな古典的価値観を貫いているのがむしろすがすがしい。かつて西洋の絵に耽溺し、いったん解脱する契機になった美術館を、旅の再開の場に選んだいきさつと記録になる。

222　企業の数字を読む

経産省出身の日産自動車の顧問が、カルロス・ゴーンの追放に果たした役割が取り沙汰されても真相に関心ない。ただ、検察はゴーン立件により日産の経営がどうなろうが関心なく、日産プロパー幹部に当事者能力があったようにも見えない。行政官出身の顧問には、日産の数字を読んでゴーンを追放して大丈夫かを助言する役割がありそうだが、そうなってはなさそうだから書いてみた。

223　地銀再編の意味

金融庁では監督局より企画局に長くいたが、監督行政に特に苦手意識がないのは、先立つ近畿財務局で監督行政上意味がありそうな手段

を試み尽くした記憶が残るからだと感じてきた。その記憶から、メディアがかまびすしい地銀再編という当事者だけには大いに意味があるが、地銀全体の持続可能性にはほとんど意味がなさそうな現象につき、反省を含めてすかっとしない述懐をする。

224　変わる担保価値

　金融庁が銀行業界に提案した「包括的担保権」を、銀行業界が完成した法制度と受け止めると議論がかみ合わない。むしろ金融庁が従来の「不動産担保に依存しない貸出ができる目利き力を高めよ」と、上から目線の丸投げ要請をしてきた姿勢を改め、「こちらも生煮えのアイディアを出すから、今後の貸出の手法を本音で議論しましょう」と呼びかけており、本音で応じるのが建設的と思う。

225　GoTo中間整理

　「207　レバレッジ助成の深読み」「219　消費のさせ方」に続いてGoToを考えるのは、この異形の政策に居心地の悪さを覚えながらも、非常時にはやむを得ないかと揺れる気持ちを反映している。2020年末のホテル予約経験から書いたこの中間整理を読み返すと、さらに疑問が湧いてGoToの純粋効果を試算して追記した。これでもう、最終整理を書いたりしないと思う。

226　あえて旅して気づく（上）

　明治の産業革命と潜伏キリシタンの世界遺産を求めて九州を旅するのは、産業技術と宗教の違いはあれど、海外から摂取し日本の伝統と融合させて世界史上の稀少性を獲得した営みが、日本人の資質や国民性を考える手がかりを与えてくれるからだと気づく。と同時に、ひと月前に訪れた鳴門の陶板複製西洋絵画館と同じく、海外を旅できない

代償行為になっているらしいとも気づく。

227　あえて旅して気づく（下）

　低賃金の外国人に依存せざるを得ない低生産性に頬かむりし、「移民は受け入れないが、若い外国人に一定期間日本の優れた技能を実習してもらい、故国に帰って産業発展に貢献してもらう。送り出し機関と受け入れ機関でうまく実施してください」。かくも官僚的で偽善的で無責任な制度は珍しい。白川郷ではしゃぐ技能実習生に心和んだが、路線バス代だけで一日遊べる観光地なのだとも気づく。

221　ルーブルにいる気分

　「国境が人間の往来を閉ざしたからGDPが大幅減」とはミクロの現実だが、マクロでは的確でない表現になる。売上げが消えたインバウンド産業にとっては悪夢のような現実に違いない。昨年（2019年）、さる地銀の頭取から、「地元の古い温泉旅館をリノベし、和装病室でのメディカルサービスも提供する。すでに海外展開している和食屋と提携するから、訪日客は帰国後も通ってくれる」と構想を聞いた時は、「有望な地方創生ですね」とお世辞を言ったが、結果として破滅的な構想になった。次に会ったら、「いくら貸したんですか」とは怖くて聞けない。マクロで的確でない表現とは、インバウンドが消えたが、私みたいなアウトバウンドも消えたから、相殺されてGDPが大幅減にはならないのである。

　この春に間一髪でタイから脱出して以来の旅先は鳴門の大塚国際美術館になり、土日を含め丸４日通った。30歳で西洋の絵に突然惹かれ、深夜営業の本屋に毎晩寄って画集を買い、ほどなく画集の本棚が３つになる。仕

事の隙に、主にヨーロッパと時にアメリカの美術館に繰り返し通った。平凡な愛好者としてルネサンスから後期印象派あたりまでがしっくりくるが、古代ギリシャの壺絵から抽象表現主義まで関心は及ぶ。単に見て楽しめばよいのかもしれないが、深く分かるには聖書やギリシャ神話や画家が生きた時代も勉強しなきゃと思う性分だった。この労力をもうちょっと仕事に向ければ、もうちょっと社会の役に立てたかもしれない。

　そんな生活が10年続いて40歳で近畿財務局にいた時に鳴門に開館したのが、陶板複製画を1000点あまり展示する大塚国際美術館だった。複製は実物に及ばないと認識できるほどの目ではなく、実物大の画集として満足する。土曜の朝大阪を発ち丸2日見て日曜の夜大阪に帰るのを修行みたいに繰り返した。今回の旅程が丸4日なのは、過去の習慣の倍なら気が済むと思ったからに過ぎない。

　平凡な愛好者には、デッサンと色彩が再現されていればほぼ十分であり、印象派などの質感（マチエール）になると陶板複製の限界も感じるが、さしたる傷ではない。1000点あまりのすべてがしっくりくるわけでもないが、名画とされている以上は取り柄があるのだろうと謙虚に構えた。すでに大半は海外で実物を見ていたが、それでも繰り返し見ればより深く分かった気になる。

　やがてこの複製美術館の全作品が自家薬籠中になると欧米の美術館で実物を見る熱も醒めたのは、世界には西洋の絵以外にも見るものがあるという当たり前の目覚めになる。以来、旅先に美術館があれば見るが、旅の主目的ではない。それはヨーロッパ中心史観からの解脱過程であると同時に、なぜ一時でもヨーロッパが世界を席巻したのかを考える旅にもなっている。

　20年ぶりの大塚国際美術館は、海外に行けなくても例えばルーブルにいる気分になれる子供っぽい思いつきだから、ルーブル所蔵の絵と分かるのが前提になる。だが事前に、美術館サイトの展示作品リストで画家名と作

品名と所蔵先名を見てもどんな絵かさっぱり浮かんでこないのが結構あって慄然とした。全作品の主題や細部や絵画史上の意義はもとより、所蔵先も含めて体得したはずなのに、今やどんな絵かさえ浮かんでこないのは老化ではなく、忘却という自然現象と思いたい。還暦を過ぎれば体が衰えるのは仕方ないが、頭が衰えるのは食い止めないとまだ困る。

　焦って展示作品をにわか勉強するのは、将棋小僧だった時代を取り戻そうとにわか詰将棋をするのと違わない。本を開くより、ネットを使うのが便利なのも詰将棋と違わない。簡単には画像を得られない作品もあるが、検索手段を駆使し、かろうじて事前にすべての記憶を取り戻す。この美術館は古代から現代まで最短コースでも４キロある。丸４日、リモートワークで一層衰えた体に鞭打って歩き回り記憶にさらに上書きした。が、これで頭の衰えを食い止めたことになったか否かは定かでない。

222　企業の数字を読む

　カルロス・ゴーンを犯罪者として裁くに値するかは私見があるが、堀江貴文さんや村上世彰さんの時のように発信しなかったのは、疑問を表明したところで経験上読者の共感を得られそうにないからである。合理的な金融関係者でもない限り、日本の文化に異質な人間への視線は冷たい。国連人権委員会が、「４度の逮捕と拘留は根本的に不当」と認定しても、「なんせ出稼ぎ商売をしてた慰安婦を強制連行された性奴隷と認定する連中だからなあ」と取り合わない空気が漂う。逮捕後は、ゴーンに解雇された元社員から、「日産ほどの待遇の仕事には２度とつけなかった」と怨嗟の証言映像が溢れ、犯罪と解雇が混然一体になった。「市場の評価に見合わない待遇だったから潰れかけたんでしょ」というインタビューの素直なコメントを聞きたいな、と思う。

　容赦なく大量解雇しないと潰れそうなら迷わずするのが経営者としてど

れほど賞賛に値する資質なのかは、「会社は誰のものか」論に依存する。今、JALの社長が開口一番、「まずは雇用を絶対に守る」と力説するのは、「最初に言うことかね」とも思うが、それが日本の文化には違いない。ともあれゴーンによって日産自動車は復活したらしいことになり、歳月を経れば、「そろそろ日本人の手に経営を取り戻す頃だ」との空気も漂う。

　でも、司法取引で上司の情報を検察に提供した日産プロパー幹部が、保釈されたゴーンが怖いから取締役会に出られないようにしてほしいと懇願するのは、上司を犯罪者として売るほど胆が据わっているようにも見えなかった。やはり、政府と検察という日本の文化を守る応援団の支えが不可欠のようである（**135　ゴーン論争不戦敗**）。

　先ほど、「日産自動車は復活したらしいことになり」と嫌味な書き方をしたのは、キャッシュフローの長期の出入りを積み上げてみると、復活して盤石になったとは見えないからである。まず、投資した資金を回収できていない。そして、投資と回収の差額以上に借金が増えた。もとより配当が社外流出したからに他ならない。合理的な金融関係者は数字を読んで判断するから、経営は盤石ではないがゴーンが信用補完している認識だったと思う。その信用補完が消えてしまえば、もはや日産とつき合う合理的な理由はない。

　「日産への政投銀貸出に政府保証」という記事が、日産を重視した政府が信用補完したという前向きな中身だったのはかなり驚いた。まあ、そう言えないこともないし、日産自身がそう仄めかしている。でも、政投銀への政府保証は、潰れる前のJALくらいしか記憶がなく、「あの政投銀さえ政府保証なしでは貸せない先なのか」が私の感想になる。そして、海外起債の金利の高さは、潰れる前のJALのデジャヴとしか言いようがない。

　「カネで買えないものはない」と堀江さんが言い、「会社は株主のもの」と村上さんが言えば、額に汗して働く人たちが憤激するから摘発に値する

というのが最初にゴーンの弁護人を務めたもののすぐに解任された元東京地検特捜部長の感覚だったようである。検事として無茶な認定してきたヤメ検弁護士が検察の後輩との間で、ゴーンが期待する戦闘能力を発揮できるはずもない。後輩は遠慮なく言うだろう。「あんたがしてきた認定よりは地に足が着いているつもりですが」。

社員を容赦なく解雇したゴーンに対しても、株主のための経営など本末転倒と感じるのが日本の文化になる。「そろそろ日本人の手に経営を取り戻す頃だ」との空気にそそのかされた日産プロパー幹部は今、代償の高さに慄然としているが、空気を支えた応援団の政府と検察は代償を払っていない。私だって政府で働いた経験を活かして企業の経営に貢献したいと思っている。でも、貢献の前提は、日本の文化を語ることではなく、企業の基本的な数字を読むことだと、自戒も込めて痛感する。

223 地銀再編の意味

1999年夏に赴任した近畿財務局では、破綻した幸福銀行となみはや銀行が公的資金でバランスシート不足を埋めた後の受け皿探しが初仕事だった（**93 大蔵省、20年前**）。福徳銀行となにわ銀行が合併したなみはや銀行は、沿革上、大和銀行に引き受ける心づもりがあったが、京都共栄銀行を吸収して間もなく破綻した独立系の幸福銀行を引き受けそうな銀行が見当たらない。ふと思い立ち、地元の大型信金のトップを訪ねて売り込んだ。「業態をまたぐ破天荒な再編案ですなあ」と感心されたが、「銀行という名前の組織にいた連中に、地べたを這う信金の仕事ができるとは思えへんのですわ」と固辞される。

結局、幸福銀行の受け皿は外資ファンドになり、ファンド代表の格調低い再出発の挨拶に唖然とした。不採算の店や人を切った数字をちまちま並べ、だから利益が見込めますという経理担当みたいな話だが、「だから良

いのかもしれん」と自らを慰める。ウィルバー・ロスと名乗ったファンド代表が今（2020年末）のアメリカ商務長官である。通例なら引責辞任する自らのビジネスと公務との利益相反不祥事の発覚も、破天荒な不祥事まみれのボスに守られてなんとか任期をまっとうしそうに見える。

「20年前みたいに多いな」と感じるのが経済誌の地銀ランキングになる。規模や健全性や効率性やそれらの組み合わせで代り映えしないランキングを作るのは、当の地銀のみならず取引先のまじめな経理担当の読者を狙っている。近畿財務局にいた20年前は次に破綻するのはどこか、だったが、今は次に再編の対象にされるのはどこか、だから緊迫感は乏しい。近畿財務局では管内にランキング上位の地銀がほとんどないな、と眺めていたが、破綻頻発地域として再編が進んで今では他地域とは対照的にほぼ1県1行になっている。他地域の財務局の職員は人事異動するとかなりの割合で引越しを伴うが、近畿財務局管内は概ね自宅から通える。

狭くて人口が多くメガも含む仁義なき戦いの場では、ランキング下位にいるような地銀が単独での生き残りを諦める決断はしやすい。ほぼ1県1行への再編は当局も含む当事者にとっては迷いが尽きないドラマだったが、残念ながら持続可能性を高めたわけではない。経済誌が地銀ランキングを作って再編シナリオを占い今後全国的に1県1行になったとしても、時間稼ぎの感がある。むしろ再編の対象にもされないような小さな地銀がメガや行政の出身者をトップに招き、地べたを這って事実上信金信組化しながら、わずかずつ利ざやを広げているほうが、持続可能性につながる動きにも見える。

関西みらい銀行の11もの母体銀行の沿革には多くの記憶が残り、関西みらいを100％子会社にするりそな銀行の大和銀行以来の沿革もまた然り。りそなの今のトップが、りそなの子会社として上場廃止になる関西みらいの持株会社をあえて残すのは、「関西でのさらなる再編の軸にするため」と素直に語るのは、「やはり関西金融の安定に責任を負う大和のDNAが残

っているのかな」と近畿財務局時代にしばしば相談し協力を求め、後に実質国有化で職を追われた勝田泰久さんを思い出した（**付録3　銀行行政の四半世紀**）。

　が、「元第二地銀の集まりなんて、残った第一地銀は相手にしませんよ」と経済誌の記者が水を差す。「だったら役にも立たん再編を占うランキング作りもほどほどにしろよ！」と珍しく語気が荒くなるのは、1つにはかつて迷いながら関与した再編仕事への自信のなさの現れである。今1つには実は私も記者と同じくそう思っているのを見透かされたからである。第一と第二の溝は、銀行と信金の溝と同じくらい深い。

224　変わる担保価値

　かつて、「銀行が貸出先企業の株を担保に取って行使してもインサイダー取引に問われないためには、どんな工夫が必要でしょうか」と大学を引退して銀行の顧問になった元商法学者の弁護士から問われた。学問的に興味深い論点だし、引退後生活の面倒を見てくれている銀行にとっても興味深い論点だが、「銀行にとって担保適格性がないからどんな工夫をしても無理です」と答えた。

　不動産に担保適格性があるのは事業から独立した価値を持つためであり、貸出先が事業の不振から返済できずに銀行が担保の株を売りたい状況そのものがインサイダー情報と言うしかない。この対話を思い出したのは、金融庁が銀行界に提案した「包括的担保権」とはなにかと思ったら、「不動産担保だけに依存せずに貸しましょう」とこれまでさんざんしてきた提案の言い換えらしいと拍子抜けし、新たに着目を促す無形資産には事業の状況により価値が変わる担保株を連想したためである。

　不動産のような有形資産の担保に無形資産の担保を「包括」するが、形が有るか無いかは本質でない。無形資産でも特許権のように事業から独立

した価値を持てば担保適格性がある。ドラマ『下町ロケット』第1弾で佃製作所の事業が危機に瀕した際、エンジニア出身の佃社長が特許マニアだったから、大手の帝国重工から丁重にアプローチされて復活の契機をつかんだ。

　でも、金融庁が意図する無形資産とは、ざっくり言うと「ビジネスモデル」のことであり、「このビジネス（事業）が将来生むキャッシュフローで返済できるか」を評価する。「それって、銀行なら当然やるべきことでしょ」と誰しも思う。あえて繰り返すなら、不動産に担保適格性があるのは事業から独立した価値を持つためであり、貸出先が事業の不振から返済できなくなればビジネスモデルの価値も失われている。

　だから、無形資産のビジネスモデルを担保に取っても必要時に役に立たず、株のように、一般投資家が知る前に売り抜けてインサイダー取引に問われないだけである。でも、氷見野さんの金融庁がこんな自明の理を承知せずに仕事するふりはしないだろう、と珍しく金融庁の資料に目を通すと、もとより承知らしかった。承知だが慎重に自問自答しながら、銀行界と本質的な本音の対話をしたい姿勢を感じる。

　バブル期の銀行は不動産担保さえあれば貸し、貸せば不動産の実需が高まり地価が上がるからさらに貸し、という自作自演にハマり、バブル崩壊後は後始末に苦しんだ。不動産担保価値が下がり続ける過程で金融庁は、ドラマ「半沢直樹」第1弾の黒崎検査官のように、引当を厳格に検証する金融検査を強いざるを得なかった。

　それが今や金融庁の資料で、「引当で担保による保全を考慮するのは、事業が切羽詰まった時に限ってはどうか」なんて提案しているのは隔世の感を抱く。「引当の判断は銀行に委ねると割り切ったんじゃなかったの？」なんて嫌味は言うまい。不良債権処理過程を経て、再びあえて繰り返すなら、「このビジネス（事業）が将来生むキャッシュフローで返済できるかを評価する銀行なら当然やるべきこと」をやる力量が減退してしまった懸

念と、そうさせた自責の念に基づく提案だからである。

　よって包括的担保権の官民対話は、銀行がどのように貸すべきかという本音の本質論にならざるを得ない。金融庁が説教を控えても、簡単に答えに至る問いではない。でも、GAFAのように世界経済を牽引する企業の価値の源泉は無形資産のビジネスモデルであり、コロナはDX（デジタル・トランスフォーメーション）を加速している。そんな局面での官民対話として、悪くない素材には違いない（付録3　銀行行政の四半世紀）。

225 GoTo中間整理

　「GoToトラベル利用者は、非利用者の倍もコロナ感染した」と東大が調査結果を公表した時、今も日本の最高学府らしいこの大学は無用の混乱を惹起する愉快犯になったのかと疑った。もとよりGoToを利用したから感染したのではなく、旅をする活動的な人間は非活動的な人間より感染しやすい自明の相関関係を示したに過ぎない。

　でも、因果関係と相関関係を意図的に混同して政府を攻撃する材料にはなる。野党がこの調査結果を使って官僚を問い詰める案の定の展開には、今や官僚でなくともうんざりしてこの国から抜け出したくなる。全国民に一律10万円を配ると決まった時と同じ気分に襲われ、この国から抜け出せないなら、せめて年末年始は国内のどこかで気分を変えたい（194　さよならテレビ2）。

　一律10万円はマクロでは案の定ほぼ貯蓄される展開だったが、同額の財源をコロナで収入が減った国民に配れば食費や光熱費を実際より節約せずに済み、実際よりマクロの消費が減らずに済んだ。対照的にGoToは収入が多い豊かな国民に助成して自身のカネと合わせたレバレッジ効果で旅先を潤せと誘う政策になる。レバレッジ政策は、同額の財源を宿泊業界に直接配るより業界は有り難く感じる。どこに泊まるかは利用者の自由だか

ら、GoToを意識しない私はいつものように駅前の機能的なビジネスホテルを予約する（思想上の理由によりAPAだけは避ける（**40　日系ホテル**））。

　だが、GoToを意識する豊かな国民は１泊１万円が6000円で済むより、１泊５万円が３万円で済むほうが、２度と来ない機会と強く惹かれる。結局、高級ホテルはかなり回復しても、地場の平凡な旅館まで恩恵は及びにくい。高級ホテルの社員が高給とは限らないし、この事態を不公平とばかりは言えない。利用者に高いカネを払ってもよいと思わせる努力をしたから高級ホテルになった。いつまでも地場の平凡な旅館にとどまっているなら、慢性人手不足が続く介護施設にでも転身するほうがマクロ経済にとって望ましいかもしれない。

　売上げが減っても企業と政府は社員の収入が減らないように努めるから、マクロでは収入減少より支出減少（貯蓄増加）が是正すべき課題となってGoToが正当化される。だが、豊かな国民を誘うために助成する割り切れなさと、わずかであっても感染可能性を高めるのは、常にこの政策の足を引っ張る。発足時の東京除外は、「豊かな東京は除くから、困っている他地域ではやらせてください」と理屈なく懇願するように見えた。（2020）年末年始のGoTo停止に伴うキャンセル補填率を５割に上げたのも理屈でなく、かき入れ時の業界の期待を裏切った慰謝料だが、費用がかからずに５割もらえるならキャンセルされたほうが助かる。場当たりな政治判断の都度、仕組みの詳細を詰めねばならない官僚の胸中を思えば痛ましい。

　と同情していたら、旅行サイトを通じたホテル予約のうち、GoToが停止される12月28日以降分が軒並みキャンセルされるメールが届いた。理由は軒並み、「ホテルの改装作業のため」と見え透いた嘘に絶句する。利用者側でなく業界側からキャンセルしても、利用者に返金すれば補填対象になるとはにわかに信じ難い。すると２日後、旅行サイトから、「GoToの

規定とシステムの作動により一律キャンセルしてしまったお詫び」という意味不明な別の理由メールが届いた。

　見え透いた嘘を恥じたのか誰かに叱られたのかと右往左往するメールの背景に興味はなく、淡々と同じホテルを高くなった料金で再予約する。「それにしても、利用者に手間をかけさせる政策は本末転倒だろ」と思うのは、長く金融行政に携わった習性に由来するようである。でも、この右往左往は元来、利用者の財布を使う業界のための政策の帰結に過ぎない（注）。

（注）　GoToに影響されない私みたいな人間と、GoToゆえに旅する気になる人間の割合はどうなっているのか疑問が湧くが、そんな統計はない。宿泊業界はGoToゆえに苦境が緩和されたと信じて疑わないが、信じたから因果関係があるとは限らない。たしかにコロナの影響が大きかった2020年4〜6月より7〜9月以降の時期は宿泊業の売上げが回復しており、GoToが効いているように見える。

　　　でも後の時期は感染がいったん減って人間の活動が活発になり、サービス業全体の売上げが回復している。そこで、サービス業全体の売上げの伸びを上回る宿泊業の売上げの伸びがGoToの純粋効果と近似的に考えてもよさそうな気がする。すると、宿泊業の売上げの伸びのうちGoTo純粋効果分は2割ほどだった。

　　　旅人の気持ちを想像する。「感染も減ってそろそろ旅に出てもよさそうだな」と思った時にGoToが提供されていた。「2度とない機会だからいつものビジネスじゃなく高級ホテルに泊まってみるか」。コロナ感染の減少が持つ旅需要の喚起力がサービス業全体への需要喚起力と変わらないなら、2割とはいつもより高級になった分かもしれない。であれば、いったん軽くなったこの政策への違和感は、重く揺れ戻す。ともあれ、これまでもぐずぐず煮え切らない評価をした挙句、さらにぐずぐず注を書かずにいられないほど異形の政策に違いない。

226　あえて旅して気づく（上）

　世界遺産マニアでないからすべてを見たいとも思わないし、ユネスコ登録の決まり方はツッコミどころ満載と思うが、それでも学びが得られるも

のも多いから、旅に際して存在を意識はする。人類の現在と将来にとって顕著な普遍的価値OUV（Outstanding Universal Value）を持つのが世界遺産の登録要件になる。

　姫路城や日光東照宮の美は世界に類例なく、人類はOUVだと分かりやすい。原爆ドームは美しくはないが、爆心の真下ゆえ残ったドームが荘厳な印象を与える。人類が荘厳さに打たれて将来繰り返してはならないと誓うからOUVになる。もちろんユネスコ登録に際しアメリカと中国は一言嫌味を記録に残すのを忘れなかった（**27　アメリカの世界遺産**）。この手の人類が繰り返してはならない「負の遺産」は、アウシュビッツやマンデラの収容所など枚挙に暇ない。アフリカ系奴隷の出荷や荷上げの港も多く登録されているが、中には痕跡がほとんど残っておらず、荘厳さに打たれて繰り返してはならないと誓うには、かなりの想像力を要するものもある。

　明治の産業革命遺産になると、例えば長崎の軍艦島の三井の炭鉱街廃墟もまた荘厳な印象を与えるが、19世紀後半の半世紀間で欧米以外から初めて産業革命を達成した痕跡だからOUVになる。第二次大戦中の強制徴用を理由とする韓国の反対に、カバーする時期が違うとか、第二次大戦中の徴用は日本国民の義務だったから強制でない、という日本政府の説明は、「我々は日本国民にされたから怒ってるんだ」とかえって火に油を注いでいる。

　潜伏キリシタンの遺産になると、登録前からひと悶着あった。当初日本政府は、ザビエル来訪から現在に至るキリスト教の伝来・普及の歴史の中で、目立つ痕跡を登録しようとしたが、「それはどの国も経験しているからOUVがない」とユネスコに反応される。「秀吉から江戸幕府に至る長い禁教にもかかわらず、潜伏して信仰を維持したところにOUVがある」と指摘を受け、コンセプトと構成資産を練り直した。開国後に長崎に駐在したフランス人が自分たちのために建てた大浦天主堂に近隣の農民が訪れ、

「ワタシノムネ、アナタトオナジ」と告白したのが、バチカンが驚喜した「信徒発見」になる。

　年末年始は軍艦島と大浦天主堂の再訪を含め、明治の産業革命と潜伏キリシタンの構成資産のうち心惹かれるものが多い九州を旅すると決めた。両者に直接の関係はないが、産業技術にせよ宗教にせよ海外から学んで日本の伝統と融合し消化してきたのが世界史的な稀少性を帯びた共通性があり、結局は前に書いた鳴門の複製絵画美術館と同じく、海外に行けない代償行為になるらしいと気づく。

　旅のルートを考えている時に、ふと目にした『ブラタモリ』の舞台は私の故郷の飛騨だった。白川郷から小京都高山を経て最後に私が生まれた三井の鉛亜鉛鉱山街の神岡に至る。タモリさんが神岡で訪れるのは鉱山廃墟に作って今後もノーベル賞を生むスーパーカミオカンデになる。鉛亜鉛鉱山は炭鉱よりは長生きしたから、私の小中学校時代は三井グループ内の人繰りによる軍艦島と三池炭鉱からの転校生が多かった。

　そこではたと、ルート追加を3つ思いつく。①軍艦島だけじゃなく三池炭鉱の廃墟にも行こう、②帰りは金沢に飛んで小学生以来半世紀ぶりに白川郷を再訪しよう、③金沢からは新幹線で明治の産業革命と同じく19世紀後半の産業技術を象徴する富岡製糸場にも寄ろう。白川郷の合掌造りの背が高い理由は上層階で養蚕をしたからなのが、②から③への連想になる。「政府がステイホームを訴えている時なのに」と思う読者には次回釈明する。今回はすべてが前置きに他ならない。

227　あえて旅して気づく（下）

　確率を考えて動くあまのじゃくなので、選挙で自分の1票が影響する確率はほぼゼロと考えて知己の候補でなければ投票に行かない。「みんながそう考えたら民主主義が崩壊するだろ。支持する候補がいなければ、不支

持度合いが低い候補に投票しろよ」と国民に促すメディアには、「意地でもこんな連中の得票の一部になるかよ」と思う。「コロナ対応は、メルケルみたいに自分の言葉で感動的に国民に語れ」と政治家に促すメディアには、「いつから自分の言葉で感動的に国民に語るのが、この国の政治家の条件になったんだ」と訝しむ。そして、「GoTo停止は遅過ぎる」と政府を批判した同じメディアが、「停止された観光地の不安に応えよ」と政府に促すのは、今更ながら頭がくらくらする。

　旅は逆に、自分が感染してウイルスキャリアーになる確率はほぼゼロと考えて行く。1人で黙って動き、外食はしない。日に何度も検温され消毒される。なにより年末年始の九州は、東京にとどまるより密な状況に遭遇しない。潜伏キリシタンの世界遺産は、潜伏した以上辺地に点在している。現地に向かうバスの客は私1人で、時に2人連れが乗り込んで言葉を交わそうものなら、「会話は控えてください」と運転手の叱責が飛ぶ。

　五島でも天草でも、私が生まれた飛騨の鉱山街神岡と同じく、大学に進んだ子供は故郷に戻らず、半世紀で人口は3分の1に減った。潜伏期以来の信仰コミュニティが風前の灯なのは、現地を旅しないと気づけないわけではない。でも九州のようにインバウンド依存度が高い地域では、インバウンドが衰退の感覚を緩和してきた。それが消えて衰退と赤裸々に向き合わねばならなくなったのも、コロナの帰結の1つと気づく。

　明治の産業革命世界遺産である三池炭鉱の廃墟は、私の故郷飛騨の神岡鉱山の廃墟に似ている。世界遺産の鉱山は炭鉱と銀山が多く金山が次ぐ。やはり人類にとっての顕著な普遍的価値だから、エネルギー源としての石炭と通貨として広く長く使われた銀が注目される。石見銀山が先行登録して佐渡金山が順番を待っているのも、ボリビアやメキシコの銀山ほどでないにせよ国際交易に使われた歴史に由来する。金本位制は19世紀末にようやく確立して短期間で歴史上の使命を終えている（注）。

　鉛亜鉛だって人類に不可欠な金属だから、世界最大級だった神岡鉱山な

ら世界遺産になり得ると感じてきた。それに神岡鉱山による川への排出物は下流でイタイイタイ病を惹起した原因とされ、人類が繰り返してはならない負の遺産の性格も持つ。そしてなにより今は、鉱山廃墟に作ったスーパーカミオカンデが宇宙から地球を研究する世界最先端の現場であり、なぜ地球上に金や銀が存在するのか解明を続けている。この3つの合わせ技で世界遺産にして、故郷の衰退を緩和できないかな、だいたい世界遺産なんてかなりの程度はもっともらしく心惹かれるコンセプトを構成してあまり賢くない元外交官をその気にさせているだけなんだから、オレの作文能力が貢献できないかな、などと妄想しながら金沢に飛んだ。

　寒波の大雪に凍えるのも自業自得と覚悟して白川郷に向かう。どうせバスはまた自分1人だろう、と思いきや、なんと外国人の若者で満員だった。聞こえてくる中国語は分かるが、一番声高なのはベトナム語かな、スカーフ頭巾の女の子はインドネシア語かな、薄着の男の子はタガログ語かな、と旅の記憶を動員して推測する。運転手はとうに黙らせるのを諦めたらしい。

　インバウンドのはずがなく、そんな風情でもなく、はたと彼らは地元で働く技能実習生だと気づく。昨晩食べたコンビニ弁当は彼らが作ったのかな、今朝薄着でホテル玄関の雪かきしていた男の子は仲間かな、などと妄想する。軍艦島や大浦天主堂や富岡製糸場みたいに入場料を取られず、路線バス代さえ払えば1日遊べる白川郷は、今や日本の底辺労働を支える技能実習生の行楽地になった。こちらは現地を旅しないと気づけない。そして、旅では東京より密な状況には遭遇しないという主観的確率論の傲慢さにも気づく。

（注）　明治の産業革命遺産と同じく、佐渡金山の世界遺産登録申請にも強制徴用を理由に韓国が反対し、申請するか見送るかで国内政治が紛糾した。元総理が、下手に出て韓国をつけ上がらせるのは国益に反すると政権を批判したのは、賛同する意見も多いらしい。ただ、下手に出て相手国をつけ上がらせないのが国益という指導者の感情が、あらゆる戦争を惹起した。指

導者の感情が国民に伝染すれば、勝てるはずがない戦争にすら引き返せずに突入する。いろんな意見があり得るだろうが意見以前に、感情で条件反射する右翼政治家を私の生理が受け入れないのを改めて自覚する。「尖閣が私有地なら都が買っちゃえ」と感情で条件反射して日中関係を修復困難にまで壊した都知事を思い出す（251　泡缶スーパードライ）。この連載はこの元総理の政権期間が長いはずだが、アベノミクスという言葉を使わないのは、生理的に使えないのである。

第 38 章

医療制度の持続可能性 (228〜234)

高齢化による医療費の増加は、世代間で公平に負担しなければならない。後期高齢者の2割自己負担の焼け石に水加減に始まり、医療崩壊対策としての医師会による自主規制の可能性や、仕事をしているふりみたいな法改正や、ワクチンの接種順をめぐったうえで、医療制度の公平な持続可能性につき門外漢が考えつくままに書いている。無知に起因する落とし穴にハマってないとよいのだけど。

228　誤差内の誤差

　団塊世代が医療費自己負担の少ない後期高齢者になると、現役世代が制度的に支援する負担が増えるから後期高齢者の自己負担も増やすのは当然だが、制度改革における目的と手段のあまりのギャップに慄然としながら書いた。変われないこの国を象徴する事態であり、国の将来にとっては、高齢者票の行方を心配する前に、全国で世代間対話の舞台を用意しなきゃいかんだろうと強く思う。

229　開業医師会の自主規制

　コロナ患者を受け入れる民間病院は2割に過ぎない。病院勤務医とは別世界にいる開業医の医師会が、医療緊急事態だのもっと徹底して外出自粛しろだの宣言しまくる。開業医師会長は自粛せず、擁立国会議員の大パーティを主催する。そしてワクチンは高齢者に先立ちコロナ治療に携わってない医療従事者が接種する。どうなってんだよこの組織は。もっと社会が求めている仕事をしろよ。

230　勧告の実現法

　政府が入院勧告した患者が応じない場合に科すのが刑事罰か行政罰かを与野党で協議したが、応じなければ政府は実力行使で強制入院さ

せられるので罰で入院を促す実現法は想定していない。与党が刑事罰で打ち出して野党が反発すると行政罰で妥協するシナリオを初めから用意していたなら、霞が関と法制局の立法機能は無用化したようである。だから困るわけでもなさそうではあるが。

231 避難と接種の順

沈みゆくタイタニック号から避難した順と日本でコロナワクチンを接種する順を比べたら面白いかと思いきや、さして面白くもなかった。のどかな日本と臨戦国家イスラエルの接種状況を比べたら面白いかと思いきや、やはりさして面白くもなかった。のどかで面白くもない文章を書いちゃった以上、医療制度の公平な持続可能性につき、ちょっとは本気出してこのシリーズを締めよう。

232 公平の再考（上）

医療費の自己負担は年齢を問わず原則3割とし、低所得なら年齢を問わず負担軽減する。要は、自己負担の基準を年齢差から貧富差に変える。本稿は所得差を想定したが、所有する資産差を考慮する選択肢もある。理に適う制度改革だが、この方向に進むのに信じられないほど年月を要するのが変われないこの国だから、多数派も仕方ないと諦めて納得する形での合意形成を急がねばならない。

233 公平の再考（中）

非正規雇用で被用者保険に入ってないと引退後に生活保護に陥る可能性が高く、将来世代の税金で現在の低生産性企業を維持する不公平は看過し難い。被用者の年金は分立する不都合が顕在化して一元化したが、大企業の健保組合の保険料率は中小企業連合の協会けんぽと変わらなくなり、分立する意味が希薄化した。被用者である以上は医療

保険も統合して負担と給付を揃えるのも理に適う。

234 公平の再考（下）

　歯医者以外で保険証を使った経験がないほど健康に恵まれたから医療制度に問題意識を持たなかったが、需給と価格の市場メカニズムとかITの利用とか初歩の心理学や論理学とか、民間事業なら当然考慮する要素に背を向けてきた世界だな、とは改めて感じ、気づいた論点を落穂拾いした。昔から批判してきた混合診療は、患者からの申出制に改めて、今は完成した制度になったと考えている。

228 誤差内の誤差

　毎年の出生数は、ざっくり言えば前年の両親の将来への期待に影響される。太平洋戦争が1941年末に真珠湾やマレー半島で幸先良く始まり、半年後のミッドウェイで空母を失っても大本営が隠せば将来への期待は衰えない。でも、44年半ばに民間住民が多かったサイパンが陥落すると、さすがに大本営も隠し通すのは無理である。「我が部隊は全力攻撃を敢行し、敵に多大なる損害を与えて全員戦死を遂げた」。これなら普通の国民も、陥落と分かる。

　陥落の引責で東條英機内閣が退いて年末にはサイパンからの本土空襲が始まり、翌45年に入るとさらに空襲は本格化して子供を持つ将来への不安が高まる。加えて原爆を落とされ、ソ連に侵攻され、玉音放送にしばらくは茫然自失だったのが、出生数が45年に40万人減って190万人になり、46年にさらに30万人減って160万人になった背景になる。

　でも、GHQが民主化を指示して日本国憲法もでき、平和な民主国家と

して再生する期待が高まり47〜49年に3年続けて270万人と爆発的に生まれたのが団塊の世代だった（75　2つの出生率）。戦後の経済成長や医療と衛生の水準向上により団塊の世代は生き延び、来年（2022年）から後期高齢者になるのが、医療費の1割自己負担見直しの背景になる。行政官時代に与党と相談する際は、総じて自民党より公明党のほうが冷静で論理的に話し、弱者に配慮する傾向が強いと感じてきた。冷静で論理的に話せないと公明党議員になれない事情は変わっていないだろうが、弱者の範囲はより多くの有権者をカバーする方向に広がっている。

コロナで収入が減って困った世帯への30万円は、公明党の意向で全国民一律の10万円になってほぼ貯蓄される。高校授業料の無償化はより所得が多い世帯をカバーするよう譲らない。後期高齢者の医療費の自己負担を1割から2割に上げる対象者の年間所得基準も単身の場合は、政府自民党案の170万円以上から、公明党の意向を汲んで200万円以上で決着した。コロナ給付も、収入が減って困った世帯に集中して配ればマクロでもっと消費されたはずだが、全国民一律だからマクロではほぼ貯蓄されたように、2割負担の年間所得基準をめぐる自公の攻防にも妥当か否かは別としてマクロ経済上の意味があるのかなと門外漢の私は漠然と思っていた。

自己負担以外の後期高齢者の医療費は、5割が税金、4割が現役世代が支援する後期高齢者負担金、1割が後期高齢者自身の保険料で賄っている。団塊の世代がすべて後期高齢者になる2025年までに、所得200万円以上現役所得者並み以下の者を2割自己負担にすると負担は800億円増えると厚労省は見込んでいる。

そして、現役世代が支援する後期高齢者負担金は2025年までに、なんと1兆4000億円増えると見込んでいる。今回の見直しは、やらないよりはましかもしれないが誤差の範囲内であり、さらに170万円以上か200万円以上かは誤差内の誤差と言うしかない。誤差内の誤差が政治の論点になっている間に、所得が増えないのに負担が増える現役世代はますます疲弊してい

く。

　引退世代が、「自分たちが現役の時に引退世代を世話した以上、今の現役が自分たちを世話するのは当然」と思う感情に配慮せざるを得ない政治をシルバー民主主義と呼ぶ。でも、引退世代が現役だった時と今では、前提となる現役世代／引退世代の比率も、両世代の所得と資産もまったく違う。前提の違いと今後の展望を世代間で共有し、損得を脇に置いて世代間の対話を深め、シルバー民主主義の壁を壊していくほど急ぐべき課題は他に見当たらない気がする（**60　世代別資産格差、271　（今更ながら）課税の公平**）。２割自己負担による引退世代の負担増800億円と、団塊世代の後期高齢者化を主因とする現役世代の負担増１兆4000億円は、世代間共有の第一歩として印象的な数字に違いない。

229　開業医師会の自主規制

　戦後復興の一環としての病院の整備は、政府が資金難だから民間開業医に依存せざるを得なかった。だから今も日本では８割が民間病院である。イギリスやフランスはほぼすべてが公立病院なのに、ドイツが公民半々なのは日本と同じく、敗戦国政府の資金難を反映するのかもしれない。日本と同じくアメリカも８割が民間病院なのは、競争と効率経営を重視する思想に由来するとも言えようし、そもそも全国民に公平に安い医療を提供する思想がなかったのに由来するとも言えよう。

　ともあれ多くの日本の民間病院は、地域の医療拠点でありたいから十分なベッド数を確保し、人工呼吸器や集中治療室も備えている。ここに、「欧米に比べコロナ感染者数は桁違いに少ないのに、人口当たり世界最多のベッド数や十分な先端設備を備える日本で医療崩壊の懸念ってどうして？」と素朴な疑問が生まれる。

　欧米に比べ人口当たりの医師数がちょっと少ない事情はある。これは、

医師数を入口の医学部から需給管理して希少価値を維持するために、新設を抑えよと開業医師会が政府に求め、政府が応じてきた自業自得の歴史を持つ（61・62　制度の作り方（上）（下））。開業医師会とは、開業医が幅を利かす医師会を短縮した造語である。でもこの事情は、前回の造語を使えば誤差内の誤差とあえて言いたい。

　医療崩壊が懸念される基本原因は、民間病院の２割しかコロナ患者を受け入れてないからである。院内感染が起きメディアに叩かれれば潰れるから、経営判断としては分かる。でも、コロナ患者を受け入れている病院だけに負担が集中して医療崩壊が懸念される不公平も看過できないから、自治体を含む政府の出番になる。

　コロナ特措法を改正して、従来の「病院への要請」に、「病院への勧告と従わない場合の公表」を加えたのは制度的な前進には違いない。でも政府は、飲食店には頻繁に発動した「要請」を病院には発動してこなかった。「要請」すれば従う病院もあっただろうにそんなに医師会が怖いのですか、と門外漢の私は思う。旭川医大病院の院長が、「学長の指示でコロナ患者を受け入れなかった」と事実を語っただけで、組織の機密を漏洩したとして解任された。「受け入れるな」と指示した学長に忸怩たる気持ちがあるから組織の機密になる。

　であれば、要請と要請への対応が外から見えるようになれば、受け入れ検討の余地、と言うか間接の圧力も増す。「病院への命令と従わない場合の保険指定の取消し」ができる法改正をせよ、と主張する識者は論理的とは思う。でも、要請さえ使えなかった政府がそこまでの強権を使えるのか、長年の政府と開業医師会の力関係からは、しばらくは用意した手法の使い方を改善するしか現実的な手法はなさそうに見える。

　業界団体兼自主規制機関という手法になじんできた経験から、医師会になにができるかを想像する。言論の自由は憲法の権利だから、医師会がGoToに疑問を呈し、政府に先立って勝手に緊急事態を宣言しても構わな

い。と同時に感染したらどう対応するかを、個々の病院の判断に委ねるから医療崩壊が懸念される。医師会が会員に、「コロナ患者を受け入れている病院を、みんなで役割分担して応援しよう」と働きかけ、役割分担の体制を作るのは意欲さえあれば可能である。すでに目端の利いた自治体では、これまで受け入れてない病院に、中等症以下や回復期の患者に限って受け入れを求める実践を始めている。

どの病院になにをする能力があるかを、政府は知らないから法的権限の発動をためらうが、医師会は知っている。証券業協会なら業界団体として活動しながら、どの証券会社になにをする能力があるかを知っているのを活かし、政府と役割分担して証券ビジネスの法令だけでは割り切れない機微に触れる部分の自主規制を担う。同じ実践をする能力が、開業医師会にないはずがない（意欲がないはずがないかは、よく分からないのだが）。

230 勧告の実現法

勧告は勧め告げるだけでそれ自体に強制力がないから、実現法が論点になる。証券取引の監視委員会が金融庁に行政処分を勧告すると、金融庁が尊重して行政処分を実行するのは金融庁設置法に勧告尊重義務を書いたからである。だから金融庁が実行したくない勧告は事前に水面下で、「やめてくれよ」と監視委員会に頼むが、独立機関だから往々に応じない。こうして課徴金制度の導入初期、金融行政史の汚点として「うっかりインサイダー」が摘発された。

コロナ特措法を改正して、病院に患者を受け入れる「要請」に加え、受け入れる「勧告と従わない場合の公表」をできるようにしたのは、制度的前進と前回書いた。これは法律で直接義務づけるのでなく、公表による間接の圧力が実現法になっている。旭川医大病院の院長が、「学長の指示でコロナ患者を受け入れなかった」と事実を語っただけで組織機密の漏洩と

して理事会から解任されたのは、指示した学長に忸怩たる思いがあったから、漏洩してはならない組織機密になった。公表するのが自治体を含む政府なら、この手のろくでもない学長と学長に忖度するろくでもない理事会による腹いせの副作用も心配せずに済む（注）。

　コロナ特措法の改正で与野党協議の論点になったのが、病院に患者を受け入れさせる実現法でなく、患者を病院に入院させる実現法が刑罰か行政罰だったのは、ちょっとずれているなと感じたが、たまに病院を逃げ出してウイルスをまき散らす患者が報じられたりするので、しょうがないかと眺めていた。予定日までに入院しなかったり、病院から逃げ出したりすると今後は罰を受ける。でも、ふと虫が知らせて罰を導入する前の対象法律を眺めると、「政府は患者に入院を勧告し、従わなければ入院させることができる」とある。従わなければ入院させることができる「措置入院」は、もちろん実力行使の強制力を伴う。患者が入院を嫌がって自宅の柱にしがみついても、拘束して病院に隔離する。

　いったん入院した患者が逃げ出さないように罰を導入して逃げるのを抑えるのは分かる。でも、予定日までに入院しない患者は、これまでも実力行使で強制入院させてきた以上、罰を導入して促す実現法は想定していないはずである。今般の改正により措置入院の概念は、まず予定日までに入院せよと政府の勧告があり、この勧告は事実上の命令に等しく、事実上の命令に違反したから罰を科すとともに、入院を実力行使で強制する珍しい理屈構造を持つことになった。刑罰と行政罰の違いは、前科者になるか否かではあるが、どっちみち強制入院させられるんだから、感染拡大防止のためにはどっちでもいいような論点ではある。どっちでもいいけど政府が法改正により促す手段を追加して、「懸命にやってる感」を演出したいのかもしれない。

　私の違和感は立法の実務経験からきている。罰の新設は、内閣法制局と法務省刑事局が二重チェックし、罰に値する行為か、行為を抑えるために

罰が有効か、既存の罰とのバランスはとれているか、と緻密に検討する。罰を導入して促す実現法を想定していない行為に罰を導入する珍しい理屈構造の改正法は、霞が関の通例の検討プロセスを経て生まれたように見えない。「暗号通貨規制を論じた時は、緻密に法律を書くと利用者保護のための環境変化に適応できないからアメリカみたいにざっくり緩く書け、があんたの持論じゃなかったの？」と思う読者には、罪刑法定主義の根幹の罰の新設を語っているのだから、しばしご猶予願いたい。

　今般の改正法審議の特徴は初めから成立日の出口が見えていたことにあり、出口が見えていたのは事前の与野党協議で与党が刑罰を行政罰に代えて野党の顔を立てたからである。深夜外出の与党議員が批判され、協議で与党が妥協に追い込まれたと解説されている。でも元来、どっちでもいい論点の妥協であり、かくも珍しい理屈構造の妥協が与野党で可能になるほど霞が関の立法実務担当は疲弊しているのかとちょっと気にはなる。が、おそらくは私の杞憂に過ぎないのだろう。珍しい理屈構造は百も承知で霞が関が与党に、野党を黙らせ早く通すための提案をしただけだと思いたい。そうでなくとも、別に誰も困らない話ではあるが。

（注）　旭川医大の学長につき前回に続いて書いたのは、部外者の私にも「ろくでもない奴だなあ」と思わせたからだが、「ウチの学長ってこんなろくでもない奴だったのか」と目覚めた教授会も学長追放で結集し、文科省に解任を求めた。学長は自らの判断と行動は正当と主張したが、翌年（2022年）春に教授会が解任申立てを取り下げて自主的に辞任する妥協が成立する。「解任できなかったのは痛恨の極み」と教授会代表が涙を流したのは、不条理に解任された院長を慮ってのこととは思う。

　　　ただ、その前に、なぜ院長が事実を語っただけで組織の機密漏洩として不条理に解任する決議が理事会で成立してしまったのかは、検証する必要がある。教授会の多数派が目覚めれば改革に向かえるが、目覚めなければろくでもない奴がろくでもない判断や行動をしても、忖度するインサイダーの理事会ではなあなあで通ってしまうのが大学の通常の意思決定なのは想像に難くない。みんな自分の研究や生活にしか興味ないからね。解任か辞任かの違いに後からこだわるより、ろくでもない奴が全国民の信頼を失墜させる前に、教授会として日頃から学長や理事会の判断と行動を監視

して然るべきだったろうと部外者の私が思うのは、同じ国立大学を舞台とする不祥事対応ドラマ『今ここにある危機とぼくの好感度について』の視聴経験にも由来する（237　緩み狩り（注））。

231　避難と接種の順

　沈みゆくタイタニック号からの避難順として、船長は弱い女性と子供を優先したから、成人男性の死亡率は高かった。だから映画では、100年人生をまっとうした戦前女優のグロリア・スチュアートが若きディカプリオを追想する。避難が劣後すれば死に近づく状況で高齢者を弱者としなかったのは、分からなくもないヒロイックな判断だが、コロナワクチンの接種順は単なる弱者優先では済まない。

　最初が医療従事者なのは感染への耐性を得て引き続き戦ってもらわねばならないから、理に適う判断に見える。でも、医師や看護師の大半は、コロナ治療に携わってない。コロナ治療に携わる医療従事者だけ優先して、ワクチンをコロナ患者受け入れのインセンティブにする政策もあり得なくはないが、とてつもなく紛糾するから、海外に例を見ない日本固有の順でも医師会が偉いこの国では職業属性で割り切るしかない。

　次いで65歳以上の高齢者を優先するのはタイタニック号からの避難と対照的だが、歳をとるほど感染すると重症化したり死んだりする可能性が高まるのが、早目に接種しておく理由になる。この国の未来を担う子供から、という発想もあり得ようが、命は歳にかかわらず平等なのが前提だから失われる可能性が決め手になる。

　次いで基礎疾患がある者はやはり重症化や死亡のリスクが65歳以上の高齢者に次ぐからであり、高齢者施設の従事者は高齢者に感染させるとリスクが高いからである。彼らと並んで60〜64歳の準高齢者が位置づけられているのは、「あ、いよいよオレも国に配慮される身になったのか」と忸怩

たる思いを抱くが、ここだけ「ワクチン供給次第」と条件づきなのが、忸怩を緩和した。

　女性を優先しないのもタイタニック号からの避難と対照的だが、感染との因果関係を見極めにくいのも一因になる。男性のほうが女性より交通事故率が高いのは生物的属性でなく、運転時間が同じ男女を比べれば差は消える。男性のほうが女性よりコロナ感染率が高いのも同じく、生物的属性でなく行動の活動性に起因するから、女性と扱いを変える合理的な理由にならない。逆に、「女性は話が長いから感染しやすいのでは」なんて心配すると、とてつもなく紛糾するから、男女の違いには立ち入らないのが無難である。

　ワクチン接種の速さではイスラエルが注目されており、ネタニヤフ首相が第1号で接種して国民にならうよう呼びかけた。トランプ退場後は衝動で生きている指導者が目立たなくなったが、ネタニヤフはまぎれもなく衝動指導者である。イスラエルの知識人は、「よりによってこんな非常時にこんな奴が首相かよ」と忸怩たる思いを抱くが、「恫喝とハッタリ以外に能がない首相向きの慢性非常時臨戦国家に違いない」と思い直して忸怩を緩和する。ともあれ、この（2021年）春の選挙に勝って政権に居座り続けないと、下野した途端に韓国の歴代大統領みたいな運命が待っていそうだから、コロナ克服に指導力を発揮してみせるかパレスチナを攻撃してみせるしかない。

　さて、ここまで書いて読み返すと、まじめに書き始めたつもりなのに、なんだかのどかな気配が漂っているのはなぜだろう？　と思う。この国で首相が第1号で接種すれば、「上級国民は結構なご身分だね」と揶揄され、おとなしく順を待っていれば、「医療従事者を実験台にできるとは結構なご身分だね」と揶揄されて、なにが変わるでもないのどかで停滞した国。

　やがて接種が進むと、優先接種した村長と仲良しの農協幹部なんてどう

でもいい話を報じるのを使命と心得る田園メディアが現れたりして脱力させられるだろう。現役世代による引退世代の今後の医療費負担に触発されて始めた最近の医療の連想シリーズはコロナの時節柄、説得力のほどはともかく、もうちょっと本気出して医療制度を公平に維持していく方向感を模索して締めたいと思う。

232 公平の再考（上）

　所得200万円以上現役並み所得者以下の単身の後期高齢者の医療費自己負担を1割から2割に上げると、団塊世代がすべて後期高齢者になる2025年には自己負担が800億円増える（その分現役世代の負担が減る）が、この間に現役世代による後期高齢者への支援金は1兆4000億円増えると知るのが、世代間対話での認識共有の第一歩と前に書いた（**228　誤差内の誤差**）。

　1973年にいわゆる革新自治体の実践を国が引き継いで65歳以上の老人医療費を無償化し病院が老人サロンと化した後、気持ちばかりの定額自己負担を導入するのに10年かかり、定率の1割負担にするのにさらに18年かかって今世紀になっていた。その翌年に現役並み所得者は2割負担なんて半端な改革をしてしまい、後のさらに複雑な経緯を省くと、単身の後期高齢者の自己負担は今、383万円超の現役並み所得者は3割、200万円〜383万円は今回の改革により2割、200万円未満は引き続き1割になっている。

　こうした応能負担は、鈍感な私は気にならないが、周りには相対的に豊かに恵まれて気になる人たちが多い。「保険料を所得の定率で応能負担してきたのに、受給まで所得に応じた応能負担かよ」。アメリカの豊かな人たちが抱く不公平感が、今なおオバマケアを紛糾させるように、日本の豊かな人たちも公平な仕組みと感じてくれないと、アメリカみたいに分断が進んで必要な制度改革もままならない。

高額の医療費は別ルールで助成され、月100万円かかっても4万円の自己負担で済むから、意識をなくした末期患者の延命治療を、年金との差額が欲しい貧しい家族が病院に強要する風景を前に書いた（111　**延命年金**）。ここで論じたのは高額でない通常の医療費だから、原則として3割自己負担にしたら食費や光熱費が賄えないなんて事態にはなりにくく、なるなら例外として所得に応じて負担を軽減すればよい。

　かつて医療費を無償化した頃の老人は貧しかったから、生活保護に陥らないためには社会保障でも税でも手段を総動員して負担を軽くするしかなかったし、1人の65歳以上を10人の15〜64歳で支えられた。今では1人の65歳以上を2人の15〜64歳で支えている。そして今や、平均すれば老人は貧しいとはまったく言い難い。年代別所得のピークは50代だが、60代から70代以上になっても所得はさほど減らない。年代別資産のピークは60代であり、70代以上になっても、50代より多い。対照的に年代が若くなるほど、所得も資産も痛ましい数字になる（60　**世代別資産格差**）。

　3年前に阪急電鉄の中吊り広告「人生の先輩が若者に送る言葉」が炎上した。「毎月50万円もらって生き甲斐のない生活を送るか、30万円だけど仕事に行くのが楽しくてしょうがない生活と、どっちがいいか（80代、研究機関勤務）」。長い研究人生を送った80代の幸せな老人による生き甲斐の押しつけがましさはさておき、「30万円だけど」って、それは20代の平均所得である。50万円もらうのは20代の4％にも満たないから、生き甲斐のない生活にも我慢できるかもしれない。作成した広告代理店と掲載した阪急電鉄には、この言葉が今や非常識と疑う感覚がなかった。

　以上より、医療費の自己負担は年齢を問わず原則3割とし、年齢を問わず低所得なら負担を軽減する方向感になる。コンビニで低賃金バイトする若者も、飲食店でコロナ失業した若者も医療費は3割自己負担してきた。年金所得からの有利な控除も勤労所得からの控除に揃える。要は、公平の基準を年齢差への配慮から、貧富差への配慮に変える。

高齢者に歩み寄りを求めるこの方向感が、アメリカほど国民が分断していない日本でオバマケアほど紛糾するとは思わない。世代間対話を進める政府と与党の覚悟次第になる。でも残念ながら、これだけでは万全でない。65歳以上を支える15〜64歳は今後2人を割って減っていき、65歳以上が100年人生に近づくにつれ、体にガタがきて必要になる高齢者医療費は増え続けるからである（271　（今更ながら）課税の公平）。

233　公平の再考（中）

引き続き、医療制度を公平に維持していく手法を考える。医療や介護や年金からなる被用者保険の適用対象の拡大は、これまでは主に年金制度の公平性として論じられてきた。2016年に従業員500人超の企業で被用者保険加入の所得要件を下げると、短時間労働の非正規雇用者は保険料を払わなくて済むよう労働時間を減らすと新自由主義の経済学者は予想したが、実際には保険に入って労働時間を増やした（66　雇用と賃金と消費の連動）。老後に基礎年金に加え報酬比例年金が得られ、健康保険からは就業不能時に所得補償が得られるより公平な処遇になる。ミクロの目先の損得を、マクロの人手不足が克服したとも言えよう。

当然次はすべての企業に適用すると思いきや、昨年（2020年）の制度改革では従業員50人超の企業までにとどまった。前世紀末から非正規雇用が増えたのは、低賃金や解雇の容易さに加え社会保険料の企業負担がないのが大きな要因になっている。およそ人間を雇うのに社会保険料さえ払えないような生産性の企業は存在するに値せず、廃業して従業員をよりまともな職場に解放してほしいと本気で思う。

制度改革で最も零細な企業が放置され、引退後に国民年金だけでは生活できずに多くの高齢者が生活保護に陥る。将来世代の税金で現在の低生産性企業を存続させる不公平は看過できず、できる限り速やかに、すべての

被用者を公平に扱わねばならない。適用拡大の対象が主婦なら、夫の保険証でなく自前の保険証を持って健康保険の財政にも貢献する。

　加えて、健康保険が1000以上の大企業の健保組合と中小企業連合の協会けんぽと共済組合に分かれている公平性が気になるのは、被用者年金が厚生年金に一元化される前の、分立した共済年金の風景を思い出すからである。鉄道共済年金は60万人いた国鉄職員が20万人に減って単独で維持できるはずもなく、一元化までは自助努力を前提に他の年金が支援した。

　逆に私学共済年金は私大教授が長く働けるから少ない負担で多い給付が得られたが、だから単独のままでいたいのはエゴとして許されず、厚生年金に統合された。分立していると不都合な事情が被用者年金一元化の原動力になったように、健康保険は分立している意味が希薄になったのが一元化の原動力になり得る状況にある。

　大企業で高い所得を得て快適な住居に住み、ほどほどに運動して健康を管理し、酒とタバコもほどほどに控え、家庭が円満で地域ネットワークにも居場所があれば発病そのものを抑えられ、長らくほとんどの健保組合の保険料率は低くて済んだ。中小企業連合の協会けんぽはそうはいかないから保険料率が高く、さらに国が税で補填（今は16.4％）してきた。

　介護制度や後期高齢者制度ができた時も、大企業は健保組合の負担を抑えるため、所得の定率でなく、逆進的な定額の人数割負担しか応じようとしなかった。定率の所得割になったのは後期高齢者制度が2018年、介護制度が2020年に過ぎない。負担はようやく公平になったが、ここまで歳月を要した経過を大企業のエゴと評すべきかは人生観による。「努力して大企業に入ったなら健康保険が有利なのも当たり前」か、「生まれつきお勉強が得意なだけならもっと弱者に配慮すべき」かの対話は容易にはかみ合わない。

　でも、被用者の年金は厚生年金に一元化して職場間の負担と給付を揃え、世代間の給付の公平性を目指すのが残る課題になっている。今後は健

康保険も年金と同じく一元化の道を歩むと思うのは、介護制度や後期高齢者制度の保険料負担を定率で公平にした改革により、健保組合の保険料率が上がって協会けんぽと変わらなくなったからである。

　今後ますます健保組合が解散して大企業も協会けんぽに入るのは間違いない。そんな将来が見えているなら、今から共済組合も含めて協会けんぽに一元化して負担と給付を揃えたら？　と門外漢は素朴な極論に至る。協会けんぽの財政を補填している税は高齢者も負担しており、職場間だけでなく世代間の公平性も改善するからである。

234　公平の再考（下）

　前々回に医療費の自己負担は年齢を問わず原則３割とし、低所得者には年齢を問わず負担軽減する方向感を書いた。仕事をしていれば、「風邪ひいたかも」と思うくらいでは病院に行かない。でもヒマな高齢者は重い病気でないか気になって病院に行ってしまう。そこで払うのが1000円でなく3000円になれば、「まあルルでも飲んで様子を見ようか」になる。

　「この人でなしめ！」と立腹する読者には、コロナで道が開かれたオンライン診療の利便性を指摘しておく。医師会が、「見落としの恐れがある」と反対するのは、医者の視線であり患者の利便ではない。高齢者は別に病院に行きたいのではなく重い病気でないか気になるだけだから、「病院に来るほどではないですよ」とオンライン診療で分かれば気が済む。身近な薬局で処方薬を受け取れればなおよい。

　以上は需要を抑える政策だが、ベッド数が多いから医療費が高くなる供給が需要を生む構造の是正は厚労省がミクロで然るべく取り組んでいるだろうから、門外漢が考える必要もあるまい。ただ、厚労省の政策のうち、予防を強化し健康寿命を延ばして医療費を減らそうと試みるのはナンセンスと思う。製薬産業になれるほどの知的能力がないヘルスケア産業に影響

されているわけでもあるまいが、健康寿命の延びは必ず訪れる死の先送りであり、誰もが死ぬ前に健康を失う時は、一般に高齢なほど医療費はかかる。もとより健康寿命を延ばすのに異を唱えているのでなく、延びたら医療費が増える事実を指摘しているに過ぎない。

　前回に被用者なら全員が社会保険に加入し、社会保険料負担ができないような低生産性企業は消えてほしいと極論を書いた。それは飲食や宿泊や娯楽のサービス業の零細企業で今実際に起きていることでもある。今年（2021年）から、素人が介護を学ぶ間は毎月10万円を支給され、学び終えて2年間介護に従事したら返さなくて済む制度が始まる。確実に需要が見込める分野が雇用の受け皿になる仕組みも、着実に整備していく必要がある。

　前回はまた、大企業の健保組合と中小企業連合の協会けんぽの保険料率が変わらなくなったから、被用者の医療保険は共済組合を含め協会けんぽに一元化してほしいとこれまた極論を書いた。協会けんぽは国が補填しないと運営していけず、補填の財源は目先は国債でも最終的には税になる。今では現役世代が自らのために使う保険料に近い額を引退世代のために拠出している。財源の一部が引退世代も負担する税になれば、世代間の負担の不均衡が少しは是正されると期待できる。

　3年前に厚労省は、団塊ジュニアが高齢者になる2040年の推計医療費を公表し、メディアは医療制度が崩壊すると大騒ぎした。「名目額で論じてもナンセンスだし、どのみち国はない袖は振れないんだから崩壊はしないよ」と思うのは、インサイダーの大蔵官僚だったからである。だが、現役世代の負担は限界に達したので、ない袖のやりくりとしての世代間の公平を再考してきた。

　最後に、診療報酬の抑制につき気づいた落穂拾いをしておく。コロナで人口当たりの医師数が先進国として少ないのが知られるようになったが、今後は人口がさらに減るから医師の将来需給は均衡するとの推計もある。

でもやっぱり医学部の新設や定員を抑制する入口での需給管理はやめてほしい。新たな残業規制を適用できないほど過酷な勤務医の労働環境を緩和し、医師が増えて希少価値が下がるほうが診療報酬も抑えやすいからである（61・62　制度の作り方（上）（下）、97〜99　職業選択（上）（中）（下））。

　薬価のほうは、本庶佑教授が小野薬品にオプジーボの適切な対価を払えと訴えたのを見て、「話が違う」と教授が感じる事情があるのかなと思った。でも、オプジーボの保険適用症の範囲を拡大していくと、当然に医療費の急増が見込まれる。医療現場から急増見込みを指摘されると、焦った国は問答無用でいきなり薬価を下げた。

　かくて小野薬品にとっても「話が違う」と感じる展開になり、思惑どおり本庶教授に報いられなくなったのかもしれない。適用症の拡大に薬価が連動しないから場当たりに右往左往してしまう。適用症の拡大に比例して薬価を下げる制度になっていれば、製薬会社や研究者に予測可能性を担保しながらイノベーションを促せる、よりましな診療報酬の決め方になるのにと、やっぱり門外漢は素朴に思う。

第 39 章

行政経験を思い出しながら（235〜241）

2021年春のこれらの文章に一見共通性はなさそうだが、行政経験を思い出しながら書いたようではある。証券市場の不正に対峙したり、金融制度を手直ししたり、職場の同僚が悲運に見舞われたり、政策が前進しなかったり、といった記憶は、今も同じ事態が繰り返されるからよみがえる。そして、ガンで早世した池尾和人教授との議論の記憶は、今も金融を考える手がかりを与えてくれる。

235　ロビンフッダーの相場操縦

　アメリカの証券市場につき書くのが珍しいのは、退官するともう気にする必要がなくなったからである。日本の証券アナリストは、1％のウォール街に敵対すると称する制御不能な個人投資家集団に好意を持つはずもないが、アメリカ議会では自称99％に好意的な民主党議員が多い中で、SECが対応に苦慮するさまは同業だったから想像でき、日本では誰も論じない論点を考えてみた。

236　不変の構図——ファイアーウォール規制

　規制緩和により業者の業務が明らかに効率化するとしても、業者と顧客の利益相反の悪化も明らかなら緩和しない。規制緩和による利益相反の可能性が明らかでなければ、緩和して業者に説明させ顧客に評価してもらう。10年以上前に金融庁は銀証ファイアーウォール規制への方針をそう決めたが、利益相反の可能性をめぐって顧客不在のまま続く業者内神学論争の構図は変わらない。

237　緩み狩り

　気の緩みを指弾される官僚を描いた本稿は、「有為な官僚志願者を一層減らし、霞が関を修復不能に劣化させる」と締めているが、「だ

から緩み狩りは控えよう」と言いたいわけでもない。基本的には、有為な人材は霞が関に愛想尽かして民間で活動するほうがこの国にとって望ましいと思う。ただ、たまに官僚の役割が重くなる局面で、民間の邪魔をする人材しか残らないほど劣化するのも困る。

238　遅い悟り

　法制審議会が大昔に提案した選択的夫婦別姓が決着しないのと、先進国にあるまじき水準のシングルマザー世帯の貧困が続くのと、論理的に成功しない待機児童ゼロ作戦を繰り返すのは、はた迷惑な昭和オヤジの社会への反抗という視点から統一的に理解できると気づく。そして、典型的昭和オヤジ組織のテレビ局がジェンダー平等に喧嘩を売るCMを流し、私の理解はさらに深まった。

239　池尾さんの記憶

　池尾和人教授の訃報に遅れて接し、自らの専門分野の研究を深めながら、政策形成にも貢献した人生を偲ぶ。池尾さんの要請もあってリーマンショック後の慶応大学でみずほの藤原弘治さんと野村の奥田健太郎さんを招いて開いた就活喚起セミナーは、今に至るお2人の交友の契機となり、みずほと野村が毎年慶応大学で講義するようになる契機だったと、後に奥田さんから教わった。

240　預金の生まれ方（上）

　銀行は預金を原資に貸すのではなく、銀行が貸すと同額の預金が生まれる因果関係がかつて池尾さんにより明確になった。銀行が貸すのは借り手に資金需要があるのを意味し、資金需要がなければ日銀が銀行にベースマネーを供給しても、市中に出回る通貨のマネーストックは増えない。この因果関係を理解しない（ふりをする）上司の下で働

かされるのが、誠実な日銀職員の不幸になる。

241 預金の生まれ方（下）

日銀が銀行から国債を大量に買う異次元緩和の開始時、「政策として影響がないから異次元に買える」と池尾さんと認識が一致した。ただ、銀行が持つ国債が減ると金利上昇による銀行バランスシートへの影響も、日銀が持つ国債が増えると政府による利払いや返済の負担も、たいした問題ではなくなる。「結局異次元緩和の目的は、国債発行の歯止めを壊すため」と池尾さんと認識が一致した。

235 ロビンフッダーの相場操縦

ウォール街のヘッジファンドは、「過大評価された銘柄は空売りして適正株価に戻すのが市場の効率化を担う我が使命」と信じ、その信仰によって稼いできた。ヘッジファンドの対抗勢力として昨年（2020年）から台頭したのが、売買手数料ゼロのオンライン証券会社ロビンフッドを使う素人投資家集団ロビンフッダーになる。

金持ちから奪い貧乏人に配る伝説の義賊の名を冠したロビンフッドと、「我々は99％」と唱え1％のウォール街を占拠したデモに共感するロビンフッダーは最近まで同志として共闘した。コロナでリモートワークになった余裕時間に株式投資を始めたロビンフッダーはGAFAやテスラなどのコロナ無縁銘柄を好み、昨春のコロナ暴落を反転させた原動力であり、底辺サービス業で失業した同胞が苦しむ実体経済と株価を乖離させた原動力でもある。

ロビンフッダーの投資行動の特徴は、SNSの掲示板で、「この株をみん

なで買おう」と提案すると大量のフォロワーが機敏に呼応するケインズの美人投票になる。かくて取り柄のなさそうな赤字のゲーム販売会社の株価がひと月で25倍になった。ヘッジファンドにとっては狂気の沙汰だから、当然空売りする。すると、「1％の特権階級の横暴を許すな」と自称99％のロビンフッダー集団は反撃買いし、ヘッジファンドが諦めて買い戻さざるを得なくなるまで追い込むから株価はさらに上がる。

　空売り残が多いと上昇相場に負けた空売り投資家が買い戻す際に株価がさらに上がる現象を業界用語で踏み上げ相場と呼ぶ。ロビンフッダーが踏み上げ相場を連続作出して、ヘッジファンドを連続駆逐する。SECが「不健全な現象」と警告すると、ロビンフッドは忖度して個人向け取引を制限した。同志に裏切られたと感じたロビンフッダーが逆上してロビンフッドに抗議するとSECより怖かったから個人向け取引制限を翌日に撤回し、件のゲーム販売会社の株価は1日で倍になった。いったんSECに忖度したロビンフッドに愛想尽かしたロビンフッダーの投資は、商品先物や暗号通貨にも向かう。団結した機敏なフォロワーが十分にいれば、どの市場でも勝つのはさして難しくない。

　日本の証券アナリストは、ロビンフッドが売買手数料をゼロにできる背景として最良執行するマーケットメイカーに注文を流して対価を得る是非は論じるが、ロビンフッダーに対してはSECが警告した以上は不健全な連中だろうという以上の分析をしていない。ロビンフッダーを相場操縦で摘発して牽制する可能性については見当がつかないようだから、役割分担としてこの点に限って考えてみる。

　金商法に一般投資家を誘う目的で株価が変動する売買をすれば相場操縦になる条文があるのはアメリカ証券法の輸入だから、形式的にはSECはロビンフッダーを摘発できる。でも、素朴な疑問として、「誘うのがなんで悪いの？」と誰しも思う。だから日米ともに判例は、「誤解させて誘うのが悪い」と運用している。そして、もちろん誘われたフォロアーが追随

して値上がりしたら、誘ったほうがこっそり売り抜けるから犯罪として裁くに値する。

伝説の相場師だった加藤暠さんが晩年のブログで信者を、「稀に見る踏み上げ相場局面がきた」と誘った時、実際には空売り残は多くなかったから誤解させて誘っていると認定した。要はSECがロビンフッダーの掲示板書き込みを誤解させて誘っていると認定し、値上がりしたらこっそり売り抜けているなら摘発できる。取り柄のなさそうな赤字のゲーム販売会社の株価がファンダメンタルズとしては上がる根拠がないのを百も承知でみんなで買おうと誘えば、自分だけうまく立ち回るために誤解させていそうではある。

でも、ロビンフッダーが目に余って以降のSECの規制実践では、明らかに根拠がない書き込みをされた銘柄は、売買停止にしてしまう。要は一般投資家を保護すると同時に、相場操縦も未然に抑えてしまっている。SECがあえてロビンフッダーの書き込みに反応せずに泳がせて摘発するほうが得策なのか、それともケインズの美人投票を地で行くだけのロビンフッダーは摘発に値するほど悪質とも言えないのか。暗号通貨が登場して投資対象のファンダメンタルズは、ますます判然としない時代になった。ロビンフッダーの「自称99%」に好意的な民主党議員も多い中、SECも判断に苦慮する微妙な局面を迎えたようである。

236 不変の構図——ファイアーウォール規制

今回のテーマは編集担当の武下さんのリクエストによる。1992年の金融制度改革で銀行が証券子会社を設けて証券業務に参入する際は、銀行と証券子会社間で役職員は兼職できず、顧客情報も共有できなかった。金融グループとしての総合的なサービス提供を意図した2008年の制度改革で兼職規制を廃止し、顧客情報は顧客の同意があれば共有できるようにした。

それでも、「法律の規制緩和の趣旨に反するほど厳しい監督指針が総合的なサービス提供を阻んでいる」のが証券子会社を含む銀行界の主張であり、「安易な規制緩和は顧客の利益に反する」のが独立証券界の主張である。いくら銀行が強い金融システムでも、世界に類がない規制なら、まずは存在意義を疑ってみるのがまともな行政官の思考ではないかと長らく感じてきた。

　論点は昔から、銀行による優越的地位の濫用や、金融グループと顧客の利益相反という不変の構図になる。優越的地位の濫用とは、貸出先顧客から公募増資したいと聞いた銀行が、「なら、うちの証券子会社を使ってください」と言う場合があげられる。顧客が、「いや、証券は野村に頼むつもりです」と断れるなら銀行は優越的地位になく、断れないなら優越的地位にある。優越的地位にあれば顧客が銀行に証券子会社との情報共有を断れるはずもなく、同意が濫用の抑止力になってない。

　利益相反とは、貸出先顧客の業績悪化を知った銀行が、証券子会社に伝える場合があげられる。知った証券子会社がその企業の株を空売りしたら、一般投資家は不公平と怒ってインサイダー取引になる。その企業の株を買う予定だったのを控えたならどうか。やはり一般投資家は不公平と怒るかもしれないが、金融グループとしてリスク管理したとの評価もあり得る。では、証券子会社がその企業の株を顧客に勧めるのを控えたならどうか。顧客の利益になったのを投資家間の公平性から批判するのは難しい。

　昨年の『半沢直樹』続編では、東京セントラル証券の半沢が電脳雑技集団の粉飾を見抜き、副社長の南野陽子が、「あんた、ウチの秘密を親銀行に言うたらあかんで」と恫喝する状況で親銀行の役員会に乗り込んで暴露＝情報共有し巨額融資をとめた。半沢が粉飾を続けられなくなった電脳雑技集団と利益相反し、ファイアーウォール規制に違反したとの批判は見かけない。

　要は、どんな顧客なら優越的地位の濫用になるか、顧客のどんな利益な

ら守らねばならないかとは独立に法人間の情報共有の是非は論じられない。でも金融グループにより業務や顧客情報の管理の方法はさまざまに違う。だから2008年の制度改革を担当した企画局の池田唯一市場課長は、法令では顧客情報の適正な管理だけを求め、具体的方法は各金融グループが自分の頭でとことん考えて開示し、顧客に評価してもらうしかないと考えた。法律が兼職規制を廃止したのに、片方の情報にしかアクセスできない常識を超越した監督指針を監督局が作っているとは夢にも知らずに。

この監督指針の作り手は国会でどんな法律が通ろうが、自ら信じる正義を押し通す民主主義違反をしているか、法案を作る際に意見を尊重してもらえなかったと不満を抱く独立証券界の圧力に影響されている。ファイアーウォール規制が生まれた大蔵省時代は、銀行局と証券局が局あって省なしと呼ばれた連携の悪さを演じたが、企画、監督と機能別組織に再編しても局間連携のハードルは依然高いようである。

私も池田さんも行政官を卒業し、伝統の早慶戦に初参加する業界人は張り切っているのかもしれない。銀行界は、「もはや我々は優越的地位にない」と説得力皆無の主張を壊れたプレーヤーみたいに繰り返し、独立証券界は、「銀行グループの証券子会社からいきなり運用提案されたりすると困る企業が多い」といかに自らが信用できない業界かの証拠集めに奔走する。私はこのテーマにうんざりなので、武下さんのリクエストがなければ書いてない。そして、相変わらず取りまとめの任を負わされた神田秀樹教授の心中を察する。神田教授は30年も同じ主張を聞かされてきた。関係者におかれては、せめて碩学のうんざりが緩和される前進への協力を期待する（注）。

　（注）　結果として前進したようだが無論本稿とは関係なく、金融庁内の大勢が
　　　　「こんなのもうやめてよー」と感じていたからに過ぎない。

237 緩み狩り

「公的資金を銀行に入れる制度ができたら申請しますか」「業界再編の可能性をどう見ていますか」と白昼の役所で尋ねても当たり障りない返事しか返ってこないから、時に金融業界の誘いに応じて盃と本音を交わすのは仕事だと前世紀末の大蔵官僚は考えていた。そんな考えはKYだの傲慢だのと批判はあるだろう。

が、接待された同僚が収賄で逮捕されたり自殺したりを、「接待されて仕事をゆがめた報い」と指弾された不条理な記憶は消えない。「庶民感情から乖離したとしても、仕事をゆがめた覚えはないぞ」。大蔵省接待事件を経て生まれた国家公務員倫理法をさる頭取が、「業界が官僚を会食に誘うのは必ずゆがんだ動機があるとしか思えない貧困な精神の産物」と評したのは共感したが、「でも負け犬の遠吠えですね」とは指摘せざるを得なかった。

後に倫理法の見直しで1万円以内の費用を自己負担すれば届出なしで業界との会食が可能になると、つまらん奴だと思っていた業界人が嬉々として誘いにくる。「酒込みで1万以内の店探しますよ！」。つまらん奴だと思うのは、例えば金融審議会にオブザーバーとして出てきて、有識者委員に意見を言う時間を与えないほど一方的にファイアーウォール規制の死守をまくしたてるKYさ加減にうんざりしていたからだった。「なにが哀しゅーて1万払ってオマエと酒飲まならんの」とは思う。でも、さすがに口に出すほど傲慢ではないから、苦役の時間を耐えねばならない。

NTTに誘われて会食に応じた総務官僚が倫理法違反を、「気が緩んでる」と庶民感情から裁かれるのは、本人はさぞ不条理だろうとは思う。前世紀末の金融正常化と同じくらい、携帯料金引下げは今の政権が重視する政策だから、会食に応じた総務官僚の主観は、政権の指示に従って仕事を

しただけなのである。かつて私に愚痴ったさる頭取が存命だったなら昨今の接待報道を、「会食の誘いに応じれば必ず仕事がゆがむとしか思えない貧困な精神の産物」とでも評するだろう。さりとて辞めた総務官僚に同情もしないのは、元大蔵官僚にはすでに経験済みの不条理だからかもしれない。

対照的に同情するのは、国会に提出した法案にミスが発覚し、「気が緩んでる」と指弾されている官僚たちである。私も法案でないが、ミスが判明した内閣府令の担当課長だった経験はあり、謝罪会見に先立って主要紙の記者に「10行以上の記事にしたら今後取材は受けねーぞ」と恫喝していたので、大事に至らなかった（注）。

ミスするのは、「気が緩んでる」からでなく、提出期限まで時間がなく人手も減っているからである。眠るのも惜しんで読み合わせをするが、期限がくれば出さねばならない。今回のミスが発覚したのが、デジタル改革関連法はもとより、産業競争力強化法も銀行法も今の政権が重視するデジタル化を目指しているのは偶然でなく、早目の期限内対応を求められたのかもしれない。

企業の社長が、「手段を選ばず稼げと言ったのに稼げないのは気が緩んでる」と怒れば、部下は数字のほうを水増しするしかなくなって企業は転落する。でも政府の指導者が、「感染者数のリバウンドは国民の気が緩んでる」とさらに因果関係が判然としない対策を出しても、国民は従うしかない。「官僚は神聖な国会に出す法律をミスするほどナメとんのか」と野党に責められれば官僚は、「神聖な場にふさわしく揚げ足取り以外の質問をしてみろよ」とは思うが、口に出すほどKYでも傲慢でもない（174　人間、やめますか）。論理的な因果関係の解明を放棄した「緩み狩り」は、政策で国民に貢献したい有為な官僚志願者を一層減らし、霞が関を修復不能に劣化させる（88　結婚したい男性の職業は？、200　官民の人事制度改革）。

（注）　国立大学の広報担当の松坂桃李が、世間を刺激しないよう意味がある意見は一切言わず、無意味に時間稼ぎして報道を極小化するのが好感度を維持するリスクマネジメントの要諦と信じたブラックコメディドラマ『今ここにある危機とぼくの好感度について』に、「こんな生き方じゃ人生面白くないけど、守るべき組織があればこうなるのかな」と思ったが、自分も組織を守る言い訳局面では同じ生き方をしていたのを読み返して気づく。担当課長としては、「法案じゃなく内閣府令のミスに過ぎないんだから、律儀に公表してわざわざ指弾されなくても」と思ったが、当時の金融庁幹部会は律儀ではあった。

　　　無論ドラマのほうは、主人公がこんな生き方じゃ面白くならない。「ぼくみたいになんの取り柄もない負け組は世間に忖度しまくって好感度で生きるしかない」と信じていた松坂桃李は大学の不祥事を見ないふりする理事会に対し、あまり自覚しないまま次第に自分の意見を考えて発信し行動するようになり、それが総長の松重豊と教授会を目覚めさせていく。不祥事を公表しようとする総長の松重豊と、大学への信頼を守るには隠すしかないと確信犯的に主張する理事の国村隼の対立は、単なる勧善懲悪の構図ではない。

　　　大学が正直に公表すれば、世間から指弾されて信頼が失墜し、文科省からは補助金を減らされる。大学は教育と真理の追求の場と言ったところで、競争しながら教育と真理を追求するには、世間から信頼を高め、カネを集めなければならない。正直なほど損する構図が歴然とするほど、隠蔽へのバイアスは強まる。確信犯的に隠すならまだしも覚悟を要するが、ほとんどの理事は互いになあなあの雰囲気を醸成し、自分をごまかして公表に背を向け隠蔽を黙認し合う。「互いを信頼できないほど腐った理事会では競争に勝てるはずがない」が松重豊の結論だが、それだけで終わらないのが水戸黄門との違いになる。

　　　不祥事を公表して地に堕ちた信頼の回復に奔走する松重豊は、教授会の多数派の支持を集めて総長に再任された。そして、最も激しく対立してきた国村隼に理事の再任を求めて、了承を得る。「なんでよりによってあの人に再任を求めたんですか」と不審に問う松坂桃李に、松重豊は呆れたように答える。「だってこんなひどい難局に、あの人ほど大学のためを考えて行動できる人は他にいないじゃないか」。

　　　他人の意見に反応するだけでなく、自分の意見を考え発信して生きるのがこの本の最終章のテーマであり、このテーマに至ったから本を締められる気持ちにもなった（**第45章　正解のない問題**）。が、自らの意見を考え発信し行動して好感度を得る松坂桃李が歩んだ道は、誰もが歩める道ではないからドラマにできる。そして視聴者の琴線に触れようと繊細に凝ったこのドラマは、文科省の芸術祭大賞というブラックコメディになった。もう

ちょっと早く放映されていたら、旭川医大病院の院長が不条理に解任される事態を未然に防ぐ大学教授会の心理形成に貢献できたかもしれない（230 勧告の実現法（注））。

238 遅い悟り

　「デキ婚」の統計上の定義は、「同棲開始または結婚のうち時期が早いほうから出産までの期間が10か月以内」だから、同棲開始から３年後の結婚・出産は統計上はデキ婚にならない。世間の常識と定義が違うので、「デキ婚は統計上は減っているが、事実上は増えている」と妙な解説がされる。今のとこデキたら男は逃げる、のではなく子供のために結婚するほうが普通なのは、結婚規範が生きているとも言えそうだが、デキない限りは結婚する必要を感じていないとも言える。仮に婚外子の制度上の差別がすべてなくなれば、デキたから結婚する必要もない。半数が事実婚になり出生数が増えたフランスやスウェーデンが示すように、結婚が出産の前提でなくなるのが最も強力な少子化対策になる（**75　２つの出生率**）。

　シングルマザー世帯は、「デキたら男が逃げた」のではなく圧倒的に離婚したから生まれている。シングルマザー世帯の貧困が先進国にあるまじき水準なのにいつまでも是正されないのはなぜだろうと感じてきたのが、法制審議会が大昔に提案したのになかなか決着しない選択的夫婦別姓の議論を眺めていて、「ああ、要は離婚をペナルティにする昭和オヤジの発想なのだ」とようやく遅い悟りに達した。離婚しても子育てに苦労しない収入が保証されては、離婚を思いとどまらなくなるではないか。離婚しても姓を変えずに済むなら、やはり離婚を思いとどまらなくなるではないか、というわけである。

　選択的夫婦別姓に反抗する昭和オヤジは、「働く既婚女性は職場では旧姓を使えばよい」と言うが、ビルのセキュリティはますます厳しくなって

いる。旧姓で営業のアポを入れても入口で本人確認の術がなく、相手にたどりつけない。だから本姓を使うしかないが、若いうちに離婚して旧姓に戻ると職場で、「ご結婚おめでとう！」と祝福されるのがいたたまれないから、離婚したら職場を変える本末転倒になる。困っている人たちに選択肢を与えるだけの政策に、困ってない昭和オヤジが反抗するのははた迷惑な越権と言うしかない。

待機児童数分の保育所を新たに用意する「待機児童ゼロ作戦」という論理的に成功しない政策を何度も繰り返すのはなぜだろうとも感じてきた。近所に新たに保育所ができれば、それによって新たに働けるようになるお母さんが現れるから、永遠にゴールが遠のいて待機児童はゼロにならない。「頑張るふりをする政策」の典型であり、昭和オヤジはやはり、「幼い児童は家庭でお母さんが育てるべき」と信じている。結果、働く女性のキャリアは出産で中断し、組織の側にことさら悪意がなくとも、「責任ある地位にふさわしい女性が見当たらない」事態になる。結果、「ジェンダー平等度120位」と先進国にあるまじき水準になる。

私自身も昭和オヤジなのは自覚しており、セクハラと指弾されて辞任した福田淳一元財務次官との会話を隠し録りして週刊誌に流したりするテレビ局の若い女性記者には近寄りたくない、とぼやいてきた。そもそもテレビ局のオヤジは取材先のオヤジからネタを取りやすいと思って若い女性を派遣してるんだろう、とも思う。でも、「ジェンダー平等に過敏な社会は生きづらいな」とぼやくのが精一杯であり、反抗できる立場にないのは自覚している。

それだけに同じテレビ局が、「先輩が職場に連れてきた赤ちゃんがめちゃ可愛いから」「ジェンダー平等とか言ってる政治家は時代遅れ」と支離滅裂に若い女性に嘲笑させるCMを流してジェンダー平等に反抗したのには心底驚いた。当然炎上すると、「真意が伝わらなかった」とお定まりの釈明。「ジェンダー平等に違和感を抱くテレビ局という昭和オヤジ組織の

真意が伝わったらもっと大変だろ」と思わず突っ込む。炎上すると真意でないとの釈明は、どんな立派な真意にでもなれるから、メディアのモラルをどん底まで落とせる。ともあれこのテレビ局のおかげで、子供がいない私も遅い悟りが深まったのは感謝せねばなるまい（256　真意の濫用）。

239　池尾さんの記憶

　新聞を読まなくなって唯一困るのが、訃報の見落としになる。先日も金融庁の後輩から池尾和人教授がガンで亡くなったと聞かされて驚き、「金融研究者とか名乗っているくせに知らないとは」と呆れられる。そう言えば、最近は池尾さんとメールのやり取りも途絶えていた。金融庁時代に法学部出身の後輩から、「金融論を学ぶにはどの本がいいですか」と問われると、「池尾さんの『現代の金融入門』を完全に分かるまで繰り返し読めば行政官としちゃ必要十分」と答えるのを常とした。小説以外の本も読まなくなったから断言はしないが、金融の本質的な課題を論理的に考え的確に書く営みの最良の手本と今も思う。

　金融庁が審議会の議論の取りまとめ役に頼る経済学者が慶応大学に集中していた頃、頼る見返りというわけでもないが、私も定期的に慶応の経済学部で講義した。リーマンショック後に吉野直行教授とともに池尾さんから、「次の講義は大森さんに加え、銀行と証券から１人ずつこれはと思う同世代の若手を招いてセミナー形式でやってくれませんか」と頼まれた。「構いませんが、なぜですか？」「金融業界への就職があまり減るのも困るんで、学生がこんな先輩がいるなら働いてみようかと思ってほしいんですよ」。金融論の教授ってそんな心配までするのかね、と意外の感に打たれたが、頼っている教授の希望には応えねばならない。

　しばし考え、みずほ銀行から藤原弘治さん、野村證券から奥田健太郎さんに来てもらった。２人ともまだ執行役員ですらない。最初に私が、「リー

マンショックでも日本の金融業はびくともしていない」とリップサービス全開のプロパガンダをぶつ。藤原さんは、「総会屋事件とか不良債権処理とか1兆円増資とか苦しい時代もあったけど、時々の課題に全力で取り組んで今は最高に幸せです」と打ち合わせどおりに地のまんまキャラを披歴した。

奥田さんの冒頭発言は、「ウォール街が全滅し、野村は世界で唯一の投資銀行になりました」。おいおい、投資銀行って、いつからそんなもんになったんだよ、とは思うが、学生には印象を残すに違いない。このセミナーを機にみずほと野村に入った学生は、今それぞれのトップに会えば自己紹介ネタが少なくとも1つあるのは、私にしては珍しく役に立てた。

先に池尾さんの本を、「論理的に考え的確に書く営み」と書いたが、審議会の議論を取りまとめるには話す営みも必要になる。しょーもない発言も多いし、特に業界の利害が絡むとしょーもなさも際立つ。修行が足りない私は、「公の場で私益だけを主張しおって」と腹を立てたが、もちろんそれでは取りまとめ役は務まらない。

「証券会社の現場からの実感をご披歴いただきましたが、銀行や利用者側の実感はいかがでしょうか」なんて話しながらかみ合わない発言をアウフヘーベンしていく。今も金融庁が取りまとめを頼る神田秀樹教授は法学者らしく論理的に話し、私が知る限り、話し言葉が無修正で完全な書き言葉になる唯一の存在になる。池尾さんは論理的な書き言葉とは違って、かん高い話し言葉を経済学者らしい直観と地のまんまキャラが補うが、論理の質は違わない。

2年前、上村達男教授の早稲田大学の退職祝いパーティで最初に挨拶に立った池尾さんは、「経済学者が最初に挨拶に立つほど上村先生は法学界では異端なのでしょうか」と地のまんまキャラで笑いを誘った（**138　金融行政の守備範囲（上）**）。私も、元行政官が同僚法学者を差し置いて挨拶していいのかなと思いつつ後に続く。あの時は池尾さんに死の気配など感

じなかったのにと記憶を手繰りながら、久々に『現代の金融入門』をぱら
ぱら読み返し、また1人いなくなってしまった教えを請える稀有な存在を
偲ぶ。

240 預金の生まれ方（上）

「銀行が元本保証の預金を原資に、信用リスクすらカバーしにくい低金
利状況で貸すのは困難」というのが、現実の因果関係を的確に示していな
いと自覚しながらも、長く使わざるを得なかった言い回しになる。「よっ
て金融システムは、自らリスクを判断する投資家からなる証券市場が将来
の成長企業を見出してくれる資金仲介に移行する必要」と対照的に続ける
前置きとして、「銀行は預金を原資に貸す」と便宜的に表現してきた。

たしかに、預金者が紙幣などの現金を銀行に預ければ預金になる。預金
の法定準備率が1割なら銀行はその準備分を日銀当座預金に積んで、残り
の9割を貸す。借り手企業が資金を使えばどこかの銀行の預金になり、銀
行全体として再びその9割を貸す。こうして100の現金を預かると、100＋
90＋81＋72＋……＝1000、と準備率の逆数倍の貸出＝預金を生む関係式が
信用創造と呼ぶ現象のテキスト解説だった。

でも、銀行が企業に貸すのは、銀行が企業の預金口座に数字を書き込む
（打ち込む）ことを意味するから、万年筆マネーなどと呼ぶ。言い換える
と、企業は銀行に現金を預けないのに預金という資産を持ったから借入を
した。逆に言い換えると、銀行は企業から現金を預からないのに預金とい
う負債を負ったから貸出をした。銀行は貸出の原資として事前に預金を必
要としない。

資金が必要になるのは、貸出先の企業が預金を使うと他行に流出するか
らだが、資金不足の穴埋めには預金を集めなくとも、銀行間市場から借り
れば足る。以上は銀行や日銀にとっては自明だが、四半世紀前に初めて金

融行政に携わった私は、池尾和人教授の『現代の金融入門』でこの因果関係に接し、「言われてみればそのとおりだ」と得心した。

　バブル期までの銀行間の預金集め競争の余韻が醒めやらぬ時代だから、銀行が貸出の原資として預金を集める印象のほうが、銀行が貸出すると同額の預金が生まれる印象より強かった。日銀が銀行に貸すのも無論、日銀が銀行の当座預金口座に数字を書き込む（打ち込む）ことを意味する。企業の資金需要が旺盛な時代に景気過熱を懸念すれば、日銀は銀行に貸し渋り、貸出金利（公定歩合）を上げて引き締めた。固定相場制の時代は景気過熱により国際収支が悪化して外貨がなくなりかけると、固定相場を維持するためにやはり引き締めた。銀行間金利は日銀貸出金利より高いから、貸したい銀行は預金集めに励むしかない。そんな時代が過ぎ去って長いが、銀行が預金を原資に貸す固定観念はなお醒めていない。

　先の信用創造のテキスト解説は、銀行が現金を預かって貸出＝預金を増やしていく関係式の物語だが、日銀が銀行に負債を供給して（日銀を含む）銀行が市中（家計と企業）に供給する負債を増やしていく関係式の物語もある。日銀が供給する負債が紙幣などの現金と銀行の日銀当座預金からなるベースマネー＝広義現金であり、（日銀を含む）銀行が市中（家計と企業）に供給する負債が現金と市中の銀行預金からなるマネーストック＝通貨であり、「マネーストック＝信用乗数×ベースマネー」になる（**163通貨量と物価**）。

　この式が成り立つ因果関係を右から考えるか、左から考えるかで長く論争が行われてきた。右から考えるのが、「日銀が銀行に対してベースマネーを増やせば、銀行が企業に対して貸出を増やし信用乗数倍のマネーストックが増える」というリフレ派である。ベースマネーの増やし方は、日銀が銀行に貸すより、銀行から国債を買った代金が銀行の日銀当座預金になる道筋になった。

　因果関係を左から考えるのが、「企業に資金需要があれば銀行が貸して

マネーストックが増えるが、資金需要がなければ日銀がベースマネーを増やしても信用乗数が下がるだけ」というMMT（モダン・マネー・セオリー）派である。池尾さんと、「MMT派のほうがマネーストックが増える現実の因果関係を捉えているけど、財政規律への影響まで考えると両派丙丁つけ難いなあ」と議論した記憶を手繰って次回に続けたい。

241　預金の生まれ方（下）

　日銀が銀行の当座預金への資金供給を制約した時代には、銀行が企業に貸すには原資の預金が必要として預金集めに励んだが、原資の預金を集めなくとも貸出先企業の預金口座に数字を書き込めば貸出と同額の預金が生まれると強調するのがMMT（モダン・マネー・セオリー）派になる。でも、貸出の原資は集めた預金という固定観念は結構しぶとい。日銀が供給するベースマネー＝広義現金を増やせば、（日銀を含む）銀行が市中（家計と企業）に供給するマネーストック＝通貨が増えると、ベースマネー起動型で考えるのがリフレ派になる。

　日銀が広義現金と、銀行が持つ金利ゼロ近辺の国債を大量に交換しても直観的に経済に影響はなさそうだが、日銀の国債購入代金が銀行の日銀当座預金を増やしていけば、「銀行はポートフォリオを元に戻そうと貸出を増やすはず」とか、「いつかは国民のインフレ期待が高まるはず」とかリフレ派は想像（妄想）力豊かな主張をした。

　マネーストック起動型で考えるMMT派が、「日銀がベースマネーを増やしても、資金需要がなければ貸出が増えないからマネーストックも増えない」と指摘したのが、現実の因果関係を捉えていたのを異次元緩和の実験が示した。この実験が始まった時、生前の池尾さんと、「日銀が異次元な量の国債を銀行から買えるのは、マネーストックを増やさず経済に影響しない政策だから」と認識が一致した。

でも、「だからリフレ派の主張は意味がない」とも言えない。銀行が持つ国債が減って、金利上昇による銀行バランスシートへの影響がたいした問題でなくなる意味はあった。日銀が持つ国債が増えて、政府が国債の利払いや返済をする相手が日銀になり、国債費の負担が日銀納付金として政府に還流するのでたいした問題でなくなる意味もあった。

　国債発行で政府の経常費用を賄うべきとするMMT派が、「政府が発行した国債を銀行が買い、政府が得た資金を使えば使った相手の預金口座に国債発行と同額の預金が生まれるので、国債発行に制約はない」と主張すれば、「発行し過ぎれば金利が高くないと銀行は買ってくれないのが制約になるだろう」と素朴に思う。国債の日銀引受けを財政法が禁じているのは、この制約を壊すからである。

　でも銀行が、「どうせ日銀がすぐに買ってくれる」と思えば、国債購入の心理的制約は軽くなる。結局、リフレ派とMMT派という一見対極的な派閥は、財政破綻の歯止めになる制約を壊す戦いでは共同戦線を張っている構図が、池尾さんと、「MMT派のほうが現実の因果関係を捉えているけど財政規律への影響まで考えると丙丁つけ難い」と議論した背景だった。異次元緩和の意味は、日銀引受けを禁ずる国債発行の制約を壊したことにある。

　まあしかし、世間はこの手のマニアな議論には関心ない。数年前に地方ホテルのロビーで地方紙の社説を読んで絶句した。「相続により地元銀行の預金が都会の銀行に流出するのは、地元にとって貸出の原資が減る深刻な問題だから規制すべき」。問題は、都会に出た子供が親が死んでも地元に戻らず資金需要が減ることであり、預金が減って貸せなくなることではない。「預貸率をご覧になれば無用の心配と分かりますよ」と言いたくなるが、社説の書き手には、預金が貸出の原資という固定観念が依然根強く刷り込まれている。

　前回から預金の生まれ方を省みているのは、資金需要によりマネースト

ック＝通貨量が増えるバブル崩壊以降の現実の因果関係を明確に認識させてくれた池尾さんの訃報に遅れて接したのと、コロナに備えて現預金を両建で確保するためとはいえバブル崩壊以来の規模で企業の資金需要が戻り銀行の貸出が戻ったからである。

　全銀協の昨年（2020年）来の貸出と預金の伸び率統計の棒グラフを見ると、両者が相似形で伸びており貸出が預金を生んでいる様子が伺える。ただ、コロナは同時に消費を急減させ、前世紀末の金融危機以降ゼロ近辺まで下がってきた貯蓄率を１割まで反転上昇させた。貯蓄率上昇には全国民一律10万円給付の影響もある。かくて、貸出が生む預金と、量的にはより少ないが消費しなかった結果としての預金が共存している。

　そして、地方紙の社説と同じく、全銀協の解説にも絶句した。「銀行は基本的には、預金として集めた資金を貸し出すことによって収益をあげている」。もちろん貸出は資金需要にも依存すると、ついでのように書いてはいる。が、貸出の前提として預金を集める必要がありそうに読めるのは、銀行の集まりにしてはやけに銀行実務を的確に反映してない解説だなあと思う。でもこれは、前回冒頭の私と同じく、因果関係を的確に示してないと自覚しながら長年変えられずに使わざるを得ない言い回しなのだろう、と好意的に解しておくとしよう。

第 40 章

新境地？ (242〜250)

長く連載が続くと、「そろそろ本にまとめては」という展開になり、ならば足元の連載も新境地を開いて締めようかという気持ちになるが、気持ちだけでは文章は変わらない。「人間らしく生きられる豊かで公平な社会とは？」「通貨と銀行と国債の関係と変遷と展望は？」「日本のコロナ対応って結局は？」と締めるにふさわしそうな本質的テーマをさまようが、簡単な答えは見つからない。

242　モンスター身障者──わきまえる意味

改正バリアフリー法の要請にJRが応えているかを無予告で突撃実験した車椅子女性のブログが、わきまえないモンスター身障者として炎上した。活動家女性にはあんまり共感できないが、身障者にわきまえを求める論評にはもっと共感できずに気持ちを整理する。バス席の移動を拒んでローザ・パークスはわきまえない黒人になり、弱者も公平に生きられる社会へとアメリカは前進した。

243　論理を突き詰める時

「コロナで死ぬ可能性が高い高齢者だけが自粛すればよい」という主張は、弱者が公平に生きられる豊かな社会の理念に反する。ただ、コロナ死者は70代以上が9割、60代以上が97％の現実には理念も揺らぐ。年代を問わず命は平等だから死ぬ可能性が高い高齢者がワクチンを優先接種するのが公平なら、高齢者未満と自粛に差をつけるのもまた、公平の論理を突き詰めた帰結になる。

244　人格の変容

コロナでわきまえを強いられて生きる人たちの人格が変容し、わきまえてないように見える人たちへの攻撃が激化する。わきまえ攻撃隊

と、PC（ポリティカル・コレクトネス）やコンプラを拠り所に攻撃する自警団の構図は違わないが、わきまえを強いられた挙句の人格の変容なら、強いる政策を変えなきゃとは思う。ただし、わきまえを強いられた自覚がなくてもダークサイドには堕ちやすい。

245　富士山宝永噴火の頃

　東日本大震災の直後に復興増税を決め、続いて消費増税を決めた民主党野田政権と財政再建論議ゼロの最近の政権を比べると、元大蔵官僚の私は野田政権のほうが責任感があったと思っていると思われているとは思う。ただ同時に、大蔵省に入る前から「日本の財政は破綻寸前」と警告してきた大蔵OBの野口悠紀雄教授はさすがにオオカミ老年かなとも思うから、考える材料を歴史に探す。

246　坂の上の雲の頃

　勝てるはずないアメリカに真珠湾攻撃をしてしまったのは、「日本海海戦のパーフェクトゲーム体験を過信したから」という類の失敗の後知恵講釈を好まない。より一般的に失敗した人間や組織を、「最初は良かったのに次第に堕落して」ともっともらしく裁く論法も好まない。失敗者のほとんどは失敗したから裁かれており、一見自明の失敗が長い目で見て本当に失敗かさえ、往々に定かでない。

247　変わるもの、変わらぬもの

　通貨の価値は金銀の価値とみんなが考えた時代は、含有量を減らせばインフレになったが、次第に政府が通貨と決めてみんなが信じれば価値を持つトートロジー構造に変わった。バブルやインフレは変わらぬ人間の性に見えるが、繰り返しているうちによりましな対処法を見つけて人間は変わる。でも、国債発行を通貨で賄って政府負担を減ら

すこの国の対処法が変わる道筋は見えにくい。

248　出口なく引き返せない道

　内国債の発行は基本的には将来の国民の負担にならないとしても、インフレや金利上昇が警告してくれない中で事実上の日銀引受けが増える状況をどう認識するのが的確かはそんなに自明ではない。脈があるアメリカ経済と脈を失った日本経済を比べ、因果応報の道徳劇はやはり避けたいと思ったり、誰がなにを言おうがなるようにしかならない変われない国なのだと諦観に囚われたりする。

249　変化への耐性（上）

　これまでもこの国は、労働の流動性が低いとか、労働条件を多数決で決めるから成果主義に変わる痛みに耐えられないとか書いてきた。変化への耐性が弱いというのも言い換えみたいだが、目先の痛みに耐えられないから現状維持を指向する国民性とは言える。成果主義の報酬しかもらえない肉体労働の職を、家を失った高齢労働者がひたむきに転々とするアメリカ映画にしみじみ惹かれる。

250　変化への耐性（下）

　歴史は必然の道をたどるしかないのか、人間の意思により変えられるかを長く論争してきたのは、時と所によりどっちも正しく見えるせいだと思う。歴史的必然が貫徹しない時と所があるなら、やらないよりやるほうがよいことを、考えないより考えるほうがよさそうではある。長く連載を続けてもちっとも前進していないようでもあるが、ほそぼそと考えて書く営みは続けたいと願う。

242 モンスター身障者──わきまえる意味

この（2021年）春、家族と旅する車椅子の中年女性はJR小田原駅で、「熱海駅で乗り換えて伊東線の来宮駅まで行きたい」と駅員に告げた。駅員は、「来宮は無人駅でエレベーターもないので、熱海駅からタクシーを使ってください」と答えた。女性は公共交通機関の鉄道で来宮駅に行くと主張し、隣の熱海駅から介助の駅員を派遣して来宮駅の階段を降ろしてほしいと求め、「そのような対応はできません」と主張する駅員と押し問答になる。

でも、熱海駅に着いてみれば駅長以下4人の駅員が待ち構えていて来宮駅まで同行し、女性の介助の求めに応じた。この顛末を「JRで乗車拒否に遭いました」と紹介した女性のブログは、「事前にちゃんとJRに連絡しろ」「駅員4人の仕事を邪魔したならちゃんと謝罪して感謝しろ」と激しく炎上した。わきまえないモンスター身障者の無法行為というわけである。

乗降客が少ない来宮駅は法律上バリアフリー設備（エレベーター）の設置義務がなかったが、この春施行した改正バリアフリー法により設置対象となり、直ちに設置できなければJRに「合理的配慮」を求めている。階段がある無人駅で車椅子利用者に合理的配慮をするには、隣の有人駅から介助の駅員を派遣して階段を降ろすしかない。女性の行為は無法どころか、JRが新法を的確に施行しているか家族旅行を兼ねて実験したのである。

「でも普通の人間はそんな実験はしないだろ」と普通の人間は思うが、社民党の活動家として長くバリアフリー推進に携わってきた女性は、普通の人間でない。小田原駅で戦闘的に駅員と押し問答しながら、シンパのメディアに「乗車拒否に遭ってます」と電話しまくるから、熱海駅長以下4

人による配慮を引き出した。

　活動家の仲間を炎上から守ろうと興奮した社民党は同種の活動家ばかりを集めて、「我々が努力してきた経緯に無知な暇人は黙れ！」と炎上投稿を批判したから、もちろん共感を集められずに社民党も炎上する。一方、多くの全国の身障者は、「新法の権利とはいえ、事前にJRに連絡して駅員に配慮するのが、私達が社会と共生していくために必要です」と無予告突撃した活動家の女性を批判した。

　さまざまな意見のいずれもが、自分の気持ちにぴったり合わずにこの文章を書いている。炎上投稿に多い「新法が身障者に配慮し過ぎ」という主張には、もとよりよかれと思って金融分野の法律を作ってきた民主主義者として、「国会決議を否定する気ですか？」と共感しない。アメリカの街を歩いて心和むのは、車椅子利用者が1人で公共交通機関を使って悠然と行動し、介助が必要な局面では過不足なく介助者が現れる風景になる。事前連絡は必要ない。こうした社会になったのは、かつてモンスターと呼ばれたわきまえない身障者が声をあげたからに他ならない。

　声に答える社会はコストがかかるが、努力だけでは報われない身障者が公平に暮らしていくためのコストは負担するのが、豊かな先進国の条件である。もっと言えば、社会が豊かになる意味は、努力しても報われない弱者も公平に人間らしく暮らせるからである。その意味で、活動家の女性を批判するわきまえた身障者は、もとより活動家の女性より人間としてはつき合いやすいが、豊かな社会にはブレーキをかけている。

　アラバマのバス運転手から黒人用の席に移れと言われたローザ・パークスは移動を拒んで逮捕され、わきまえない黒人になった。それまでにも移動を拒んで逮捕された黒人は大勢いたが、犯罪歴があったり未婚の母だったりと今ひとつ普通の国民は共感しにくい。ローザは知的で凛とした職業主婦だから、公民権運動のシンボルにふさわしい（**25　デトロイト、破綻の風景**）。普通の国民の共感を集めないと、運動が社会で力を持ち得ない

とキング牧師は考えた。この戦略眼を、仲間を炎上から守ろうと興奮して共感集めに失敗した社民党は学び、豊かな社会を目指す今後の活動を効果的に進めていくために活かしてほしいと思う。

243 論理を突き詰める時

「社会が豊かになる意味は、努力しても報われない弱者も人間らしく暮らせるからである」とバリアフリーにつき前回書いたのは、ムンバイでバスの運転手に叱責されながら乗り込むのに難渋する義足利用者を見た後に、ロサンゼルスでバリアフリーバスに楽々と乗り込む車椅子利用者を見た記憶に基づく。無論、弱者は身障者に限らず、単に高齢で足が弱っても公共交通機関が充実して外出に難渋しないで済むなら豊かで公平な社会になる。

さらに、経済的な弱者を公平に扱うのも豊かな社会の条件に他ならない。バスの運転に要するスキルはムンバイでもロサンゼルスでも大差ないが、ロサンゼルスの運転手のほうがはるかに高い所得を得る。運転手になったのが本意でなくとも、社会が豊かならそこそこ人間らしく暮らせる。この信条ゆえ、「コロナ感染して死ぬ可能性が高い高齢者だけ外出自粛すればよい」という主張は、弱者を公平に扱ってこそ豊かな社会と気づけない感性に違和感を覚えてきた。だが今、その違和感そのものが正しかったのか揺らいでいる。

メディアは相変わらず感染者数ばかりを報じるが、経済回復の重度の停滞からは、死者の年代に着目して社会の対応を考える局面を迎えた気もする。国内の累計死者数が1万人を超えた時点で、年代別に最も多いのが80代の44%、次いで70代と90代がともに23%と、70代以上で9割を占める。60代以上に広げると97%になり、結局、感染して死に至るのは高齢者で、高齢者未満は基礎疾患がない限りは感染してもほとんど死なないと総括し

て差し支えない。

　90代なら男女ともに平均寿命を超えており、80代の男のほとんども平均
寿命は超えている。何歳でも死ねば家族は悲しむが、長く生きてくれたと
いう思いは悲しみを和らげる。とは言え、「だから高齢なら死んでも仕方
ない」とはならないから、ワクチン接種順は医療従事者に次いで高齢者に
なっている。高齢者に次いで高齢者施設の従事者なのは、高齢者に感染さ
せると死亡リスクが高いから理に適う。でもそうなら、高齢者と同居する
家族も優先接種しないと論理は一貫しない。そして、高齢者と高齢者に感
染させる可能性が高い者を優先接種する論理は、外出自粛対象者を選ぶ論
理にもなる。

　ワクチンの接種順にもさまざまな考え方があり得る。コロナ治療に携わ
っていない医療従事者まで優先するのは海外からは理解不能な日本固有の
ルールだが、日本固有の面倒な政治力学に由来する。その後は、これから
の日本を担う子供の命を優先すべきという考え方も、これまでの日本を担
ってくれた高齢者に感謝して優先すべきという考え方もあり得る。ただ、
年齢を問わず命は平等の前提に立てば、高齢者は感染すれば命を失う可能
性が高い事情が決め手にならざるを得ない（231　避難と接種の順）。

　そして、そもそも感染して命を失う可能性を低めるには、「高齢者と高
齢者に感染させる可能性が高い者が外出自粛してください」と公平な社会
の信条に反する要請が必要になる。車椅子の身障者でも公平に外出できる
ようバリアフリーを推進してきた政策とも整合しない。でもこれは、年齢
を問わず命は平等な前提に立った論理的帰結である。そして、感染しても
ほとんど死なない高齢者未満には自粛要請を緩和するところまで論理を突
き詰めないと、社会のほうが壊れてさらに大量の経済的な弱者を生みかね
ない。

　ワクチン接種が順調に進み平時への早期回復を展望しているアメリカを
眺めれば、「国内でワクチンを作れる国は強いな」とは思うが、作れない

国は作れないなりの有事対応が必要になる。結局、今回のコロナでもまた、「アメリカみたいに失業者が急増し医療が崩壊し分断が進む国じゃなくてよかった」と感じたのはほんの一時に過ぎなかったのを改めて痛感する。

244 人格の変容

　改正バリアフリー法の施行状況を確認しようと無予告でJRに手間のかかる介助を求めた身障者活動家のブログ炎上につき前々回に書き始めた際、問題意識を持ったのは、コロナ自粛でわきまえる生き方を強いられる局面が続くと、元来は善良な人格まで変容し、わきまえなく見える生き方への匿名攻撃が激化する現象のほうだった。でも論旨は、豊かで公平な社会の条件とはなにか、豊かな社会を目指す意味はなにかと長年抱いてきた信条に展開し、その信条がコロナからの経済回復の停滞により揺らいで、感染してもほとんど死なない高齢者未満への自粛緩和を求める前回に続いた。今回は始めの問題意識に戻る。

　身障者活動家のブログ炎上は、社会に迷惑をかけずに共生すべきなのに、迷惑を求めるのはわきまえてないとの反応だが、法律上の権利を攻撃する感性に抵抗しようと豊かで公平な社会の信条へと展開したらしい。これまでも、PC（ポリティカル・コレクトネス）を拠り所に攻撃する社会は生きづらいな、でも標的がトランプなら仕方ないか、とか、コンプライアンスを拠り所に自警団が攻撃する社会は、イノベーターの活動を抑える副作用が看過できないな、とか書いてきた。平凡な人たちがPCやコンプラを拠り所にすると非凡な人たちを攻撃できるのが、健全な社会とも思えない（31　もしトラ、186　コンプラ自警団、187　デジタルタトゥー）。

　コロナ下で増殖するわきまえ攻撃隊も構図は違わないが、元来は善良な人格なのにわきまえる生き方を強いられての変容なら、わきまえる生き方

を強いる政策のほうを変えねばならないと思う。先日も、人格に問題を感じてこなかった野球解説者の発言に驚いた。「ホームランを打ってドヤ顔でベースを回る大谷翔平は、対戦相手に敬意を表するメジャーのマナーをわきまえてない」。

「ドヤ顔」がすでに解説者の主観だが、「感情を現してはいけない」なんてマナーがメジャーのメジャーであるはずもない。百歩譲ってもPC自警団のマナーだろう。今回のコロナでもやはり、「アメリカみたいな国じゃなくてよかった」と思ったのがほんの一時に過ぎなかったと確認させられる中、アメリカでトップを走るまれな日本人の心和む話題に水を差すなよ、と不快感がつのる（注）。

自信満々に独断を展開する高橋洋一さんもまた、「日本のコロナ感染はさざ波」とか、「日本のコロナ対策は屁みたいな話」とかで、わきまえ攻撃隊の格好の標的になった。「コロナで死んだ私の母もさざ波ですか。答えてください」。攻撃するためならどんな話でも持ち出すのも、わきまえ攻撃隊の感性らしい。私は長銀や日債銀の旧経営陣を犯罪者として摘発するために高橋さんが検察に提供した論理が、銀行経営の実相とあまりに乖離しているのを公に指摘した記憶はあるが、権力周りの世界とは無縁に生きてるから興味がなく、内閣参与なのも知らなかった。

でも、うざいことに、元来は善良な女房までわきまえ攻撃隊入りしている。「だいたい泥棒して捕まった奴がなんで内閣参与なの？」「知らねーよ」「財務省で冷遇された怨念でアンチ財務省になったってホント？」「知らねーよ」。「こいつのエラソーでテキトーな話より、あんたの話のほうがまだましだから、後任とかにならないの？」「芸風も生きてる世界も全然違うだろ。オレはほそぼそと自由に生きる。屁みたいな話はやめてわきまえろ！」。今回はコロナ自粛が人格を変容させる現象をほそぼそと考えてみたが、高橋さんにとってはコロナ自粛そのものが屁みたいな話になる。たいていの出来事が屁みたいになる鷹揚なうらやましい感性になぜか不快

感はさらにつのり、女房に続きわきまえ攻撃隊のダークサイドに身を落としてしまったらしい。

（注）　豊かで公平な社会への信条を前々回に整理すると、「この信条ってコロナの経済停滞から脱却できない足元の状況でも生きているのかな」と疑問を覚えて前回の文章を書くと、「前々回に書き始めた時は信条より、コロナ下での社会の病理を考えていた」と今回の文章を書いた。かくて車椅子活動家につき３回も書くとは思わなかった見通しの無計画性が露呈している。結論を決めずに書き始めるからこうなるが、どう展開するか分からないのが面白いから書き始める気になる習性から抜け出せそうになく、結果としての読みにくさは、読者にご海容を請うしかない。そして次回からこの章の最後までも実は同じ無計画性の露呈なんですと予め釈明しておく。

245　富士山宝永噴火の頃

　かつて金融法務事情を率いて私に執筆活動を促した今井明子さんから、「残りの人生はぜんぶバケーションにします」と退職挨拶が届き、「旅先から取締役会にリモート参加したりするオレの半端なワーケーション人生がこのままでいいのかな」と考える。海外に行けないから人生で何度目かの富士山おたくになり、晴れた日にいろんな場所から見ている。

　どこから見る富士山かの一番の手がかりが、東南の稜線のアクセントになっている1707年噴火跡の宝永山であり、例えば羽田空港からは手前の丹沢の大山の上に宝永山の突起が重なる。すると丹沢に邪魔されない富士山が見たくなり、出張帰りなのに三浦半島に向かったりする。1707年は４年前の元禄地震に続き、東日本大震災級の宝永地震も起きた。地震と違い噴火では命が失われなかったのが、東日本大震災と福島原発事故の関係に似ている。もっとも原発の制御困難性が敬遠されたのに対し、江戸の庶民は富士山おたくになり登山者が急増した。

　宝永噴火には、「大地の恵みである金銀の含有量を減らした通貨改鋳への大地の報い」と儒者が主張したりもする。対する幕府の改鋳担当者が、

「通貨は国が決めるんだから瓦礫でも構わん」と言ったのが現代的で面白いが、問題は国が決めたら庶民が信用して価値を維持できるかにある。そのあたりが情報の不足と歴史家の力不足ではっきりしないのがもどかしい。「中野にお犬様屋敷を作ったバカ将軍の浪費を賄うために通貨改鋳したから、庶民は急激なインフレで苦しんだ」のと、「震災復興を改鋳により賄うと通貨量が増え、需要を喚起してマイルドなインフレが実現した」のとどちらが的確な評価か、歴史家は理念で情報を解釈せず、定量的に事実を描いてほしい。

当時のヨーロッパと違い江戸日本は平和だから、幕府は戦費のための国債も償還のための紙幣も発行しなかった。そこで、同じ1720年頃に返済が必要な国債と返済が不要な株式を交換したイギリスとフランスの悪名高い二大バブル崩壊とつい比べたくなる。イギリスとフランスには証券取引所があったが、大阪堂島にはコメの先物取引所があったほどであり、18世紀初めの国力にはまださほどの差はない。

イギリス政府が国債と交換するために用意したのが、スペイン領中南米との貿易を独占すると称する南海会社だった。時価の南海会社株式を国債と交換するので、株価が上がるほど多くの国債と金利が得られて株価がさらに上がるトートロジーになる。フランス政府が国債と交換するために用意したのが、フランス領ルイジアナの開発と貿易を独占すると称するミシシッピ会社だった。こちらは株価上昇だけを煽る詐欺に近い南海会社と違い、中央銀行が発行する紙幣で配当を払った。この紙幣は金貨や銀貨に兌換できないが、別に今の不換中央銀行券と変わらない。

両社とも事業実体がないから株価上昇はいつまでも続かないが、イギリスの中央銀行が南海バブルに加担しなかったのに対し、フランスの中央銀行はミシシッピバブルを続けようと通貨発行を続けたから、通貨への信用まで失われてインフレになった。両国とも一般に株価バブルの崩壊として認識されているが、フランスの場合は株式を介して国債を政府負担がない

通貨にする試みだったと言える。

　その意味で、同時期の江戸日本より、銀行が持つ国債を日銀が通貨と大量に交換して政府の負担を減らす今の日本に近い。東日本大震災の直後に復興増税を決め、続いて消費増税を決めた民主党野田政権は、財政再建論議ゼロの最近の政権と対照をなす。将来の歴史家が両政権をどう評価するのか、江戸日本と違って情報には不足していない（注）。

（注）　本稿から本章の最後（250）までは、出来事が時代順に現れないのと、「銀行が持つ国債を日銀が通貨と交換する」という省略表現が分かりづらいので予め重複をいとわず補足しておく。通貨価値が金銀の価値とみんなが考えた16世紀のイギリスでは、ヘンリー8世の金銀含有量を減らす改鋳によりインフレになり、娘のエリザベス1世による含有量回復でインフレは収まった。同時代のスペインが中南米で発見した銀（通貨）がヨーロッパに流入するとやはりインフレになり、一律でなく供給しにくい商品ほど急激に値上がりしたのは、通貨量の増加と商品ごとの需給事情の影響が合わせて現れている（163　通貨量と物価）。

　　経済成長に金銀の量が追いつかないと紙幣で補ったが、紙幣を金銀に兌換したのは通貨発行の節度を保ってインフレを避けたい願いによる。本稿のフランス中央銀行が不換紙幣を大量発行してインフレになったのは時代を先取りし過ぎていたが、発行の節度を保てばミシシッピバブルをほどほどに抑え、不換紙幣も信用されて普及したかもしれない。

　　通貨発行を中央銀行が保有する金の量に連動させる金本位制の時代が世界経済の黄金期と評されるのは、金本位制の節度が安定した経済成長を可能にした因果関係よりも、技術革新が進んで経済成長したから金本位制の節度が有効に機能した因果関係のほうが強かったように見える。19世紀半ばにカリフォルニアやオーストラリアで金が大量発見されても16世紀の銀と違いインフレにならなかったのは、経済成長により吸収できたからである。

　　異次元緩和は先立つ量的緩和に比べ、日銀が長期債を含む異次元な量の国債を銀行から買って金利を管理している。本稿の「銀行が持つ国債を日銀が通貨と大量に交換して政府の負担を減らす今の日本」の通貨とは、まだ日銀券にはなっておらず、国債と交換して積み上がっている銀行の日銀当座預金であり、これも広義の現金だから通貨と省略表現している。ただ、日銀当座預金は市中（家計と企業）に出回る通貨＝マネーストックではないから、分かりづらい省略表現には違いない。

　　政府が国債費として利払いや返済をする相手が銀行から日銀になれば、

日銀納付金として還流するから政府の負担は減っている。日銀当座預金を銀行が引き出して日銀券になれば市中に出回る通貨量＝マネーストックが増え信用も低下してインフレになるはずだが、前段階にとどまっているのは物価も金利も動かないから低利でも当座預金に付利されるほうが、銀行にとってましだからである。

インフレになると日銀当座預金が低利のままでは銀行が引き出して使わざるを得なくなって日銀券化するから、日銀券化を避けようとすれば日銀は当座預金の付利を上げねばならない。所有国債の金利と当座預金の付利の逆ざやが広がれば、日銀の財務は破綻する。インフレ目標を掲げている日銀が、目標が実現したら一番困るからインフレだけは避けねばならない。国債と交換し過ぎたために、事実上の日銀引受けを続けて金利を管理し続けねばならず、異次元緩和に出口はない。

物価も金利も上がるエネルギーを失って警告する役割を果たせない背景には、経済成長するエネルギーを失った事情があり、さらに根底には変化への耐性が弱い国民性がある。元大蔵官僚の属性として民主党野田政権のほうが、復帰後の自民党政権より将来への責任感が強いと感じてきた。が、責任感だけでは評価できない政策領域に至ったのが、通貨と銀行と国債の関係と変遷と展望を改めて試みる契機になり、政権への評価は予断を避けて中立を期している。

246 坂の上の雲の頃

三浦半島から富士山を見た帰り、横須賀で途中下車して港で日本海海戦の旗艦だった三笠に乗る。日露戦争の帰趨を決めた海戦の現場より先に講和の現場のポーツマスを訪れていたのは、日本人の旅の順ではないかもしれないが、東郷提督の敵前回頭を想像したりして愛国心が高揚したくなかった。「そういやあペリーが上陸したのも近くだな」と遅まきながらうろうろする。

渋沢栄一の大河ドラマに、「いつまで攘夷の時代やってんだよ。早く明治にして大蔵省に入り印刷局や造幣局を作れ。そしてとっとと辞めて第一銀行や東証や株式会社を続々作れよ」と思うのは、無論経歴による好みの偏向である。ドラマが紹介していたように開国により金（きん）が大量に

国外流出し、やむなく通貨改鋳して含有量を減らしたらインフレになったのが、攘夷が燃えた経済的背景になる（注）。

大航海時代にスペインが新大陸で発見した銀がヨーロッパに流入してインフレになり、同じ重さの金銀の比価が金１：銀15になった。銀が流入しないインドは昔ながらの金１：銀10のままだから、裁定取引でインドからイギリスに金が流入して金本位制を確立する基盤になる。開国時の日本の比価は金１：銀５だから大量流出は必至であり、明治は金に乏しい状態で始まらざるを得なかった。そこから民間の資産家に通貨発行する銀行を作らせたり、通貨発行権を日銀に集約したりして、日清戦争で国家予算３年分の賠償金を得た19世紀末にようやく日本も金本位制になる。先進国の仲間に入り、外国から資金調達する資格を得た。

300年前の富士山宝永噴火や英仏の悪名高い二大バブル崩壊は、国力にさほどの差がなかった時代と前回書いた。が、18世紀後半からイギリスは産業革命に入る一方、バブル崩壊＋インフレの痛手がより深かったフランスは政治革命に入る。19世紀初めにナポレオンが退場すると、世界経済を主導するのは明確にイギリスになっていた。

この頃のイギリスの通貨主義と銀行主義の論争は、今に至るまで200年も続いている。通貨主義はインフレを心配して通貨供給を厳しく抑え、銀行主義は経済成長に応じた通貨供給ならインフレもバブルも心配しない。金と通貨の交換相場を固定して中央銀行が保有する金の量に発行する通貨量を連動させる金本位制は、通貨主義を体現した。

国内に資金がない日本は、ロシアと戦うには外国から借りるしかない。金本位制になって調達資格を得てもロシアに勝てるかは別問題だから、日銀副総裁として高橋是清がロンドンで外債発行に奮闘するさまは、『坂の上の雲』にも登場する。とは言え司馬遼太郎がこの物語を書いた理由は、海戦史上空前のパーフェクトゲームが最後に控えているからに尽き、そこで読者もカタルシスを味わう。

ウラジオストクへの戦艦逃げ込みを許していたら、大陸の陸軍が孤立して戦争遂行財政余力が尽きたかもしれない。負けた日本から私の祖父の世代は連行され父の世代はシベリアで生まれたかもしれない。東郷提督から末端水兵に至る各人が団結し最大限の力量を発揮してパーフェクトゲームを遂行したのは、日本近代史の頂点とさえ評される。

　でも、外国から借金して外国から軍艦を買って対馬沖で戦うって、ちょっと滑稽ではないかな、という感覚は持っていたい。三笠もイギリス製になる。そしてポーツマスで賠償金を取れなかったから、第一次大戦後まで外債の返済負担は続く。そこに関東大震災が起き、世界恐慌前に金融恐慌が起き、世界恐慌の始まりと同時に第一次大戦で停止した金本位制に復帰して緊縮財政が続いたから、何度目かの蔵相として登板した高橋是清の国債日銀引受けによる積極財政を歴史家は高く評価する。でも、この評価って、途中で青年将校に殺されたからではないかな、という素朴な疑問も忘れたくない。「日露戦争までの日本はよかった」という通念を、簡単に受け入れたくはないのである。

　（注）　明治維新後の脱亜入欧の経済と政治の担い手だった渋沢栄一と伊藤博文がともに異人館焼き討ちに情熱を燃やした攘夷の時代は、大河ドラマでも簡単に描写してくれれば結構と思う。が、幕末に攘夷が燃えたから、欧米列強に中国ほど組みしやすい相手でないと認識させたとは思う。が、だから順調に歩んだ帝国主義の道を引き返せせずに真珠湾攻撃に至ったとも思う。が、だから徹底的に負けて平和な民主国家として再生し経済的にも世界のフロントランナーになれたとも思う。が、バブル崩壊後30年以上も経つと、歴史のIFを追う頭の体操にもさほど関心が向かわなくなる。

247　変わるもの、変わらぬもの

　通貨や銀行や国債が、時代によりどう変わるか変わらないかを確かめようと書いている。通貨の価値は金銀の価値とみんなが思っていた時代は、金銀の含有量を減らす改鋳により、通貨価値が下がってインフレになっ

た。カトリックに反抗して戦う費用を賄うヘンリー8世の通貨「悪鋳」に対し、娘のエリザベス1世は含有量を回復した。

経済成長に金銀の量が追いつかないと、金貨や銀貨の両替商が発行する預り証が通貨として使われる。そして、金貨を預けてない者にも預り証を渡せば、通貨を貸したことになる。「無から通貨を作るなんてインチキじゃね?」「それで経済が回るならオッケーじゃん」と論争が起きた。無から通貨を作っても、預り証を持参した金貨引き換え要求が一時に両替商に殺到しなければ経済は回る。

両替商が銀行になり、預り証が紙幣になると、銀行が発行する紙幣を金銀に兌換したのは通貨発行の節度を保ってインフレを避けたい願いの現れになる。今ではすべてが不換紙幣になり、通貨への信用が政府や中央銀行への信用に依存しているのは、ヘンリー8世やエリザベス1世の時代とずいぶん変わった。だが、ヘンリー8世による通貨価値の下落をポンドの手取りが増えた輸出業者が歓迎し、エリザベス1世による通貨価値の回復を輸入価格が安くなった庶民が歓迎した構図は今も変わらない。

同時代のスペインが新大陸で発見した銀がヨーロッパに流入するとインフレになったが一律ではなく、供給しにくい商品ほど激しく値上がりしたのは通貨量の増加と商品ごとの需給の影響が合成して現れている（**163 通貨量と物価**）。カトリックの守護者を任じたフェリペ2世は新大陸の銀と商人からの借金（国債）で無敵艦隊を作ってエリザベス1世のイギリスを攻めたが、海戦史上日本海海戦のロシアに次ぐほどの惨敗になる。エリザベス1世のほうは手下の海賊にスペイン船を襲わせて奪った銀で、海外交易を始めた。起源が海賊でも東インド会社への出資が時代を下るにつれ増えていくさまは、ケインズにも印象的だったから複利計算による資産増殖の事例にあげている。

スペインが新大陸で発見した銀は戦費になり、王の借金を可能にするほど商人からの信用を高めたが、戦争ばかりに使っていては国力に貢献しな

い。楽に通貨を手に入れたスペイン人の勤労意欲は衰え、外国からの贅沢品買いに耽溺してスペイン経済成長の足を引っ張ったとされる。一方、海賊が奪った銀でも交易に使えば（交易を迫られた側の迷惑は別として）国力は高まり、「太陽の沈まぬ帝国」とは次第にスペインからイギリスを意味するようになる。

大英帝国の存在感が増した19世紀初めに、通貨主義と銀行主義が先ほどの無から通貨を作る限界論争の延長戦をして、金本位制は通貨主義を体現したと前回書いた。キンドルバーガーの『金融危機の歴史』は、「通貨主義はマネタリスト、銀行主義はケインジアンみたいなもの」と緩くたとえ、どっちが正しいかは時と所によると達観する。銀行信用による通貨量の増加がバブルを加速し、崩壊してパニックに陥る変わらない人間の生態を、キンドルバーガーは同情と諦観を込めて描く。とともに同じ失敗を繰り返すうちにバブル崩壊に対する最後の貸し手の中央銀行の役割を認識して変わる人間の創意も描く。

バブル崩壊と並ぶ金融危機のハイパーインフレも、キンドルバーガーは同じく同情と諦観を込めて描くが、日本でインフレらしいインフレは中学生だった石油ショックを最後に生じていないので、バブル崩壊ほどの切実感は抱けない。物価も金利も上がるエネルギーを失った状況では、政府の経常費用を通貨で賄ってもオッケーじゃん、とするMMT派を、非常識で無責任と一刀両断にするだけでは説得力も覚束なくなった。国債発行の負担を通貨で賄う現実がすでに進行し、財政が事実上MMT化する中で歴史に手がかりを探している。

248　出口なく引き返せない道

内国債の負担の議論はちょっとややこしい。日露戦争の戦費のかなりは外債で賄ったから、戦後に外国に返済すると日本の所得が減る負担が生じ

たが、内国債なら政府が国債所有者に返済しても国として所得が減る負担は生じない。もとより内国債の日銀引受けで戦費を賄った第二次大戦では国民の消費が減る負担が生じたが、民間（国民）が使う消費が減って政府が使う戦費が増えたので日本の所得は減ってない。

　戦時中は配給統制で国民に過小消費を強いてインフレを抑圧し、増えた貯蓄でさらに国債を買わせた。戦後の6年間くらいで100倍ほどに達したインフレは、供給体制が破壊された状況で戦時中の需要抑圧を解放した反動に、戦後の復興金融債の日銀引受けが相まって生じ、国債発行の歯止めとして日銀引受けを禁じる財政法が生まれた。

　インフレで国債が減価して国債所有者の実質所得が減る負担が生じたのは、政府との関係ではそのとおりである。でも、仮にインフレにならなかったら、政府は増税して国債所有者に返済しなければならなかったのに、そうしなくて済み国債所有者の負担分の恩恵が国民に生じたからやっぱり国としての負担は生じてない。経済学者は、「戦費の負担は戦時の国民が負い、内国債によって戦後の国民に転嫁できない」と表現する。

　だから、「国債残高の増加は将来への負担転嫁」とするメディアの決まり文句みたいな解説は基本的には適切でない。「基本的には」と書くのは、最終的には増税して返済するから、貧しい者は増税されてより貧しくなり豊かな者は返済の恩恵を受け全体の消費性向が下がって国民の消費が減る負担が生じるからである（162　政府の負債による負担とは？）。

　でもその前に、そもそも財政法による日銀引受けの禁止により、際限なく国債残高を増やせない歯止めが効くと期待されてきた。民間に国債引受けを増やしてもらうには金利を上げねばならない。「金利＞成長率」ならプライマリーバランスが黒字でないと、「国債残高／GDP」は発散して財政は破綻してしまう。もとより戦後しばらくのような急速なインフレは、負担が不公平な増税と経済効果は変わらない。

　異次元緩和が始まった時、日銀が銀行から異次元な量の国債を買えるの

は、政策を材料に株や為替を売買する投資家の反応は別として、経済に影響しない政策だからだと思った（**241　預金の生まれ方（下）**）。インフレに影響しない政策だったのはすでに立証済みになる。でも国債発行の歯止めを壊す影響をどう考えるかは、すかっとした論考に出会えない。長期債も含め右から左に日銀が買ってくれるから、銀行は低利でも引受けをいとわない。

　政府が利払いや返済をする相手が民間から日銀になれば、政府に戻るカネになったのだから政府は負担を減らしている。今のところ銀行の日銀当座預金の膨張であり日銀券にはなってないが、付利する金利が上がって日銀の財務を圧迫する歯止めも効いてない。インフレや金利上昇を警告するのが、あたかもオオカミ少年のような様相を呈してしまっている。政府が負担を減らすのを、財政破綻の先送りと呼ぶのはふさわしい表現かな、最後により厳しいインフレや金利上昇を招く因果応報の道徳劇が必ず控えているのかな、と元大蔵官僚にあるまじき想念がさまよう。

　物価が上がれば金利は上がり、日銀が所有する国債の金利と日銀当座預金の付利の逆ざやが広がれば日銀の財務は破綻する。物価が上がるのに日銀が付利を上げなければ、銀行は投資資金を供給するために日銀当座預金から引き出さざるを得ず日銀券が増えてインフレになる。日銀が国債と交換し過ぎた広義現金が、日銀当座預金にとどまっていても日銀券化しても、インフレだけは達成してはならない目標になった。

　「FRBはどこまでのインフレなら許容するか」なんて議論を眺めていると、アメリカ経済には脈があるなと思う。バブル崩壊後は金融引締めを忘れ、量的緩和から異次元緩和へと出口なく引き返せない道を歩む日本経済は、脈を失った生きものみたいに見える。物価も金利も上がるエネルギーを失って警告する役割を果たせない中、「国債残高／GDP」が着実に上がっても誰が警告するでもない（注）。「どうしてこんな国になったのか」を考えるには、金融政策の外にも視野を広げねばなるまい。

（注）　本稿で財政や金融政策を諦観していた（2021年夏）頃、「昨年度税収は史上最高」と公表されたのは意外だった。コロナで消費が急減しても消費税収は、10％への引き上げが平年度化する影響のほうが上回って増えている。全企業の利益が減っても法人税収は、サービス業と中小企業からの税収減を製造業大企業からの税収増が上回って増えている。

　　　コロナで打撃を受けた産業はコロナ前から赤字か、黒字でも繰り越し欠損を控除するから元来法人税収が少なく、製造業大企業からの法人税収増の影響が強く現れた（272　減税による誘導）。リーマンショック時は、エコを名目に製造業大企業が作る自動車や家電の購入に助成する国内需要の前倒しをしてもなお、2年続けて法人税収が大幅に減ったのと影響はずいぶん違う。そして翌年度も史上最高の見通しが続く。

　　　年初の財政の中期展望の半年後にすでにかなりの誤差増が生まれ、楽観的に推移する前提を真に受けると、この誤差増を保てばプライマリーバランスの黒字化も現実的に見える。「なんか変だな。この国でそんな展開になるはずがない」と長年の経験は告げるが、累次の経済ショックのたびに、「今度こそこの国は変われないかな」と妄想するのも私の習性に違いない。ともあれこれまで指摘してきたように、財政を改善しながら、対応する民間収支の悪化が需要を減退させないよう、家計の所得と消費を確保する政策を着実に講じていく必要がある（121　外国人労働者総論、162　政府の負債による負担とは？）。

249　変化への耐性（上）

　緊急事態宣言で近くの新宿の映画館が休業だから県境を越えて川崎に行くのは、バカげてる気はする。でも、アカデミー作品賞の『ノマドランド』を早く見たい。結局、晴れた日に内房を時計回りして木更津まで遠出し、川崎行きのバスに乗った。東京湾アクアラインから丹沢山系に邪魔されない富士山が裾野まで見えるのである。もっとバカげてるって？　私の人生ですから気にしないでください。

　昨年（2020年）4月、アメリカの失業率が一挙に2割に迫り、底辺サービス業の仕事が消えると労働者が有無を言わさずクビになる国の形を改めて寒く感じた。仕事が増えれば先進国なら残業代が割増になるが、仕事が

増えたアメリカ企業は割増残業代を払うより、追加で労働者を雇うのが合理的と考える。仕事が増えた日本企業がまず正規雇用者の残業を常態からさらに増やし、限界に至ると非正規雇用者を雇うのと対照をなす。

逆に仕事が減った日本企業はまず非正規雇用者をクビにし、次いで正規雇用者の残業を減らし、さらに休業させて休業手当を払い雇用調整助成金を申請する。非正規雇用者でもクビにするのは忍びないから、平時から正規雇用者は残業が常態となり、年功賃金が割増になるから、住宅ローンの返済や子供の教育費に追われる中高年社員には恩恵に違いない。

長年、日本のほうが労働者に優しい国だと思ってきた。ただ、アメリカの失業率が次第に下がり、雇用調整助成金による休業者を含む日本の事実上の失業率と違わなくなると、この間の財政負担の意味はなんだったのかと考える。クビになったアメリカの労働者は職探しをしないとならないが、職が見つかれば一息つける。雇用調整助成金により暮らしを維持する日本の休業者は職探しをしなくて済むが、将来が見えない。

『ノマドランド』は、勤め先の倒産などから家を失ったアメリカの高齢労働者が、肉体労働の職を求めて新たな家になったキャンピングカーを運転し、遊牧民（ノマド）のようにアメリカ西部を転々とする。ノマドの肉体労働は年齢も性別も人種も関係なく、成果主義の報酬を得る。アマゾンの箱づめはクリスマス商戦が終わればクビになり、国立公園のトイレ掃除はオフシーズンになればクビになる。人間だから食べ、排泄し、体を洗い、恋もする。

映画は、不安定で厳しい暮らしと同情するでもなく、自立した自由な生き方と賞賛するでもないが、ノマドがさすらうさまに仄かな詩情が漂う。転々と働く場所に形成されるコミュニティでノマド同士が助け合うから生きていけるが、コミュニティの自治を理想化もしていない。「この生き方が好き」と言う初老女性の主人公に姉は、「あなたには、子供や孫に囲まれて暮らす私の人生は退屈でしょうね」と責めるでもほめるでもなくつぶ

やく。

　ノマドはアメリカでも決して普通の生き方じゃないから映画になるが、決して社会の変革を求めるヨーロッパ風社会派映画にならないのがアメリカならではと思う。「じゃあなにを訴えたい映画なの？」と問われても答えようとすれば月並みな言葉しか浮かばないが、ノマドの生き方に惹かれて「また見たい」とは言える。そして、「この物語を日本に翻案しようと試みてもうまくいきません」とも言える。

　これまでも、日本は労働の流動性が低いとか、労働条件を多数決で決めるからいつまでも成果主義の痛みを避けて変われないとか書いてきた。「変化への耐性が弱い」というのも言い換えみたいだが、昨日までと同じ仕事を同じ条件で続けたいだけでなく、より広い視野からも捉えられる。後期高齢者の医療費自己負担を現役世代並みに3割に変える痛みには耐えられず、所得に応じて2割にとどめる。年金支給開始年齢を70歳に変える痛みにも耐えられず、先に雇用のほうを延ばそうとする。赤字のもの作りもやめられず、日本と同じ仕事を続けたいから海外進出する。

　前回、インフレを懸念するアメリカ経済には脈があるが、日本経済は脈を失った生きものみたいと書いた。アメリカ経済に脈があるのと、家を失ってキャンピングカーを運転するノマドが肉体労働の仕事とコミュニティを転々とさすらうのは裏腹の現象なのかもしれない。そして、日本経済が脈を失ったのと、変化への耐性が弱い国民性は裏腹の現象かもしれないと感じて書いている。

250　変化への耐性（下）

　「コロナの影響がアメリカみたいな国じゃなくてよかった」と思ったのは、昨年（2020年）4月の失業率が一挙に2割に迫った時だけじゃない。ブロンクスやクイーンズの貧困3密アパートでクラスターが爆発し、足り

ない人工呼吸器に悩む医師にニューヨーク市長は、「君が残す命を選べ！」と覚悟を迫る。貧しいから死ぬ、先進国にあるまじき事態にオバマケアの是非が再び問われ、「制度拡充を通貨発行で賄え」とMMTを信仰する左派は叫び、「いいかげんもう廃止しちまえ」と右派が叫び返し、「日本じゃないんだから通貨量が増えるとインフレになるぞ」と中立派が警告する。FRBがなりふり構わずジャンクボンドを買いまくると宣言すれば株価は反転上昇するが、クビになった底辺サービス業労働者の暮らしになんの関わりもない（付録3　銀行行政の四半世紀）。身障者には世界一配慮するが、貧困者は自己責任だから国民の分断が進むのは、依然アメリカの最重要課題に違いない。

　でも、失業と医療体制は元に戻り、ワクチン接種が進んで正常社会への復帰を展望しているのを見れば、この間の混乱は、正常化へのエネルギーだったとさえ感じる。対する日本で、「人間は歳をとるほど死にやすい」「コロナ死者の9割は70歳以上である」と言っても事実だから違和感はないが、「だから現状程度のコロナ死者数は許容すべき」と続く三段論法は許されない。「メディアや政治家や厚労省や医師会が私益のために国民の危機感を煽るせいだ」との論評はかなり当たっているとは思う。でも、煽られて反応する変化への耐性が弱い国民性が、より根底にある事情になる。

　これまでの連載でおそらく、どんな政治家も経営者も優れた指導者として評価してはこなかったと思う。政治家や経営者に興味がないのは、彼らが社会や経済を変えられるとは思えないからである。人間の意思によって社会や経済を変えられるのか、歴史的必然に従うしかないのかは依然決着がつかない論争になる。

　「サッチャーの意思がイギリスを変えた」と聞けば、歴史的必然論者は、「サッチャーがいなくとも当時のイギリスの現実からは、国営企業を民営化し労働組合と戦う指導者が必然的に現れ、現実のイギリスがたどっ

た道が実現したはず」と考える。「ゴルバチョフがいなくとも経済が破綻に瀕した当時のソ連末期の現実からはペレストロイカを推進するしか道はなく、結果としてソ連は崩壊したはず」と考える。

　日本のバブルもまた歴史的必然と考えたくなる。土地担保があれば銀行は貸し、貸せば土地の実需が高まり地価が上がってさらに貸し、という自作自演バブルに、「こんなのいつまでも続かない」と先見性を示した少数派の銀行員もいたが、経営者にはなれない。経営者には多数派が現実的と許容する人間が必然的に選ばれるからである（17　**先見性と現実性**）。金融政策が量的緩和から異次元緩和へと出口なく引き返せない道を歩むのも、変化できないから易きに流れるこの国ではそうなるしかない必然的なプロセスと考えたくなる。

　でも、ゴルバチョフと同時期の鄧小平の意思が天安門の若者を殺したから、中国の共産党体制は今も続いているとは言えそうである。破綻に瀕したソ連経済より、着実に前進していた中国経済では強硬策を採りやすかったとは言えよう。でも、国民のマジョリティは民主主義より豊かさを求めているから体制は崩壊しないと見極めて強硬策を採ったのは鄧小平の意思に他ならない。歴史をざっと見渡せば同様に、内戦の荒廃を経たアウグストゥスの意思がローマ帝政を作り、戦国の荒廃を経た徳川家康の意思が江戸幕府を作り、ともに割と出来が良い意思だったから長持ちしたとも言えそうである。

　「話を広げ過ぎだろ」と読者は感じるかもしれない。「変化への耐性が弱い国民性」が変えられない歴史的必然なら、考えても仕方ない。長く続いているこの連載も、一歩も前進していないのかもしれない。でも歴史的必然は常に貫徹するわけでもなさそうではある。やらないよりやるほうがましなことがあるなら、考えないより考えるほうがましかもしれない。そう思って今後もほそぼそと考えていくのだろう。読者には、ほそぼそとおつき合いいただければ幸いです。

第 41 章

見え隠れする大蔵省 (251〜257)

前章までを本にする気だったが、過去の連載を読み返して追記したりしていると時間がかかる。読み返す間も毎週連載が続くと、前章までの文章に限る必要もない気がしてくるが、ならば本気出して読み返さないといつまでも本にならない。オリンピック開催を迎え、コロナ対策が想定外にエスカレートしたり、組織委員会から追放者が相次いだりする風景を描く中に、大蔵省が見え隠れする。

251　泡缶スーパードライ

「政府要請に応じず酒を出す飲食店に、監督官庁を通じて酒屋と銀行が圧力をかける？」変な騒動に、「こんな政策が実現寸前まで行くのは大蔵省感覚を引きずっているせいかも」と思う。と同時に、「アルコール依存症気味でなければ、もっと健康で食欲旺盛に生きられるのに」と痛感する私は、「酒を出す飲食店はどれほど政策的な保護に値するのか」と思うから、焦点がちっとも定まらない。

252　大蔵省感覚の要請？

国税庁が酒屋、金融庁が銀行を通じて飲食店に酒を出すなと働きかける構図にかつての大蔵省を思い出す必要もないが、酒屋と銀行に忖度される予定調和にまったり安住した時代への無意識の郷愁があるかもしれない。無論、銀行行政はさまざまな体験を経て今やまったりとはほど遠い。ただ、銀行法の権限発動根拠がまったりした時代のままなのが、実際の風景への論評をややこしくする。

253　法治国家の作法

コロナ対策で政府が権限行使する根拠が、コロナ対策の特措法か、公正取引一般を確保する独禁法か、役所が所管産業を規制する業法

か、は意識的に区分して議論されていない。本稿の業法への着目を編集担当の鈴木さんが、「鮮やかな伏線回収でした」と評してくれたが、自分が感じていることを過不足なく表現するには試行錯誤して時間がかかる私の物書き習性が現れたに過ぎない。

254　孤独のグルメ

　下戸の設定の松重豊さんが、庶民的な飲食店で独り言をつぶやきB級グルメを虚心に堪能するだけだから、ドラマとすら呼び難い。かつてバイプレイヤーだった松重さんを今のバイプレイヤーたちが囲んで織り成すささやかな食の賛歌の予定調和に、己の生活をささやかに改善しようと思い立つ。この自己満足の誌面の私物化を経れば、より本質的な人間の課題へと向かえる気がしたのだが。

255　裏の裏の裏

　オリンピック開会式の作曲家が、小学校時代に身障者の同級生を虐待したのを後年のインタビューで武勇伝風に発言したのが発覚した。かつて大蔵省主計局の上司だった武藤敏郎事務総長が、虐待と発言の問題性は認めながらも開会式まで時間がないのを理由に辞任を求めないとした判断が、国際人権感覚に無頓着として厳しく批判されるとふと、主計局時代の武藤次長の記憶がよみがえる。

256　真意の濫用

　森喜朗オリンピック組織委員会会長が、「女性は話が長いと蔑視発言した」という印象操作報道で辞任しようとすると、武藤事務総長は翻意を促した。「余計な翻意を促す元官僚こそ辞めろ」のメディアの合唱に、奇怪な印象を禁じ得ない。長年のメディアとの交流から、この人たちこそ役所以上にジェンダー平等に反抗する昭和オヤジ組織と

確信しているから、文章はさらに奇怪な印象を帯びる。

257　国際人権感覚ギャップ

　女性や身障者や異民族の人権への国際感覚と、広告やエンタメ業界に生息するオヤジの日常感覚とのギャップが露呈したのが、オリンピック組織委員会からの相次ぐ追放だった。そしてこのギャップを克服するのは差別に安住するのどかな日本の現実に適応して生きてきたオヤジには容易じゃない、と当たり前の認識に達するまでに、例によって長く時間をかけ試行錯誤せざるを得なかった。

||||||||||||||||||||||||||||||||||||||||||||||||||||||||||||||||||||||||||||||||||||||||||

251　泡缶スーパードライ

　香港のラーメン屋で店員から、「スーパードライあるよ」と言われ、別に好きじゃないけどせっかく教えてくれたならと眠るために立て続けに頼む（80　希望しない投票心理）。「青島ビールとアサヒビールの合弁が深圳で作りたてだから新鮮」って日本語にするとつまらんシャレだと思う。私の両親が出会ったのは両家の主治医が年頃の息子と娘がいるのに気づいたからなので、この主治医がいなければこの世にいなかった。軍医を第一次大戦後に退役して青島の大日本麦酒（現アサヒビール）の近くに開業し、敗戦により帰国する。だから青島の街に着くなり、自らの実存に関わる青島ビールミュージアムに直行した。

　「第一次大戦後にドイツから日本の手に経営が移っても高い品質は維持され、輸出は拡大を続けた。今も青島ビールが国内シェアトップなのはこの伝統の賜物である」と公平に解説している。「当たり前だろ」って、いや、当たり前じゃない解説が多いんですよ中国のミュージアムって。「第

二次大戦中に蒋介石と国民党は重慶に隠れてて共産党だけが果敢に日本軍と戦った」とかね（注）。それはさておき、ミュージアム付属のレストランで青島ビールを立て続けに頼むのは、香港のラーメン屋と同じく、そうしないと致死量に達して眠れないからである。

スーパードライの発売が1987年春と覚えているのは、団塊世代の上司が、「こりゃウマい」とハマったからである。私はハンバーグやポテトサラダや卵焼きを好む子供味覚であり、繊細な懐石料理には舌が追いつかない。そんな私さえ、「これがウマいってのは子供味覚じゃないの？」と疑った。そして数か月後に税務署勤めになり、爆売れするスーパードライにつき所管産業の酒屋と会話する機会が増えたからでもある。「私はウマいと思えないんですけど」「そりゃ酒飲みだからですよ。あれは毎晩缶ビール１本程度の人間が喜ぶもので、大量に飲むもんじゃない」。

やがて近郊のアサヒビール工場から見学のお誘いをいただき、出かけてスーパードライへの同じ感想を述べる。案内する担当者は達観していた。「どの客層になにをぶつけたらハマってくれて稼げるかを試行錯誤する因果な商売ですからね。ヘビーユーザーを依存症にするのが基本路線ですけど、今回はライトユーザーがハマってくれて気が楽です」。

なんだか消費者金融を思い出させる構図だが、己の仕事の業と素直に向き合う正直さに好感は抱く。「どんなビールでもウマいと勘違いできる方法をお教えしましょう。瓶でも缶でもグラス真上の高い位置からこうしてちょろちょろ垂直落下させて注ぐといくらでも泡が作れるからお好みに調節してください」。「おお！　こりゃ便利ですね。ありがとうございます」。

アサヒビールとの次の接触は、第一勧銀と四大証券の総会屋事件や、金融ビッグバンの制度改革や、破綻が相次ぐ世紀末金融危機や、大蔵省接待事件がいっぺんに来た後、リハビリのために東京国税局に勤めた時だった。「アサヒビール〇億円申告漏れ」みたいな記事が出て、専務だか常務だかが情報漏洩の抗議に来たから逆上する。東京国税局の幹部のうち私へ

のメディア取材が突出して多かったのは、金融行政の後日談を語っていただけなのだが、取材が多いのは守秘義務にお構いなくリアルタイムで税務行政動向を語る軽はずみな幹部だと誤解された。

「部下がどこでなにしてるか知らねーのに情報漏らせるわきゃねーだろ。怖い社長に言い訳する証拠作りのためにオレを利用するな！　だいたい中毒物資作って依存症患者を量産する反社会的会社が大蔵省に抗議するたあどういう了見だ！」「こ、国税庁に抗議します」「好きにしなよ」。心を病んでいたのと、長らく酒屋に忖度されるのに慣れていたからこんな応対になったのだと読者に言い訳しておく。

最近アサヒビールは、普通の缶のようにフタが部分的に開くのでなく全開分離すると泡が盛り上がってくる泡缶スーパードライを売り出すと、爆売れして供給不能になった。「つくづく酒飲みはバカだなあ。泡なんてグラスに上から垂直にちょろちょろ注ぎゃあいくらでも作れるのに」とまずは読者に伝えたい。そしてすでに旧聞に属する「酒屋と銀行が飲食店に圧力を」騒動にあまのじゃくが抱いた感想を次に伝える前置きになる。

(注)　中国単独では日本に勝てない蒋介石が、アメリカを日本との戦争に引きこもうと重慶から画策し続けたのはNHKも報じて最近知られるようになった。日中国交正常化の際は中国政府首脳が、「日本が蒋介石を重慶に閉じ込めてくれたから、我々は北方で力を養えた。だから、日本の行動もすべてが悪くはなかった」と素直に語った。最近に至るほど中国政府首脳の発言から素直さが消え、真意の想像が容易でなくなっている。「資産家に巨額の寄付を強要しまくったら、資産家になる意欲が褪せるだろ」とは思うが、この手の現象は資産家が形成された歴史と、今も広がり続ける格差と、現状への国民感情を丁寧に観察して考えないまま軽々に論評できない。
　　日中国交正常化の際はまた、「尖閣って島は話題にすると互いに国民の手前引っ込みつかなくなるから話題にしないようにしよう」と申し合わせ、この知恵が長く日中の友好関係に貢献した。「尖閣が私有地なら都が買っちゃおう」と条件反射の感情で動く都知事が現れるまでは。「だから考えない右翼政治家って国民を不幸にするんだよ」と生理的に受け容れられない（227　あえて旅して気づく（下）（注））。
　　ウクライナでも、支持してくれる国民の期待に条件反射する大統領が明

確にNATO加盟を目指したから、ロシアを刺激し結果として国民を不幸にする。ウクライナ国民の不幸は一刻も早く終わってほしいと人間の感情は願うが、ロシアが納得する形での早期終結は、台湾侵攻を辞さない中国を抑止しない。ウクライナの抵抗が頑強に続き、西側の支援と経済制裁も強力に続いて泥沼化するほど、中国は簡単には台湾に侵攻できない。

とは言え、ソ連との対立が30年に及び、最初の空母をウクライナから買った中国が、ロシアが納得する形での早期終結を望んでいると想像できるほど世界は簡単にもできてない。経済制裁だけでも資源国の対ロと世界の工場の対中では、世界経済を壊すインパクトは桁が違う。ロシアが「アメリカ人はウクライナ人のために命を賭けない」と見切ったほどには、中国は「アメリカ人は台湾人のために命を賭けない」とは見切れない。台湾の帰趨だけでなく、今後の太平洋ひいては世界を中国が主導する試みにアメリカがどう反応するかは、やはり真意の想像が容易でない。

台湾の蒋介石の末裔指導者は有事を覚悟して備えながらも、中国の試みが未然に挫かれるほどウクライナ情勢が泥沼化するのを望まざるを得ないのは割と容易に想像できる。そして台湾有事が日本に及ぼす影響を想像すれば、「ウクライナに一刻も早い平和を」という日本政府のメッセージも素直には受けとれない。本を締めようとしている時に大きな事件が起きると追記しないでいられないが、続きを考えるのは今後も続く連載に委ねるしかない。

252 大蔵省感覚の要請？

千葉県の八街市で下校途上の児童の列に飲酒トラックが突っ込んで、児童が死んだり重傷を負ったりした。勤務時間中に飲むのだから、初老の運転手は紛れもなくアルコール依存症である。が、大口スポンサー様に忖度し、「アルコール依存症の運転手が突っ込んで」とはニュースは決して報じない。インドの禁酒州で体力も食欲も劇的に回復し、日本に帰っても禁酒を続けようとしたが、眠れないから3日坊主に終わった顛末を前に書いた。腹いせに治外法権みたいな酒のCMに毒づく。「たかがビールに「神泡」とか言うな！」（182　インドの禁酒州）。

「アルコール依存症が100万人、予備軍が1000万人」と聞けば、「オレは

もう100万人のほうなのかな」と考え込む。件のトラック運転手だってなりたくて依存症になったのではないが、残る人生は刑務所で償わねばならない。酒を造ったり売ったりするのは、少なくとも業の深さを自覚して携わるべき仕事と思う。

今年の就活状況を報じる番組でアサヒビールの採用担当の若い女が、「ライバルは総合商社でーす」と無邪気に言い放つのを見て、「コイツも勤務時間中に飲んでるのか」と唖然とする。泡缶スーパードライの開発と供給不能の顛末を今の社長が控え目に神妙に語るのは、かつて、たかがスーパードライの爆売れだけで名経営者と鼻息が荒かった銀行出の社長に比べれば、少なくとも己の仕事の業の深さを認識しているようだと好感は抱く。

今回は文章の再利用による省力化を試みる。「実家に行った時しか見ない朝日新聞によると、政府の要請に応じず酒を出す飲食店には酒を売るなと国税庁は酒屋に要請し、翌日、同じ飲食店にカネを貸す銀行にも働きかけてもらおうとした金融庁の要請は、選挙への悪影響を心配する与党の反対により未然に撤回されたらしい。

若い世代には国税庁と金融庁は別の役所だが、両方の役所にいた老いた私は、「いかにも大蔵省感覚の要請だな」と思う。大蔵省感覚とは、長年酒屋は税務行政に、銀行は金融行政に忖度してきた関係に甘えて、相手の迷惑を深く考えないまま要請しちゃいかねないところである。そして、要請の効果に期待するより、「こんなに懸命にやってる感」を演出するほうが、政策の主目的らしく見えるところである。

補償もなく売上げが減る要請に、酒屋の組合が国税庁に抗議したのは当然と思う。では仮に金融庁の要請が撤回されなかったら、全銀協が金融庁に抗議したかは微妙な気もする。さすがに政府の要請に応じない飲食店から「貸したカネを回収せよ」と要請するのでなく、「貸出の判断に当たっては政府の要請に応じている事業者か否かも考慮する必要があるので

は？」といった一般論を語るに過ぎないからである。

　でも金融庁は他方で、「銀行もちゃんと稼いで持続的に地域に貢献してください」とも要請している。そしてもちろん銀行は、「政府の要請に応じず酒を出してでも稼いで返済してもらわなきゃ困る」と思う。結局は金融庁の要請が実現しても、銀行は「やってるふり」をするしかない。ならば金融行政における官民対話に新たな偽善ネタを追加しなかった与党内の力学は以て瞑すべしだろう」。

　以上が、金融庁要請の撤回を報じた朝日新聞の第一印象であり、すぐに別媒体にギャグ半分に書いた文章をカギカッコ内にコピペした。ほどなく国税庁要請も撤回される。でもすぐに、このギャグ半分の条件反射はかなり底が浅かったな、金融庁だって無論葛藤があっただろう、と反省はする。一方で、趨勢が決した後に勝ったほう側から無数の泡みたいな論評が湧いてきて、銀行法に言及しないまま「法治国家の崩壊」を論じる作法はなんなんだよと思うが、要領が悪くてまた次に回さざるを得ない。

253　法治国家の作法

　「政府の要請に応じず酒を出す飲食店には銀行からも是正を働きかけるよう要請できませんかね」と内閣官房から打診されれば金融庁は無論、「嫌だよそんなの」と思う。相手が貸金業者なら話は簡単である。貸金業法上、法令違反に対してしか当局は権限行使できないから、「法律上できません」と答えるだけになる。証券会社に対しても証取法時代は同じく法令違反に対してしか当局は権限行使できなかった。対照的に銀行法は、銀行の業務が「健全、適切」でなければ是正させる権限を行使できる。

　銀行と証券への権限の違いが顕在化したのが、大蔵省時代の第一勧銀と四大証券による総会屋への利益供与事件だった。総会屋に利益供与する商法違反が健全、適切でないのは自明だから、銀行局は第一勧銀への行政処

分に疑問を抱かない。対する証券局は商法という法令違反で四大証券に証取法の行政処分ができるかを考えねばならない。証券会社が業務遂行中に道路交通法違反をすれば取り締まるのは警察庁であり、法人税法違反をすれば摘発するのは国税庁であり、法令違反に画一的に金融当局が反応するわけではない。

「商法と証取法は資本主義を規律する車の両輪であり、よって証券会社の商法違反での証取法の行政処分は可能であり必要でもある」と課長補佐の私はつまらぬ作文をしなければならなかった。金商法で証券会社の法令違反に加え、「不当な行為で情状が重いもの」に権限行使の外延を広げたのは、国民感情に反してエンフォースの手段がなく身動きとれなくならないための保険みたいなものである。でも、銀行に対する当局の権限行使の範囲は、昔から広いままなのが困る。

「銀行が貸している飲食店が政府の要請に応じず酒を出しているのは、あまり健全、適切でない状況と言えませんかね。いや、無論貸したカネを返せと圧力をかけて欲しいわけじゃありませんよ。ただ、公共性が高い銀行の貸出先が政府の要請に応じるほうが、より健全、適切な状況ではないでしょうか」と言われたら、少なくとも、「法律論として論外です」と金融庁は言えない。

でも銀行への働きかけなどしたくない気持ちが上司の大臣への報告に現れるから、大臣の反応が、「そんなの放っておけ」になるのは妙味がある。「収入が減った飲食店が潰れないよう銀行に支援要請している政策と真逆」という大臣の感覚は分かりやすい。一方、「（放っておけじゃなく）とめろと指示すべきだったのでは」と野暮の極致みたいな記者質問に、「金融庁のレベルを知らないの」と大臣が反応するのも妙味がある。

「法治国家が崩壊した」と題する泡みたいな論評が、コロナ特措法の権限行使対象に銀行が含まれないのを指摘するだけなのは言葉を失う。そんなの当たり前じゃん。独禁法の優越的地位の濫用とする指摘もあるが、仮

に酒を出すなという銀行の働きかけが実現して裁判で独禁法違反と訴える飲食店が現れても裁判官は認めない。裁判官は業法を読んで判断するからであり、業法に言及する論評がまったく見当たらない言論の風景は寒い。

　法治国家崩壊の被害者の飲食店に同情が集まる。でも、自らがアルコール依存を抜け出せないだけに、「ウチは料理だけじゃ勝負できんから、酒を出さなきゃ稼げん」と怒る店主には、「この機に転職を考えてもいいんじゃないですか？」とも思う。「ウチは3軒目に来る店だぞ」と怒る店主には、「ハシゴ酒依存症患者に依存する商売はまともなのかと省みてはいかがですか？」とも思う。

　そもそも酒を出さなきゃ感染対策になるとは信じてない。「現役世代の感染割合が急増している」と危機感を演出する人たちには、「高齢者がほぼワクチン接種を終えたんだから当たり前でしょ」とも思う。でも、この人たちが使命感に燃えた結果、酒を造ったり売ったりする仕事の業の深さを深く国民が考える契機になるなら、「それもまた以て瞑すべしだろう」とも思う。本稿は、確信と自信を欠いたまま書いているから、文末の「とも思う」を最後に4回も繰り返している。

254　孤独のグルメ

　飲食店が酒を出せない時なのに晩ごはんに誘う人たちは、下戸と相場が決まっている。飲める時まで延期を申し出る場合もあれば、なんだか切羽詰まって話したそうだなと応じる場合もある。後者だと、「飲まないとこんなに食えるのか」と我ながら驚くが、自宅に戻ってから飲まないと眠れない。逆に飲みながら食うと、早めに食欲を失う代わりにすぐ眠れる。無論、酒量を食欲と睡眠の容易さだけに連動させて考えるのは著しく視野が狭い。「この料理にはこのワインが合う」みたいな世界があるし、力仕事を終え、「もつ煮込みを肴にビールが無上の楽しみ」みたいな人たちもい

る（275　お１人様とご家族様歓迎）。

　政府の要請に従わず酒を出す飲食店への屈折した偏見を前回書き、その
まま次に進めないのは今、松重豊さんが気に入った飲食店で独創的な独り
言をつぶやきながらひたすら食いまくるだけのドラマ『孤独のグルメ』に
ハマってしまったからである。2012年の深夜にひっそり始まり、じわじわ
浸透した。こうして書いていてもひと息つけば、paraviで『孤独のグル
メ』の過去放送を繰り返し見ないではいられない。

　慢性空腹症の松重さんが選ぶ庶民的Ｂ級グルメ店ではたいてい酒も飲め
るが、下戸の設定だから、「昼間からいい気なもんだな」と酒飲みを揶揄
する。が、同時に、下戸ゆえに人生を楽しめてないのではとの不安とも裏
腹になっている。ブリの照り焼き定食を注文しても、メンチカツと餃子と
タンメンを追加する食欲だから、撮影の前日から断食らしい。そして私
は、アルコール依存ゆえに健康と食欲の人生を楽しめてないのではとの不
安と裏腹に、松重さんの暴発食欲に心底惹かれる。食の関心は、すでに日
本食化した中華やイタリアンはもとより、ドイツ、ギリシャ、モロッコ、
ベトナム、ミャンマー、ブータンとどんな国の料理にも向かう。

　「いつか現地で食ってみたいもんだ」と松重さんがつぶやくたび、「いろ
んな現地に行ったのに、スーパーで酒とハムとチーズを買うだけ、たまに
エースコックのカップメンがあれば喜んで買うだけのオレの人生はなんだ
ったんだ」と思い返す。世界を旅しても、世界の食を味わう心のゆとりが
ない。眠るために酒の調達を最優先する強迫観念がなければ、もっと多彩
で豊かな人生だったろうなあと残念に思う。

　松重さんはこのドラマの開始前、「オヤジが独り言をつぶやきながらひ
たすら食いまくるだけのどこが面白いんだろう」と疑ったが、次第に好き
なだけ食うのが現代人に残された数少ない貴重な癒しと悟ったらしい。庶
民が通う飲食店のＢ級グルメに、「オレはこういうのでいいんだよ」が口
癖になる。私がとりわけ共感するのは、「こういうの」をウマく食べても

らいたい飲食店の日々の繊細な努力の積み重ねに松重さんが心底敬意を払うにある。でも、酒飲みの私は、共感はしても体感はできない。そして、実生活で酒飲みだった松重さんは、『孤独のグルメ』の回を重ねるうちに、食の道に一層敬意を払おうと酒量を減らし遂にはやめた。

　「禁酒当初は眠れなかったんですけど、だんだん慣れました」と重い決断をさり気なく語る松重さんから、「そうだ、人間とは慣れるもんだ」とかつてインドの禁酒州帰りに3日坊主に終わった禁酒の壁を乗り越える啓示を得る（182　インドの禁酒州）。「風呂上りのビールは外せないけど、それからワインとブランデーを何杯も飲むから内臓が麻痺して食欲を失うんだよ。両方とも1杯にしよう」。その結果、当初は夜中に何度も目を覚ましたが、だんだん慣れて1度虚ろに目を覚ます程度で済んでいるのが2021年夏の現況になる。

　政府の要請に応じず酒を出す飲食店への前回の己の屈折した偏見を読み返し、「なんだか飲食店の抑圧への無頓着と料理と酒の繊細な関係への無理解なオヤジみたいだな」と、己のアルコール依存の現実と解脱への切望の屈折を言い訳しないと次に進めない気がして、誌面の私物化みたいな本稿を書いた。これで主観的には、オリンピック組織委員会に参加したオヤジが時代に合わぬ所業を仕出かして発する言い訳と、言い訳を許さず追放しなければならないこの世界の構造につき、考える準備が整った気がする（注）。

　　（注）「考える準備が整った気がする」と書きながら、この時なにか見落としているような気もした。感じていることを過不足なく書けた気がする時もあれば、そうでない時もあるが、書けた気がしない時にどうすれば過不足なくなるのかがリアルタイムでは分からない。酒を出す飲食店への「己の屈折した偏見」とか、「抑圧への無頓着」とか忸怩たる思いはあるが、客単価を上げたくて酒を出すより料理に精進するのが飲食店のあるべき姿、と思っていた。
　　　でも、客単価を上げたくて酒を出すにせよ、そうすれば、とりわけ非正規雇用の接客女性を解雇しなければならない可能性が減る、というのがこ

の時見落としていたことだったと半年経って気づく。コロナで女性の自殺が増えた原因を考えていてようやく、半年前に分からなかったピースが埋まった（274　書いたのを自主点検）。どうやら文章を書く際の私の頭脳は、あまり高性能でないのは自覚せざるを得ぬ。

255　裏の裏の裏

　世間の印象とは違う記憶を若い読者に伝えるのも、老いた書き手の役割かなと思って連載を続けている。オリンピック組織委員会の武藤敏郎事務総長の部下だったのは、四半世紀以上前の大蔵省主計局であり、先の先の先まで状況を読み、相手の裏の裏の裏をかいて先手を打つ流儀を学んだ。予算編成の過程で、気が短い私の洞察力不足から担当省が制御不能になり、武藤次長の力を借りないと収拾できない。深夜にじっくり相談し担当省の裏の裏の裏をかいて、一の矢から二の矢を経て三の矢まで三段構えで備える戦略を立てた。「ここまで備えておけばなんとかなりそうだから、メモにまとめておいてくれ。明朝再確認して政調会長のとこに行こう」。「分かりました」。

　ところが自席に戻ってメモにまとめると、裏の裏の裏とは単なる裏と論理的に同じと気づく。三段が一段と違わない。明朝、「次長、三段構えの論理は最初に戻っているだけでした」「うーん、たしかにそうだな。昨夜はこれでうまくいく気がしたが、我々は疲れていたのかもしれん」。結局、この三段構えは武藤さんをして、「役人史上最悪の闘い」と述懐させる顛末になった。もっとも後に、大蔵省の官房長や次官として、あるいは日銀副総裁として、もっと最悪の闘いを余儀なくされる運命が待つとは、神ならぬ身の知る由もない。

　主計局を卒業した私が金融行政に転じる時、武藤さんからアドバイスを受けた。「キミは能力はともかく、気が短いのを自覚して言葉に気をつけ

るように。金融行政は財政よりストレートに世間と対峙しなけりゃならん世界だからな」。後に金融分野で世間の物議を連発する私の運命を省みるに、怖いほどの洞察力である。

オリンピック組織委員会が物議を連発する今の状況から世間の印象は、「官僚出身の事務責任者は保守的で時代に追いつけてない」かもしれないが、私の記憶の武藤さんは時代の常識に囚われた凡百の保守的官僚と次元が異なる存在ではあった。私の長年の読者は、「あんたが認める元上司は武藤さんと同期入省の元証券局長だけだったのでは？」と思うかもしれないし、それは今も変わらない（**131　よんなな会（上）**）。ただ、私より15歳も上なのに日々苦労し続ける第2の人生には、ささやかによみがえった記憶を贈りたくなる。

オリンピック組織委員会に転じた武藤さんをテレビで最初に見たのは、エンブレム盗用騒動で渦中のデザイナーを擁護する風景になる。このデザイナーは、大手広告代理店「現通」を舞台とする2014年の日本映画『ジャッジ！』のCMポスターも手がけていた。『ジャッジ！』で売れっ子CMクリエイターの豊川悦司は、エースコックの新商品がメンの腰が強いきつねうどんなので、冴えない新人の妻夫木聡にきつねのぬいぐるみを着せ腰を振って踊らせるだけのCMを指示する。「工夫しない工夫だよ。裏の裏の裏は単なる裏だからねえ」。

試作CMにKYの極致みたいなエースコック宣伝部長のあがた森魚は、「猫に見えない。猫にして」と言い放ち、妻夫木聡は深夜まで自らのきつね踊りに「みゃーみゃー」と猫の鳴き真似をかぶせねばならない。無論この映画は、広告業界のつまらなさ加減を徹底して戯画的に描いている（**51 女性の保護と公平**）。世間をナメて調子よく生きる人間たちが、気の合う仲間を募って適当に仕事をするが、クライアントの要望には体育会系無限残業で応じてつじつまは合わす。限られた時間と予算の範囲で世界に見せるイベントを仕上げねばならないオリンピック組織委員会にとっては必要

な人たちに違いない。

　競技ピクトグラムのパントマイム以外にさしたる感興もない開会式の終盤を見ながら女房が言った。「ここでオリンピッグとして渡辺直美ちゃんが吊るされて降りてくる風景を見ずに済んでホントよかったよ」。「そりゃそうだけど、広告屋のオヤジが思いつきを仲間にLINEしただけなんだろ」。「仲間内でも、犯罪的な思いつきをする奴は追放しなきゃダメじゃん」。閉会式がつまらないとの合唱に武藤さんが、「すべて終わった後の安らぎの場は自ずと地味になる」と釈明する記事をグーグルニュースで見て、今なお人生で最悪の闘いを続けているのかな、とも思う。ともあれ、この複雑な話をもうちょっと続けてみよう。

256　真意の濫用

　「公募増資インサイダー」と呼ばれた事案を検証した際、証券会社の営業員と投資家顧客の会話（チャット）から抽出した発言の応酬を読み、「たしかにインサイダー情報が伝達されているな」と確認して課徴金処分を決裁しようとしたが、のどかで長い元の会話を読むと、「これで情報伝達を認定できるのかな」と疑問を覚えた。調査担当者は、元の会話を構成要件に当てはめようと深読みに躍起になる習性だが、「人間はインサイダー取引をするために生きているわけじゃないから、ただの日常会話を深読みし過ぎて濡れ衣を着せないように」と日頃から注意喚起してはいた。

　一方で証券会社の営業員は、「意図的な情報伝達はしないが、阿吽の呼吸で事実上投資家顧客が悟るのはギリギリセーフのプロの技」と思っている。「阿吽の呼吸だろうが実際に情報が伝わったなら一般投資家はやっぱり不公平と感じるから、これまでより踏み込んだ認定が必要な局面かな」と抱いた疑問を封印した。後に「濡れ衣だ！」と裁判に訴えられ、複数の課徴金処分が摘発目的による当局の深読みのし過ぎを理由に取り消され

る。金商法の専門家を称する弁護士は世間知らずの裁判官め、と批判するが真相は、本当のところはよく分からない（184　深読みの度合い）。

　こんな職務経験を思い出すのは、オリンピック組織委員会の森喜朗会長が、「女性は話が長いと蔑視発言した」と批判された元の発言を確認すると、「こりゃ発言の抽出による印象操作報道だな」と思ったからである。元の発言に笑った聴衆まで不謹慎と批判されたが、「こりゃ現場にいたら笑ってしまうのどかな日常発言だよ」とも思う。

　批判されて辞めようとした森さんは、武藤事務総長の説得で翻意したと語った。武藤さんにすれば印象操作報道により誤解されただけだから、翻意させるのが自分の使命と思うが、メディアからは、「保守的な官僚出身者が余計な真似をするな、こんなジジイは代えるほうが世界に見映えがいいだろ」と批判される。やがて、国際的な批判包囲網に組織委員会は次第に抗し得なくなった。

　この顛末を、今もすかっと消化できてない。「抽出して女性蔑視になるなら、元の発言も女性蔑視だ」との論理は先ほどの職務経験から、「それは違うよ」と断言できる。ただ、元の発言をのどかな日常発言と思うのは、私がジェンダー平等に鈍感な昭和オヤジだからである可能性も否定できない。それに、同じく職務経験から、日本のメディアって役所以上にジェンダー平等に鈍感な組織だと痛感しているのに、己を棚に上げて森さんの追放に躍起になるのは人間としてどうなのよ、とも感じた。

　先日テレビ局自身のCMとして若い女性が現れ、「職場に先輩が連れてきた赤ちゃんがめちゃ可愛いから」「ジェンダー平等とか言ってる政治家は時代遅れ」と支離滅裂に嘲笑する映像に、「オマエの感性に正直なCM作ってどうすんだよ、このバカ」と唖然とした。当然炎上し、例によって、「真意が伝わらなかった」とテレビ局が釈明するのは、「ジェンダー平等に喧嘩を売りたい昭和オヤジ組織の真意が伝わったらもっと大変だろ」と思う（238　遅い悟り）。

「真意が伝わらなかった」との釈明は真意を説明しなくて済むから便利だが、最近、別のテレビ局が真意を釈明してみせたのにはもっと驚いた。女子ボクシングの金メダルに張本勲さんが、「女性でも殴り合いが好きな人がいるんだね。どうするんだろ、嫁入り前のお嬢ちゃんが顔を殴り合って」と発言し炎上したのを、「張本さんの真意は祝福にあり、彼女に続く若い女性がボクシング界に現れるのを期待していた」と、世界中のどこの誰が見たって真っ赤な嘘とすぐ分かる釈明をした。「これはこないだのCMよりさらに画期的だなあ、他人の真意の釈明なら本人に因果さえ含めておけば、テレビ局ってここまで平然と真っ赤な嘘つきに堕落できるのか」。

　ジェンダー平等の建前は掲げ続けなければならないから、テレビ局が自らの感性や真意とのギャップが露呈して毎度自虐的に収拾するのは精神的につらいだろうと想像はする。だったら、建前を掲げて森さんの追放に躍起になるのもほどほどにするほうが楽に生きられそうだが、公募増資インサイダーの真相と同じく、やっぱり本当のところはよく分からない。

257　国際人権感覚ギャップ

　官僚や政治家が批判されるのは珍しくもないが、ずっと民間に身を置いてきた広告屋やエンタメ屋は、批判されるのに慣れてない。「オリンピック組織委員会から広告屋やエンタメ屋が何人も追放されたのは、仲間内感覚と国際人権感覚のギャップのせいかな」と、崇高な平和の祭典としてのオリンピックの理念を確かめてみる。①戦争が許されないのは、最も深刻な人権侵害だからである。②人権は、性別や民族や健常者か否かを問わず尊重されねばならない。③そして、オリパラが平和の祭典なのは、平和が単に戦争でない状態を意味するのでなく、すべての人間の人権が尊重される状態を意味するからである、と、自分なりにオリパラの理念を咀嚼し、

平凡な日本人の人権感覚とのギャップを埋めようとする。

　ジェンダー平等度120位の国だから、組織委員会の広告屋のオヤジが太めの女性タレントを笑いものとして蔑視する開会式パフォーマンスを平気で思いつく、と書いても間違ってない気がする。仲間内向けLINEの思いつきが流出したのが組織内権力争いのせいだろうが、明るみに出て追放されるほうが日本のギャップを世界にさらさずに済んだとも思う（**255　裏の裏の裏**）。

　また、移民を拒否するダイバーシティに乏しい国だから、異民族のホロコーストをお笑い芸人が他人事みたいに平気でギャグにする、と書いてもやはり間違ってない気がする。「たかが10秒足らずのギャグをどこかの副大臣が海外のユダヤ人団体にご注進して国益を損なう」との批判には、このギャグが国益を損なう認識が平凡な日本人に芽生えるほうが国益に適うとも思う。

　さらに、車いすの身障者が法律上の権利として駅員に介助を求めただけで「駅員に迷惑かけるな」と炎上する国だから、作曲家が小学校時代に身障者の同級生を虐待した記憶をインタビューで平気で武勇伝風に語る、と書いてもたぶん間違ってないような気はする（**242　モンスター身障者**
──わきまえる意味）。「排泄物を食べさせた」とか、「パンツ脱がせて性器をさらした」とか語ったのを見れば武藤敏郎事務総長も、「こりゃアウトだな」とは思う。

　でも開会式までもう時間がないから、「かなり昔の行為と発言であり、本人は十分に反省し謝罪しており、退任は求めない」と苦しい言い訳をした。批判していた身障者団体は、「もう時間がないから退任は求めないが、開会式を楽しめなくなってしまった人たちがいることは覚えておいてほしい」と大人の反応をする。でも、国際人権感覚のほうは違う。「オリンピックとパラリンピックを併催する意味を分かっているのか？」。

　今回の相次いだ追放劇は、世界には発覚してから謝罪しても間に合わな

い行為があるのを平凡な日本人に認識させた。「昔の話だし、反省して謝罪しているんだから大目に見てやれよ」という仲間内の言い訳が通じない。せんない後知恵を言えば、かつてホロコーストをギャグにしてしまった芸人は、オリパラの準備が始まる前から世界中のユダヤ人団体を行脚して自らの行為への謝罪を伝え理解を得る営みを積み重ねて初めて、崇高な平和の祭典の主催者側参加資格を得られるほどハードルが高い。

　そしてこの国際人権感覚ギャップに起因する問題の続発は、オリパラが終わっても避けられない。国民から見えない闇の領域で強い権力を行使してきた入国管理局が庁に昇格するには、透明性の強化と開かれた意思決定が必要とかつて書いた（**122　外国人労働者各論**）。私の素直な見立てでは、「入管で衰弱を放置されて死亡したスリランカ女性」の報道は早晩、「入管で衰弱させられて死亡した」と深刻な国際人権問題に変容する。「送還しか眼中になくて衰弱させてしまいました」では言い訳にならない。

　オリパラが終わると、コロナ渦中の開催により必然的に生まれた赤字をどう処理するかをめぐり、都知事と担当相が早速牽制の火花を散らすのを眺め、「やれやれ、それにしても武藤さんは、赤字を処理するまで辞められないのかね」と想像する。イベントの顔の組織委会長としては、森喜朗さんより冬夏のオリンピックに参加したアスリートの橋本聖子さんのほうが、たしかに世界への見映えは良かった。森さんをもっと見映えが良い会長に代えたい使命感でメディアも追放を促したのかもしれない。

　でも、「赤字の処理交渉になるとどうなのかな、おばさん３人で和やかに譲り合うプロセスを利害調整に長けた武藤さんがお膳立てして円満に促進する流儀にはならんのかね」と想像する。そして、好きな仕事を選び好きに発信する己の安逸な第２の人生と比べ、「人望があって仕事を任されちゃう人間は老いても苦労が絶えないな」と役にも立たぬ同情をする。

第 **42** 章

実力、努力、運 (258〜263)

社会の成功者の多くは、「努力して今の地位を得た」というより、「気がつけばそこにいた」ように見える。実力があったからとも、運が良かったからとも言えそうである。実力も、生まれつきの資質（運）と、努力して身につけるのと、どっちの割合が大きいのか、努力が報われるほうが納得感を得られやすいが、努力できること自体も生まれつきの資質が大きいのか、とか考え出すときりがない。

258　絵馬の願い

　「執行役員に選ばれますように」と銀行員が実名で祈願した絵馬を見て、「普通は書かねーだろ」と思う。神仏にすがるほど合理性を失っているというより、神仏にすがりたいほど強い願いらしいが、今時銀行の執行役員になるのがそんなに強い願いなのも門外漢には奇異に映る。でもこれは、経済的な処遇に差がつかない役所という奇異な組織にいた人間の奇異な感想かもしれぬ、と思い直す。

259　境界知能

　知的障害ではないが、論理的に考えたり計算したりができない境界知能領域に1700万人がいて、学校でも職場でも家庭でも生きる困難に遭遇するが、知的障害ではないから政策支援の対象にはならない。この現実を認識した後、街を歩いてパチスロや消費者金融の看板を見ても、電車に乗って脱毛や自己啓発本の広告を見ても、また境界知能向けビジネスだと心穏やかではいられなくなる。

260　親ガチャ

　かつてゲームのガチャの高い射幸性が子供の人生を壊しているのにメーカーが鈍感過ぎて刑事事件になりかけたのは、親からの苦情では

なく、パターナリスティックな警察が見かねたためである。生まれつきの資質に恵まれないが、社会や人生への期待値を下げてしまった子供が、「親ガチャ外しちゃったよ」と苦笑してぼやいても、解決策が存在しない哀しい響きを批判する気になれない。

261　45歳定年制の構図（上）

連載が3回かかるのは、ちゃんと考えずに書き始めたらテーマのほうが大きくて着地が分からなくなるからであり、本稿も例外でない。新浪剛史さんが唱えた45歳定年制が広範な抗議を惹起し、1つの会社に長く勤めるのが居心地良い就業構造を改めて認識したが、それは新浪さんに抗議したくなるほど恵まれた組織に働く人たちにとってである構造が、このテーマをややこしくする。

262　45歳定年制の構図（中）

成功したのは己の実力と誇っても、運が良かっただけだろと思ったり、逆に努力が重要と説く成功者には、親ガチャで才能と努力できる資質に恵まれただけだろと思ったりもする。努力しても報われない者が議論の視野から抜けているから紛糾するが、社会が自分を評価して受け入れてくれた成功もまた運に過ぎないとサンデル教授が説くのも、言い換えによる慰めに過ぎないようでもある。

263　45歳定年制の構図（下）

労働の流動性が高く転々と職場を移動するほうがマクロ経済の効率性には寄与するが、ミクロで移動が許されない家計が多過ぎるから45歳定年制の議論も紛糾する。本気で同一労働同一賃金にするなら、職場で先輩と後輩、男性と女性、正規と非正規を理由に差別できないから、家庭でも夫婦の家事と育児の役割分担が完全に公平になり、効率

258　絵馬の願い

　この（2021年）GWに、久々に鎌倉の寺社めぐりをした。寺社で絵馬を眺めるのは、信心なく物見遊山するだけの私にとって、奉納者がなにを神仏に願うのかちょっと気になると同時に、実名と個人情報をさらした奉納者の切実な願いが悪用されないかもちょっと気になるからである。ろくでもない人たちに対峙し過ぎた職業人生の副作用が、退官後の物見遊山にまで影を落とす。「つよし君と幸福な家庭を築けますように」「母の手術が成功しますように」「阪大法学部合格お願いします」。これだけで、「善男善女が詐欺師やインチキ祈祷師の餌食にならねばよいが」と思うのは、SNSのさりげない個人情報すらトランプ当選に利用するほど悪用される時代だからである。

　「中学野球選手権の県大会レギュラーに選ばれますように」。「ふむ、これなら悪用はされまい」と眺めるうちに、同じ「選ばれますように」でも、この３月に奉納した驚きの絵馬に遭遇した。「〇〇銀行の次期役員人事で執行役員に選ばれますように何卒ご支援お願い申し上げます。絶対に活躍します」。この奉納者を以下、佐藤一郎（仮名）としておく。

　メガバンクである〇〇銀行の50歳前後の執行役員候補の精神年齢は中学生並みなのかと思わず写真を撮ったが、まだ誰にも見せてない。誰かと一緒に嗤うには、この真剣さはちょっと怖過ぎる。〇〇銀行のこの４月の役員人事を検索すると、20名あまりの新任執行役員に佐藤一郎はいなかった。「佐藤一郎、〇〇銀行」で検索すると、若い頃は証券子会社に出向し、最近は本店の部長を歴任したのが分かる。

実際に4月に新任執行役員になったのもほとんどが本店の部長だから佐藤一郎も期待したようだが、神仏に銀行人事を「何卒ご支援申し上げ」るのも奇妙な気はした。「絶対に活躍します」と誓う相手は顧客でなく銀行だから、神仏と銀行が混然一体になっているようでもあるし、真摯な社畜精神のようでもある。私が〇〇銀行の頭取でこの絵馬に遭遇したら、「危ねえ奴だな。とっととどっかに出向させろよ」と指示したかもしれない。

　驚きの条件反射で別媒体に「怖い銀行員」と素朴な感想を書いて早まったと後悔するのは、飲食店が酒を出さないよう酒屋と銀行に要請させる政策に驚きの条件反射で別媒体に「大蔵省感覚」と素朴に断じて早まったと後悔するのと構図が違わない（**252　大蔵省感覚の要請？**）。役所にいた私に、佐藤一郎の気持ちのすべてが分かるはずもなく、今なお実感できないもやもやが続く（**89　公平のモヤさま**）。そもそも「活躍」ってなんだろう。銀行に稼がせるのか、顧客に感謝されるのか、それともその結果自らが経済的に報われるのが主眼なのか。

　役所で出世への意欲を示す人間に遭遇しなかったのは、民間のような競争がないからである。官僚人生の終盤に局長や次官になれば出世に違いないが、次第に衆目が一致して決まっていくから自ら出世への意欲を示したりすると浮いてしまう。それまでの間は、採用区分が同じなら、経済的な処遇は違わないまま横並びで上がっていく。後輩が上司になって自分より経済的にも恵まれる、なんて現象は今のとこ役所では起きない。

　無論、若い頃から主流コースを歩んでなければ自覚はするが、キャリア官僚はプライドが高いので上司や組織が自らの能力を理解できないせいにして気持ちに折合いをつける。私の場合は若い頃から今と同じように好き勝手に世間に発信していたから、こんなわがまま精神が、黙って役所に滅私奉公する省畜精神より処遇されては不公平だろうよ、と気持ちに折合いをつけていた。わがまま精神の割にいろんな仕事を経験させてもらったから、こうして物書きをしていてもネタに事欠かない。

でも、佐藤一郎が置かれた経済的境遇はもっと切迫していたのかもしれない。大勢の子供を私立に通わせ分不相応な住宅ローンを抱え、ここで執行役員コースに乗らず出向先にも恵まれなかったら早晩家計が破綻しかねない。一見驚きの佐藤一郎の絵馬の願いは、家族の幸福を守るためだった。ならば私にだって理解できるから好き勝手にそう解釈するとして、今なお続くもやもやに別れを告げるとしよう。

259 境界知能

ふた月前のNHK、「学校も仕事も結婚もまじめに取り組んだつもりなのに失敗ばかりでした」と語る還暦前の女性が、人生で最初の違和感を覚えたのが小学校低学年の算数の授業だった。「ついていけないので特殊学級に入りましたが、算数以外は普通にできるので普通学級と出入りを繰り返しました」。専門学校を出てパン屋に勤めたが、横文字のパンをどこに置くのか覚えられず、おつりも計算できない。周りからの「使えねー奴だな」圧力に耐えかねて転職を繰り返し、職場結婚した夫からは、「使えねー女房だな」と愛想尽かされる。

30歳で初めて病院で診断した結果は、IQ（知能指数）75の境界知能だった。100を中心に正規分布するIQは上下15の115から85が普通知能の領域で、70以下は概ね知的障害と認定される。75の彼女は知的障害ではないが、普通の人たちに比べ論理的に考えたり、計算したりする能力がかなり弱い。

コンビニで2本300円と4本500円の同じ電池のどっちが得かが分かるまで10分かかるのを見ると、少しでも頭を使う仕事で生きていくのは容易じゃないのを痛感する。そして、彼女のようなIQ85から70の境界知能の人たちが1700万人もいると知り、これまで奇異に感じてきた現象の答えを見つけた気がした。それは1700万人がする仕事でなく、需要する側に回す仕

事の存在である。

　大仰な感嘆を連発するテレビショッピングのクサい宣伝に、「こんなの見て買うバカがどこにいるんだよ」と思ってきたが、いるのである。大仰な告発を連発するワイドショーのクサい演出に、「こんなの真に受けるバカがどこにいるんだよ」と思ってきたが、いるのである。民放テレビ自体が境界知能の視聴者に依存していると言えよう。別にNHKを加えても構わないが、受信料を強制徴収できる国営放送だから、境界知能の視聴者に依存するより、実相を紹介し応援する番組が作れる。

　テレビに限らず、スポーツ紙や夕刊紙も境界知能の読者に依存していると言えよう。金融を題するこの連載としては、お得と称する金融商品の販売もまた同じ依存基盤にあると指摘しておくべきだろう。境界知能ゆえに仕事を失い借金の挙句、生活保護受給者やホームレスに至る人たちも少なくあるまい。宿命論風に書いていると、「上から目線で裁くオマエは、「生活保護受給者やホームレスがどうなろうが知ったこっちゃない」と放言して炎上したメンタリストDaigoの仲間か」と怒る人たちが出てきそうだが方向感が逆である。1700万人という数字は、教育はもとより、就業政策の根幹に据えねばならないのに、そうなってない現実が怖い。

　IQ75の彼女は、「知的障害者なら仕事を紹介できるのですが」と言われてショックを受けた。IQは連続的に分布するが、政策支援の対象はどこかで線引きしなければならない。新たに1700万人を知的にランクづけして政策支援するなら、ウルトラ物議を醸す。もちろん境界知能でも、論理的に考えたり計算したりする必要がない仕事に携わり、テレビショッピングで買い物をし、ワイドショーやスポーツ紙を真に受け、通貨選択型投信や低解約返戻金保険を買って幸せに暮らす人たちがいる。

　一方で既述のとおり、境界知能ゆえに仕事で収入が得られず消費者金融さらにはヤミ金に依存したり、生活保護受給者やホームレスに転落したりする人たちもいる。そして犯罪を繰り返す累犯者の多くもやはりIQが低

く、論理的に考えたり計算したりできない。自らの行動の論理的な帰結を認識できないから、目の前の衝動に従ってしまう。論理的な供述などできるはずもない彼らに代わり警官が書いた調書を裁判官が読んで繰り返し裁く。ともあれ出発点は、1700万人の存在が目に入らない警官や裁判官や本誌の読者のような普通の人たちが境界知能という存在を認識し、どうすればよいのか自分の頭で考えてみることだろう（注）。

（注）「およそすべての広告の意図は、境界知能を幻惑してカネを引き出すこと」と極論を断言したくなるのを自制し、本日の電車内で抱いた感想にとどめる。「ライザップに通う前と後」みたいな比較広告は、通った後にモデルの彼女のように減量に成功しても、モデルの彼女のような人生にはなれないと論理的に考えるのが弱い人たちに訴求しているのが分かりやすい（186　コンプラ自警団）。「頭がいい人が実行していること」とか、「育ちがいい人だけが知っていること」とかいう類いの、頭や育ちが悪いのを心配する人たちに訴求する自己啓発搾取本の頭や育ちが良さそうに見える著者は、減量モデルと同じく名前と顔を貸しているだけだろうと思えてくる。そして、コミックの読者も、コミックキャラのコスプレイヤーも、コスプレイヤーに投げ銭して推し活する人たちも概ね境界知能だろう、と際限ない同情偏見連想がとまらない。

260　親ガチャ

　若い世代は所得も資産も減り続けているのに、社会や人生への主観的満足度が上がり続けているのは、社会や人生への若い世代の期待が下がり続けているからとしか思えない。期待と現実のギャップが社会や人生への不満を生み、努力するインセンティブも生むが、「まあ、自分はこんなもんだろ」と期待そのものが下がると現実に不満も覚えない。

　「自分はこんなもん」と自覚するのはやはり、幼い頃から偏差値で位置づけられる機会に慣らされたからとしか偏差値世代でない私には思えない。かつてのように家庭が貧しいから大学に進めず、中高卒で入った小さな会社が成長して役員になり成功した人生を送れる、なんて物語は経済が

成長しない今ではまれになった。

　ゲームアイテムを得るくじ引きになぞらえ、「親ガチャ外しちゃった
よ」と流行りのぼやきをうそぶく子供に、「努力しない言い訳をするな」
と親が怒るのは酷な気がする。親だって会社で出世できないのは、配属ガ
チャや上司ガチャを外したせいと言い訳する。それでも会社ガチャさえ外
さなければそこそこ人生の成功が約束されると期待して、当たりの会社に
入れそうな大学に子供を入れようと躍起になる。偏差値の壁を超えられな
い子供は両親にぼやきたい。「あのなあ、あんたらの遺伝子をかけ合わせ
ればオレの遺伝子の出来栄えも想像つくだろうに高望みすんなよ」（**付録
4　昭和の銀行員──実力、努力、運**）。

　偏差値32で破綻寸前の底辺私立高校から東大合格者を5人出すドラマ
『ドラゴン桜』続編を結構面白がって見た。合格に導く阿部寛さんが、「社
会のルールを知らずに搾取されず、ルールを作る側に回れ」「（人生にハン
デを負った）バカとブスこそ東大に行け」「勉強する努力はこの社会に唯
一残された平等だ」と説くのは視聴者の共感を呼ぶが、平等に勉強に努力
してももちろん成果は平等に現れない。

　阿部寛さんは優れた導き手には違いないが、それでも東大合格の水準に
達するには家庭の応援も要り、家庭以上に生まれついての資質によるとし
か言いようがなく当然ながら平等ではあり得ない。努力を続けられる根性
さえ資質の構成要素だから、親ガチャを外していれば苦闘の道筋が待つ。
底辺高校から5人東大合格する設定の非現実性を緩和するため、製作陣は
合格する生徒を不合格の生徒に比べ勉強向きの非凡な資質の持ち主として
造形し、視聴者の違和感を抑えてカタルシスを得る繊細な工夫をしてい
る。ドラマの合格シーンには高揚するが、底辺高校のその他大多数の生徒
の人生にはなんの関係もない。

　このところ、執行役員になれるよう絵馬に実名をさらして願ってもかな
わない銀行員や、論理的に考えたり計算したりする能力が弱い境界知能ゆ

えに人生が失敗続きの中年女性について書きながら、例によって主張を明快に表現できないもどかしさに囚われている。どう見ても、「努力すれば必ず人生は報われる」なんて現実はなく、「成功した人間の多くは親ガチャと幸運に恵まれただけでたいして努力もしていない」実感が、もどかしい背景のようである。

　政治家の家庭に生まれた岸田新総理は親ガチャで政治家になったが、東大に3回落ちた経験は謙虚さを形成したかもしれない。秀才集団に配慮するから「財務省のポチ」ならこの国を率いる資質として望ましいのか定かでないが、人事権を振りかざして屈服させるのが民主主義と思っている下品な総理より、官僚は仕えやすいに違いない。

　そして目指す社会が、「新自由主義や株主資本主義からの脱却」って、そんな主義にこの国は一時たりとも染まった経験はないのに、と課題設定を奇妙に思う。ただ、努力が報われる以上に親ガチャが報われるから人間は諦観に囚われながらもこの社会を不平等と感じるのかもしれない、と思い直してもうちょっと考えてみる。

261　45歳定年制の構図（上）

　働く報酬は、働き手が生む価値見合いか、働き手が家族を含めて人間らしく暮らせる費用見合いかは、無論経済学者は前者を主張し、「同一労働同一賃金」のスローガンもこの考えに基づく。でも戦後の日本では、企業規模が大きいほど後者の考えに基づく年功序列の処遇体系が形成されたから、処遇が時代に合わなくなると経済学者には当たり前のスローガンが改めて必要になった。年功序列だと若い社員は生む価値を下回る処遇に甘んじ、子供の教育や住宅の取得や老後の準備に費用がかかる年齢になれば生む価値を上回る処遇を受ける（**48　最高裁の判断──同一労働同一賃金、106　その他の事情**）。

気心が知れた老若の社員集団が緻密にすり合わせながら長年同じ職場で働くほど生産性も競争力も上がって成長できた時代は、年功序列への経済学者の批判を黙殺したが、合理性が失われると企業も対処しなければならない（50　日経連の闘い）。政府が定年を55歳から60歳に延ばす際にすでに待遇をとめる役職定年を編み出し、60歳を65歳に延ばす際は非正規に身分を変えて待遇を落とす継続雇用を編み出し、65歳を70歳にしろと言われたらさすがに社内にとどめる前提では対処できないから、早期退職募集が活発になる。

　場当たりに見える企業の対処が、経済学者にはもどかしい。「雇用流動化は年齢を問わず解雇の金銭解決を導入すればいいでしょ」と力説しても、6割を占める正規社員は、「カネさえ払えばクビ切り自由とはとんでもない」と怒り、経営者数ではほとんどを占める中小企業は、「クビ切りに追加のカネがかかるとはとんでもない」と怒り、怒りの連合の多数決で葬られてきたのがこの国の風景になる（175　痛みを避け続けた挙句に……）。

　だから、新浪剛史さんがいきなり45歳定年制を提唱しても、「誰もが三菱商事からローソンやサントリーの社長になれるとでも思っているのか」とやっぱり怒りで炎上する。政府が法律で70歳までの継続雇用を企業に促す状況で45歳定年が制度になる可能性はないから、新浪発言も働き手の心構えを説くアドバイスと思いきや、本人の主観としては日本経済の行く末を憂いた本気の持論らしい。

　事務局のシナリオどおりに進行する経団連の会議より、経済同友会が参加者の自由な議論の場なのは私も招かれて経験しており、そんな場で新浪さんは主観としては素直な持論を展開した。が、やはりまだまだ転職が経済的に不利に設計されているこの国では45歳定年制は過酷に響く。とりわけ居続ければ恵まれる大きな組織に所属しているほど許せない。

　稼ぐ能力がないのを自覚していた学生の頃は民間に就職する選択肢をあ

まり真剣に考えなかったが、考えたとしても商社でなく銀行を選んだ気がする。グローバルに商機を追求する商社の慌ただしさに、パワフルにはほど遠い性分の自分が向いているとは思えない。銀行で資金を背景に企業の相談に応じるほうが落ち着いて働けそうに思うのは、結局は役所で法律を背景に働く道を選んだ性分に由来する。仮に銀行を選んでも頭角を現せそうになく、45歳を過ぎればほどなく「たそがれ研修」を受けて今頃は貸出先企業の経理部長にでも収まっていれば上出来だろう。

対する新浪さんは、パワフルな商社マンから職業人生を始めた。三菱商事でもローソンでもサントリーでも、組織にとって素直に正しいと信じる判断をし、果敢に行動して名経営者の称号を得る。新浪さんが職業人生において努力して名経営者になったというより、生まれつきそんな才能や資質を備えていたように見えるから、45歳定年制を唱えても、努力しても報われない人間には「強者の身勝手」感がぬぐえない。自らの成功体験を疑わないタイプの人間が、日本経済にとっても正しいと信じる道を説いて実現を目指すのは、この国ではなかなか平穏には済まない道筋のようである。

262 45歳定年制の構図（中）

前回の合併号でちょっと間が空いたので読み返すと、45歳定年制を唱えて炎上した新浪剛史さんへの評価の視点が定まってないと気づく。優れた経営者列伝を意図するテレ東の『カンブリア宮殿』では、ローソン時代に続き、創業家が支配するサントリーにおいても優れた経営者に見えた。規模が大きくなっても創業家が社長を続ける企業に好感は抱かないが、神格化された創業者を否認して必要な変化を促すには創業家の人間でないと難しい事情は分かる。「お父さん」や「お爺さん」なら乗り越える意欲も湧くが、創業家でない人間にとっては神への冒涜に他ならない。

幸いサントリーの創業者が残した社訓は、新たな事業を「やってみなは
れ」だったから、創業家に再バトンタッチするまでの雇われ社長の新浪さ
んも、異端者として迫害に遭わずに済んでいるようである。でも、サント
リーの将来像を描くのは創業家の役割なので、その分新浪さんは日本経済
の将来像を描きたくなるのかもしれない。

　同じく『カンブリア宮殿』に、「パナソニックの異端者事業部長」が登
場したので、「どこが異端者なんだろ」と眺めていたら、偉大な創業者が
残した社訓の朝の社員唱和を自分の事業部ではやめたことなのだった。こ
の程度でも、「神への冒涜」と社内の信者は感じる。だからこそ、70歳ま
での継続雇用時代を迎えたパナソニックは、継続雇用を可能とする新たな
事業を開拓するのでなく、好条件が耳目を集める大量の早期退職募集を敢
行するしかない。

　さて、ここまで書くと先日の『カンブリア宮殿』で印象に残った日清食
品の親子三代へと続けずにはいられない。「それは45歳定年制とどう関係
するの？」って、いや別に関係しませんけど、連想で脱線する連載なので
ご容赦ください。日清食品の創業者はNHKの朝ドラ『まんぷく』の主人
公から大河ドラマの明智光秀に転身したばかりだから、ご記憶の読者も多
いだろう。カップラーメンが人類にとって偉大な発明だったのは、世界旅
行者の私は痛感している。が、二代目の息子はカップラーメン一本足打法
を否認して、焼きそばや日本そばへと戦線を広げた。

　そして今、三代目の孫が目指すのが、必要な栄養を過不足なく含み余分
なカロリーは含まない完全栄養食になる。「ラーメンだろうが焼きそばだ
ろうが日本そばだろうがカップメンばっか食ってちゃ健康に悪いだろ」
は、日清食品がいつかは乗り越えねばならない通念の壁になる。してみる
と親ガチャを当てた典型みたいに見える創業家の経営者も、いわば逆親ガ
チャとでも言うべき厳しい人生航路が待っているらしい。

　前回の文章を読み返し、また深く考えずに結構微妙な領域に入り込んじ

ゃったな、と思う。優れた経営者に見えた新浪さんが、「成功した経営者の身勝手」と涙を流して指弾されるのには、ちょっと戸惑う。一方で、成功した経営者が、単に運が良かっただけなのを己の実力と勘違いしている風景は枚挙に暇ない。さりとて逆に、成功したくて努力したと力説する経営者にも、「親ガチャの運で才能と資質に恵まれただけじゃないの？」ともしばしば感じる。結局のところ、どんなに努力しても報われない多くの人たちが視野に入ってないのが、涙を流す指弾の源泉らしい。努力しても報われないならせめて、恵まれた組織には長く居続けたい。

　そんな人たちに生きる希望を提供したいサンデル教授は、「実力も運のうち」と説く。実力が、先天的な才能や資質であれ、後天的な努力の産物であれ、社会がたまたま活動を評価して受け入れてくれたのもまた運に他ならないとするのである。たまたま日本の金融史の動乱期に右往左往した経験に基づき第2の人生を過ごしているような私は、嫌でも賛同させられざるを得ない。「山一證券の廃業の時はね」とか、「UFJ銀行が消える必要は今だに」とか語るだけで、みんな耳をそばだてる。が、共感の輪の射程範囲は定かでない。己の運の良さを感じられない人たちにとっては、慰めの言い換えに過ぎないようにも聞こえるからである（付録4　昭和の銀行員──実力、努力、運）。

263　45歳定年制の構図（下）

　「45歳で解雇する趣旨ではない」と新浪剛史さんが炎上に釈明しても、検索すれば、「いったん45歳で雇用関係が白紙になる前提だと若い頃から転職に備えて努力するから、市場価値が上がって実際に有利に転職できる」なんて発言が見つかり、「やっぱり社員を追い出すことしか考えてない」と火に油を注ぐ。「そんな制度は現実にはできないから、私見として聞き流せばいいのに」と怒りにちょっと戸惑ったが、「どんなに主観的に

努力したところで、みんながあんたみたいに社会から客観的に評価されて経済的に報われないんだよ」との思いが炎上の原動力になる。

　それに親方日の丸だった私と違い民間の敏感な働き手は、制度の建前がどうあれ企業の運用は別だと知っているから、正面から45歳定年なんて認めたら限りなく解雇に近づくだろうと容易に想像できる。「同一労働同一賃金」が貫徹する労働市場で能力に応じて処遇されるなら初めから定年制など必要ない。45歳定年制をめぐる紛糾は、現実の処遇が一般に大企業ほど、働き手だけでなく家族を含めてライフステージに応じ人間らしく暮らせるように配慮しているからである。

　新浪さんが説くとおり、流動的な労働市場を自在に渡り歩いて競争するほうが経済は効率化して成長できるが、競争に負けて貧しくなるのは誰だって辛い。社会からの客観的な評価もたまたまの運とサンデル教授に学んで自らの気持ちを慰めても、経済的に慰められないと家族への責任も果たせない。気心が知れた社員同士が緻密にすり合わせて安く高性能のテレビを世界に売っていた頃は気心が知れた社員を会社にとどめるための定年制だったのが、今では会社から社員を追い出すための制度になった。

　それを70歳にされてはたまらないから政府に対抗して早期退職募集を敢行する大企業は、今のとこ条件の有利さが注目されている。今より良い条件が将来示される可能性はなく、残っても生き甲斐を覚えない職場の将来が見える社員は今の最善の退職条件に応じるが、そんな社員ほど企業のほうは引きとめたい。辞めさせたいのは、どんな条件を示されても応じずにしがみつくほうが得と信じる社員であり、今後は退職条件が劣化するだけでなく、ラインを外れた一兵卒として使われる運命が待つ（**278　意見は偏向**）。

　長期雇用は別に日本の専売特許ではなく、むしろアメリカの短期雇用のほうが国際的には珍しい。そして女性はヨーロッパのほうが日本より長期雇用なのは無論、日本では出産を機に過半の女性が会社を辞めるからであ

る。だから男性の処遇を年功序列にして、ライフステージに応じて家族が相応に暮らしていけるよう年々の報酬はもとより、退職金も企業年金も長く勤めるほうが有利に設計してきた。45歳定年制に新浪さんが指摘するマクロ経済の効率化の恩恵があっても、ミクロ経済で不利だから家族のために転職できない。

　転職を経済的に不利にしないためには、本気で「同一労働同一賃金」にしなければならないから、日本社会の深淵な変容を意味する。社内での先輩と後輩の関係、男性と女性の関係、正規と非正規の関係、そして家庭での家事や育児の夫婦の役割分担まで差が消えて公平にならない限り、議論がかみ合わない紛糾は続く。「子供は家庭で母親が育てよと固執する老人」や、「ママ友との人間関係に悩む専業主婦」なんて存在がこの国から消えるまでの間、効率性と公平性の二兎を追う気が遠くなるほど長いプロセスを克服しない限り、紛糾する議論の構図は避けられそうにない（注）。

　　（注）　読み返して悲観的な将来展望を修正する必要は感じなかったが、家庭での夫婦の役割分担の公平化の歩みが現実には遅くても、職場に長く勤めるほうが有利に設計してきた年々の報酬や退職金や企業年金を早く辞めても不利にならない方向に税制も含めて是正するのは、ある程度までは可能である。夫婦の役割分担の公平化を待って処遇を是正するのでなく、処遇を是正して役割分担の公平化を促す。解雇の金銭解決による企業都合の流動化はこの国では実現しそうにないから、労働者都合で転職したい場合の経済的不利益を是正しての流動化が、無難で現実的な道になる（217　ガバナンスの現段階（注）、276　自社株買い問答の含意）。

第 43 章

不発の総括 (264〜270)

数年前の連載を読み返しても陳腐化したとは感じないが、今なら違う書き方をしそうな箇所はある。トランプ政権が消えても共同富裕を掲げて先祖返りする中国との対立は緩和せず、脱炭素やAIやDXが産業の変革を迫るのを（注）で補う程度じゃ足りないから、本の最後にここ数年の変化を総括しようと考えた。が、その前に考えてみたい別の現象が次々現れ、総括は不発の先送りになる。

264　番犬の分と矜持

　矢野財務次官の財政破綻警鐘論文を一瞥し、気持ちは分かるが財政収支だけに着目した昔ながらの財務省イデオロギーだから、マクロ経済や金融市場への影響にも目配りすれば説得力も共感も増すのに、と思って書き始める。が、広い目配りは目先の財政収支の悪化を軽視する言い訳になるから、あえて吠える番犬の分として守備範囲を限定し、それが同時に番犬の矜持になっているらしい。

265　経過観察

　地銀の持続可能性を確かにしようと改革を主導した会長が、株主総会で圧倒的に信認された直後に取締役会で電撃解任された山口FGの事態は、会長の独断専行やアイフルと共同設立する消費者銀行をどう評価するかも論点だが、取締役会の大半を占める社外取締役の機能に関心が向く。情念や信念が錯綜する事情は想像できるが、経営判断に必要な取締役会での徹底した論争は欠けていた。

266　続・経過観察

　競争力を失ったアメリカ企業の再生に、他社で成功した経営者や各界の識者が客観的視点から株主の期待に応えて稼ぐよう促す社外取締

役は有益だったが、遅れて導入した日本では、「社内事情に疎い御しやすいお客様」になりかねない。経営の重要課題を取締役会が徹底的に論争して答えを導くには、人間関係の情念や地域金融の使命の信念を超えた社外取締役の使命への認識が不可欠になる。

267 貧困女子高生の独白

新生銀行がSBIの敵対的買収への防衛を断念すると、「**付録5 敵対的買収防衛策での強圧性論の濫用**」みたいなまじめな制度論を書こうとするが、同時に私の中のおちゃらけ虫がうずき、この買収と防衛の風景を眺めて去来した思いをギャグにしないといられないらしい。当人たちが真剣なのにおちゃらける困った性分は、長くこの手の攻防を見させられる仕事だったのが一因に違いない。

268 補助金ランダム妄想

苦しみを緩和する補助金が、苦しみ相互間の比較も、緩和による副作用も、財政への影響も考慮されず、投票での還元を期待して決まる様子には脱力するが、「たくさん税金払ってるんだから勝手にばらまくな」と恵まれた人たちが怒るのにも共感できずに困る。そこでなにに補助すれば意味がありそうかと考えるが、意味がありそうな補助は投票に還元されそうにないからやっぱり困る。

269 官民意思疎通での認識の非対称性

民の側が目的意識を持って官に相談すれば官の反応は記憶に残るが、受け身の官の側の記憶は非対称的に残らない。民が人間として官に対峙すれば、官も呼応して人間として対峙して相互理解が進むが、民が己の地位を守るために行動していると、思わぬ反応が官から寄せられる。本稿は、官民の関係がかなりクルーシャルに至った局面での

民の思考と行動の指針として有益との指摘をいただいた。

270　ハイドンと現代人

晩年に近いハイドンほど幽玄な境地が好きだが、これを変化ではあっても進歩と捉えたくないのは、ハイドンからモーツァルト、ベートーベンに至る変化も進歩だとすれば、人間の個性が埋もれてしまう気がするからである。政治の進歩が経済をも豊かにし、経済を制御する技術もまた進歩するとの現代人の感覚が、18世紀後半の等身大のハイドン受容を困難にしているさまが結構面白い。

264　番犬の分と矜持

「矢野康治財務次官の話題の財政警告論文をご存知ですか？」と問われれば、「ええ、大蔵省時代の金融行政では信頼する同僚でした」と答えて会話のネタになるし、現役行政官でも黙っていられない性分（と言うか生理？）に同類としての親近感も覚える。事務のトップになり、かつて秘書官として仕えた総理が退場するタイミングを捉え、前蔵相の許可も得て論文を世に問う矢野さんの流儀は、偉くもないうちから条件反射みたいに発信して物議を醸した私よりさすがに周到とも思う。

ただし、矢野さんの警告は、財政収支の折れ線グラフが右向きに口を開けたワニみたいに発散する伝統的な財務省イデオロギーだから、「マクロ経済や金融市場への目配りがなく時代遅れ」と識者が批判したりもする。「全国民に一律10万円配っても貯蓄されるだけ」とする矢野さんの指摘には異存がなく、私も連載で、「同額をコロナで収入が減って困った国民に配れば消費され、ワニの口の開きも小さくて済んだ」と書いた（219　消

費のさせ方）。

　だから頭の体操として問うなら、「仮に10万円を配らなければ、ワニの口の開きは実際より小さくて済んだか否か」になる。収入が減って困った国民が生活保護に至る財政収支への直接影響だけでなく、コロナに当初直撃された産業の売上げの減少が、仕入れや家計収入の減少を経て全産業に波及していくマクロ経済への影響を考える展開になる。

　「政治のバラマキ合戦」という矢野さんの指摘に、「困った国民を支援するのは当然なのに失礼だ」と政治側が反発するのは当然だが、それとてバラまかずに放置すれば、マクロ経済が一層沈んでかえって財政再建が遠のくとの判断に支えられている（はずな）のである。バイデン政権の財政支出は、公共投資のための資金調達により金利が上がって民間投資を阻害する伝統的なクラウディングアウトの懸念を、「もはや時代遅れ」と気にしない。

　より広く観察すると、手厚い財政支出は国民を甘やかして怠惰にするとの通念に、最新の実証研究をもとに理論的に反駁する。もとより共和党や民主党右派の懸念は日本の財務省に近いから議会は紛糾するが、政府が放っておいても民間が激しく競争して優勝劣敗の格差が広がってしまうアメリカの政権の姿勢としては、相応に官民が整合しているように見える。

　対する日本では、財政に警告するはずの金利の機能は日銀と政府がすでに壊してしまっている。「MMT（モダン・マネー・セオリー）は異端の暴論」と言いながら、国債発行を通貨で賄い事実上MMT化している（**241 預金の生まれ方（下）**）。「内国債は国の負担でない」と決まり文句を繰り返すのがそろそろためらわれるほど内国債比率は下がり、期間構成もかつてなく短期化している（**248　出口なく引き返せない道**）。優れた金融行政官だった矢野さんが資本流出の可能性を気にならないはずはないが、あえてマクロ経済や金融市場に目配りせず、財政収支に絞って伝統的イデオロギーを展開する。

矢野さんが、「吠える番犬」に己をたとえるのは、「民主主義者だから政治は尊重するけど卑下はしないぞ」と思ってきた私の趣味ではないが、「非常時には財政もマクロ経済への配慮が必要」とか、「金融市場に財政への警告の兆しは現れてない」とか、視野を広げると番犬が政治に忖度して己の役割を担わない言い訳にもなる。

　コロナ非常時だったはずなのに税収が史上最高なのも、教科書のビルトインスタビライザーが時代遅れになったのかもしれないが、それも気にする風情はない。「時代遅れ」と批判されようが、財政収支だけを見て吠える。己の視野を限定した番犬としての分を弁えた警告が、かえって矢野さんの矜持になっているらしい。

265　経過観察

　今年（2021年）半ば、山口フィナンシャルグループ（FG）の会長が株主総会で圧倒的に信認された直後の取締役会で電撃解任され平取締役に降格したのを、「会長の独断専行のため」とか、「社外取締役のガバナンスが機能した」とか報じるのは、山口FG大本営発表の受け売りか否かはさておき、言葉遣いが変だと思った。独断専行が本当でもなぜ解任理由になるのか分からないし、取締役10人中7人を占める社外取締役がプロパーの根回しもなく世評高い会長の解任にいきなり賛成できるはずもない。

　最近になって経済誌が、「スクープ！　山口FG会長電撃解任の取締役会は事前に計画されていた」と報じ、「事前に計画されてなきゃ電撃解任できるはずないからスクープじゃないだろ」と思ったが、電撃解任以来一貫して山口FGが事前計画を否認しているので、取締役会で会長を解任する段取りを事前にプロパー取締役が書いた文書が出てくると、やっぱりスクープなのである。それでもなお解任した側の現社長は、ウチの社外取締役は事前に根回しなどしたら反発されるほど、リアルタイムの的確な判断

ができる見識の方ばかりです、という類の崩壊した説明を繰り返している。

　そこで社外取締役の顔ぶれを眺めれば、たしかに各界の識者を集めたらしい。が、当然ながら、各界の識者なのと、地銀の持続可能性を判断する見識は違う。制度上の権限としては、株主総会は会長の取締役再任を認め、取締役会は会長再任を拒んだだけだから別に変ではない。が、株主総会が取締役再任を認めたのは引き続き会長として山口FGを率いてほしい期待の現れだから、事前に計画して電撃解任するのはやはり株主の意思に悖る印象を世間に与える。11月中旬までの経過観察では、前会長の地域商社や人材仲介の試みを改革派として応援してきた経済誌が舞台裏にメスを入れるのは想定内だが、前会長が沈黙を続けるのは想定外である。根幹の路線闘争は、前会長がアイフルと共同で消費者銀行を設立しようとしたことらしい。

　ガバナンスをコンプライアンスと同義に捉える識者が多いが、私は企業が株主の期待に応えて持続的に稼ぐ力と捉えている。「株主の期待に応えて」とは、ステークホルダーの中で、社員でも顧客でも取引先でも銀行でもなく株主だけが、企業が稼がない限り報われない存在だからである（**144 ガバナンスとコンプライアンス**）。かなりの社外取締役を私も務めていて、時に経営陣の方針が株主の期待に反すると思えば論争する。論争している間は、こうして物書きをするのもままならないほど気が重いが、それが自分の役回りと諦めている。今回の経過を観察しても社外取締役の葛藤が表に現れてはいない。

　山口FGの取締役会は追い討ちのように平取締役に降格した前会長の取締役解任も決め、クリスマスイブの株主総会に諮る。ボスをつい殴っちゃったから、態勢を立て直して仕返しされないよう殺してしまうロバート・デ・ニーロとジョー・ペシのマフィア映画を思い出した。「先生、サラ金と組んで全国に貧困ビジネスを展開するなんて地域金融の理念に悖ります

よ」なんて程度のプロパーの素朴な根回しに社外取締役が納得して行動していないのを願う。

　銀行がサラ金と組んじゃいけないのか、サラ金と組めば必ず貧困ビジネスになるのか、地銀が全国展開してはいけないのか、地銀として持続するために貧困ビジネスに依存してもいけないのか。これこそが、各界の識者が取締役会で徹底的に論争して答えを出さねばならぬ経営課題に他ならない。前会長が高校3年の時、1年にいたのが矢野財務次官と知れば、後輩のように己の考えを発信して然るべきと思う。単に1つの地銀の持続可能性だけでなく、この国で素朴に評価されてきた社外取締役によるガバナンスのあり方として、世間から内情が見えないままに処理されるべき事案ではあるまい（注）。

（注）　本稿の公表時に前会長は会見した。ずいぶん時間をかけたから、「会長解任に賛成するよう強要された社外取締役の告白」みたいな隠し玉が炸裂するのかと思いきや、「周到に計画されたクーデターであり、計画者たちは保守的で先見性がない」と指摘するだけなのは拍子抜けする。「それだけなら、すでに観客みんなが感じてたことじゃないの？」。
　　　そして焦点のアイフルとの消費者銀行については、「賢く使って豊かに暮らす」という類の自分でも信じてないほどのきれいごと建前説明に終始するのも拍子抜けした（まさか信じてないだろうが）。前会長が真に独立した調査委員会による再調査を求めた意味も、仮に真に独立していようが周到に計画しただけでは解任手続が違法で無効にはならないから、腑に落ちず当惑する。
　　　クーデター計画者たちとの人間関係が破綻している以上、第2の人生を展望するほうが建設的な気もするから、取締役辞任の決断もクリスマスイブ株主総会の直前までずいぶん時間をかけなくともとは思った。SBIの敵対的TOBへの新生銀行の防衛策に続き、総会決戦前夜の撤退を見せられた観客もやはり拍子抜けして当惑する（付録6　「ドキュメント72時間」からの想像）。

266　続・経過観察

山口フィナンシャルグループ（FG）会長の取締役会による電撃解任へ

の前回の感想を読み返し、説明不足と感じたので補足から始めたい。アメリカ企業の取締役会も、かつては偉くなった社員の集まりだったから、一番偉くなったトップが過去の成功体験に縛られて競争力を失うのを社内から改革するのは難しかった。そこに他企業で成功した経営者や、他分野の識者が社外取締役として参加すれば、忖度せずトップに引導を渡したり新たな事業を提案したりが容易になる。要は社外取締役の最大の使命は、客観的視点から経営改革を促すにある。

　アメリカ企業より競争力を失うのが遅れた日本企業が、社外取締役のガバナンスを遅れて導入しても、「社内事情に疎い御しやすいお客様」になりかねないから、株主の期待に応えて持続的に稼ぐのを促す社外取締役の使命を強調する必要性を感じてきた。他のステークホルダーである社員や顧客や取引先や銀行を軽視しているのではない。株主に報いるには、債権者である他のステークホルダーに報いるのが当然の前提になるからである（144　ガバナンスとコンプライアンス）。

　「地銀の持続可能性を高める経営改革」は、答えがあるのか訝しいほどの課題と感じてきた。この連載でも、「貸出先の経営者と社員の意欲と能力に応じた最適の処方箋を提案し実現をインスパイアする半沢直樹を、個人芸でなく銀行の組織文化にする」とか、「事実上信金信組化して、地べたを這うリレーションにより利ざやを少しずつ広げる理解を得る」とか、「官民が己の存在意義を賭けた本音の論争により、銀行業務を縛る規制を柔軟化していく」とか書いてはきたが、決め手に乏しい。

　山口FG前会長が取り組んだ改革は、貸出先の商品や人材を仲介する新事業により地域経済により深くコミットしていく道であり、地域金融の使命として違和感はないが、新事業には先行投資を要する割にすぐには稼げない。株主の期待に応えて持続的に稼ぐガバナンスの要請に応えるには、目先をしのぐ手段が必要になる。それがアイフルと共同で設立する消費者銀行の全国展開だったのかもしれないが、そうなると今度は地域金融の使

命に反すると感じるのが地銀の普通の行員には違いない。

　連載の長い読者なら、経験上私が消費者金融に厳しいのはご存知だろう。目先をしのぐ手段だろうが、顧客にとって存在しないほうがよい銀行なら存在すべきでないと思う。でもこのさらに難しい課題は、取締役会が、社内事情に疎いお客様の社外取締役が過半を占めていようとも、己の存在意義を賭けた本音の論争により答えを導くのが資本主義のルールになる。前会長の断罪理由らしい独断専行とは、ガバナンス上はする人間でなく、されるのを許している組織の問題である（**付録6　「ドキュメント72時間」からの想像**）。

　第一生命に活動拠点を提供していただいた時、「なにをお書きになるのもご自由ですが、個人攻撃はお控えください」と言われ、「顧客商売だから当然ですよね」と応じた。その結果、個人攻撃を控えると文章の品格を落とさずに済むと気づく。山口FG劇場の登場人物も知らないから個人攻撃しようもないのが、ガバナンス論としての品格に寄与したかもしれない。

　最近の第一生命を震撼させた巨額詐取営業員のおばあさんと山口FGの過去トップのおじいさんにはかねて深いご縁があったようであり、会長から実力相談役に退いてもご縁を守るために邪魔になった現役のトップを追い落としたようである。この経験が、大切な信念を守るためならトップを追い落とすのも辞さない組織文化を形成したのかもしれない。ただし、この手の情念物語は私の守備範囲外として、追加で個人攻撃に満ちたクーデター前史や現在進行中の粛清を補足したりしないのが、文章の品格と心得る。

267　貧困女子高生の独白

　北君がまた、「新子、おれの女になれ」って圧力かけてきたから担任の

先生に相談しても、「でもなあ新子、クラスで授業料払ってないのおまえ
だけだぞ。北の一家に入って女を磨き、稼げる道を考えちゃどうだ」と言
われた。先生は北君とつるんでる。前に北君の弟が来て、「兄貴はあんた
のことは諦めたから安心しな」って言われたのに蒸し返されたのは話が違
うと先生に訴えても、「でもなあ新子、男心と秋の空って言うだろ。口約
束を真に受けてのほほんと生き、愚痴ばっか言ってるからいつまでも授業
料払えんのじゃないか」と逆説教された。

「おれの女」を蒸し返されたのは、最近あたしが松君と仲良くしてると
誤解されたせいらしい。北君は松君が嫌いだ。「あの野郎め、おれんちの
ほうがはるかにでかいのに、学級委員も生徒会委員もいつも奴が選ばれ
る」。そりゃそうだよ。松君は人当りが良くてもっともらしく穏やかに喋
れるもん。だから若い彼女もいるんだよ。北君はいつ切れるか分かんない
威圧感漂ってるし、あたしが授業料払わないのを「ぼんくら」とか「泥
棒」とか罵倒するし、いきなり論語持ち出して説教する割にどこまで論語
信じてるのか分かんなかったりもする。

それに北君ちじゃ最近、田舎出の垢抜けない女の子を集めて稼げるよう
に教育してる。「なあ新子、おまえが教育係やってくれると、あの子たち
も一皮むけるぜ」ってそんなのやだよ。あたしんちは昔から一流のお客様
しか相手にしなかったのに、田舎の町工場や商店街回って稼いでる子たち
と一緒にしないでよ。たしかにあたしの妹は底辺個人相手に商売して家計
を支え、あたしは昔ながらに商売してバランス悪いから落ちぶれたのは、
家の形をなんとかしなきゃとは思ってる。

でも、一家を構えてまだ20年ちょっとしか経ってない成り上がりの北君
に、伝統ある我が家が引っかき回されるのを想像するだけで、あたしの生
理が受け入れられずくらくらする。「大丈夫だ、先生の先輩のOB教師も
手伝ってくれるんだぜ」って北君は太鼓判押すけど、この方は教師界で最
近あんまし評判良くなくて、「OB教師界のゴミ」と呼ばれたりしてるか

らやっぱ心配だよ。

とにかく、出来損ないのあたしが北君の意向に正面から逆らったら校内で反感買っちゃうから、「家族だけじゃなく親戚の面倒も見て、もっと高く払ってよ」と北君が呑めない条件を出し、呑めないならクラス会で決めてもらうことにした。クラスメートの多くは北君ちが急に成り上がったのを快く思ってないし、商売の流儀も乱暴と感じてる。それに先生と同じ北君びいきだった校長が生徒の人気がなさ過ぎて追放され、新しい校長はあたしんちの出身ときてる。

こうして時間稼いでいるうちに、みずほ君とかが声かけてくれないかと期待した。みずほ君のルーツはあたしんちと同類だし、最近じゃ商売のリーダーも派遣してくれている。みずほ君ちの商売とあたしんちの商売は不足を補い合う相性がいい。ちょっと時間をかければ、みずほ君ちも三大家の一角として復権できるかと思ったけど、お客様に迷惑かけ続け先生には怒られ当主が辞めてそれどころじゃなくなる。

クラス会の直前まで、あたしは一縷の望みを捨てなかった。信用を重んじるあたしらの商売で、意に反して一家がカネで売り買いされるなんてやり方が横行してみんないいの？　でも先生はすでに、北君の意向に沿ってクラス会を仕切ると決めていた。「みんなも内心は反対なんです」とあたしはやっぱり愚痴を続けるしかない（注）。

（注）　本稿は以下の「居座り都議の独白」と対で書いたが、珍しく編集担当の鈴木さんと、居座り都議の独白形式の是非が議論になった。鈴木さんによると、本稿は独白形式とはいえ、新生銀行の主張は概ね開示され周知されているのに対し、居座り都議の独白はすべて私の想像である。他人の思いを想像して別の他人を論評する副作用が私にはね返ってこないかが鈴木さんの懸念になる。
　　　一方で、自立して人生を切り開いてきた女性が、なぜ居座るのかさえ誰からも想像してもらえず、ちょっとした（かどうかは論者によって意見は分かれるだろうが）過ちをメディアから袋叩きにされて転落する風景を私が好まないのも鈴木さんは承知している。努力して人生ステージを上げた者が池に落ちたから、凡庸なコンプラ自警団が取り囲み棒でつついて殺す

（137　時の恵み、186　コンプラ自警団）。「ならば、都議の独白形式じゃなく、いつものように大森さんの主語で書けばいいのではないでしょうか」。

「それじゃあ面白くないじゃん。文責は私にあり、仮に誰かが怒って騒いできんざいに迷惑がかかるなら連載を辞めればいいだけでしょ？」「それじゃあ困ります。この連載が好きで永続してほしいのに、編集担当として続けられなくなるリスクは犯せません」。永続とまで言われると、80歳を超えても健筆をふるう野口悠紀雄先輩を連想してちょっと虚を衝かれる。

私だって、もとより居座り都議に違和感は覚えているが、メディアの反応のほうが一層違和感を覚えて書いただけなので、都議の気持ちにまったく配慮してない文章には違いない。そこでとりあえず掲載を見送って継続検討扱いにしたが、内情を書いてしまえば鈴木さんの懸念理由も消えただろうから、原文を掲載しておく。

きんざいの活字をまとめたこれまでと同じく、この本も私の元原稿が母体なので、初出時に各時代の編集担当が配慮して校正してくれた痕跡はあまり残ってない。例えば本稿の初出には、「OB教師界のゴミ」みたいな箇所がない（本人も笑うだけと思うが）。一方で、ごく少数実在する何度も読み返すマニア読者には、初稿に新たな発見があるかもしれない。

居座り都議の独白

国会議員を落ちて美人ママタレントに転身した金子恵美がワイドショーで、「議員が不測の事態を避けるには、自分で運転しちゃダメ」とあたしをディスる。そりゃあんたみたいに応援団がいっぱいいれば誰かが運転してくれたでしょうよ。でも、貧乏地方政党で運転手雇うカネもないあたしが議員活動するには自分で運転するしかないの。「議会から辞任勧告されて居座る精神が不思議」と地方議員もしてたあんたに言われても、あたしは議員でなくなったらタレントにはなれないんだよ。地に堕ちた今のあたしを誰が雇う？　デブ専の熟女キャバクラで、「当て逃げ居座りおばさん」の自虐芸でもしてみせるしかないじゃん。

あたしが投票してくれた有権者の重みを強調し過ぎるって声は自覚してたよ。「まあ、このおばさんが一番ましかも」って程度だから別に重くもないけど期待には必死で応えようとした。「一生でなく、いったん辞めてけじめをつけてから出直しての復活を求めるだけだ」って声も自覚してた

よ。でもね、この国でいったん地に堕ちてから出直せるのは、中村喜四郎だの鈴木宗男だの男だけなんだよ。

　男女関係だって女に不利だ。こないだの衆院選でも、買春で辞めた元知事が当選して、男の国会議員はそもそも不倫くらいじゃ辞めないじゃん。金子恵美の亭主はゲス過ぎて辞めたけど、不倫したのが金子恵美のほうなら、落ちてもタレントには絶対なれないよ。テレビを支配するのは男の不倫は甲斐性と思う昭和オヤジどもだからね。あ、そう言えば秘書給与をネコババして逮捕された辻元清美は復活したけどこないだ落ちたし、あたしは彼女よりもっと地域に根差した政治家として生きたいと願ってきた。

　金子恵美や辻元清美が早稲田なら、あたしは東京外大を出て海外でも学び、博報堂では大衆アピールも身につけた。霞が関にも出向して地域おこしの願いを込めた本を出した。元来あたしだって国政にふさわしい人間なんだ。でも都民ファーストの都議から始める以上、住民の要望に応えて駆けずり回り、当選を重ねるしか人生ステージを上げる道はない。

　亭主と和解した金子恵美と違い、あたしはシングルマザーとして生きる道を選んだ。子供を育てながらの議員活動が選んだ道だから多忙には耐えるけど、自分で運転するしかないから寝不足で事故を重ねて免停にもなる。バックさせたクルマがぶつかるとつい条件反射で発進しちゃったから、無免許当て逃げ隠蔽都議になった。

　転落した上級国民を袋叩きにするのは大衆が安心できる娯楽劇場だし、「ふてえアマだ」と安心して怒ってみせるタレントにも事欠かない。メディアはわざわざ醜い写真を選んで載せてくれる。仕事を捨てて政治家になったあたしが、自己肯定感がないから他人を叩き続けるしか能がない凡庸なコンプラ自警団に負けてここで人生終われない。辞任強要合唱に抗い、「ふてえのは見てくれだけじゃなく精神だ」と証明してやると誓った。

　でも、コンプラ自警団の執念は、「板橋商店街は１人残らず呆れ果てていた」と決め打ち捏造記事の洪水に至り、矛先は、「あんな娘をどう思う

んだ」「あんな母をどう思うんだ」と家族にまで及んであたしの精神だけの話じゃなくなる。だから、「逆ギレ辞任会見」で最後まで安心して罵倒され呆れられるふてえアマを演じた。仕事がなければ生活保護を受けてでもこの国の未来に願いを込めた本を書く。いつかは呆れるほどふてえ精神を見直してなにかをやらせてみたい人たちが現れるかもしれない。それが、あたしの次の人生ステージの出発点になる。

268 補助金ランダム妄想

ガソリン価格が上がったから補助金を出すって、なんかピンとこない政策だなあ。「東京のあんたにゃクルマがないと生活できん地方が分からん」って、いや、私だって奥飛騨で育ったから分かるよ。マイカーが普及する前はみんな、歩いたり自転車に乗ったりバスを待ったりしてたんだよ。価格が上がるのは消費を控えなさいって市場のシグナルだから、地球環境のために生活習慣を見直す契機にしないのかね。

「そりゃ時間軸が違う」って、いや、すでに自動車産業だってEVに向け爆走してるじゃん。「エンジンを作らないと雇用が崩壊するからアジアじゃEVより水素エンジン車だ」ってトヨタの奇特な構えは長持ちしないだろうけど、トヨタすらガソリン減らすのは至上命題と思ってる。原油が上がれば電気も灯油も上がるのに、なんでガソリンだけ補助金なんだろ？電気が上がるほうが困る国民が多いんじゃないの？　それともガソリンのほうが払う機会が多くて痛みを感じやすいのかな？　それとも業界の政治力？　どっちにしろ補助金の見返りに投票してくれなきゃ意味ないわけだ。

原油高は日本からは対処できないけど、円安にも金融政策は反応しない。財閥が経済支配してウォン安が絶対国是だった韓国すら利上げしてるのに（**37　ステレオタイプの偏見**）。「日本は円安で企業利益が増える産業

構造だぞ」って、そりゃこれまでの話だろ。輸出価格と輸入価格が同率上がって輸入価格を消費者に転嫁したから企業利益が増えたけど、コロナで痛んだ経済に円滑に転嫁できるのかね。だから韓国すら利上げしてるんだよ。「金利が上げられない財政事情はあんた百も承知だろ？」って、そりゃ承知だよ。だから韓国に並ばれ今後は引き離されて、銀行の持続可能性は見通せないんだよ（188　1本の韓国映画から）。

　感染がひとまず収まって会食に誘われる機会が増えた。私を誘うのは社会の成功者であり、「たまにはこいつの話を聞いてみようか」と思われるのは、研究者として恵まれた立場には違いない。みんな仕事熱心なだけでなく、政策への関心が強い。「こんなに税金払ってるんだから、勝手に補助金ばらまかないでほしいんですよ」「たくさん税金払ってるから弱者に冷たくなるのはメンタリストDaigoへの転落の道では？」「弱くない人たちにまでばらまくじゃないですか」（付録6　「ドキュメント72時間」からの想像）。

　そして会話はお定まりの「分配と成長の好循環論」へと続き、ここでも成功者の怒りは収まらない。「競争せずに分配したって成長するわけないでしょ。「デフレ脱却で成長を」と同じくらいバカげてる。競争して生産性が上がって賃金が上がるから物価が上がるんであって、逆じゃない」。「でも、賃金が上がらなくても原油高と円安で物価が上がるのが今なので、主張のタイミングは悪いですかね。こんなに税金払える立場なのは有り難いってくらいの気持ちでいるほうが精神衛生上は良いのでは？　格別努力した覚えもないのに、気がつきゃ今の立場にいるだけなんだから」。相手の発言の9割に共感しているのに1割に反応してまぜ返すのが私の悪癖になる。

　結局会話は、生産性を上げ賃金を上げるために政府がカネを出すべき対象はなにか、へと落ち着く。いつ辞めるか分からないから人材教育にカネを出せない中小企業に従業員の技能教育費用を補助するのは底辺層を減ら

すには良さそうである。企業にとどまるためでなく失業者に再チャレンジに必要な教育補助をするのも良さそうである。DX投資への補助は人材教育ほど惹かれないけどまあ悪くはない。「でもこの手の補助金って、たいした票にならないからやっぱり政策優先順位は劣後するのでしょうね」と互いに力なく同意して、今宵の会食もお開きとなる。

269 官民意思疎通での認識の非対称性

「やあ、その節はお世話になりまして」と金融界の相手からにこやかに言われると、「いえ、こちらこそ」とにこやかに応じるが、内心、どの節だったんだろう？　と思い出そうとする。会話を重ねるうちに、行政官時代に新規事業の相談を受けたらしいとおぼろげに見当がつくが、どう反応したのかさっぱり記憶がない。

相手が産業界であれ、メディアであれ構図は同じだから、記憶力が悪いようだと自覚はする。でも、目的意識を持って相談する相手は私がどう反応したか覚えていても、毎日何人もの相談を受けていた私が逐一覚えられないのは仕方ない気もする。患者は医師の反応を忘れないが、医師が患者を逐一覚えられない非対称性の構図と違わない。

大蔵省時代の金融機関のMOF担は官民の癒着の象徴とされるが、官民の認識の非対称性を緩和する役割を担ってもいた。特段の用がなくとも日常的によもやま話をしていれば、互いの組織が本音でなにを考えてるのか分からない事態にはならない。1990年代半ばの私に証券市場を教えてくれたのは野村證券の斉藤惇副社長であり、アメリカと日本、昔と今、ビジネスと政策を自在に行き来する斉藤さんの人間そのものみたいなよもやま話だった。

斉藤さんに比べると時の上司の社長は、「己の地位を守る以外になにを考えてるんだかさっぱり分からん空っぽの人間だなあ」と感じざるを得な

い。総会屋事件が勃発して国会に呼ばれ、「組織ぐるみだろ」と問われた社長は、「残念ながら個人ぐるみでございます」と答えて直ちに逮捕される。今般の日大理事長みたいに、トップの逮捕に至るには検察も慎重に手間と時間をかけるのが普通だが、己の地位を守るため（あえて同情すれば会社を守るため）の不細工な嘘で部下を切り捨てる構図があまりに見え透いていた。

斉藤さんはMOF担の元締めだが、今のみずほ銀行の藤原弘治頭取は当時の言葉の普通の意味でのMOF担である。総会屋事件、不良債権処理、１兆円増資と藤原さんともよもやま話をしたが、いつも釈明しているのか、ぼやいているのか、人生相談に来たのかよく分からない。ただ、一生懸命らしいのは伝わる（**239　池尾さんの記憶**）。どうやら官民の意思疎通においては、斉藤さんや藤原さんみたいに人間として対峙して心が通い合わないと官側の記憶に残らないとは言えるだろう。

「金融庁激おこ」のタイトルに何事かと思えば、みずほへの業務改善命令に、「言うべきことを言わず、言われたことしかしない姿勢」と、教育に人生を捧げたオールドミスの小学校教師が、心が通い合わない子供に切れたような記述がある。「監督対象への官側の言葉として穏当かね」と私が疑問を呈しても、「不穏当発言を連発したあんたに言われたくねーよ」と現役職員は思うだけだから控える。

ただ、官民の意思疎通が幸福な状態にないとは言えよう。藤原頭取が、釈明かぼやきか人生相談か知らんけど、前に出て金融庁と調整していればこうはならないから、前に出たのはフィナンシャルグループ（FG）なのだろう。システム障害が起きた後知恵で裁くのがフェアでないことくらい、金融庁も百も承知である。

ただ、FGの社長と心が通い合わないから、なにを考えてるのか分からない。己の地位を守るため部下を切り捨てる空っぽの人間じゃないのか。「違う。自分も経営改革に邁進し、役所とも意思疎通してきた」とFGの社

長は言うだろう。でも、総会屋事件の時の野村の社長もそう言ってたよ。だからこの文章に意味があるなら、官民の意思疎通における認識の非対称性を改めて指摘し、後世のために克服のヒントを示唆するくらいになる（付録6 「ドキュメント72時間」からの想像）（注）。

> （注）　本稿は280本のうち、読者の反応が、「93　大蔵省、20年前」と並んで多かった。無論93は大蔵省関係者からであり、本稿はみずほ関係者からである。みずほになる前に銀行を辞めた人たちまで、いくつになっても出身組織の帰趨に関心を失わない精神のありように、銀行員時代への誇りと郷愁を感じた（付録4　昭和の銀行員──実力、努力、運）。

270　ハイドンと現代人

　藤井聡太さんの快走が続くが、藤井さんに触発されて半世紀ぶりに再開した詰将棋は、「小学生頃の棋力に戻ったかな」と感じた時点で頭が疲れてやめてしまった。どうやら将棋での私の才能の壁は、異様に低い水準にあるらしい（214　才能の壁）。将棋ほどでないが頭を使って疲れるなら、疲れるに値する対象に使おうと聴いてきたフリージャズピアニストのセシル・テイラーが残した録音は、しばらくかけて聴き尽くした。社会や政治に問題提起を続けたセシルの音楽を聴くのは、現代史の回顧でもある（201　セシルに学ぶ）。

　で、今、聴いているのが18世紀後半にハイドンが残した作品群になる。聴き込んできたモーツァルトやベートーベンより浅く淡泊には感じる。でも今は、また平凡な朝が空け、コーヒーを飲んで耳を傾ける音楽にあえて感情を揺さぶられず、抑制と均衡に素直に浸りたい。長く宮廷に仕え、産業革命がイギリスから大陸に及んだ晩年にフリーランスとして市民のためにも作曲したハイドンの作品を追えば、「いくつになっても人間は変化できるな」と仄かな希望も湧く。

　晩年に至るほど幽玄、枯淡と言うか、明鏡止水の境地を感じて好きだ

が、これを変化ではあっても進歩とは呼びたくない。進歩史観では人間の個性が埋没してしまう。ハイドンがさらに進歩してモーツァルトやベートーベンになるのではなく、モーツァルトでは希薄になりベートーベンでは失われた穏やかな生きる喜びに充ちている。サロンからホールの音楽になれば深みは増すが、喜びが褪せるのも避け難い。

映画『アマデウス』でサリエリはモーツァルトの才能を己に与えてくれなかった神を呪うが、ハイドンは己の弦楽四重奏曲に学んだモーツァルトの成果を聴き、父のレオポルドに言った。「神にかけて申しますが、ご子息は世界最高の作曲家です」。己の才能への穏やかな自負と、他者の才能への公平な判断力をともに備えた証の言葉になる。

私の五感の機能は視覚が一番ましで絵なら一目見て好きかそうでないか判断するが、聴覚はかなり鈍くて音楽は何度か聴かないと好きかそうでもないかさえ感じられず、味覚は異様に鈍いので繊細な懐石料理は遠慮せねばならない。抑制と均衡の音楽に浸って判断材料をグーグル検索すれば、「私のハイドン論」が結構現れる。

音楽評論家のサイトでは、ハイドン作品に優れた傑作から劣った駄作までランクをつけ、傑作たるゆえんはモーツァルトやベートーベンを先取りする新機軸の存在にある。評論の仕事柄とはいえこの手の進歩史観に触れると、優劣でなく好きな音楽を語った吉田秀和の評論にしか触れなくて幸いだったと思う。政治学者のサイトでは、「専制君主に仕えても作曲家の精神は時代を先取りし、晩年に至る弦楽四重奏曲ほど四人の奏者が対等の役割になり深みが増す」そうである。政治学者の仕事柄とはいえ民主主義のアナロジーでしか音楽の優劣を語れない向きには近づかないのが無難と思う。

そして、名声が絶頂だった頃のグリーンスパンFRB議長は、「私の耳にはハイドンよりモーツァルトが深みに達したと聴こえる」と語り、「そりゃ、ほとんどの地球人がそうだよ」と平凡な感想に脱力する。仮にこの元

ジャズクラリネッティストが続けて、「でも、なぜか私の精神はハイドンの抑制と均衡と求めてやまない」とでも語っていれば、「経済をコントロールする仕事柄さすがだな」とリーマンショックでの評価の沈没を緩和する証になっただろうにと思う（注）。ハイドンの死後200年以上を経ても、後知恵の知見に縛られる現代人はなお18世紀後半を等身大で捉えない。優劣の判断に関心ない私はもうしばらく聴き続け、好きかそうでもないかを素直に感じたいと願う。

> （注） グリーンスパン議長は音楽談義をしたのではなく、同じ18世紀後半を生きた経済思想家では、アダム・スミスが最も深みに達したと語る前提にハイドンとモーツァルトを引き合いに出した。これまたほとんどの地球人に異論がない指摘だろうが、議長が『国富論』を読んでの実感なのか、信条であるリバタリアニズムの祖とする通念への敬意なのかは定かでない。

第 44 章

甲斐なき政策検証 (271〜276)

どんな政権だろうがこの国が変わる気はしないが、たちが悪い右翼や市場原理権力主義の香りがしない岸田政権は、神経を逆なでしない存在ではある。元大蔵官僚は、先輩が作った宏池会が嫌でないのかもしれない。覚悟が定まってない政策を検証する甲斐はないが、政権の当初の善意が変容し迷走する過程を観察すると、政権と国民の幸福の因果関係の希薄を改めて認識する一助にはなる。

271　（今更ながら）課税の公平

自民党総裁選で岸田候補が格差是正のため、「金融所得20％分離課税の見直し」を掲げたのは、もし本気なら、河野候補の「基礎年金の全額国庫負担」に次ぐインパクトある政策に違いなかった。「株価が下がったくらいで撤回するのは覚悟が足りない」とは言えるが、民主国家でインパクトある政策が実現するには国民の多数派の共感を要するから、再挑戦の教訓になったとは言えるだろう。

272　減税による誘導

減税による誘導という政策手法を信じないのは、経済観念が希薄なせいかもしれない。格差是正をうたう賃上げ税制により、企業間でも企業内でも格差が広がるとの本稿の結論は、企業はたいして誘導に反応しないから論理的可能性に過ぎないかもしれない。ただ、経済観念の程度により誘導への反応の見通しが同床異夢になるから、利害調整の政策合意が可能になったとは言えるだろう。

273　政策目的の明示

政府がカネを配る政策目的が、消費を回復させる景気対策か、貧しさを補う貧困対策か、子育てを促す対策かを予め明示して議論すれ

ば、誰を対象になんの使途にどんな形態（現金かクーポンかマイナポイントか）で配るかの手段がかなりの程度まで導かれ、無用な紛糾は緩和される。目的が違えば手段で合意できるはずもないが、選挙対策と言えない以上、紛糾の構図は変わらない。

274　書いたのを自主点検

　常に正しく書いていると思い上がっていないが、コロナ初期のパチンコホールの敵視や、スポーツ観戦とコンサートと映画館の同一視や、コロナ失業で増える自殺者がコロナ死者より多くなる予言へのかつての論評を自主点検すると、さほど見当違いではなかった。感染の波が再訪しても対策のほうがちっとも変わらないから、コロナ失業を減らす方法は自分で考えるしかないと思い立つ。

275　お1人様とご家族様歓迎

　飲食店に「お1人様コーナー」を設け、1人で黙って食べて飲んで興奮しても飛沫を飛ばす相手がいないから、追加の不都合は生じてない。同じく飲食店に「ご家族様コーナー」を設け、父親が飲んで興奮して飛沫を飛ばしても家庭内の食事と同じだから、追加の不都合は生じてない。客が増えて非正規雇用の接客女性が解雇される可能性が減るなら、実現しそうにない珍妙な工夫も考える。

276　自社株買い問答の合意

　「企業の自社株買いを制限し賃上げを促せ」と野党から質問され、「自社株買いのガイドラインを検討したい」と答弁する総理に、これまで日本型コーポレート・ガバナンスを形成しようと試行錯誤した行政官人生を無駄にされているようではある。が、ガバナンス改革と並べて日本型雇用の新しい資本主義の道を自分なりに考えてしまうの

271　（今更ながら）課税の公平

　国税庁の統計は、高額給与所得者を800万円超と線引きしている。①800万円超の高額給与所得者が総給与所得者の９％を占め、②給与総額の25％を得て、③源泉所得税の64％を負担している、と知ると、読者はどう感じるだろうか。国税庁（財務省）は、９％に「過ぎない」高額給与所得者が、源泉所得税の64％「も」負担していると解説し、「取れるとこから取る」今の負担が不公平としてより広く浅く負担を求める消費増税を指向する。

　たしかに①から③に飛ぶと負担が不公平のようだが、②が介在すると、９％に「過ぎない」高額給与所得者が、給与総額の25％「も」得ているほうが不公平だから累進課税で是正するのが公平との主張も無論成り立つ。結局、どの程度是正すれば、高所得者がさらに所得を増やそうと努力するインセンティブを大きくは損なわず、低所得者が人間らしく生きられるよう再分配できるかのバランス論に帰着するが、この議論は人生観に起因するので容易にバランスしない。

　これまで私の周りの高額給与所得者は、子供の教育費や住宅ローン返済に追われ老後にも備えて、あまり豊かさを実感している風情に見えなかった。教育費は親の無償の愛に依存し、住宅価格は供給制約と依然旺盛な需要からいずれもデフレにはならず、老後の備えは2000万円必要と金融庁は警告するが、バブル崩壊以降は給与の右肩上がりが期待できない。

　今、２人の15〜64歳で１人の65歳以上を支えているが、20年後には３人の15〜64歳で２人の65歳以上を支えなくてはならないから政府は企業に70

歳まで雇えと求める。そして、企業の取組みに応じて年金の支給開始年齢を65歳から70歳に上げると、65歳時点で必要な老後の備えは3000万円へと増える（156　税金泥棒）。

マクロでは八方ふさがりのようだが、ミクロの私にはたまたま教育費がかかる子供がおらず、住宅ローンは買った中古住宅にたまたま併設されていたアパートの家賃で短期に返してしまったので、老後の備えも気にしない（28　家計事情）。税金を払えるのは有り難い立場だなあと能天気に構え、たいていのフリーランサーが講じる法人化の節税策にも食指が動かない。こんなのどかな人生観では、今更ながら課税の公平を論じる資格があるかは疑わしい。

でも、課税の公平を論じる資格が疑わしいのは自分だけでなかったと感じたのが、金融所得20%分離課税の見直し提案の頓挫だった。給与所得の45%までの累進課税と合わせて総所得1億円を超えると負担率が下がる「壁」を、どこまで本気で覚悟して壊せるのか疑ったが、案の定覚悟が足りなかったようである。株価が下がるのを想定してなかったなら怖いが、「政策として間違い」と断じる批判も想定を超えて多かった。

金融系の論者が批判するのは仕事だが、金融系じゃなくても激烈に批判するのは、「この人たちの因果応報の人生観に反する政策なのだな」と改めて思う。高所得者がさらに豊かさを目指す努力が社会の進歩の原動力であり、低所得者への再分配がマクロの消費を増やすのは省みない。経済思想が2世紀前のリカードで止まっていて、1世紀前のケインズに達してない（12　労働賃金と企業利益のトレードオフ、19　正しい経済思想）。

株価が下がろうがお構いなく、毛沢東の平等国家の建国理念に回帰邁進する中国政府の本気の覚悟とは対照的である。民主国家の日本政府が「壁」に再チャレンジするなら、多数決を制しなければならない。積極的に賛成しなくても、社会にとっては仕方ないと消極的に納得する人たちを取り込んでようやく実現が見えてくる。よって、「本人の努力はさてお

き、金持ちや貧乏が遺伝するのは不公平でしょ」とより広く国民の共感を得られる理念を掲げ、所得税だけでなく相続税や贈与税の見直しを含めて提案する工夫が必要だろう。

272 減税による誘導

　証券取引で得たキャピタルゲインや配当への課税を軽減して証券取引を始めるよう誘い、投資家の裾野を広げようとする政策の効果を疑うのは、かつて取引額そのものに課税する古典的な有価証券取引税が存在しても常軌を逸したバブル生成を妨げなかったほど課税と取引の因果関係は希薄だからである。言い換えると、証券取引の未経験者に稼いだら税金が安くなると誘っても、それだけでは惹かれない。未経験者が惹かれるにはバブル期のように、今後の経済に強く期待したり、株価が持続的に上がったり、周りが大勢始めたり、といった誘因が必要である（155　貯蓄から投資へ）。

　一方、既経験者にとっては無論、課税の軽減は証券取引を続けたり広げたりする誘因になる。だから、逆に金融所得20％分離課税の見直しが浮上すると、既経験者は株を売って反抗した。結局、すでに証券取引を始めてみようかという気持ちになっている人間への金融機関の勧誘材料として、背中を押す効果くらいがあるかもしれない程度かな、と思う。以上は、賃上げに法人税の税額控除で報いる賃上げ税制に効果がなかったのに、もっと報いたらさすがに賃上げを誘うんじゃないかと期待する政策を考える前置きになる。

　コロナなのに史上最高税収が続きそうなのは、法人税だとサービス業や中小企業の利益減を、主に製造業の大企業の利益増が上回るからである。サービス業や中小企業はコロナ前から赤字だったり、繰り越し欠損を控除したりと、法人税収に元来あまり貢献していない。だから、賃上げ税制の

拡充は、「取れるとこから取るのもほどほどにしてくれ」という主に製造業の大企業の気持ちに政府が忖度している。給与所得の源泉所得税が45%までの累進課税で「取れるとこから取っている」後ろめたさがあるから、金融所得20%分離課税の見直しに本気の覚悟が定まらないのと通じる。

　格差の根源の家計所得が増えるのが肝心だから、なんとか賃上げを誘う工夫を試みるのは、善意の素直な発想と言えなくもない。とは言え無論、企業では賃上げ分の利益が減り、利益が減った分の法人税が減るので、減った両者の差額を上回る税額控除をしない限りは賃上げするほうが得にはならない。加えて賃上げすれば社会保険料負担も増え、こちらは赤字企業にも容赦なくかかるダブルディスインセンティブになる。だから、すでに賃上げしなきゃという気持ちになっている企業への政府の勧誘材料として、背中を押す効果くらいがあるかもしれない程度かな、と思う。

　賃上げしなきゃと思うのが生産性を高めて利益を増やした企業なら、産業や経済を牽引していく原動力にもなるが、円安の恩恵を受け規制や独占的地位に守られて利益が増えた大企業を主な構成員とする史上最高税収であり、だから負担を緩和してあげなきゃと政府が忖度する政策である。よって、主に製造業の大企業と、賃上げ原資の利益が出ないサービス業や中小企業との企業間格差は広がる。

　企業内では大企業ほど年功序列が根強く残り、経営者が賃上げしてもよいと思うのは払う以上に稼いでいる社員になる。だから格差是正をうたう賃上げ税制の拡充により、企業間でも企業内でも格差が広がる帰結になる。今の政権は過去数年の政権に比べ、知能も性格も権力行使の手法もたちの悪さを感じさせない善意や素直さを備えているようには見える。ただ、善意を素直に政策にしようとすると、傍から見れば、「なに考えてんだよ」感が強まるのが残念な展開には違いない。

273 政策目的の明示

「せっかく政府がカネを配るのに、使途を子育てに限るのは間違いだ」と自信満々に主張する人たちは、カネを配る政策目的は減った消費を回復させる景気対策と考えている。「でも、そもそも子供がいる世帯に配るんだから、使途を子育てに限るのは自然でしょ」と反論されると、「そりゃ財務省が支給対象をケチっただけだから、家族で旅行に行こうが父親がパチンコに行こうが消費が増えて景気対策になりゃいいんだよ」と再反論する。

純粋に景気対策を追求するなら同額でも子供がいる世帯だけでなく、多くの世帯に使途を限らず早く使われるよう有効期限つきで支給するのが望ましい。マイナンバーカードを全国民が持ちマイナポイントを支給できれば簡単だが、そうはいかないこの国ではクーポンを用意せねばならず、時間と費用がかかるのが別の物議を醸す（**219　消費のさせ方**）。

子供がいる世帯に配るのは、貧しい世帯の子育て費用を補う貧困対策の要素もある。なら同額でも世帯の所得がなるべく低いのを条件にして一世帯になるべく多く支給するのが望ましい。ただ、純粋に貧困対策を追求するなら、やはり子供がいる世帯に限る必要はない。一昨年の全国民一律10万円支給も、当初案のようにコロナで収入が減った世帯を対象にすれば、家賃が払えずホームレスになったり自殺したりする人たちを確実に減らせた（**194　さよならテレビ2**）。

逆に政策目的が貧富を問わない子育て対策なら、支給対象を学校にして給食費や修学旅行費の家庭負担を免除するのが簡単である。これだと家庭が免除された費用をおそらく貯蓄して景気対策にはならない。なんのために配るかの政策目的を明示せずに議論するから、無用に紛糾する。政策目的がそもそも違っていれば、誰を対象になんの使途にどんな形態（現金か

クーポンかマイナポイントか）で配るかの手段を合意できるはずもない。明示しない目的に選挙対策があり、これは事実上の買収だからなるべく多くの有権者に現金を配るに勝る手段はない。

　無論、GoToのように、政策目的は重なっているほうが普通ではある。コロナで困窮した宿泊業向け貧困対策と、利用者のカネと合わせて消費を回復させる景気対策と、どちらの政策目的をどこまで重視するかで、かなりの程度は手段が導かれる。また、貧困＆景気対策と感染対策を両立させる政策目的を明示して議論すれば、「政治家が地元の老舗旅館を営む後援会長の意を受けて動いている」といった明示しない目的を想像しての無用な紛糾も緩和される。別に後援会長の意を受けて政治家が動いても構わず、なんのために配るかの政策目的を明示して議論すれば、目的にふさわしい手段を関係者間でより冷静に考えられるに過ぎない。

　冷静に考える必要性は、一昨年のように全国民一律10万円配るなんて政策が財政上不可能になって一層増している。なんだかんだ言っても全国民がもらえるなら、新聞の読者もテレビの視聴者も基本的に落ち着いて眺めていたが、子供のいる世帯と条件をつけると、熱心な新聞の読者もテレビの視聴者も大半が外れてしまう。

　その10万円を半分に割って条件をつけたりすると、時間も費用もかかるのが別の物議を醸し、もらえない人たちの怒りはさらに募る。だからせめて政策目的を明示する議論により、無用な紛糾を減らしたい。でも、それでは新聞の読者やテレビの視聴者の怒りを喚起せず部数や視聴率に貢献しないから、議論提供の場であるメディアの目的上、この素朴な提案は実現しそうにない。

274　書いたのを自主点検

　政府が初めて「３密」を警告した時、例にあげたのは屋形船だった。

「なら、通勤電車もまずいだろ」と誰しも思うが、接客や力仕事でリモートワークしようがない人たちの生計手段を奪えない。楽しむために大勢で乗り込んで酒を酌み交わす屋形船なら不要不急だから、控えろと言いやすかった。以来、3密は密閉で密集で密接かだけでなく、不要不急かの価値判断を事実上含んでいる。

コロナ初期に最も憎まれたのがパチンコホールだったのは、不要不急どころじゃなく、客を依存症にして搾取するからである。休業要請に応じないホールにテレビ局が集まって3密になった。でも、パチンコ依存症はたいていニコチン依存症だからホールの天井は高く頻繁に換気し、コロナ前から隣席と透明板で遮断して客は無言で己の台を見つめる。ちょっと考えれば3密とさえ言い難く、「あいまい概念で風俗と同じに扱うのは科学的政策とは言い難い」と連載に書いた（**196　パチンコ断想**）。今ではホールに近い飲食店も、「勝った客が流れて来てくれる」と歓迎している。

同じくコロナ初期にいっしょくたにされたスポーツ観戦やコンサートや映画館も、違いが次第に認識されてきた。試合中ずっと「かっとばせー」とか叫んでいれば飛沫が降り注ぐが、オーケストラ演奏が終わって「ブラボー」も叫ばず拍手だけならリスクは低く、映画館なら拍手さえしない。だから昨年（2021年）夏、新宿の映画館が閉まっているから川崎まで行くのは、「バカげている」と書いた（**249　変化への耐性（上）**）。無論、県境を越えて長く電車に乗るとリスクが高まるからでなく、無言でディスタンスを保てばさしたるリスクはない。同じくさしたるリスクはないのに依然閉めている新宿の映画館のほうを、「バカげている」と感じた。

感染の波が繰り返すにつれ、波に対抗する政策の効果をほとんど感じなくなったのは、長く政府にいてメディアとつき合い、政府もメディアも真に受けなくなったからだが、真に受けるコロナ脳の善良な国民のほうがまだ多数派である。真に受けず、「経済を殺すな」と批判する人たちの感性に近いはずだが、彼らが、「コロナ失業で増える自殺者がコロナ死者より

多くなる」と長年の失業率と自殺者数の相関関係から予言したのは、「そうなりそうもない」と書いた（**195　相関と因果**）。

　長年の相関関係の背後には、失業生活を借金で賄って返せなくなり、「貸し手に迷惑をかける社会のお荷物」として人生を降りる絶望の因果関係が存在したが、制度改革により急激に返せなくなる借り方はできなくなったからである。一昨年（2020年）の自殺者数は対前年で1000人増えて２万1000人にとどまり、昨年（2021年）はほぼ横ばいだったから、私の予想のほうが当たっている。

　ただ、増えた1000人が女性という事態までは予想しなかった。スポーツ競技場でもコンサート会場でも映画館でも、そして無論飲食店でも、接客の主力は非正規雇用の女性になる。イベントが中止され施設が閉まり営業時間が短縮され酒を出せなくなり経営が逼迫して解雇され、新たな仕事も見つからなければ、人生に意味を見出せなくなっても不思議でない。

　厚労省が一昨年の自殺を、「経済・生活問題による自殺は減り、健康問題による自殺が増えた」と解説したのはかなりミスリーディングである。失業は経済・生活問題に分類され、ウツは健康問題に分類される。失業して新たな仕事が見つからず、人生に意味を見出せなくなって自ら命を絶つ重度のウツの絶望に至る過程を、形式分類で捉えてはなるまい。

　感染の波が再訪しても政府の対策は依然ちっとも変わらず、医療体制は依然ちっとも充実しない。民主国家では国民の多数派が仕方ないと納得して受け入れないと、政府も手綱を緩められない。政府やメディアの警告を真に受けるコロナ脳であっても国民の多数派が納得する工夫ができないか、次回は素人頭で考えてみる。

275　お１人様とご家族様歓迎

　昨年（2021年）大晦日の紅白歌合戦の裏の民放視聴率２位が、テレ東の

『孤独のグルメ』だったのがちょっと話題になり、SNSに投稿が飛び交う。「松重豊さんの内心の独白によるドラマ進行がコロナ黙食の時代にふさわしい」なんて意見は少しは考えた痕跡があって微笑ましい。が、「飲食店主の鼻がマスクからはみ出てる」とか、「松重さんが正しく紐をつかんでマスクをずらしてない」とかちまちました反応のほうが多く、「そんなん書いてて人生楽しい？」と尋ねてみたくはなる（注1）。

　感染対策としての飲食店の締めつけがまず営業時間短縮として始まった時、私を誘うのは自分で時間を決められる人たちだから、開始を17時とかに前倒して対抗した。20時まで3時間あれば、致死量まで飲める。でも、忙しい会社員が、「今夜はぜってー「二郎」のラーメン食うぞ」と誓っていたら、20時までに食わなきゃいけないとむしろ店が混むだろうとは思った。

　飲食店の締めつけが「酒を出すな」に展開すると、疑問はますます深まる。たしかに仲間内で飲んで興奮して飛沫を飛ばし合うのが、感染拡大の典型風景に違いない。でも、別の典型風景として、隔離されたフレンチの席で1人無言で料理に合うワインを重ねても誰も感染を懸念しないだろう。そして事情は、今日も力仕事を終え、松屋の牛皿を肴に1人ビールを重ねるのが楽しみの労働者も違わない。

　ちょっと前に、「政府の要請に従わず酒を出す店は不公平だから、酒屋と銀行から圧力をかける」政策の珍妙さをおちょくりながらも、己の食と酒のバランスの悪さも直したいから、実生活では酒飲みだった松重さんが『孤独のグルメ』の下戸の大食いを演じるうちに、食の道を極める飲食店の努力に敬意を示そうと実生活でも酒をやめた顛末に敬意を示す屈折した文章を書いた（254　孤独のグルメ）。

　この時は食の道を極めるより、手っ取り早く客単価を上げようと酒を出したい飲食店主の思惑をやや辛口に論じたが、それだけでは言いたいことを過不足なく表現してないようにも感じていた。それは、酒を出して手っ

取り早く客単価を上げるにせよ、そうすれば接客する（典型的には女性非正規の）従業員を解雇しなくて済む可能性が増す現実なのだった。店内に「お１人様コーナー」を設けて黙食・黙飲してもらっても、追加の不都合は生じない。

　私の知人にもコロナ感染者が増え、濃厚接触する家族も必然的に感染している。家庭内の食事は透明板で仕切らないから、運命共同体として仕方ない。なら、飲食店内に「ご家族様コーナー」を設けて家庭内と同じように振る舞うとなにか追加の不都合が生じるだろうか。「お１人様コーナー」に１人で来た馴染客同士が飲んで飛沫を飛ばし合うようになれば、国民の多数派は納得すまい。でも、「ご家族様コーナー」で親が飲んで飛沫を飛ばしても、家庭内と同じなのである。

　「あんたが前回の終わりに予告した素人頭で考える工夫ってしょせんその程度なの？」って、そうだよ。私だって弱毒性に変異したのに、政策がちっとも変わらないほうが非科学的と思う。でもそんな抽象的な主張をする奴は山ほどいるのに、国民の多数派はちっとも納得しないだろ。政府がゼロリスクを標榜するのも、メディアが油断するなと脅すのも、そうするのが共感されて有利なほど国民の多数派はまだコロナ脳なんだよ（注２）。だったらコロナ脳でも納得するしかない具体的な提案をして、解雇される従業員が減り、家賃が払えずにホームレスになったり自殺したりが減るなら意味があるんじゃないか。自分の頭で等身大の珍妙な工夫を考えて意見する素人が１人くらいいたっていいだろう。

　（注１）　会議とは、正解か否かはさておき、なんらかの答え（結論）に達するのが開く目的のはずである。が、会議が往々に答えに達しないのは、正解のない問題を本質的に考えて意見を交わすより、単なる反応が続くからだろうと感じてきた。本質的に考えずに人生を過ごしていると、考えるのは自分の役割と思えず、他者の人生への想像力も枯渇する（付録６　「ドキュメント72時間」からの想像）。でも、大晦日の『孤独のグルメ』へのSNS投稿が示すように、ちまちまと反応しかせず、考えて意見したくもない人間が多数派なのが社会の現実には違いない。

連載を読み返すと、コンプラ自警団としてのフォロワーがさほど悪意なく反応してイノベーターのリーダーを追い落とすのも、社員が上司から指示されないとなにをしようか途方に暮れる反応だから優れた企業組織論が役に立たないのも、コロナ脳の国民がメディアの脅迫を真に受ける反応だからコロナ対策が変わらないのも、同じ構造に見える（187　デジタルタトゥー、213　愛するトヨタを辞めて、274　書いたのを自主点検）。

　「正解のない問題を考え、自分の意見で生きていこう」と提唱する社会派ブロガーのちきりんさんに共感し、同じ視点からこの本をそろそろ締めようと背中を押されたが、反応しかしない社会の多数派は自分の意見で生きておらず、生きたくもない現実がちきりんさんとの距離感になる（第45章　正解のない問題）。

（注２）　そこそこ恵まれた会社人生を過ごしてきた割に、政治はなんだか気に食わないから朝日新聞を取って朝からテレ朝のワイドショーを見るリタイアした夫と専業主婦の妻の老夫婦は、コロナ感染対策の緩みに目を光らせる。ワイドショーのゲストコメンテーターが遠慮がちに、「失われた仕事を取り戻すためにも、そろそろインフルエンザ並みに扱って経済への配慮を」と言えば、テレビ局員のレギュラーコメンテーターが、「優先順位を間違えないでください」と直ちに矯正する。サービス業で解雇される若い非正規女性など想像できない専業主婦の老妻のメンタリティに真摯に寄りそうのが、譲りようがない視聴率維持の戦略になる。

276　自社株買い問答の含意

　企業の自社株買いを制限して代わりに賃上げを求める野党質問に、「多様なステークホルダーを重視する新しい資本主義にふさわしい自社株買いのガイドラインを検討したい」と総理が答弁し、「また経済オンチが寝言を」と株主がうんざりして株価下落で報いるのは、金融所得分離課税の見直し提案のデジャヴになる。企業に自社株買いを制限しても、浮いた原資を賃上げに回すわけじゃないからやっても効果がない政策と言えるし、株主がうんざりするだけやらないほうがましな政策とも言える。株主がうんざりするのが公平な社会、と野党と同じ価値観に立たない限り、ではあるが。

かつて自社株買いを厳しく制限した理由が、債権者が当てにする利益や資産が減るからとされたのは、銀行型の金融システムが機能した時代に整合する思想だったのかもしれない。他に、特定の株主への利益供与に使われるとか、敵対する株主から買うと経営者の保身になるとか、相場操縦やインサイダー取引の温床になるとか理由があげられたが、ちっとも説得力を感じなかったのは、どんな取引だって悪用すれば悪い、と言ってるに過ぎないからである。バブル株価が暴落すると、この手のためにする屁理屈は消え、自社株買いがしやすくなった。

　「総理が経済オンチ」と批判する投資家や経営者は、日米企業の違いを強調する。「アメリカ企業みたいに赤字や債務超過でも借金までして自社株買いするなら、株主と株価連動報酬の経営者がつるむ悪用だけど、そこまでしない日本企業を批判するのは不当だよ」。これまたちっとも説得力を感じない批判である。たしかに経営者が株主とつるむ株価至上主義者なら労働者はないがしろにされていると感じるだろうが、そんな勤め先が気に食わねば辞めて他を探せばよいのが資本主義であり、アメリカはそんな国なのである。説得力不在の違和感は無論、そんな自由で古い資本主義さえ実現していないこの国で、新しい資本主義を模索する総理にもある。

　企業の利益が増えれば、賃上げしようが、設備投資しようが、研究開発を増やそうが、海外進出しようが自由であり、その自由な選択を証券市場では株主が、労働市場では労働者が評価して行動する。利益を現預金で蓄える経営者は長く無能呼ばわりされたが、コロナにより一転思慮深い賢人になった（**216　内部留保論争**）。もとより社外流出として配当や自社株買いを増やすのも自由である。全体としての企業の選択を多様なステークホルダーが評価して行動するが、企業が成長している限りはステークホルダー全員に裨益する。

　バブル崩壊以降は企業が成長できなくなったので、試行錯誤の挙句に、所有者である株主の期待に応えて稼ぐのを原動力にすれば、株主より先に

債権者である他のステークホルダーに裨益して全体最適に近づけるコーポレート・ガバナンスの体制を形成してきた（**144　ガバナンスとコンプライアンス、266　続・経過観察**）。挙句に、「株主資本主義から脱却して新しい資本主義を模索」し、「稼ぎを自社株買いの株主還元じゃなく賃上げに回せ」と主張する野党に呼応する政権の誕生である。

　企業が成長するための処方箋として、解雇の金銭解決により企業が労働者に痛みを強いる流動化政策は、この国では受け入れられそうにない（**175　痛みを避け続けた挙句に……**）。ただ、45歳定年制を考えた際に見たように、転職したくとも経済的に不利になるから、家族のためにも不本意にとどまらざるを得ない現実がある（**261〜263　45歳定年制の構図（上）（中）（下）**）。日本型ガバナンスの取組みと並行して、年々の報酬にせよ退職金にせよ企業年金にせよ、長くとどまるほうが有利な仕組みを税制も含めて見直し、労働者の意思による転職が経済的に不利にならず痛みを強いない流動化環境を整えるのが、日本型雇用として新しい資本主義を模索する最も無難な路線のようである（注）。

　　（注）　職場に長くとどまるほうが経済的に有利な仕組を見直すのは、文字どおりの「同一労働同一賃金」に向かうのを意味するから、職場では先輩と後輩、男性と女性、正規と非正規の処遇が公平でなければならず、処遇を公平にするために家庭では家事や育児の夫婦の役割分担が公平でなければならない。よって当然、不公平に安住してきた側の別の痛みは惹起する。夫婦の役割分担を公平にしてから職場での待遇を見直すか、職場での待遇を見直して夫婦の役割分担の公平を促すかの相互作用の順序と程度の選択になる。

第 45 章

正解のない問題（277〜280）

やっとホントの最終章に達したが、本にしようとしてから1年近くかかるのは通例ではある。ここで終われるのはこの連載が、正解のない問題を考えて答えを出そうとする営みだったと遅ればせに認識し、過去の文章も書いた時の私が考えて生きた証と感じられるようになったからに他ならない。この認識と感覚は社会派ブロガーのちきりんさんに、距離感を覚えながらも影響されている。

277　会議での意見と反応

「正解のない問題を考えポジションを明らかにするのが意見」とすれば、会議と称する場でいかに意見がまれか改めて実感はする。上司に賛成のポジションを明らかにするだけでは困るだろうとも思うが、上司が優秀なら答えにたどり着くのが優先かもしれない。山口FGも地域商社の設立ならそんな決め方でも構わないが、消費者金融を始めるか否かなら本音の意見が闘わねばならなかった。

278　意見は偏向

人生相談を見ると、「正解のない問題や自分で考えて答えを出すしかない問題に識者の答えを求めてもしょうがないだろ」と思うが、私も無意識に無責任な識者と同じ挙に及び、「結局答え合わせしたい心境につき合わされただけか」と悟ったりする。が、答え合わせしたい心境を蔑視し、「自分の意見で生きていこう」と読者に促すちきりんさんにも、「いける人間のほうが少数派だろ」とは思う。

279　ややこしい釈明

連載が過不足なく気持ちを表現できたと感じたり、うまく表現できてない気がするがどこを変えればよいか分からなかったりする。なに

が自分の気持ちかさえ、リアルタイムで認識できるとは限らない。本にしようとかつて労働政策や教育政策を考えた文章を読み返しても同じ感覚に囚われるが、正解のない問題に答えを出そうと考えていたのだと正当化の折合いをつけて気持ちを楽にする。

280　○○の時代！

　時代の変化を鋭く感じ、時代にふさわしい幸せな生き方を発信するリーダーもいれば追随するフォロワーもいるが、フォロワーとしてしか生きられなくとも幸せなら、無理して自分の意見を考え生きていこうと促すにも及ばない気はする。鋭い感性は持ち合わせないが、自分の意見を考えて答えを出したい私は、鋭い感性にも学びながら、無理せずゆったり等身大の発信を続けたいと願う。

277　会議での意見と反応

　小説以外の本を読まなくなったが、野口悠紀雄教授やブロガーのちきりんさんの新刊は、ちょっと気になりアマゾンで求めてぱらぱら眺める。野口教授はアンチの反面でなくハーフの半面教師として、ツッコミながら学ぶと前に書いた（**65　半面教師**）。ちきりんさんのすかっと一刀両断にも惹かれるが、芸風を学び過ぎると編集担当の鈴木さんを心配させるかもしれない。かつて生産性を論じた『自分の時間を取り戻そう』に、主張の本質は私があまり意識せずにしている営みとあまり違わない気がしたが、新刊の『自分の意見で生きていこう』にも同じ感想を抱く（**39　生産性と国民性**）。

　SNSにより、１億総反応社会になったとちきりんさんは指摘する。新

しい大河ドラマに、どうでもいい賛否の反応が殺到し、反応を拾うどうでもいい記事が溢れて練達の脚本家の手のひらの上で踊っている風景に、たしかにそうだなとは思う。「反応」に対し「意見」とは、「正解がない問題を考えて自分のポジション（立場）を明らかにすること」とちきりんさんは定義する。正解がある問題なら調べれば答えにたどり着けるから、社会にとっても組織にとっても個人にとっても、正解がない問題を考えるほうが本質的な営みになる。ちきりんさんの会議の例をそのまま紹介するのは芸がないから、持続可能性を模索する地銀の取締役会に置き換えてみよう。

　頭取が、「資金の仲介だけでなく、貸出先の商品を仲介する地域商社を設立してはどうか」と提案し、４人の取締役が発言する。Ａ「賛成です。このままじゃジリ貧だし、先行投資が必要でも、成功の可能性は高いと考えます」。これは、自分のポジションを明らかにしている意見である。Ｂ「Ａさんが成功の可能性が高いと考える根拠はなんですか？」。これは、賛成か反対か明らかでなく、質問の形を採る反応である。Ｃ「ジリ貧と言っても、業務のほとんどを占める貸出を軽視してよいのか悩ましいです」。これもポジションが明らかでなく、反応として悩みを伝えているだけである。Ｄ「成功の可能性を高める先行投資にはいくら必要ですか？」。これは、内心は反対かもしれないが、ポジションを明らかにするリスクを避けて質問で反応している。

　ちきりんさんによれば、「会」って「議」論する「会議」に値する意見はＡだけである。Ｂ〜Ｄのように反応しても、答えにたどり着けない。Ａさえ存在しない反応だけの例を今度はパラフレーズしないであげておく。Ｅ「難しい問題ですね」。Ｆ「しっかり検討しないと」。Ｇ「どうしてこんな検討が必要な事態になったのか」。Ｈ「他行の出方はどうですかね」。こっちのほうが、「会議あるある」感満載かもしれない。

　前者の例で私は、Ａが自分の考えでなく頭取の考えに条件反射で賛成す

るだけの腰ぎんちゃくなら困るだろ、とは思う。でも、ちきりんさんなら、Ａが頭取の考えに条件反射で賛成する腰ぎんちゃくを演じるのが銀行のために望ましいと自分でとことん考えて答えに達したなら、容認するだろう。頭取が果断で優秀であり、Ｂ〜Ｄが優柔不断で凡庸ならそれでよいかもな、と実際の取締役会の風景を思い出しながら想念がさまよう。

「一概には言えない」とか、「時と所による」とかの発言は、「なにも言ってないのと同じ」とちきりんさんは一刀両断する。「困ったな、オレがよく使うフレーズじゃん」。根拠もなさそうなのに自信満々に一刀両断する人間を見ているとついそう評したくなる。でもちきりんさんの一刀両断にはもうちょっと深い理由があるから、もうちょっと考えなければならない。

278 意見は偏向

「早期退職の募集に応じるべきでしょうか？」と問われ、「一概に言えませんね」では意見になっていない。今後も繰り返されるであろう早期退職の募集条件がより劣化するだろうと想像できても、それだけでは決められない。経済的な待遇が幸せに比例する単純な仮定を置くと、事後的には、募集に応じてより良い待遇で転職できて幸せになる場合も、応じてもより悪い待遇で転職するしかなく不幸せになる場合もある。逆に応じずにしがみつき、「終わってみればまずまずの会社人生だったな」と幸せに回顧できる場合も、「こんなに待遇が劣化するなら早期退職に応じるべきだった」と不幸せに後悔する場合もある（263　45歳定年制の構図（下））。だから、「一概に言えませんね」は中立な反応には違いないが、質問者の役には立たない。

でも、質問者がどこまで本気でアドバイスを求めているのか定かでないから、明快に意見を示せば役に立つとも言えない。私が受ける転職相談で

最も多いのが新聞記者からである。「やめとけよ。辞めて成功した元記者なんてほとんど見た記憶ねーぞ。取材を歓迎してもらえるのは新聞社の看板背負ってるからだし、読んでもらえるのは新聞の記事だからだから、あんたの市場価値じゃない」。かくて明快にアドバイスしたつもりだが、しばらくすると退職挨拶状が届き、数年すると「近況報告したい」と連絡がくる。

「好きだった演劇の業界誌ライターをしてまして、経済的に食べていくのはきついですけど、精神的には楽になりました」。「独身だからそれでいいじゃん。結婚して教育費や住宅ローンに追われ、辞めるに辞められない記者も大勢いるけどな」。好きでもない金融ネタを追って神経すり減らしてる割に新聞社内で評価されず、「このままじゃ人生ダメになる」と思った時に、平気で意見を発信する取材対象の私が目についた。私が期待されたのは背中を押してもらうこと、であって、翻意を促されることではなかったのをやっと数年後に悟る。

江口洋介さんが、「ヘッドハンター」を演じるTVドラマを遅ればせに見た。語感ほど派手な世界ではなく、江口さんはかつて数字だけを判断基準とし、人間の気持ちに目を向けないM&Aに携わったトラウマを抱える。経済的にか、精神的にか、両方からか生きづらさを抱えて不幸せそうに働く人間に、「もっとあなたにふさわしい職場がありますよ」と誘う。誘われるほうが背中を押してもらいたいとは限らず、誘いに応じて幸せになれるとも限らないから、江口さんは己の眼力を徹底的に磨いて勝負しなければならない。

前回、「正解のない問題を考えてポジション（立場）を明らかにするのが意見」とブロガーのちきりんさんの定義を紹介した。定義上当然、意見は偏向している。「不登校なんてなんの問題もない」とちきりんさんが意見すると、「一概には言えない」と反応が殺到して炎上する。社会性が身につかないとか、勉強が遅れ進学や就職に支障をきたすとか、理由はいく

らでも思いつく。逆に言えば、「みんな仲良くし、勉強頑張ってなるべくいい進学や就職をしよう」との学校価値観をちきりんさんは信じない。好きな仕事をして経済的に食べていけ、精神的にも幸せになるのをサポートするのが学校の最も大切な役割のはずなのに役割を担えていない。

佐藤二朗さんが、「引きこもり先生」を演じるTVドラマも遅ればせに見た。騙されて財産を失い家族への愛さえ失って引きこもった佐藤さんを、「不登校ゼロ」を掲げて教育長に出世したい校長が、話題作りのために雇う。学校価値観から脱落する不登校の原因になったイジメという不都合な現実は存在しないことにする校長の欺瞞を、こんな役でもなきゃ主役にならない佐藤さんが不器用に暴いていく。「なんで今回はこんなこと書いてるんだよ」と訝る読者への釈明は、次に回すしかない。

279 ややこしい釈明

久々にリアルなセミナーに登壇した。セミナーの常として、私は元行政官としての発言を期待されているが、行政の記憶はますます希薄になっている。加えて、セミナー企画時にはコロナ感染が落ち着いていたが本番では増えている。「たしかにオミクロンの毒性は弱いが、高齢感染者の基礎疾患を誘発しての死亡が増えているのを油断してはならない」と警告する弁護士の登壇者につい、「それって普通、寿命って呼ぶんじゃないですかね。風邪や薬の副作用と同じでは」と発言して場が凍りつく。もっと遠慮しなくていいなら、「あなたは引退世代の寿命に抵抗して現役世代が職を失う不条理が気にならん程度の弁護士ですか」になる。主催者から発言の議事録からの削除を求められ、応じながらもうこの主催者の企画は遠慮しようと思う。これがセミナーでの私の最もまともな意見だった（注）。

前回、「早期退職募集に応じて転職する是非」とか、「不登校はなんの問題もないとする意見の是非」とかを考えたのは、この連載も７年目に入

り、「かつてはなにを書いてたんだっけ？」と読み返すと、門外漢の労働政策や教育政策を結構長々と続けたりしているからである。７年目に入っても、「いいかげん飽きたからもうやめろ」という読者の声が大勢になっていないらしいのは、私も自覚しないまま少しずつ変化しているのかもしれない。

かつて労働政策を長々考えたのは、当時の国会で紛糾していた「働き方改革」が珍しく大切な政策と感じたからである（**第８章　労働政策**）。今読み返すと、キャッチフレーズの同一労働同一賃金とかワークライフバランスとかに行政経験から違和感はないが、一番大切なのは働くのが楽しくて働いて食べていけること、言い換えると精神的にも経済的にも幸せに生きていけること、と表現するほうがストレートとは思う。

かつて教育政策を長々考えたのは、当時の国会で紛糾していた「森友学園」は出身母体を舞台とし、「加計学園」は携わった金融自由化の大学新設版だからである（**第９章　教育政策への接近**）。「森友」の奇怪なアナクロ右翼夫婦に国有地売却交渉で翻弄され、決裁文書を改ざんするしかないと思い込んだ出身母体に諦観と同情の入り交じった思いを抱いた。

今読み返すと、奇怪な違和感は国有地売却交渉より子供に真理として教育勅語を唱和させる実践のほうにある。そして、教育行政全体が、子供に自分で考え意見を発信して生きていけるよう促す以上に、「みんな仲良くし、勉強頑張ってなるべくいい進学や就職を目指そう」と学校価値観の同調圧力で染めている。だから、「加計」の獣医学部新設により「教育行政がゆがめられた」と主張するのどかな文科省OBたちには、「元からゆがんでるだろ」と感じるのである（**56　大口預金者負担の連想、62　制度の作り方（下）**）。

ブロガーのちきりんさんの新刊『自分の意見で生きていこう』では、意見とは正解のない問題に対しポジション（立場）を明らかにすることだから、定義上偏っていて正解がない。四捨五入すれば私と同世代のちきりん

さんは、政府や行政には辛口だし、論理がすかっと切れ味鋭過ぎて、面白がって読むが学ぶ相手ではないと感じてきた。

でも、ちきりんさんの本がいつも「〜しよう」と読者に呼びかけるタイトルなのは、インフルエンサーとして少しでも幸せに生きやすい社会に変えようとしている。幸せに生きやすい社会に変える仕事をしたかったはずの私が、元行政官のちまちました論理に囚われて学ばない理由もないと思えるほど、行政の記憶は希薄になった。ちきりんさんとの違いはただ１つ、実際にどこまで社会を変えられるかの展望だけに過ぎない。

（注）　高齢感染者が基礎疾患を誘発して死ぬのが寿命か否かも正解のない問題であり、私の意見がまともじゃないと感じる人たちも多いだろう。ただ、コロナ対応が長期化すると、「経済か命か」の問題設定がさすがに素朴過ぎ、「誰の命か」を明示的に議論しなければならない状況にはなった（243論理を突き詰める時）。歳を重ねるほど基礎疾患を抱え、抵抗力や回復力が衰えるのは事実として抗いようがない。が、私と同年代以上の会議の参加者は依然、感染回避のうんちくをいつ終わるともなくのどかに熱心に語り続け、感染回避を徹底するほど現役世代の仕事が失われる心配は聞こえない。

280　○○の時代！

ちきりんさんに背中を押され、反応より意見をと書いてはきた。「○○の時代！」と経済誌の見出しに反応して買ってしまうなら、意見を発信できるよう考える訓練をするのがよさそうではある。「○○」は、「低成長」でも「イノベーション」でも「AI」でも「DX」でも「SNS」でも構わないが、「の時代！」だからどうするかの答えは経済誌の特集に求めるのでなく、ますます自分の頭で考えねばならない。

先進国へのキャッチアップ段階では、仲間とすり合わせてより良いものを作って高度成長でき、給与は毎年上がり仕事から達成感も得られた。深く考えずに仕事を選んでも、さほど想定外の落胆には見舞われない。低成

長に移ると努力しても報われない局面が増え、「どうしてこんな人生になったのか」と途方に暮れる。仕事を選ぶのは典型的な正解のない問題だから、自ら考えて決めてないと再出発もままならない。

シュンペーターがイノベーターを、忖度しない変人として描いたのは今読んでも面白く、変人同士が意見を闘わせ正解のない問題に答えを出して前進する時代になった（**15 イノベーション文学**）。弁護士とか医師とか難しい資格を得ておけば、働き甲斐と高所得が保証される時代でもない。判例も症例も知識でAIに勝てるはずがなく、調べても答えが出ない問題を考えないと社会の期待に応えられない。

ハイドンを聴き、「作品の優劣でなく好きかそうでないかを感じたい」と書いた時、後世を先取りする新機軸の有無を調べて優劣を判断する営みは時代に合わず、なぜ好きと感じるのかを考えたかった。「聴いて感じるのは考えるのとは違うだろ」と読者は思うかもしれないが、両者は連続している。『孤独のグルメ』だって毎回松重豊さんが、「ウマいなあ」と反応するだけなら10年も続くはずがない。なぜウマく感じるのかをこれまでの経験に照らして考え、独創的な内心の独り言に昇華するから視聴者は反応する。

以上は時代の凡庸な描写に過ぎないが、プロモーション常套句の「○○の時代！」がどこまでホントかが現実には判然としないからややこしい。戦争や大災害でもない限り、時代はいきなり変わったりしないのである。「DXの時代にいつまで古典的な紙媒体出してんだよ」と指摘しても、経済誌の特集に反応して人生の答えを得たいなら紙で繰り返し読まないと気が済まない読者がいるから、紙媒体はまだ出ている。

ちきりんさんが、「SNSの時代には古典的な経歴よりネット上の発信履歴で評価される」と指摘しても、私が条件反射の感情をSNSで発信したら余生が幸せになるわけでもない。変化の兆しを鋭く感じる人たちは、「○○の時代！」を提唱するが、感性が鋭過ぎると時代のほうが追いつい

てない時もある。みんながまだ世界恐慌のさなかと感じているのに、経済回復の兆しを感じたケインズは、引締め政策を提唱してみんなを絶句させた（16　財政金融政策と労働市場改革）。SNSをせずインフルエンサーでもない私はのんびりと、古典的な紙媒体に書き、古典的な経歴を役に立つと感じてくれる人たちと一緒に仕事して生きている。

　「自分の意見で生きていこう」と指南され、努力して人生に新たな可能性が開けるなら無論それで構わない。考えて意見するのがリーダーで反応するのがフォロワーなら、リーダーとして生きないと困る局面が人生に増えているのも間違いない。でも、指南され努力してもフォロワーの反応しかできないのが社会の多数派であり、それで十分幸せだったりもする。考えて意見すれば幸せになれるとも言えず、指南された生き方が唯一の道ならちょっと息苦しいかもしれない。凡庸な私に時代の変化を感じるリーダーの鋭さはないが、フォロワーとして反応するだけなのも物足りない。感性鋭い人たちにも学びながら自分の頭で考え、経歴も反映して面白いと反応してもらえる等身大の意見の発信を続けられたらいいな、がこの煮え切らない連載の中締めの願いになる。

付　録

ちょっと長めですが

銀行カードローンが社会問題化した2017年春(1)と、金商法のSTO制度を施行した2020年春(2)に金融財政事情の特集に寄稿し、2021年後半のNIKKEI Financialへの寄稿からは、銀行行政の回顧(3)、小椋佳さんの銀行員人生(4)、敵対的買収と防衛策の論評と制度提案(5)を選び、2022年春には社外取締役によるガバナンス論(6)をM&A専門誌のマールに寄稿した。

1　貸金業制度改革10年の感想

　行政官時代に、「こりゃ久々に本気出さんといかん仕事だ」と感じさせた２つの調査や、本気出すと必然的に物議を醸してしまう私のどうしようもない性分や、本気出しても欠けている将来への洞察力や、仕事とギャグとの渾然一体感が続く。末尾の銀行の自己改革力への期待は無論「ほめ殺し」だが、現役行政官でない以上、「銀行は……すべきである」と上から目線で書くのを自制はしている。

2　日米のSTO形成過程

　行政経験から退官後の観察へと至る。制度を解説する際は条文（ルール）を引用せず、条文を咀嚼して本質を簡明に表現しようと心がけてはいるが、それでも金商法に慣れない読者には簡明でない文章だなあ、と読み返して感じざるを得ない。だから、判例法国アメリカのSECと強固な大陸法国日本の金融庁のICO対応を比べ、条文そのものをプリンシプル化するしかない持論へと至る。

3　銀行行政の四半世紀

　護送船団行政末期の記憶に始まり、銀行に公的資金を注入し厳しく検査して不良債権処理を促した有事を経て、ソフト路線を模索した平

時までが行政経験の回顧になる。コロナ有事を迎えた現在地では、ようやく官民が本音で本質的な銀行の課題を語り合える環境にはなった。初めてきんざいで既存の活字を本にした暑苦しい『金融システムを考える』の令和アップデート版みたいでもある。

4 昭和の銀行員──実力、努力、運

　小椋佳さんは銀行にいたから、アメリカに留学し、メリルリンチで先端金融技術を学び、帰国して業界のパイオニアになれた。銀行員であるのが、シンガーソングライターであるのと同じかそれ以上の意味を持った昭和の二足の草鞋人生を振り返る。両方の活動に必要な実力、両立させる努力、優れた歌を作れる才能に恵まれる運、などと執筆時の私を捉えていた思いの応用版みたいでもある。

5 敵対的買収防衛策での強圧性論の濫用

　敵対的買収が成立すると企業価値と株価が下がると思う株主は買収に反対だが、売らずに少数株主として残されると損するので不本意に売らざるを得ない圧力が強圧性になる。対アジア開発の東京機械、対SBIの新生銀行の買収防衛策の顛末から、敵対する相手の素性が分からなかったり、生理的に受け入れ難かったりする場合に強圧性論が濫用される副作用と打開の制度的処方箋を考える。

6 『ドキュメント72時間』からの想像

　努力しても報われない人生を想像できれば、弱者への政策支援の理解が深まるのと同じく、経営者も弱い立場の社員の気持ちを想像できれば、経営課題に取り組む社員のモチベーションを発揮させるのが容易になる。さらに経営判断を担う取締役会が的確に機能するには、経営者と社外取締役が互いに経験を補い合い、想像力を働かせて徹底的

1 貸金業制度改革10年の感想

　金融庁が貸金業制度改革に取り組んで業界との緊張が高まると、担当の私はワイドショーで「業界の敵」と呼ばれたが、返せるのに借りられない副作用を緩和しようと総量規制に少額短期の高金利特例を設ける提案をしたら、「業界の手先」に転落するほど世論は過熱した。新制度を段階的に施行するにつれ、今度は過剰規制による信用収縮の副作用論一色になったが、今では総量規制が銀行を対象としないのが規制の抜け穴と批判される。本質的な論点は10年前からまったく変わってないと思うので、記憶をたどりながらの感想を綴らせていただく。

(1)　異時点の借入動機調査

　金融庁を辞め民間人になってしばらくの間は、世界の経済や金融の先行きについて意見を求められる取材が多かったが、ここ数カ月は、銀行カードローンについての取材ばかりになる。たしかに貸金業制度改革の担当だったが、昔のミクロな話より、今のマクロな話がしたいなと感じぬでもない。ちょっと閉口するのは、「貸金業に総量規制をかけた時、規制外の銀行カードローンが今ほど増えるのを予見しましたか」という問いになる。「当時から予見した人間がいるなら教えてください」と答えるしかない。

　10年前、貸金業制度がこのままではいけないと感じたのは、2つの調査結果に基づく。1つには、初めて借りた際と、借入先を増やしていく際の異時点の借入動機を国民生活センターがアンケート調査していた。初めて借りた際の動機は、「給料が減って生活費を補いたい」「入院や入学に必

要」「服が欲しい、旅もしたい」と多彩である。自動契約機でオペレーターとやり取りすれば手軽に30万円借りられ、月1万円の返済も、給料が1万減るだけならどうってことないと思う。

　ちなみに私も通勤経路でアイフルの無人店舗を試し、成約の直前に、「済みません。実験してみただけなのでおカネはいりません」と詫びると、長い沈黙が支配した。旧知の福田吉孝社長に顚末を話したら、「さすがに実験だけしにくる人はマニュアルが想定してないので、オペレーターも困ったでしょうね」と解説していただいた。

　こうして30万円借りてしばらく返していると、「ご利用限度額が50万円に増えました」と通知がきて、月1万5000円の返済ならやはりどうってことはないとさらに20万円借りる。50万円を使いきれば、2社目、3社目、4社目となり、その際の借入動機は圧倒的に、「既存の借金を返すため」になっている。30万で月1万とか、50万で月1万5000とかは、当時の金利水準ではほとんど金利だけ払って元本が減らない構図だから、「既存の借金の利払いのため」と表現するほうが実情に即す。

(2)　借り手の長期追跡調査

　もう1つの調査は、当時から多重債務に問題意識を持っていたプロミスにお願いした。20世紀の終わりに初めてプロミスで借りた人が、7年後の2006年にどうなったかの長期追跡になる。3割が完済し、3割がデフォルトし、残り4割は借入を続けて残高は平均3倍に増えていた。他社借入もあるのは想像に難くない。スコアリングモデルが最も利益を稼ぐように調整される結果、正常に使うのが3割で、7割の借り手の人生が壊れたり壊れかけたりしているビジネスは、続けようがないと思われた。

　制度改革の検討に際しまず論点になったのは、上限金利である。当時の制度を簡略化して、30%の金利で400万円借りていると、利払いは年120万円で月10万円になる。利払いができなくなればおしまいとは誰でも分かる

ので、月収20万円の借り手は、生活水準を半分に落として懸命に努力する。ワンルームアパートの家賃と水道光熱費を払うと食費の余裕もなくなるが、ご飯に塩だけ振ってでも食いつなぐ。

ここで金利が半分の15%に下がると、月の利払いは5万円に半減するから、10万円－5万円＝5万円ずつゆっくり元本の残高が減るかと思いきや、さにあらず。利払いが基本行動になっている借り手の残高が、400万円から800万円に向けて増えていくのである。利払いできるのにほっとして、ご飯に加えおかずも買ってしまう。

人間らしい生活を求める気持ちも行動も理解できるが、この残念な発見は、借入の金利に加え、量まで制限しないと多重債務者の発生を止められないことを意味した。市場メカニズムに従う人間の合理的行動を前提に考える経済学者には奇異に写るから、賛同したのは私の知るところ、慶応大学の吉野直行教授と池尾和人教授だけである。お2人は金融庁の検討会のメンバーとして多重債務者の実相に触れ、金利と量の両面アプローチしかない現実を認識された。

(3) 貧乏人はキャベツを食え

統制的な制度改革が後に、「副作用で信用収縮が生じる」という批判を招いたのは不思議でないが、この10年機会あるごとに、「信用収縮は制度改革の副作用でなく目的です」と言い続けてきた。顔にモザイクがかかった主婦がNHKに現れ、ロボットボイスで語る。「一生懸命働いてる夫に給料が少ないなんて言えないしぃ、生活費に足りない時に内緒でちょっと借りられなくなるのは困りますぅ」。こういうナイーブな主婦が転落しないための改革なのに、と内心穏やかでなくなる。

続いて消費者金融から借りられないからヤミ金に手を出して風俗に転落したと自称する主婦がNHKに現れた時は、かつて消費者金融に返せずに風俗で働いての返済を余儀なくされた膨大な主婦の数を思いつつ、「いき

なりウシジマ君に向かうはずないだろ」と番組ディレクターの奇怪なバランス感覚に脱力した。アメリカに留学して新古典派経済学を学んだりすると、バランス感覚を備えるべき国営放送なのに自分だけが正しいと信じ、捏造までして現実離れした番組を作るこの手のディレクターが養成されてしまう（注）。

生活費を補うために借りるのは、慢性化すると破滅への道になる。講演に招かれると、「夫の給料が減ったら、妻は借金するのではなく、肉野菜炒めのキャベツを増やす工夫をすべきです」と繰り返した。サービス精神で表現するのが、行政官として私がかなり致命的なゆえんであり、経済誌には、「貧乏人はキャベツを食え！　と金融庁暴言官僚」の見出しが立つ。

「節約の工夫」とでも言えば済んだのにと反省はせず、よせばいいのに、「主婦連の幹部から、「収入に応じた節約は主婦業の鉄則」と励ましの手紙をいただきました。高度成長を牽引した宰相になぞらえられて光栄です」と大人気なく言い返す。ちなみに元祖池田隼人の国会答弁は、「豊かな者は米を多く食い、貧しい者は麦を多く食うのが経済の法則」というものであり、メディアの揚げ足の取り方は昔からあまり変わらないようである。

(4)　銀行と貸金業者の役割分担

当時、「まさか銀行に総量規制を適用しないでしょうね」と銀行から問われると、「今のところは」と答えていたが、銀行への適用は現実的な選択肢ではなかった。多重債務者は貸金業界が生み出していたから、貸金業制度（貸金業法と出資法と利息制限法）の改革として検討する。銀行が歴史上、スコアリングモデルを使った個人金融に取り組んでも成功しなかったし、すべての貸出経路を規制すると、それこそ副作用としての信用収縮が懸念される。

もっとも、銀行が窓口として貸し、貸金業者が審査や保証や債権管理を

する今の役割分担は当時から存在した。法案審議中の国会議員を案内した三井住友銀行では、ローリスクの先にはローリターンで銀行本体が貸し、ミドルリスクの先にはミドルリターンで銀行系貸金業者のアットローンが貸し、よりハイリスクの先にはプロミスが貸す分業を、カスケード（滝）方式と呼んでいた。「3段階で滝が落ちていくとは、ずいぶんストレートなネーミングですね」と銀行の担当役員に感想を伝えたら、「きれいごとでなく、本音で勝負する時代になりましたから」と答えが返ってきた記憶がある。

　制度改革後はプロミスの金利を下げねばならないから、アットローンに存在意義がなくなってプロミスに吸収された。カスケード方式では三井住友銀行とアットローンの借り手の審査、保証、債権管理はプロミスが行っていたから、洞察力があれば、この役割分担が銀行全体に普及していくのを予見できたのかもしれない。が、少なくとも私には洞察力がなかった。

(5)　多重債務者ブログ

　今、銀行カードローンの取材を多く受けるようになって、多重債務者のブログをまとめて読んでみた。10年前はブログが普及しておらず、多重債務者の気持ちや行動は、後に日弁連会長になり都知事選に立候補するとは夢にも想像できなかった宇都宮健児さんを始め、支援活動に携わる弁護士から教わるしかなかった。「金利が払える限りはみんな耐えながら借入を増やしちゃうんですよね」。

　たしかに昔と比べるとずいぶん多く借りてるな、がブログの第一印象である。6〜700万円は珍しくない。先ほどの金利30％で400万円借りる数値例は当時の典型であり、金利だけ半減すると借入残高が倍増に向かうメンタリティへの危惧が総量規制に導いたと書いた。総量規制が適用されない世界で、当時の危惧が現実になっている。

　また、当然ながら生活の悲惨さを訴えるブログが多いが、中には、客観

的には無理そうなのに、「債務整理せず頑張って完済するぞ」とか、「FX や株の信用取引で一発逆転」みたいな妙に前向きのブログも散見される。金利水準が下がり、取立ての苛酷さも緩和され、多額の借金を抱える痛みも麻痺しがちなのかもしれない。

　旧制度下で長くグレーゾーン金利を払ってみなし弁済してきた借り手は、債務整理により過払金が戻って一気に救われるケースが多かった。低金利で多く借りてデフォルトまでの期間が長くなっても、デフォルトに向かっている事態に違いはない。そして、今後は債務整理を余儀なくされても、もはや過払金はもらえない。足元のデフォルト率が低いのは、どこかのメガバンクの会長が言い訳したようには将来の安心を保証しない。有識者の中には貸金業制度改革と自己破産者数の減少に因果関係を認め、足元で久しぶりに自己破産者数が増加に転じたのを銀行に総量規制を適用しなかった影響が現れた潮目と捉える向きもいるそうである。ただ、自己破産者数は制度改革前から減っていたから、反転増加の因果関係を私は明言できない。

　一方、制度改革の最終施行を機に、経済的理由による自殺者数が顕著に減ってきたのは、誰がなんと言おうが貸金業制度改革との因果関係しか考えられない。人間は貧しいだけでは自殺しないが、借金を返し続ける重圧が、生き続ける希望を奪ったケースを多く見てきた。とりわけ返せなくなると、貸し手に迷惑をかける社会のお荷物としての絶望が、お荷物を降りる行動へと駆り立てる。仮に今後、自殺者数まで反転増加する事態になれば、銀行に総量規制を適用しない制度の是非が問われよう。

(6)　チワワのくぅちゃん

　ところで、我が家にチワワのつがいがいるのは、往年のアイフルのCMに触発されたせいである。借金して１匹飼えばつがいで欲しくなり、いつしか子孫が増えてまた借金となるなら脅威だが、総じてかつての消費者金

融会社のCMはイメージ戦略の印象が濃かった。逆説的に言えば、CMが親しみやすく奥ゆかしかったのは、消費者金融会社が、多重債務者の悲惨な運命を認識していたから露骨な勧誘を控える心理が働いたと思う。

そして、今の銀行カードローンのアグレッシブなCMに絶句する。「給料日前でも関係ねー、上限なしの銀行カードローンを手軽に借りて、ハワイに行っちゃえ！」。「どんな客に向けて誘ってるんだ。こんなの真に受けたら借り手の人生が壊れるだろ」とツッコミたくなるのは、やはり逆説的に言えば、銀行が、多重債務者の悲惨な運命を認識していないからである。貸出の窓口を務めたら後は貸金業者に丸投げだから、借り手の実相が分からない。だから恥じらいなくアグレッシブに勧誘できる。

長らく銀行とは、基本的には品と節度を備えた存在だと思ってきた。国重惇史さんが、自らの人生の意味を再確認するためにまとめたとおぼしき『住友銀行秘史』における品も節度も失う状況は、バブル期のように集団で病気に感染した時に限られる。たしかに、元本保証の預金を原資に、信用リスクもカバーできない低金利で事業向け貸出を増やせず、限られた収益源として個人向け貸出を集団として推進したくなる状況は理解できなくもない。

ならば、１人に多くでなく大勢に少なく貸し、大勢の小口ローンをまとめて投資商品を組成する道もある。貸金業者との役割分担を解消して、独自に個人向けローンの手法を模索している銀行もあると聞く。本稿が銀行カードローン担当者の目にとまるなら、多重債務者のブログをお読みいただき、今後の持続可能なビジネスを検討していただくよう希望する。

制度改革前の貸金業界に自己改革の機運がなかったわけではなく、業界負担で債務整理の相談所を設けたが、それだけでは多重債務者を生み続ける免罪符にならなかった。ビジネスを直接変えざるを得ない規制を、2006年の世論は求めたのである。新制度を段階的に施行するにつれ、過剰規制の副作用を懸念する逆の世論が優勢になり、今また規制に穴が空いている

と批判する世論が現れる。

　いざなみ景気の最終局面で制度改革をして、施行中にリーマンショックが起き、今また円安で製造業大企業の業績が緩やかに改善する中でメディアや有識者には弱者に目を向ける余裕が生まれたのかもしれない。が、この間、世論に鈍感な私の考えは、まったく変わらない。10年前の金融庁の担当者にすら、多くのメディアが訪れるほどだから、当事者として銀行は風圧を感じているだろう。制度改革の機運が起きる前に、風圧を正面から受け止めて自己改革する能力を、銀行業界は備えているはずである。

（注）　国重さんが手帳のメモに基づき再現した『住友銀行秘史』の登場人物のうち私が知る何人かは、「サシで会話したつもりなのに、後から勝手に公開するなよ」と立腹している。サシの会話を勝手に公開するのは私の文章の性癖でもあり本稿も例外でない。国重さん同様、ご寛恕を賜るようお願いする（これは読み返して追記した注でなく原注になる）。

（注）　2度目の東京五輪を追ったNHKドキュメンタリー番組で、「カネをもらって五輪反対デモに動員されたと語るホームレス」の捏造テロップが問題視され、NHKは調査報告において、「取材して真実に迫るべきジャーナリズム精神に悖る」とディレクターの姿勢を神妙に自己批判した。このディレクターはもう、NHKでまともな仕事はさせてもらえまい。

　　でも、「取材して真実に迫る」前に、「どんな番組を作るか」の問題意識は当然存在する。「五輪反対デモなんてプロ活動家がためにする活動に過ぎず、参加者はカネをもらって動員されているだけ」と誹謗したい予めの問題意識が捏造テロップに導いたには違いない。でもこの問題意識は、「健全なビジネスである消費者金融を政府が不当に弾圧したからヤミ金がはびこる」と誹謗したい本稿の捏造ディレクターの予めの問題意識よりは、社会に及ぼす実害によほど乏しい。そしてこちらの捏造ディレクターは今でもNHKでまともな仕事をさせてもらっているようだからよほど困る（これは読み返して追記した注になる）。

2　日米のSTO形成過程

　デジタルトークンと交換に仮想通貨で資金調達するICO（イニシャル・コイン・オファリング）が現れると、SECは、株式と交換に法定通貨で

資金調達するIPO（イニシャル・パブリック・オファリング）と同じく既存の証券法を適用する。プリンシプル（原則）をざっくり書いたアメリカ証券法の適用をめぐる官民の攻防から、デジタル証券のST（セキュリティ・トークン）と交換に資金調達するSTO（セキュリティ・トークン・オファリング）は生まれた。

　対する日本では、官が作った精緻なルール（法令）を民が読み解く苦心の末にSTOが始まる。DXに整合する官民協同のルール形成文化を探る本稿は、結論として英米法型の「ルールのプリンシプル化」を指向する。なぜ指向するのかがすとんと腹に落ちるためにも、几帳面な弁護士の手になるSTOの精緻な法令解説と合わせてお読みいただきたい。

(1)　証券の包括条項

　戦後の大蔵省で証券市場行政に携わり、退官後に証券経済倶楽部を率いた坂野常和さんからよく昔話を聞いた。「入省時にアメリカ証券法を訳も分からず翻訳させられ、局長になってようやく日本の証券市場が30年前のアメリカに追いついてなるほどと思ったよ」なんて述懐が楽しい。時に、はっとする指摘もされた。「こないだあなたが組合を使う投資ファンドを証取法の証券に加えたのは、僕ができなかった証券の包括条項だね」。入省時の若き坂野さんは、アメリカ証券法の「ストック」や「コーポレート・ボンド」が並ぶ「セキュリティ」の体系を、日本の現実を踏まえて、「株式」や「社債」が並ぶ「証券」の体系に翻訳したが、「セキュリティ」の包括条項である「インベストメント・コントラクト＝投資契約」だけは導入をためらった。

　英米法はプリンシプルをざっくり書いて、実用に足るルールは判例が形成する役割分担であり、投資契約には名高い判例が2つある。フロリダの農園に拠出して、農園が収穫で得た利益が分配されるのは投資契約になる。農園の経営努力を評価し、利益の分配を期待して拠出するのは投資だ

からである。カリフォルニアのゴルフ場に拠出して、会員権を得るのは単なる仲間内の利用権の売買のようだが、これも投資契約になる。ゴルフ場の経営努力を評価し、会員権価格の上昇を期待して拠出するのは投資だからである。価格上昇を期待できるのは、会員権が転々流通するからに他ならない。

　農園の判例の利益は事業から分配するインカムゲインだけだが、ゴルフ場の判例は利益として、ゴルフ場利用権だけでなく価格上昇によるキャピタルゲインを含む。以下、拠出先を評価したうえで、インカムゲインだけを期待するのを狭義投資、キャピタルゲインも期待するのを広義投資と呼ぼう。広義投資を意味するアメリカ証券法の投資契約は、拠出先の経営努力による利益分配（インカムゲイン）や価格上昇（キャピタルゲイン）を期待する株式や投資信託などを含む上位概念として、証券（セキュリティ）の包括条項と位置づけられる。

　株式投資家の中には株主優待をも期待する者がおり、優待が事業の利用権なら投資契約の判例のゴルフ場と同じ構図の事業になり、後述の日本の組合ファンドやICOも同じく利用権「をも」期待する事業になる。「をも」と書くのは、日本の組合ファンドは事業から分配する利益（インカムゲイン）、ICOは価格上昇による利益（キャピタルゲイン）が主な動機だからである。ICOに適用する規制が、ゴルフ場の判例であるアメリカと、組合ファンドの条文である日本の法体系の違いが、本稿で考えてみたい論点になる。

　アメリカ証券法の証券に該当すれば、発行者は投資家に情報開示し、投資の仲介業者（証券会社）は投資家にリスクを説明し、すべての投資家に相場操縦などの不正取引を禁じる。開示規制、仲介業規制、不正取引規制の３つで一般投資家を保護する仕組みは、今も世界の規制がならっている。でも、日本は今も明確な概念で罪刑法定主義の予見可能性を確保しようとする大陸法国であり、アメリカ証券法の投資契約の概念はあいまいで

広い。だから証取法は、証券の包括条項なしで発足し、新たに規制が必要な証券が現れるたびに法律に追加してきた。

(2)　組合ファンドから金商法へ

坂野さんが指摘したように、金融庁で証券市場を担当していた私が組合ファンドを証取法の証券に加えたのは、商法の匿名組合や投資事業有限責任組合を使うアイドルファンドやラーメンファンドや映画ファンドが現れ、活発に資金調達を始め活発に失敗していたからである。「イケてる彼女のDVDを作ってスターにしようぜ」「日本中で食べてほしいこのラーメンの店を増やそう」「誰もが感動する物語を映画にできたら凄いだろ」。

結局ほとんど失敗するのは、簡単に始められ過ぎるからである。発行者が投資家に情報を開示し、仲介業者が投資家にリスクを説明し、不正が摘発されるなら、発行者も仲介業者も投資家も事前にもっと慎重に構える。組合ファンドは経済的には、すでに証取法の証券だった投資信託ファンドと同じだから同じ規制をしたい。

元来、会社や信託や組合という私法上の器を使って、どんな資金調達や事業をしようが自由ではある。が、投資対象を規制して投資家に信頼され資金調達手段として広く普及し、経済成長に貢献するなら規制が合理性を持つ。だから、株式会社が発行する株式や投信法に基づく信託は証取法の証券にしてきた。これら流通性が高いものを業界用語で1項証券と呼び、金商法では証券会社改め一種金商業者が仲介すると整理した。

元来は自由に作れた組合ファンドを投資対象として規制するなら、「金銭を拠出して利益を分配する事業」に限る節度が経産省や経済界から求められ、アメリカ証券法の投資契約の農園の判例と同じ狭義投資になる。投資対象の私法上の器がなにかは問わず、株式会社以外の会社や投資信託以外の信託でも構わないが、組合が代表的な器には違いない。「金銭を拠出して利益を分配する事業」は投資性はあるが1項証券のような流通性はな

いから価格が変動しない集団投資スキーム＝2項証券として、金商法では一種金商業者より設立が容易な二種金商業者が仲介すると整理した。

　この集団投資スキームがはからずも日本の証券の包括条項になり、アイドルDVDやラーメンや映画を売る事業からの利益分配に期待する狭義投資への規制になる。アイドルのコンサート券やラーメンの食事券や映画の鑑賞券も提供した組合ファンド発行者が、「単なる仲間内の利用権の売買に介入するな」と規制に抗議しても、「そりゃ株主優待みたいなおまけであって、事業から利益を分配するのがあなたの提供する投資の本質でしょ」と応じない構図は、後にデジタルトークンと交換に仮想通貨で資金調達するICOをめぐるアメリカ官民の証券法適用の攻防で再現する。

　ただし、アメリカではゴルフ場の判例のように、価格上昇による利益を期待する広義投資にも投資契約の包括条項を適用できるのが、狭義投資への規制に限る日本の証券の包括条項＝集団投資スキームと違う。そして、アメリカの投資契約の私法上の器はデジタルでも差し支えないが、日本の集団投資スキームはデジタルな器までは想定していないのが英米法国と違う大陸法国の法律の精緻さとしてご留意いただきたい。

(3)　アメリカSECのICO対応

　ビットコインは登場時から、オープンなブロックチェーンのネットワーク上で管理者がいなくとも支払い・決済手段として機能し、価格が変動する投資対象でもある。自走するプログラムだから、SECが規制しようにも相手がいない。イーサリアムがICOでビットコインを調達した際は、「経済的にIPOと同じなのに規制しなくていいのかな」と迷ったはずだが、やがてイーサリアムはビットコインと同じオープンネットワークの自走プログラムになって規制の射程外に去った。

　とりわけイーサリアムはコンピューターが理解できる契約＝スマートコントラクトにして契約をブロックチェーン上で実行すると、仲介業者を不

要にする自走プログラムを実現できるからブロックチェーンの応用分野が広がった。「こりゃICO段階で規制しないと投資家保護にならないぞ」とSECが覚悟したのは想像に難くない。

最初にSECが証券法の規制対象になると注意喚起したのは、エアビーアンドビーやウーバーのようなシェアビジネスの仲介業者を不要にする自走プログラムを実現しようと、トークンと交換にイーサリアムで資金調達したICOだった。投資家が入手したトークンにより、この事業を利用する電子キーを得られる。電子キー自体は、私も旅行サイトで海外アパートを予約するとメールで送られてくるから、スマホをかざして解錠したりする。

でも、このICO事業はアパートの部屋の所有者と利用者を直接契約させるプログラムだから、旅行サイトの仲介を必要としない。エアビーやウーバーのように部屋の利用や車での移動を仲介して成長してきたシェアビジネスも必要ない。近未来にはアプリで自動運転車を呼び、スマホをかざして解錠するとドアが開いて乗り込み、目的地に着いてスマホをかざして支払うと再びドアが開いて降りる。資金の調達者と運用者を仲介する金融業者も、論理的には必要なくなる。このインパクトに期待してトークンへの需要が高まれば価格が上がって投資対象になるから、そんなトークンはゴルフ場の判例と同じく証券としての開示や仲介が必要というのが、SECの論理だった。

以来、ICO発行者は、発行するのが証券（ST＝セキュリティ・トークン）ではなく、仲間内の利用権（UT＝ユーティリティ・トークン）に過ぎないから証券法の規制対象でないと力説するようになる。かつて日本の組合ファンド発行者が、アイドルのコンサート券やラーメンの食事券や映画の鑑賞券は仲間内の利用権だから規制するなと抗議した構図と違わない。

この規制回避の努力にとどめを刺したのが、レストラン評価投稿サイト

が行ったICOへのSECの一貫した姿勢だった。評価の投稿をしたらトークンがもらえ、レストランの食事券として使えるから、仲間内の利用権に過ぎないと力説しても、トークンは取引所で売買できるから、需要が高まれば価格が上がるのを期待する投資対象になる。だから証券として規制するのは、ゴルフ場の会員権が利用権であっても、同時に会員権価格が上がるのを期待していれば証券（投資契約）として規制する判例の論理に従ったに過ぎない。

SECの強い姿勢にICO発行者も観念し、「なら、証券法が規制の例外と認めているプロや富裕層向けの私募手続に従うICOなら文句ないだろ」と方針転換し、デジタル証券STを発行するSTO（セキュリティ・トークン・オファリング）と呼ぶようになった。SECはICOを、プリンシプル（原則）をざっくり書いた証券法の適用問題と捉え、規制を回避したいICO発行者も証券法の例外規定の適用問題と捉える。

論理的な疑義は一切なく、発行するトークンがデジタルなのも、トークンの購入が現金でなく仮想通貨なのも気にしない。フェイスブックの仮想通貨リブラが気に食わないアメリカ議会は、「ビッグテックの金融業参入を阻止する法律」なんてのをざっくり作って、既存法との整合性などやはり気にしない。アメリカはそんなルール形成文化の国である。

(4) 金融庁のICO対応

日本では役所が既存法との整合性に配慮した精緻な法律を作り、内閣法制局が几帳面に審査する。金融庁は、支払い・決済手段を規制する資金決済法に仮想通貨の定義や交換業者の規制を加えたが、交換業者が仮想通貨の売買を仲介すれば、当然価格が変動して広義投資の対象にもなる。そこにICOが現れると金融庁は、「仮想通貨による拠出でも金銭による拠出と実質的に同視されるスキームは金商法の規制対象となると考えられます」と自信なげに警告した。たしかに、「金銭を拠出して利益を分配する」集

団投資スキームは証券の包括条項だから規制対象と言いたいのだが、詐欺的ICOを未然に防ぎたい責任感と、伝統的な罪刑法定主義の要請に挟まれ、黒川東京高検検事長の定年延長より疑義がありそうな法解釈に見える。

　集団投資スキームは、事業の利益を分配する狭義投資の性格を持ち使う私法上の器を問わないが、残念ながらデジタルな器まで想定していないのは、かつてデジタル化した売掛債権や手形を、金商法の証券の定義に追加しなければならなかった経緯が反証的に示している。拠出する金銭（法定通貨）と同視できる購入手段を定めた政令に仮想通貨が含まれていない以上、仮想通貨による購入も想定していないが、「実質的に同視されるスキーム」という意味不明なトートロジーは、意味不明に詐欺を牽制するしかない金融庁の苦境を示している。

　後に警察が詐欺的ICOを金商業の無登録営業として摘発し、仮想通貨購入分を除く現金購入分に限って立件したのは、疑義のない解釈に限る罪刑法定主義の伝統に従っている。詐欺として摘発しても別に構わないが、無登録という外形認定で足り、騙す意図の立証を必要としないのが摘発上の妙味になる。こうした揚げ足取りみたいな指摘をしているのは、せっかく金融庁がSEC流に規制したくても法律が精緻なままだから、新たな現象に対応しようとする法解釈に疑義が生まれる構図を示したいだけである。

　すでに規制できる前提で警告してしまったこととの整合性を意図したか否かは定かでないが、改正金商法は、新たな証券が登場すると法律の証券の定義に追加してきた従来の手法と違い、証券の定義にＳＴを追加していない。SEC流かもしれないが、代わりに既存の証券の包括条項である集団投資スキーム「のうち」、デジタルにST化するものを１項証券に仲間入りさせ一種金商業者の担当にしたり、アメリカ証券法より狭くて使い勝手が悪い私募分野を二種金商業者の担当として留保したりする。

　母体の集団投資スキームをデジタルにST化して流通性が高まり価格が

変動して広義投資の性格を持つに至り、母体の属性を失うのを「のうち」とは普通は言わない。カッコと「含む」と「除く」を駆使して概念を変容させ、「除く」を「除く」から「含む」のか、なんて操作は、マニアな弁護士以外には理解困難な次元に達したように見える。集団投資スキームを母体とする概念操作により、ST化する対象資産と使う私法上の器によっては規制対象から漏れが生じるようにも見える。STが仮想通貨でなく、仮想通貨が決済に使える通貨建資産でない概念の峻別も実務の悩みの種だろうが、これ以上ちまちました揚げ足取りは控えよう。

法律は普通の日本人なら理解でき、法律を踏まえて事業アイディアを構想できる環境が望ましいが、マニアな弁護士がイノベーターである保証はない。むしろマニアになるほど「コンプラ自警団」としてイノベーションを邪魔する商売をしている向きも見かける。資金決済法が規制する仮想通貨がデリバティブ取引になると、金商法の一種金商業者が担当し、金商法で新たに規制した仮想通貨の不正取引規制を守らねばならないのは、資金決済法の仮想通貨交換業者になる。

「仮想通貨」の「暗号資産」への名称変更は、根拠法が通貨の支払い・決済手段を規制する資金決済法のままだから、「暗号通貨」でよいのにと感じた。値上がり期待の資産でなく通貨として機能するからこそ、フェイスブックのリブラが構想した世界の貧困層への低廉な金融サービスによる社会貢献も可能になる。でも、両法の役割分担の体系が早晩維持できず、資産の規制法である金商法に吸収するしかなさそうな金融庁の予感を反映したのかもしれない。

(5)　ルールのプリンシプル化

日米のSTO形成過程に改めて感じるのは、法律を精緻に書き、精緻に書くから環境が変われば法解釈に疑義が生じないよう頻繁に書き直し、政令、府令、監督指針、ガイドライン、Q&Aと連動する大陸法国日本の慣

行が、法令などのルールを作る側も、読み解く側も膨大な時間とエネルギーを要する非効率性になる。官がルールを作っても民が使ってくれないと無意味だから、ルール形成は官民相互作用の協同プロセスである。このプロセスで官民が互いに苦労して、生産性や経済成長の足を引っ張るほどこの国に余裕はない。

投資のプリンシプルは、「過不足ない情報を得てリスクを評価し、不正な目には遭わない」という程度の原則である。STOビジネスの検討で時間とエネルギーを費やすべきは、コスト削減と資産分割の容易化や、ブロックチェーンの自走機能を使う取引の効率化や、情報の透明性や信頼性のアピールなど、法令が関知しない分野になる。アメリカ証券法の包括条項は単に「投資契約」と書いただけだったから、新たに現れる現象を包括して過不足なく適用できた。

かつて金融庁も行政手法を改善しようと、「ルールとプリンシプル」の議論を提起はした。この議論が意味を持つなら、「細かなルールを知らなくとも、プリンシプルを知っていれば大きくは間違わない」ことにある。でも結論は、「ルールとプリンシプルのベストミックス」であり、なにがベストかは官が決め、民の判断の参考にプリンシプルと称するルールを追加しただけだった。

これまでの経験から今後指向すべきは、「ルールのプリンシプル化」しかなさそうに思う。単純に言えば、頻繁に変えなくて済むよう法律には原則をざっくり書いておき、環境が変われば原則を運用する考え方を官民で議論しガイドラインやQ&Aとして公開する。プリンシプルを踏まえて事業アイディアを生むイノベーターになるより、ルールのフォロワーとして生きるほうが楽な生き方には違いない。でも、多くの潜在イノベーターがルールの読み解きに時間とエネルギーを費やし過ぎてアイディアを生む余力が枯渇するように見える一方、転ばぬ先の杖ばかり用意するコンプラ自警団フォロワーの跳梁が目につく。

ルール形成プロセスは国の文化であり一朝一夕には変わらない。この国はアメリカのように議員立法が活発化しそうになく、今後も法律は役所が作って内閣法制局が審査する。「ルールのプリンシプル化」は国の文化の変革だから、法律を作る実務家を促しても簡単には変われない。「この精緻な体系のどこから手をつけりゃいいんだよ」と途方に暮れるであろう事情は、私だって実務家だった時代があるから想像はできる。政治主導で推進役の法制局長官を選ぶのも一案かもしれず、集団自衛権のように政治的に対立する論点でもない。地味な方向感だが、前進するほど自分の頭で考えたいイノベーターの支援になり、この国の生産性や経済成長を支える。はからずもややマニアになってしまった本稿が、STOビジネスの方向感を期待した読者の期待に応える内容でないのはご海容を請う（注）。

> （注） 本稿が分かりづらい読者は、「第18章 ブロックチェーンの近未来」の初めの（注）に列記したこの本のブロックチェーンと暗号通貨関連文書から続けて読んでいただくと理解の一助になると読み返して感じた（同じ論旨を繰り返して慣れるだけではあるが）。ちなみに、金商法の前身の証取法は私が実務家だった時代から分かりづらい「日本3大悪法」と呼ばれた一角を占め、今も事情は変わってないと思う。

3 銀行行政の四半世紀

NIKKEI Financialの執筆陣に加わったのは、金融制度の手直しや運用に携わった行政OBとしてだから行政から見た金融の風景を描ければと思うが、金融庁の現役も書いているようだからOBの役割は回顧譚かな、とも思う。一方、編集担当の日経の玉木さんによると編集者たちの問題意識は、通貨とはなにか、預金とはなにか、銀行とはなにか、暗号通貨に触発されて世界の中央銀行が導入を急ぐデジタル通貨が世界の金融をどう変えるか、と気宇の大きな本質論らしい。大風呂敷は嫌いでないが、まずは銀行行政に絞っての四半世紀の感想から始めたい。現役の頃から好きに発信

してきた私には、これが一番楽な始め方だからである。

(1) 護送船団行政末期の風景

大蔵省主計局の主査を卒業する頃、三和銀行のMOF担（大蔵省担当）から会食に誘われた。「さすがスーパーMOF担は気が早いですね。でも、銀行局のポストはもうふさがっているようだから、私が4階（大蔵省の金融行政部門）に行くなら証券局だと思いますが」「そうかもしれませんね。でも、最近は局をまたぐ課題が頻発して我々が証券局に行く機会が多いんです」。やがてつき合う行政官なら、予め気心が知れる間柄になっておくのがスーパーMOF担の仕事の流儀になる。

予想どおり証券局に来たのは、1995年夏の護送船団行政末期だった。銀行を潰さないことにより預金者を守るのと同じく、証券会社も潰さないことにより投資家を守る。だから三洋証券が潰れそうになると、「野村は盟主として増資してよ、貸している銀行は金利減免してよ、生保はなんの関係もないけど劣後ローンくらい出してよ」と奉加帳を回す。

当時の銀行行政の最大課題が、不良債権処理の先駆としての住専（住宅金融専門会社）処理になる。「誰のせいでこんな惨状になったんだ」という農林系統側の主張と、「処理しなきゃ誰が困るんだ」という母体銀行側の主張の溝が埋まらず、埋めるためのわずかな公的資金が世論の憤激を招き、やがて世紀末金融危機に見舞われるまで公的資金導入は封印された。

試練を経験しないと人間の認識が前進しないのは万国共通であり、日本と同時期に不動産バブルが崩壊して直ちに大手銀行が潰れかけた北欧諸国が直ちに公的資金の導入を強いられたのは、時を経れば日本よりはるかに先見的な政策と評価される。なまじ国にも銀行にも余力があったから日本の不良債権処理は遅れ、この遅れを観察していたからリーマンショック後のアメリカ政府の公的資金導入は早かった。

私が分担した住専処理は、野村と長銀が作った第一住金の利害調整に過

ぎない。双方とも母体として出資を失う責任は負うが、野村は長銀と違い第一住金に貸してないから債権放棄ができない。理屈なく野村にカネを出させよと迫る長銀を拒みながら、「でもオレは生保には理屈なく三洋証券にカネを出せと迫ったな」と居心地が悪くなる。それは、バブル崩壊までは自信を持っていた官民協調の日本型モデルへの居心地の悪さに他ならない。

「アメリカみたいに民間に自由に競争してもらうほうが、経済成長に貢献する局面らしい」との思いが、アメリカみたいな金融制度の自由化を目指すビッグバン制度改革に帰結した。同時期に金融行政を大蔵省から切り離す組織改革が進んでいたから、権限を手放す抵抗感が乏しかったとも言える。また同時期に第一勧銀と四大証券による総会屋への利益供与が指弾されていたから、護送船団を壊す制度改革に金融業界が抵抗する気力に乏しかったとも言える。

97年秋に三洋、拓銀、山一と毎週潰れていく金融危機が起き、翌98年に入ると金融業界による大蔵官僚への利益供与として接待が指弾される。業界の誘いに応じて盃と本音を交わすのは仕事と思う感性が、公平性や透明性を標榜するビッグバンの理念に合わなくなっていた。護送船団行政時代の官民は癒着していたかもしれないが、互いに信頼し本音が分かっていたとは言える。官民が互いを信頼して本音を交わす実践は今も完全には取り戻せていない。同僚が逮捕されたり自殺したりの職場で、金融危機に対応しながら、将来に備える金融制度を作るのは凝縮した星の時間に違いないが、精神の平穏からは遠ざかる。

近年の財務省で元理財局長の佐川宣寿さんが「改ざんオヤジ」と指弾され、元次官の福田淳一さんが「セクハラオヤジ」と指弾されると、この時代の私が知る佐川さんと福田さんの記憶を、インサイダーとして書かざるを得なかった。同僚が逮捕されたり自殺したりの職場で、一緒になにを思い、なにをしたかの物語になる。

この物語によってなにかが変わるわけでもなく、書くのは私の自己満足に過ぎない。が、誰もがワンワードで総括できるはずもない生き方をしている中で、世論が紋切型に指弾する状況の居心地は良くないのだった。「池に落ちた犬はみんなが棒でつついて殺す」のが世論の流儀と承知してはいる。が、元来世論を疑う私は、この時代を経て一層あまのじゃくになった。世論や政治や上司がなんと言おうが、自分がする仕事の流儀は自分の頭で考えたい。

(2)　金融再生委員会と近畿財務局

　新体制になった金融行政のスローガンが、「事前予防型の裁量行政から、ルールに基づく事後チェック型行政への転換」だったのは、「そんな簡単に割り切れるはずないでしょ」と脱力はした。銀行が債務超過で潰れたらバランスシートの不足を公的資金で埋めて受け皿に引き継げるのも、潰れないよう予防的に公的資金を注入できるのも、その権限が多くの破綻を経た挙句にようやくセーフティネットとして銀行行政に与えられたからである。大蔵省時代の銀行検査官は、潰さない前提で事実認定するしかなかった。新体制の銀行検査官が自らをレントゲン技師と好んで称し、ルールに基づく事後チェックと称して検査に臨んだのは、実際にはこの銀行を生かすか殺すかと悩む医師の裁量をしているのだから、自己欺瞞と評するしかない。

　護送船団行政末期に、「次の異動も金融なら辞める」と公言して国税局で政策目的に疑問を抱かずに済む仕事をしていたら、98年秋に金融監督庁の上部組織として新設された金融再生委員会に行けと言われた。銀行への予防的な公的資金注入と、破綻した長銀や日債銀の公的管理を担う組織になる。どうしようと悩んでいるくせに、結論に達するとルールに基づく事後チェックのふりをする作法はやはり居心地が良くない。「次の異動期も再生委員会残留なら辞める」と公言して近畿財務局に行ったのは、現場の

銀行行政ならもっと人間らしい仕事ができるだろうと想像したからである。

　金融庁の監督局にほとんど在籍しなかったのに監督行政に特段の苦手意識がないのは、財務局で監督行政上意味がありそうな選択肢を試み尽くしたからのような気がする。関西の在日韓国人・朝鮮人金融機関の破綻処理後体制の選択肢なら、関西の金融に責任感を持つ大和銀行の勝田泰久副頭取や在日経済人を代表するMKタクシーの青木定雄社長と相談する日々だった。

　金融庁退官後に、「金融と経済と人間と」と「地域金融の選択肢」と題する連載を毎週書いていて、後者は財務局にいた経験に由来する。地元銀行の頭取と話していると、私のような経験浅い者の言葉でも心底必要とされているのを実感する。霞が関で大手銀行と話して慰藉に誘導される感覚とはかなり違う。第2の人生では地域金融の実相をもっと学んで書いて見識を高め、地域金融の持続可能性に貢献できる人間になりたいと願った（けど今もちっとも実現に近づけてない）。

　当時の財務局の銀行検査官には、「レントゲン技師として見てこい」ではなく、予め追加引当の上限を示してその範囲に資産査定を収めてこいと指図し、頭取には検査終了後の公的資金申請の準備を求める。金融監督庁の五味廣文検査部長には、「きれいにお掃除する信念に取り憑かれてマシンガンを持つサルみたいな監督庁検査官」の派遣を謝絶した。

　潰さなくて済む可能性がある金融機関を潰す必要はないが、中にはいったん潰して公的資金でバランスシートを修復する以外に再生の絵を描けないケースもある。ルールに基づく事後チェックでなく、事前予防の再編も含めて悩みながらの裁量を自覚すると、自己欺瞞を避けてよりましな選択肢に至れるような気もする。誰に恨まれても不思議じゃない環境だったから大阪の住居は警察に隣接して警官が巡回し、運が悪けりゃ死ぬかなと思ったが、運良く生き延びた。

(3) アウトサイダーの観察

　金融庁に戻って以降は主に金融制度の手直しに携わったから、以下の銀行行政の感想はアウトサイダーの観察に過ぎない。金融再生委員会が銀行に公的資金を注入して銀行自身はひと息ついても、行き詰まった企業の再生を支援するほどの余力はない。資金力がある民間ファンドはまだ存在しないので、ハゲタカ外資ファンドばかりに頼らぬためにも、政府系ファンドとして産業再生機構を作る運びとなって出向した。冒頭の三和銀行スーパーMOF担が全銀協の会長行室長だったから、銀行業界からカネを出させる調整は難航せずに済む。

　産業再生機構の運営に目途がついた頃、近畿財務局時代に日々相談した勝田泰久さんが頭取になっていたりそな銀行が、監査法人から繰延税金資産の計上を否認され実質国有化された。銀行の将来の利益見通しを監査法人が判断できるのではなく、甘い監査と批判されない保身のために、監査法人に銀行の生殺与奪の権を与える構造を奇妙に思う。

　今思い返すと不思議な気がするが、実質国有化なら国が行政官をりそなに派遣するのだと勝手に判断し、派遣されるのは私だと思い込む。りそなに赴いたら元大和と元協和から登用する右腕も勝手に決めていた。相対的に冴えない銀行にはたいてい、「経営を変えなきゃ」と信念を持つ若手がいる。「株主権を背景に、奴らの経営改革ビジョンを着実に実行すれば、１年で再生の目途はつくだろう」。

　だから国は行政官を派遣せず、経営陣を入れ替えて間接統治するだけと聞かされると、「中途半端だなあ、そんなんで必要な経営改革が進むのかね」とやはり脱力した。「金融再生委員会に行ってくれ」に続き、「産業再生機構に行ってくれ」だったから、「りそなの再生に行ってくれ」と言われるはずと思い込むのは、上司にとって、「手元に置きたい愛い奴」じゃないからである。後に、「震災再生支援機構に行ってくれ」と言われて

も、またかと思うだけの再生屋になっていた。

　銀行に不良債権を処理させるための厳しい銀行検査は、今世紀に入って
もしばらく続く。銀行員になった大学同窓生とは社会や経済のあるべき論
を長く青くさく交わしてきたが、今世紀に入ると、「自分の担当企業を検
査でお目こぼししてもらえないか」とダメ元で陳情されるようになった。
不動産担保があれば銀行は貸し、貸せば不動産の実需が高まり担保価値が
上がるからさらに貸し、のバブル期の自作自演が逆流する。

　担保価値が下がり続けると、銀行が引当を積んでもいたちごっこにな
る。検査で銀行にさらに引当を積ませ、要すれば銀行からの債権切離しを
強いれば、貸出先企業は破綻して一時的に経済はさらに痛む。が、銀行が
企業の資金需要に応えられないと持続的に経済の足を引っ張るから、自分
が見たいと欲する現実を見たがる銀行に強権検査が一時的に痛みを強いね
ばならない時代も必要だったとは思う。問題は、いつまで、どこまで強く
強いるかになる。

　当時の銀行行政の判断のうち、とりわけUFJ銀行をなくす必要性は私
の理解を超えていた。前身の三和銀行が検察に司法取引的に大蔵官僚の接
待情報を提供した意趣返し云々の説は、インサイダーじゃないから分から
ない。アウトサイダーが感じるのは単に、不都合な資料を検査官に見せな
いのを検査忌避として刑事告発するのと、『半沢直樹』が黒崎検査官から
疎開資料を隠し通す大団円に平成最多の視聴者が喝采したのはどう関係す
るのか、三菱に統合され三菱基準で査定し直すと多額の戻し益が出た元査
定とは一体なんなのか、である。

　検査を担当した目黒謙一さんの訃報に、「ご冥福をお祈りします」でな
く、「無学な検査官が銀行エリートをひれ伏させる快感に溺れていた」と
か、「なくす必要がない銀行をなくし、潰す必要がない企業を無数に潰し
た報いで地獄をさまよえ」みたいな投稿が噴出するのは関係者の今も癒え
ない憎しみを現す。でもそんな投稿には、「一検査官がメガバンクをなく

せるはずないでしょ」と反応したくはなる。「あれは時代の要請だったんだよ」という類いの粗雑な諦観も自己欺瞞に他ならない。

　監督行政上の重要判断がどんなプロセスを経て形成され、その判断を当時と今の両方からどう評価すべきかをごまかさず誠実に総括し、社会に開示しなければならないと強く思う。単一の評価に集約するのは難しいだろうから、本音の歴史証言を並べる総括で構わない。金融庁もせっかく立派な有識者を集めて政策評価しているのに、登場するのは問いを設定すれば自動的に答えが導ける企画分野の政策ばかりである。政策評価の対象に監督行政上の重要判断を加えて総括しなければ、銀行行政の基盤となる官民の本音の信頼関係はいつになっても築けない。

(4)　ソフト路線の模索

　いざなみ景気と呼ばれた輸出主導の穏やかな好況と相まって不良債権処理が峠を越すと、金融庁は銀行にリレーションシップ・バンキングを強調するようになった。銀行が借り手企業とリレーションを深めて事業を把握し、しっかり債権管理するなんて当たり前過ぎて言葉を失う。不良債権処理で苦慮した金融庁は銀行に担保に頼らずに貸してほしいから、事業の目利き力を高めてほしい期待は分かる。ただ、やっている銀行には余計なお世話だし、やってない銀行はふりをするだけだから、「ソフト路線を模索する」イメージ戦略でなければ、政策として標榜する意味が分からない。

　「ベターレギュレーションに向けたルール（法令）とプリンシプル（原則）のベストミックス」とかいう標榜もあった。かつての裁量からルールへのスローガンを単純過ぎると思ったのかもしれないし、強権検査を強いた反省の現れかもしれない。でも、なにがベストミックスかは金融庁が決める以上、銀行にとってはプリンシプルと名づけた緩いルールを追加されるだけでやっぱり意味が分からない。「正しく説教しなきゃ」という脅迫観念の産物みたいな気もする。

2008年秋のリーマンショックは1年後に政権を民主党に交代させ、政治主導で中小企業金融の円滑化法ができるのを、銀行業界はもとより警戒した。ただ、銀行が横並びで返済猶予や条件変更に応じれば、全国的に倒産は減ってショックは和らぐ。そうなると居心地も良くなって2度延長され、廃止後も金融庁は借り手対応の報告を銀行に求め続けた。

　コロナショックで円滑化法は事実上復活し、いつまで続くか見えない。銀行が借り手に優しいと、不況時に淘汰される企業まで生き残り、新陳代謝が進まない二律背反は金融庁も銀行も百も承知である。が、「コロナでいきなり失業率2割を懸念するアメリカみたいな国がよいのか！」と怒号に押され、身動きとれずに流される。

　たしかに昨年の今頃（2020年夏）は、「アメリカみたいな国じゃなくてよかった」とは感じた。ブロンクスやクイーンズの3密貧困アパートでクラスターが爆発し、人工呼吸器が足りずに途方に暮れる医師にニューヨーク市長は、「君が残す命を選べ」と覚悟を迫る。株価が最高値を更新しても、失業した底辺サービス業労働者の暮らしとなんの関係もない。でも、失業率は次第に下がり、雇用調整助成金で維持する休業者を含む日本の実質失業率と違わなくなった。ワクチン接種が進んで社会の正常化を展望しているのは、この間の混乱が正常化のエネルギーだった気もする。対するこの国は、経済成長するエネルギーを失い、目先の痛みを避けたくて変化への耐性も失って、脈をなくした生きものみたいに漂っている。

　コロナ対策で銀行が政策金融みたいな無利子ローンを自己負担なく増やしても感興をそそられないが、政策金融みたいな資本性ローンへの取組みはリスクを取る責任感の現れに違いない。条件変更に金融庁は、『半沢直樹』の黒崎検査官みたいな介入はしないと表明する。とはいえ、ある時払いの資本性ローンは当然ながら、借り手企業の稼ぎを増やさない。銀行に感謝して事業に励む借り手もいれば、安堵して励みが緩む借り手もいる。事業に励んでも稼ぎが増える保証はなく、借金返済の切迫感がむしろ稼ぐ

原動力だったりもする。

　バブル崩壊後の銀行は不良債権の重荷で自らが破綻する恐怖感から、『半沢直樹』にしばしば現れる「晴れた日に傘を貸し雨の日に取り上げる」通念が生まれた。資金を出せない銀行に代わり、まずハゲタカ外資ファンド、次いで政府系ファンドが現れ、やがて国内民間ファンドも成長したが、ファンドだから銀行より稼げる提案ができるわけもなく、銀行の機能不全時に事業再生の契機となり得るにとどまる。銀行自身も稼ごうと、貸金業者のスコアリングモデルに追随して失敗したり、失敗に懲りて貸金業者に借り手の管理を委ねるカードローンに注力したりしたが、借り手への貢献より搾取が勝ると評価されれば社会が許さない。

　一方で政府は、銀行に公的資金を注入する制度を再三延長し、銀行が破綻する可能性は事実上意識しなくなった。政策金融みたいに破綻しない意識と、銀行業務の政策金融化には因果関係がある。資本性ローンを量産すれば将来経営が行き詰まって公的資金を注入される可能性や、己の経営者としてのレピュテーションも考える。でも、結局は破綻しない意識は目前に困った借り手がいれば支援する方針を優先させる。

　だから、「今こそ銀行はコロナ対策で資本性ローンの傘を貸せ」との忠告も、「安易な支援による不良債権の量産が銀行自身の破綻を招く」との警告も、ともにあまり共感度は高くない。意味ある対策は手法の目新しさより、資金の出し手と借り手の現実の相互関係が決める。『半沢直樹』のように、傾きかけた相手が大阪の町工場であれ、老舗ホテルであれ、ナショナルフラッグキャリアーであれ、借り手の資質と経営環境に応じて稼げる提案をし、事業に励むようインスパイアする。それを個人芸でなく組織としてできる銀行にするという、平凡な方針にならざるを得ない。

(5)　現　在　地

　銀行行政が銀行に、「担保に頼らず事業への目利き力を高めよ」と説教

してきたのは、強権検査で銀行が自ら考える力を奪っておきながら言える
セリフじゃないだろうと思ったし、最も本質的な課題を上から目線で銀行
に丸投げしているだけだろうとも思った。今や銀行検査もさま変わりし
て、今なにが必要な仕事かの目利き力がなく、アイデンティティ・クライ
シスに陥ったままの検査官もいる。稼ぐスルガ銀行を賞賛した金融庁長官
はねずみ講が発覚すると後知恵で指弾されたが、この顛末は、「銀行とは
稼ぐから偉いわけじゃないが、稼がなくてよいことにもならない」と当た
り前の前提に戻したに過ぎない。

　前長官の氷見野良三さんは、物書きとしてBIS規制を論じても詩情が漂
ってしまうから、詩人の浮世の職業がたまたま金融行政らしいと感じてき
た。彫刻から易経とギリシャ神話にまで関心が及ぶのは、部下にとって
は、「次はどんな説教をしようか」しか関心がない上司を戴くより居心地
が良いから、NIKKEI Financialに寄稿する現役官僚も現れる。役所内の
風通しの良さは、役所と民間の風通しの良さを意味する。「説教をやめ
る」氷見野さんの方針は、説教とはやめると言いやすい語感の言葉とは思
うが、意味不明に説教されてきた銀行業界の慰めにはなったかもしれな
い。

　借り手企業の業績に左右されない有形の担保に、ビジネスモデルという
無形の担保を包括する担保権の議論を金融庁が銀行業界に提起しても、業
績の悪化は基本的にはビジネスモデルの機能不全を意味するから、担保価
値のほどは定かでない。でも担保に頼らずビジネスモデルを評価して貸す
にはどうするかの本質的な課題を今の金融庁は本音で銀行と対話したがっ
ている。役所としてまず生煮えでも制度を用意してみるから、銀行の役割
を一緒に考えていきましょう、と。

　それはかつて銀行が、「この借り手は一見厳しい状況にあるが、ビジネ
スモデルは結構しぶといから生き残れますよ」と力説しても、「このバラ
ンスシートじゃアウトだよ」と一刀両断して銀行から考える力を奪った反

省に基づいている。銀行は提案された制度の出来の悪さに不満を抱くより、上から目線で課題を丸投げされるよりはマシと受け止めて、護送船団行政時代のような本音の対話を取り戻してほしいと願う。

　成長しなくなったマクロ経済の課題に、銀行行政が貢献できそうとは誰も思っていない。でも、政府のコロナ対策が雇用調整助成金にせよ各種給付金にせよマクロで一律に適用せざるを得ないのに対し、銀行のミクロの企業対策は生産性が高い企業を育て、低い企業には退場と転身を促せる。そんな役割を銀行行政として後押しし、生産性が高いミクロ企業の集積がマクロ経済を支える風景は、試みるに値する課題には違いない（注）。

> （注）　本稿もこの本の金融財政事情の連載と重なっていて、連載のコピペみたいに現れる数箇所が、自分のこだわりだったらしいと読み返して思う。

4　昭和の銀行員──実力、努力、運

　今回は若い読者を特に念頭に置く。若い読者とは、「みずほ銀行？ATMがカード吸い込んでちゃどうしようもないだろ。やっぱ弱者同士が経営統合して互いに気を使い合うようじゃまともな銀行運営はできないよ」などと常識としてうそぶく人たちである。そんな常識を覆しはしないが、ちょっと別の視点を、かつてみずほの前々身から在籍した小椋佳さんの二足の草鞋人生を振り返って提供しようと試みる。

(1)　銀行員シンガーソングライター

　先日、小椋佳さんのラストレコーディング風景をテレビで眺め、ふと浮かんだ言葉が、「昭和の銀行員」になる。今なら一発ヒットを当てれば、さっさと銀行に見切りをつけて音楽活動に専念しても不思議でない。でも小椋さんは何発ヒットを当てても、これ以上銀行にとどまれば役員にさせられる歳まで銀行員を続けた。

小椋さんの中では、アーティストなのと同じかそれ以上に銀行員なのは価値を持つ時代だったのである。それは、「せっかく東大を出たなら、シンガーソングライターなんて不安定な人気商売より、銀行員として地に足がついたエリート街道を歩んでほしい」という周囲の平凡な願いを体現したにとどまらない。小椋さんがアメリカの大学院に留学するのも、メリルリンチに派遣されて世界先端の証券ビジネスを学ぶのも、帰国して第一勧銀の証券業務の責任者として新たなサービスを日本企業に提供するのも、今と違って銀行にいたからこそできた活動だからである。

　小椋さんより15歳下の中学生の私が井上陽水さんみたいな歌を作ろうと真似事をしていた頃、小椋さんはすでにシンガーソングライターとして自立し、まだ第一銀行と合併する前の日本勧業銀行（勧銀）の若手行員だった。LPアルバムを出したのが銀行にばれると、上司は二者択一を迫る。小椋さんは、「歌を書くのは日記を書くようなものだから、やめろと言うなら銀行をやめる。メディアには出ないから続けさせてほしい」と主張してなんとか黙認を取りつけた。やがて、小椋さんの歌が多くの人たちの琴線に触れるにつれ銀行は、「こんな歌を行員が自由に作れる行風の銀行」とアピールするようになる。

　日記を書くような小椋さんの歌は、自らを含む平凡な人間の弱さを直視して聴き手に慰めと希望を与えながら、微妙に文部省推薦の枠内に収まっている。少女から大人へのうつろいを描く「白い一日」の一節は、「この腕をさしのべて　その肩を抱きしめて　ありふれた幸せに　落ちこめればいいのだけれど」。「落ちこめれば」は２人が自然な展開としてありふれた幸せに至るのを感じさせるが、聴き間違えた井上陽水さんは、「持ち込めれば」と歌ってこちらが人口に膾炙した。「主導して幸せに持ち込んじゃったら淫行条例違反だろ！」。ここに、井上さんの純粋アーティスト感覚と、世俗にまみれて社会の枠内に収まる小椋さんの作詞制御感覚の差が微妙に現れている気がする。

⑵　実力も運のうち

　日経新聞を読むのが習慣だった行政官の頃は、「私の履歴書」も眺め、「運が良かっただけなのに己の実力と勘違いしている人たちが多いな。逆に努力を強調する人たちも多いけど、先天的な才能や資質に恵まれただけじゃないの？」としばしば感じさせられた。後天的に努力しても報われない多くの平凡で弱い人たちの生きづらさが視野から抜けており、そんな人たちが人間らしく暮らしていけるのが社会の一番大切な課題なのに、と思う。

　新聞を読まなくなると、「証券業協会長が若い頃の顧客無視の無茶な営業を武勇伝回顧した噴飯ものの「私の履歴書」をどう思いますか？」などと問われても意味が分からず、「まあ、あの方が証券業協会長なのが噴飯ものでしょうから」などと調子を合わせるしかなかった。今でも検索すれば読める小椋さんの「私の履歴書」は、日経読者の関心を反映して銀行員としての人生に重きを置いており、どうやって歌を生んだかに苦労する記述がほとんどない。

　「やっぱり聴き手の琴線に触れる素晴らしい歌は、先天的な才能や資質に恵まれて生まれるのだろうな」と努力しても駄作しか生めなかった私は素直に思う。一方で小椋さんはさほど強調しないが、銀行員との二足の草鞋を両立させるのにいかに後天的な努力を必要としたかは、昭和の役所にいて昭和の銀行を知っているだけに想像に難くない。

　なにしろ起きている時間のほとんどを職場で過ごすから、日記を書くような作曲でも時間の余裕には乏しかっただろう。でも逆に言えば、ほとんどの時間が職場で世俗にまみれていても、作曲が自らを含む平凡な人間の弱さを直視して聴き手に慰めと希望を与える活動だからこそ、精神が銀行員活動と作曲の均衡を求めて続けられたのかもしれない。

　最近の流行りで、「親ガチャ外しちゃったよ」と子供がぼやけば、「努力

しない言い訳をするな」と親は自己責任論で叱る。が、親とて社会で成功できないのは、会社ガチャや配属ガチャや上司ガチャを外したせいだと言い訳する。小椋さんと同じく、人生の不条理に呻吟する人間に慰めと希望を与えるのが哲学の使命と心得るサンデル教授は、「実力も運のうち」と説き、議論をもうちょっと高みに導きたい。

　実力が、先天的な才能や資質であれ、後天的な努力の産物であれ、社会で成功したのは、社会がたまたまその活動を評価して受け入れてくれたからであり、それもまた運に他ならないと教授は強調する。運に恵まれない人たちには、言葉を換えて不運な人生を慰めているに過ぎないように聞こえる気もする。でも、日本の金融史の動乱期にたまたま行政官として右往左往していたから、その遺産で第2の人生を過ごしているような私は批判する気になれない。この運に恵まれなかったら今頃、第2の人生に意味を見出せなくて呻吟していたかもしれないと思う。そして運に恵まれた以上、恵まれない人たちを「努力が足りん」などと評してはならないのも自覚する。

(3)　昭和の金融地図

　話を本題に戻すと、勧銀は、戦前の主要産業だった繊維や食品加工など軽工業への長期資金供給を金融債調達により担う特殊銀行だった。鉄鋼や化学など重工業への長期資金供給は同じく特殊銀行の日本興業銀行（興銀）が担う役割分担になる。第一銀行のほうは、渋沢栄一が日本初の普通銀行として作ったのを大河ドラマが紹介済みである。戦後、銀行の長短分離制度の方針が定まると、勧銀は短の普通銀行への転換を指向し、役割が時代に整合した興銀は長のまま行くことにした。

　大阪万博後に第一勧銀が生まれたのは、当時の護送船団行政としてはかなり画期的な出来事になる。なにしろ旧特殊銀行と日本初の普通銀行の結婚だからともに出自が良く、規模でも首位になると、首位を奪われた富士

銀行は面白くない。東京の大地銀と言われた富士銀行は出自をさほど誇れないが、大阪の大地銀だった住友銀行とならつり合う縁談であり、なにより規模での首位を奪還できる。でも、この縁談は金融秩序への影響が大き過ぎると大蔵省が納得しないのが、護送船団行政ならではだった。

なにが言いたいかというと、第一勧銀と富士銀行は首位を競い合った銀行であり、興銀は銀行法を改正するのは自分の仕事と心得ていた銀行だった。今の金融庁と違い、昨日まで予算編成をしていた行政官が今日から銀行法の担当者になれば、導き手がいないと仕事にならない。だから、第一勧銀と富士銀行と興銀が統合してみずほになった時、今ほど他のメガバンクとの評価の格差はなかった。

たしかに第一勧銀は総会屋事件で傷つき、富士銀行は山一證券を支援する余力を失い、興銀は時代に合わなくなってはいた。それでもなお、3つのメガバンクの行員の資質に差があるとは考えられてなかったし、私は今も差があるとは考えてない。もっとも、だからシステム障害にも解決の道があるとか、金融庁が管理を強めればより良い道に至るとも言えないのではあるが。

ともあれ、順風満帆の若手銀行員人生を歩んでいた小椋さんは、アメリカの留学先で第一勧銀の誕生を知り、続いて先端証券業務を学ぶため、メリルリンチに派遣された。「メリルリンチってリーマンショックで潰れかけて銀行に吸収されたやつ？」とやはり若い読者は思うかもしれないが、当時の日本の金融業界にとって範と仰ぐアメリカの証券会社（投資銀行）は、断じてゴールドマンサックスでなく、メリルリンチだったのである。アメリカでの学びを活かして日本の証券業務の責任者になった小椋さんは、次第に銀行と証券が分離する金融制度に疑問を覚えて業態融合を指向する論文を書く。が、現実が追いつかないうちにバブルは崩壊し、人生を選ぶ時が来た。

⑷　第2の人生

　同期入行の仲間が出向する50歳に近づき、小椋さんはようやく退職を決意する。銀行に残れば証券業務担当の役員とか、系列の勧角証券や設立したての第一勧業証券の社長コースが待っていたかもしれないが、これ以上責任が重くなると、音楽活動と両立困難との判断に至ったらしい。それから心置きなく音楽活動に専念したかと思いきや、なんと東大に再入学して哲学を学び始めた。哲学が人間の生き方を追求し、より幸せな生き方を社会に示す学問なら、それはすでに小椋さんが音楽によって実践してきた活動に他ならない。銀行員という制約の中で音楽活動する生き方を30年も続けると、音楽活動を続けるにも、大学で学ぶ別の制約がないと落ち着かなかったのかもしれない。

　哲学に本気だった小椋さんが、「私の履歴書」で、修士論文が大学に評価されずに博士課程に進めなかったのを挫折経験として回顧しているのは、不思議でない気はする。私みたいな金融や経済の物書きでさえ、大学教授たちの論文と並べれば浮いてしまうほどだから、歌書きの小椋さんが大学の作法から距離があったのは想像に難くない。でも、この社会が生きづらい多くの弱い人たちに慰めと希望を与えた長年の小椋さんの音楽活動は、大学が評価しようがしまいが、本質的に余人を持って代え難い哲学なのである（注）。

　人間の経済活動がGDPを生み、GDPが増えるのが豊かな社会でも、社会が豊かになる意味は必ずしも自明でない。親ガチャという先天的な運に恵まれ、自らの活動がたまたま社会に評価され受け入れられるサンデル教授の後天的な運にも恵まれたのに、人生の意味を見出せていないNIKKEI Financialの若い読者は小椋さんの「私の履歴書」に接し、実力や努力や運の関係に思いめぐらせてみるのも一案かもしれない。

　親ガチャを外したり、心身に障害を抱えたり、マイノリティに生まれつ

いたり、体が動かないほど歳を重ねたりとさまざまな事情で努力しても報われない生きづらさを抱える人たちが無数に存在する。社会が豊かになる意味は、そういう人たちも人間らしく暮らしていけるようになるからであり、自らの活動もそんな社会に近づける貢献の一翼を担っている、と考える視点を得られれば、人生に意味を見出して生きていく味わいもちょっとは増すに違いない。

(注)　本稿は小椋さんのラストレコーディングを紹介したNHK番組と日経新聞の「私の履歴書」に依拠しているが、執筆後に小椋さんと若年性脳梗塞になった次男との関係やラストコンサートを紹介したNHK番組を見ての感想を追記しておく。次男によれば、「私が14歳で脳梗塞に倒れるまで父は我が家の他人でした」。寝る時はまだ帰宅してないし、起きた時はすでに出勤している。かつて昭和の大蔵官僚の出勤時に子供が、「パパ、また来てね」と送り出した逸話は、昭和の銀行員もやはり違わなかった。このエピソードは、本稿の私の想像を裏づけている。

次男の健康は小椋さんの歌を聴いて奇跡的に回復したが、頭脳は学校での勉強向きでなくなったから退学するしかない。常識的エリート街道を歩んできた小椋さんは次男がこの先の人生で食べていけるかが不安だが、ふとしたきっかけで琵琶職人になり、今に至っている。そしてある日次男は、「私がほれぼれするようないい女を」結婚するんだと連れてくる。銀行を辞めた小椋さんが人間の幸せを追求しようと哲学を志したのは、次男の人生にも触発されていた。このエピソードは、本稿の私の想像を補完している。

すでにラストレコーディング風景に薄々感じていたが、ラストコンサートで小椋さんが己の人生を幸せだったと回顧し周りへの感謝を託した歌は、詞も曲ももはや文科省さえ推薦できそうにないほど、往時の霊感を失っている。ハイドンはこれまでの水準で作曲できなくなったと悟ると筆を措き、余生はピアノを弾いて穏やかに過ごした。これまでひたむきに努力して生き、「これからはピアノを始めてみようかと思っています」と語る小椋さんの穏やかで幸せな余生を願う。

5　敵対的買収防衛策での強圧性論の濫用

強圧性とは、会社が敵対的買収者に支配されれば企業価値と株価が下が

ると判断する株主は買収に反対だが、買収に応じて売らずに少数株主にとどまれば損するので不本意に売らざるを得ない圧力を意味する。この売り圧力が証券市場の機能をどの程度損なうかは意見が分かれるが、強圧性という言葉は意味に比べるとたしかにおどろおどろしい。

「48％しか買わないSBIの公開買付（TOB）は買ってもらえない株主に不公平で強圧性がある」とした新生銀行の主張は、新生経営陣を「ぼんくら」「泥棒」と呼ぶ北尾さんのキャラを評する文学的表現ならともかく、言葉遣いとして意味不明だったが、売ることによってしか買収への賛成を表明できない今のTOB制度の構造に起因する錯誤には違いない。

(1) ニッポン放送とライブドア

ライブドアが東証の立会外取引でニッポン放送株の３割をいきなり取得してフジテレビによるTOBに割り込んだ2005年まで、敵対的買収の標的にされた会社の取締役会が親しい第三者に株を割り当てる防衛策を、会社に資金使途があれば裁判所は概ね認めてきた。資金使途は建前に過ぎない。長年、この国に現れた敵対的買収者は、買い占めた株を会社に高値で買えと迫り、己のために会社の財産を流出させようともくろむろくでもない奴が多かった。過去の行動を検証すれば、ろくでもない奴なのは容易に分かる。でも裁判で、「あんたは少数株主の利益を損なうろくでもない奴（濫用的買収者）だ」と本音で認定するより、会社に資金使途があるとして第三者割当増資を認めるほうがスマートで楽である。

ニッポン放送争奪戦当時、金融庁担当課長の私はライブドアの立会外取引につき、「TOB手続の脱法だからまともじゃないが、違法じゃない」とコメントしていた。課徴金制度もまだない時代、金融庁が違法と言えば、監視委員会が刑事告発する意味になる。市場外での株の取得に適用するTOB手続を、立会外取引とはいえ東証という市場内に適用するのは無理がある。

焦ったニッポン放送の取締役会は資金使途の建前を捨て、「脱法手続で株を取得するほどろくでもないライブドアに支配されたら我が社の企業価値と株価が下がるから」フジテレビに新株予約権を割り当てる力技で支配株主にしてしまう本音の防衛策を講じた。「グレーに殴られたからってブラックには殴り返せない」とコメントしていた私は、裁判所がこの防衛策を認めちゃさすがにまずいだろと思ったが、短期間にかなり勉強したようである。裁判所は、ライブドアとフジテレビのどちらがニッポン放送の企業価値と株価に貢献するかの判断は控え、ニッポン放送ほどライブドアをろくでもない奴と信じてもいないから、「株主に選ばれた取締役会が勝手に株主構成を変えちゃダメですよ」と防衛策を差し止めた。

　ニッポン放送の取締役会と同じく、ライブドアが支配したらニッポン放送の企業価値と株価が下がると判断する株主も、ライブドアの買収が成功しそうなら損しないためには不本意に売らざるを得ないから、このケースは明らかに強圧性がある。が、防衛策のほうが言語道断過ぎるので、強圧性が防衛策正当化の根拠にはならなかった。

　やがてニッポン放送のホワイトナイト格としてSBIの北尾さんが、「大人の対応」を掲げて登場しライブドアを、「他人の家に土足で上がり込んで「仲良くしよう」というやり方じゃ成功しない」と評して、争奪戦は収束に至る。「そりゃそうかも」とは思うがどちらを応援するでもない私は、「公開している以上は他人の家ではない」とだけコメントした。

　ライブドアの脱法立会外取引に対し金融庁は、真似できないよう穴をふさぐ応急手当の法改正だけをした。「これを機に市場内取引もTOBの対象にすべき」と主張する法学者は黙殺するしかなかったが、株主がTOBに応じて売るのは必ずしもTOBへの賛成を意味していない制度の構造はそろそろ見直さざるを得ない時が来ているようである。穴をふさいで16年経っても『半沢直樹』の続編でライブドアと同じ脱法取引ができてしまうのは、「まあ、普通の国民からは依然遠い世界の物語だなあ」と脱力するし

かなく、世論の見直し要請はさほど切迫していないのではあるが。

(2) 東京機械とアジア開発

親しい第三者（フジテレビ）だけに新株予約権を行使させるニッポン放送の防衛策は裁判所が認めなかったが、敵対的買収者を除いて新株予約権を行使させて敵対的買収者の議決権を薄める防衛策も程度の差に違いない。この手の防衛策の後ろめたさは2007年、ブルドックソースがスティールパートナーズの敵対的買収に対し、株主総会で防衛策に賛成する決議を条件にして、今に至る慣習ができた。地裁は、株主の総意として賛成したことだけを防衛策を認める根拠としたが、高裁は加えて、スティールがろくでもない奴（濫用的買収者）であることも根拠とした。あえてスマートで楽でない認定に踏み込んだが、「敵対的買収の機能を理解しないろくでもない裁判官が余計なことを言う」と批判は避け難い。

防衛策の株主総会での賛成決議条件は定着したかに見えたが、SBI対新生銀行戦に並行して、奇怪な事態が起きた。輪転機を作って新聞社に売っている東京機械の株を、アジア開発が市場内で4割も買ってしまったのである。アジア開発の前身がろくでもない不正の箱だったのは、私のように摘発経験がなくても検索すれば誰でも分かる。でも、資本と人間を入れ替えた今のアジア開発がまともな会社に再生したのか、依然ろくでもなさを引きずったままなのかは、実のところ、誰も確たる判断ができない。

東京機械の社長がアジア開発に出向いた際、「拉致されるのを心配しました」と述懐するのは素朴な本音には違いない。長らく社会の公器を提供する一翼を担い、新聞協会からも適切に対応するよう求められている。とは言えすでに4割買われちゃっている以上、ブルドック式の防衛策を株主総会にかけても賛成決議が得られるか覚束ない。そこで東京機械が講じたのが、アジア開発を除いて総会決議する言語道断の暴挙だった。敵対的買収者だけの議決権を薄める後ろめたい防衛策が許されるのは株主総会が総

意として賛成したからなのに、敵対的買収者を除けば賛成に決まっている。

ところが、「アジア開発の買収には強圧性があるから」として、メディアは総会決議方法を批判せず、裁判所も最高裁まで一貫して認めた。たしかに市場内で闇雲に買われたら、株主は買収への賛否を判断できないまま不本意に売る圧力にはさらされるが、それだけで言語道断の決議方法を正当化できるはずがない。敵対的買収者をろくでもない奴と認定はできず、さりとて得体の知れない奴を支配株主にしてしまう気味悪さから、強圧性論が極限まで濫用された。

最高裁の判断の後、アジア開発が持ち株の4割を東京機械の防衛策が意図した3割まで下げると表明すると、「別に特別なことをしたつもりはない」と非常識を露呈してうそぶいていた東京機械が防衛策の発動を留保したのは、落ち着いて正気に戻ったと言うべきだろう。今後の協議でアジア開発は、将来がなさそうな輪転機製造業の今後につき建設的な提案をして、まともな会社に再生したのを示さねばなるまい（注）。東京機械の防衛策は相手の正体不明という奇怪な構図により社会が認め、新生銀行の防衛策は公的資金を回収したい政府の意思という特殊な構図により闘う前に撤退する対照的な展開になったが、両社の将来まで対照的に展開するかは定かでない。

(3)　新生銀行とSBI

行政官の頃は、今の大手の銀行や証券会社と同じくSBIには、「図体ででかくなっても北尾個人商店だし、コンプライアンスもちょっと弱いな」と偏見を抱いていたと思う。民間人として企業に関与し上場準備などでSBIに接すると、「ユーザーオリエンテッドで無駄な上から目線がなく合理的」だから急成長したのも見えてきて、それは個人商店における北尾さんのリーダーシップと裏腹らしいとも気づく。

SBIのTOBに対する新生銀行の反応には唖然とした。「１割取得した時点で、「これ以上は買わない」と言ったじゃないか」みたいな愚痴が並んでいる。公開している以上、一定割合までは誰がいつどれだけ買うのも自由だから制度上は開示だけさせている。それに、「買わない」と言ったのが北尾さんじゃないなら、「いつ方針が変わるか分からん」と覚悟し備えておくのが、常識を備えた「大人の対応」じゃないのかねとも思う。

「48%を超えてもっと高く買ってくれるなら賛成する」とSBIが呑みようがない条件をつけて新生銀行は反対した。SBIが新生銀行を支配すれば企業価値と株価が下がると思うから反対の株主が、TOBが成立しそうなら少数株主として取り残されないよう不本意に売らざるを得ない圧力が強圧性だから48%とは関係ない。「48%だと売れない株主が残るから不公平で強圧性がある」とするのは錯誤の重箱重ねであり、ここでもまた言葉だけはおどろおどろしい強圧性論が濫用されていた。闘いから撤退後も新生銀行が、「議決権でなく人数ベースなら防衛策賛成のほうが多かった」と愚痴を続けるのを見ると、依然どちらを応援する立場でもないが、どうやら自律経営を続ける器量がなさそうだとは感じざるを得ない。

狼狽しまくった東京機械の経営陣に比べ、新生銀行の経営陣は冷静に見えたが、どちらも経営陣の保身願望はさほど熾烈には感じなかった。自らがしてきた仕事へのプライドと、敵対的買収者への生理的嫌悪感と、これまでの流儀で仕事を続けられなくなることへの危惧と、自らの地位の保身は渾然一体になっている。だからこそ、敵対的買収の標的にされた意味にも、強圧性論を使って防衛する正当性の存否にも鈍感になるのである。

(4) 制度見直しの方向感

ニッポン放送争奪戦の頃に比べ世論は平静だが、強圧性論が濫用された最近の敵対的買収事案の構図を眺めれば、そろそろ金融庁は長年の制度課題を決着させる時に来た気がする。「株主資本主義からの脱却」を称する

政権になったのは、総理の出身母体が新生銀行の前身なのと同じく、すべき仕事とは関係ない。これまでの経験を踏まえると新制度の基本は、①会社を支配するなら市場の内外を問わずTOBによらねばならず、株主間の公平と予測可能性を担保する、②TOBに応じる株主は同時に賛否も表明し、TOBの成否は賛否が決める、の2つになる。

買収者が市場内で買い進めると次第に価格が上がって買いづらくなるから、そんな不合理なことをしないだろうと想定して、日本のTOB制度は市場外の取得を対象にしている。ライブドアの立会外取引のように形式は市場内だが実質は市場外の相対取引が現れると、既述のように、単に脱法を真似できないよう穴をふさぐだけでなく、会社の支配権を得るなら市場の内外を問わずTOBを義務づけるべきとの主張はあった。

今般市場内で闇雲に買うアジア開発が想定外に現れたので、当時の懸念が一層顕在化している。市場の内外を問わずTOBを義務づければ、ライブドアもアジア開発も取得の目標と期間を明示せざるを得ないので、株主が疑心暗鬼に陥って、買収に反対なのに取り残されて損しないために売らざるを得ない強圧性は軽減される。

ただし、TOBに応じて株を売ることによってしか賛成できないと、依然、TOBに反対なのに損しないために売らざるを得ない強圧性は残る。そこで、TOBに応じて売るか否かとTOBに賛成か反対かを切り離せば、TOBに応じて売るがTOBには反対という意見を反映できる。株主はアジア開発またはSBIに売るほうが得なら売るが、それにより東京機械または新生銀行の企業価値と株価が下がると判断するならTOBには反対するから成立しない。

雑に言い換えれば、アジア開発またはSBIがろくでもない奴か否かは、狙われた会社の取締役会や裁判所ではなく、株主が判断する。「強圧性があるから防衛策を講じなければならない」とする言い訳を未然に封じる仕組みとも言えるし、防衛策の賛成決議を株主総会で得る慣行を徹底させて

防衛策の必要性を封じる仕組みとも言える。

　TOB制度の森に入って一本ずつ木を見過ぎると抜け出せなくなるが、今の金融庁の担当ラインは冷静で前向きな人たちが揃っているようである。検討の場を設けるなら、弁護士は防衛策を設計するのが商売だし、法学者も安月給を防衛策に賛成する意見書で補っているから、むしろアクティビストの主張に虚心に耳を傾けるとバランスが良さそうである。この法改正が実現したところで、別に日本の資本主義に画期的な前進をもたらしたりはしない。でも、敵対的買収に狼狽して強圧性論を持ち出し、新たな成長可能性の芽を未然に摘んでしまうような事態はかなり防げる。それだけでも制度を預かる役所としては、取り組む価値がある課題に違いない。

（注）　うっかり見逃すほど小さな記事で、「アジア開発は東京機械の持株を手放し、大手の新聞社が取得する」決着が報じられた。「まあ常識的と言えば常識的だけど、つまらん常識だな。これじゃ東京機械の将来に希望はさっぱり見えん」と、長年この手のドラマを見させられた経験からは感じる。

6　『ドキュメント72時間』からの想像

　1カ所にTVカメラを置き、次々に訪れる人たちと会話する3日間を流すだけの静かなNHK番組が『ドキュメント72時間』になる。「老後破産」とか「子供の貧困」とか「境界知能」とか、社会の課題を掘り下げる番組にも学びがあるが、この静かな番組の短い会話から視聴者は、訪れる人たちの人生に自ずと想像力を働かせざるを得ない。「それって金融やM&Aに関係あるの？」と問われると、さほど関係ないかもしれないが、最近の金融界からは、もうちょっと想像力を働かせれば違う展開があり得た風景を見せられている気もする。だからしばしの間、読者は私の想像におつき合いいただきたい。

(1) 撮影現場

『ドキュメント72時間』の典型的な撮影現場は、「牛肉100ｇ200円の訳ありスーパー」や、「結構ボリューミーなのに一律290円の格安弁当店」や、「どのボトルも試飲一杯100円の酒屋」だったりする。生活保護受給者やホームレスを含む貧しい老人男性が訪れ、「肉を食って酒が飲めりゃ生きてる意味もあるってもんよ」とか、「パチンコ当てて今夜はお祝いだぜ」とか、「年金や労災なんてこれまで誰も教えてくれなかったよ」とか、「今年の冬はオレの故郷みたいに冷え込みきついね」とか、「家族？　昔はいたけどな」とか語る。

　私の想像は、東北や北陸からの集団就職や冬の間の出稼ぎで環境の悪い工事現場を転々とし、病気や怪我をしても満足な治療を受けられず、気持ちを紛らわそうとパチンコや競馬や風俗にハマり、故郷への仕送りもままならなくなって疎遠になる展開へと至る。歳をとれば身体が動かなくなって生活の糧を失い、家賃が払えなくなっても生活保護が嫌ならホームレスになるしかない。

　視聴感が似た老人女性版の撮影現場が駅前の駐輪場であり、朝４時のオープンに自転車を置きに訪れるのが清掃婦たちになる。「この歳であたしらができる仕事はお掃除しかないからね」「結婚？　器量も頭も悪くてご縁がなかったよ」「社員の出勤前に仕事を終えりゃ安くてウマいコメダ珈琲の朝ごはんが楽しみでね」。さらに歳をとって身体が動かなくなれば、家賃が払えなくなってホームレスに加わり、公園の炊き出しに現れるかもしれないのを想像する。

　やはり視聴感が似た外国人版の撮影現場が海外送金所であり、客と同国人の店員が送金だけでなく人生相談も担う。日本人が敬遠する人手不足の職場で働くのは楽じゃないが、今のとこ故国では得られないレベルの稼ぎだから、送金先の家族を支えている。「なんで日本じゃ貧しい人たちが近

所同士で助け合って生活しないんでしょうね」と素直な疑問に故国の風景を想像する。

　この番組は会話を流すだけで、政策提言を意図しない。「老後破産」みたいに課題を掘り下げる番組なら、「貧しい老人をもっと政策支援すべき」と提言を伴う。共感する視聴者もいれば、「努力して老後に備えておかなかったのは自己責任だ」「生活保護で酒を飲みパチンコするとは何事だ」と反発する視聴者もいる。「絵を描くのが唯一の取り柄なのに貧しくて専門学校に行けない」と子供が政策支援を訴える番組も同情を呼ぶが、自宅に大きなテレビがあり、イタリア料理屋に通うのがSNSで判明すれば炎上する。でも、パナソニックの大きなテレビもサイゼリアも安いが、専門学校の学費は高いから困る。

　近年社会に認知されてきたのが、知的障害ではないから政策支援の対象でないが、知的障害に近いほど知能指数が低いので論理的に考えたり計算したりが難しい境界知能の領域に1700万人がいる現実になる。コンビニで、2本300円と4本500円の電池のどっちが得か分かるまで10分かかる。境界知能の存在ゆえ、サクラのレポーターが大仰に感嘆してみせるテレビショッピングが存在する。

　『ドキュメント72時間』の普通の視聴者は、おそらくは境界知能領域にいる登場人物に、「なぜ目先の衝動に従っちゃうのだろう」と思うが、目先の衝動に従った後にどうなるかを論理的に考えられないから従う、消費者金融の借り手に典型的な症状と同じである。生まれつきの資質を、努力して変えるのは絶望的に難しい。

(2)　優しい人？

　役所を卒業して民間人になると、新たな企業と出会う。経歴に着目され社外取締役を要請され、共感できる経営をしていれば関与するケースも増えた。関与先企業の社員から、「大森取締役って優しい人ですね」と初め

て言われた時はかなり驚いたが、同じ経験を重ねて今では驚かない。社員が早く課長や部長になろうと努力している職場に、いきなり天から見ず知らずの社外取締役が降臨してきた。「社長は信頼してるみたいだけど、どれほどの人なんだろ。物書きらしいから読んでみるか」。そして、「社会が豊かになる意味は、努力しても報われない人たちも人間らしく生きていけるからだ」なんて私の文章を見つけて会話になる。

「私は優しい人じゃないよ。被災地の映像を見たら居ても立ってもいられなくてボランティアに駆けつけるとか、近所に子供食堂ができたら「なにかお手伝いしましょう」と申し出るのが優しい人であって、私はしない」。「でも、「貧しいのは努力しないからだ」とか、「納めた税金を酒とパチンコに使う怠け者に渡すな」とか言う人に比べたら、やっぱり優しい人だと思います」。「それは、努力しても報われない人生を想像するかしないかの違いだけだと思うね」。

行政官時代から性格が変わった覚えはなく、同僚の金融検査官を「マシンガンを持ったサル」なんて評すれば優しい人に見えない。私としては、不条理な検査を受ける金融機関の気持ちを想像して問題提起したつもりだったのだが。あるいは、「夫の給料が減ったら妻は借金で補うんじゃなく、肉野菜炒めのキャベツを増やすべきです」なんて発言して、「貧乏人はキャベツを食えと金融庁暴言官僚」と報じられても優しい人に見えない。私としては、貧しいのに借金したらもっと貧しくなって人生が壊れるのを想像してアドバイスしたつもりだったのだが。

役所を卒業すると権限行使に伴う強面の印象が消え、権限行使される側の人生への想像が、より素直に現れるようになったのかもしれない。「貧しいのは努力しないからだ」という主張に違和感を禁じ得ないのは、平均より貧しくない私は、人生でことさら努力した記憶がないのである。そして例えば、『ドキュメント72時間』を見れば、努力しても報われない人生が無数に存在することくらい、誰にでも想像できそうだからである。親を

継いだ政治家が運良く総理になり、今のように格差是正を唱えるならまだしも、かつてのように自助努力なんて口走る光景は見ていて寒い。

(3)　日米の社外取締役の由来

アメリカ企業の取締役会だって1980年代までは偉くなった社員の集まりだったから、一番偉くなった社長が過去の成功経験に固執して競争力を失っても、社内からの経営改革は難しかった。そこに他社で成功した経営者や各界の識者が社外取締役として参加すれば、忖度せず社長に引導を渡し、違う経験から第三者の視点を持ち寄って客観的に必要な改革を促せる。

「株主の期待に応えて稼ぐよう社外取締役が促す」なんて言うと、「会社は株主でなくステークホルダー共同体（社員、顧客、取引先、銀行、株主など）のもの」と反論が起きるが、この議論を建設的と感じた記憶はない。株主以外のステークホルダーはみな債権者であり、会社が稼ごうが稼ぐまいが社員は給料を請求でき、仕入れ先は仕入れ代金を請求できる。株主だけが会社が稼がないと報われないから、取締役の選任権や重要事項の決定権を与えて稼ぐように促している。株主が報われるのは、先に債権者として株主以外のステークホルダーが報われるのが前提になる。

アメリカ企業より遅れて競争力を失った日本企業が遅れて社外取締役を輸入しても往々に、「社内事情に疎い御しやすいお客様」になりかねない。そんな社外取締役が指名委員会を構成して経営者の選択を担うのはさらに難しい役回りになる。どんなに立派な元肩書の経験があろうが、社員の気持ちも分からないまま他社に降臨して的確な経営判断ができるほど社会は簡単にできてない。輸入制度を過不足なく機能させるには、経営者と社外取締役が経験を補い合い、さらに経験を想像力で補って議論し論争する必要がある。無論経営者が最も想像力を必要とするが、それだけでは足りないから社外取締役の経験と想像力が補う。

行政官を卒業し民間人になってかなりの社外取締役を務めるようになると、社員がモチベーションを発揮し株主の期待に応えて稼ぐにはどうすればよいかは自分の頭で想像して考えねばならず、時に経営者と激しく論争する。自分が経営者より優れているとはちっとも思わないが、違う経験からの視点を提供して論争すれば、リスクが顕在化する備えになりそうには感じる。争いを好まないので論争中はこうして物書きをするのもままならないほど気が重いが、かつて仕事としてコーポレート・ガバナンスに携わった者の第2の人生として、仕方ないかと諦めている。

(4)　想像力により違う展開があり得た風景——2つのFG

　最近、ガバナンスに「おや？」と感じたのが山口とみずほの2つのフィナンシャルグループ（FG）になる。地銀改革の旗手とされた山口FGの会長が、独断専行を理由に社外取締役が過半を占める取締役会から電撃解任された。会長批判文書が届いて取締役会が調査委員会を作ろうとすると会長が、「たかが怪文書にそんな大仰な対応をするなら自分を不信任してくれ」と反発したのが契機だったらしい。無論これは、「地銀改革の旗手のオレが辞めて、凡庸か素人のアンタらに経営できるとでも思っているのか」という反語だが、会長への信頼を失っていた取締役会は、「できるよ」と逆手に取った。クーデターの手際の悪さは改革の旗手をネタにしてきた経済誌が批判しているし、私も別に書いたのでここでは措く。

　実質的な路線闘争は、会長が独断専行でアイフルと共同で消費者金融銀行を設立し、日銀出身のコンサルを年収1億で雇って経営させようとしたことにあるらしい。でも、独断専行とはガバナンス上はする人でなく、される組織の問題だから、この路線の是非こそ取締役会で徹底的に議論し論争すべきだった。その前に信頼関係が失われたと山口FGは釈明する。「株主の期待に応えて稼がなきゃ」と会長は信じたが、「底辺個人から搾取してまで稼ぎたくない。不幸な借り手を量産しなきゃ経営者に1億も払えな

いぞ」と信じる行員の気持ちへの想像力が足りなかったらしい。

「過半を占める社外取締役はなにしてたの？」と素朴な疑問は湧くが、ここでは詮索せず、代わりに余計なお世話みたいな想像力を働かせておく。SBIの地銀再生プロジェクトに最初に呼応したのが新生銀行と山口FGであり、後者は無論、前会長が地銀改革の旗手だったからである。仮に前会長の地銀改革への見識が余人を以て代え難いなら、新生銀行を傘下に収めたSBIにおいて前会長が一定の役割を担う余地がありそうに思う。

こんな想像は、SBIはいったんつまづいた人間も、見識があれば登用するのをためらわないからである。セクハラと指弾され財務次官を辞めた福田淳一さんは今、SBIの社外取締役である。コンプラ担当者の懸念を北尾さんの大局観がなぎ倒したのかどうか知らないが、北尾さんはクーデターを心配する状況にはなさそうである。福田さんに脇の甘さがあるとしても、本質的な政策判断を本能的に誤らないから財務次官になり、その本能はSBIの経営においても活かされるだろう。そして今後、山口FGと、その前会長がいるSBI系地銀グループが闘うなら、経済誌に恰好のネタを提供するに違いない。

FGでもみずほのほうになると、そもそもFG社長の選任が前社長の意に反していたらしいと関係者から聞き、「ホントかよ、指名委員会の社外取締役ってそんな独断専行をするほど偉いのか」と慄然とする。第三者による視点が必要としても、行員の気持ちも分からない社外取締役に委ねるには荷が重過ぎる判断になる。

金融庁が業務改善命令で、「言うべきことを言わず、言われたことしかしない姿勢」なんて書くのは、そんな組織運営をしているFG社長と彼を選んだ社外取締役を批判している。行員が上司に言うべきことを言わず、言われたことだけして足元の稼ぎが増えたところで、すべての行員が心底モチベーションを発揮して上司に言うべきことを言いまくるくらいの状況にならない限り、すでに手遅れに近づいたシステムを正常に稼働させ、3

メガの一翼として再生できるはずがない。

　金融庁が時間をかけて行員の気持ちを確認し、第三者の視点から抜本的な体制刷新が必要と判断しても、指名委員会の社外取締役が「せっかく稼いでいるんだから惜しい」とFG社長の残留にこだわったらしいのは、自分の経験が通用する範囲なら判断できても、経験していないほどの局面では通用しない事情を示している。山口FGの社外取締役は言うべきことを言わなかったのに対し、みずほFGの社外取締役は言うべきでないことを言った。

　かくて本稿の暫定結論は、社外取締役という輸入制度を過不足なく的確に機能させるには、経営者と社外取締役が互いに経験を補い合い、さらに想像力を働かせて徹底的に議論し論争するしかない、と繰り返すしかないようである。

エピローグ

　「金融と経済と人間と」の順に並べたのは、やっぱり20年も金融行政に携わったから、これが自分の専門分野だろうとまず思います。そして、経済に役立つ金融であってほしいと続きます。金融により経済の変動が激しくなり、人間が不幸になるなら本末転倒との思いを連載の初めに書きました。そして、金融や経済を構成する人間の気持ちや行動まで含め、よりましな制度や運用の処方箋を模索したいと上から目線で当面の目標を設定します。と同時になぜか、いた組織やした仕事からちょっと距離を置きたくもありました。どこにいてなにをしたから人間の価値が決まるわけでもないでしょう。

　考えるのは好きですが先が読めないので、１回の文章すら結論を決めずに書き始め、想定外の結論に至ったりします。「あれ？　これが言いたかったことなのかな」と読み返して物足りなく覚え、翌週は前週に考えもしなかった視点から書き始めます。「繰り返し読んでもなにが一番言いたいのか分からないのですが」と読者に問われ、「そりゃそうでしょ、私だって分かりませんから」と答えて絶句させたりもします。

　最近ようやく、正解のない問題を考えていたからこうなるらしいと認識しましたが、そんな文章の連続を読んでくださった読者には、「お疲れさまでした」と申し上げるしかありません。なにを一番言いたいか分からない文章を書く身には、80歳を過ぎても、「〜をすべきである」「〜を許してはならない」とこの国を憂いた明快な断言を上から連発する野口悠紀雄先輩の芸風がうらやましく感じます。

　「稼ぐ能力がないのを自覚して行政官になった」と連載のどこかに書いたのは、本音ですが謙譲の現ればかりとも言えません。青くさく目標を設定して実現を目指す行政の世界は、性に合っていたとは言えましょう。退

官しても人間は変わらないから、青くさく人間がもっと豊かに幸せに生きやすい社会にならないかな、と考えて、門外漢分野でも構わず書いた記録です。

　書くのと同時に、共感できる経営をしている企業に関与して、自分にできる応援をして過ごしています。「手段を選ばず稼ぐぞ」と信じる経営者ばかりではないから、私のような人間が第２の人生で役立つ余地も生まれます。考えて書く活動と企業を応援する活動には、好ましい相互作用があるようです。次第に元行政官の抜き難かった上から目線は溶け、いた組織やした仕事から距離を置きたかった頑なな思いも溶けて、より自然に生きられるようになりました。

　コロナでかなりの間海外に行けなくなったのは、この連載が示すように、かなりの環境変化です。行く前に国の歴史を学び、行ってするのは物見遊山でも、その国の形を体感しているつもりでした。それはやはり、考えて書く活動や企業を応援する活動との間に、好ましい相互作用があるようです。その国の可能性を見つけた気になったり、この国を新しい視点から考えたり、どの国でも変わらぬ人間の性に触れたりします。不要不急の外出を控える間は、自宅で音楽や絵画や映画を味わい、本を読む時間も増えました。金融や経済の本でなく小説です。新作より歴史の選別に生き残った古典のほうが、日本より世界から作品を求めるほうが、人生に残された時間の有益な使い道と感じるようになりました。

　コロナでエッセンシャルワークが注目される反面、おいしい料理を作って客に喜んでもらうのが自らのエッセンシャルな仕事と信じていた人たちが不要不急と抑圧されます。職業に貴賤なしなんて建前は信じませんが、自分が不要不急の側にいるのは意識します。海外での活動はもとより、企業を応援する活動も、考えて書く活動も、不要不急に違いありません。この連載が1000回に至れば野口悠紀雄先輩の歳に至るが、自分があの境地に至れないのは想像できます。でも、誰かの人生に役立つ認識を提供できる

かもしれない、誰かの気持ちを一時でも明るくできるかもしれない、誰かの行動をもっと豊かで幸せで生きやすい社会に向けて後押しできるかもしれないと期待して、静かに自由に書き続けるつもりです。

2022年春（注）

（注）　連載を読み返して追記を終えた2022年春から文章をほとんど変えてないのに、私のずぼらな性分のために校正を終えるのが秋になりました。この間、元総理の暗殺者の望みどおりに日本の社会は反応し、ロシアの望みどおりにはウクライナと世界は反応せず、この本に書いた題材にも進展があって出る前から部分的に古い本になっていますが、金融と経済と人間の本質はほとんど古くならないようです。長年の友誼でこの出版を担当していただいた、きんざいの小田徹さん、連載時の編集担当（武下毅さん、小林晋也さん、鈴木英介さん、吉田豊さん）、そしてなにより、長い連載を支えていただいている読者に感謝します。

大森　泰人

【著者略歴】

大森　泰人（おおもり　やすひと）

1958年生まれ
1981年　東京大学法学部卒業　大蔵省入省
1995年　以降20年間、金融制度の手直しや執行に従事
2015年　金融庁退官　以降、企業の顧問や取締役に従事
著書：『金融システムを考える』『霞ケ関から眺める証券市場の
　　　風景』（共に金融財政事情研究会）

金融と経済と人間と　　II

2022年12月6日　第1刷発行

著　者　大　森　泰　人
発行者　加　藤　一　浩

〒160-8520　東京都新宿区南元町19
発　行　所　一般社団法人 金融財政事情研究会
企画・制作・販売　株式会社 き　ん　ざ　い
出　版　部　TEL 03(3355)2251　FAX 03(3357)7416
販売受付　TEL 03(3358)2891　FAX 03(3358)0037
URL https://www.kinzai.jp/

校正：株式会社友人社／印刷：株式会社日本制作センター

ISBN978-4-322-14174-0